金锦萍　陶溥　编著

外国社会企业立法译汇

A COLLECTION OF
FOREIGN SOCIAL ENTERPRISE LEGISLATION

中国社会科学出版社

图书在版编目（CIP）数据

外国社会企业立法译汇 / 金锦萍，陶溥编著. —北京：中国社会科学出版社，2023.1
ISBN 978 – 7 – 5227 – 1099 – 0

Ⅰ.①外… Ⅱ.①金…②陶… Ⅲ.①企业法—立法—研究—国外 Ⅳ.①D913.991

中国版本图书馆 CIP 数据核字（2022）第 234243 号

出 版 人	赵剑英	
责任编辑	党旺旺	
责任校对	马婷婷	
责任印制	王　超	

出　　版	中国社会科学出版社	
社　　址	北京鼓楼西大街甲 158 号	
邮　　编	100720	
网　　址	http://www.csspw.cn	
发 行 部	010 – 84083685	
门 市 部	010 – 84029450	
经　　销	新华书店及其他书店	
印　　刷	北京明恒达印务有限公司	
装　　订	廊坊市广阳区广增装订厂	
版　　次	2023 年 1 月第 1 版	
印　　次	2023 年 1 月第 1 次印刷	
开　　本	710×1000　1/16	
印　　张	32.25	
插　　页	2	
字　　数	503 千字	
定　　价	158.00 元	

凡购买中国社会科学出版社图书，如有质量问题请与本社营销中心联系调换
电话：010 – 84083683
版权所有　侵权必究

序

  这两年，身边不少朋友开始关注社会企业，讨论社会企业相关问题。什么类型的企业算社会企业？社会企业的价值和作用是什么？社会企业在乡村振兴中能发挥什么作用？中国乡村发展基金会（原中国扶贫基金会）作为社会企业的实践者和探索者，在这十几年里，先后创办了两家社会企业，分别是中和农信和善品公社，我们对社会企业的认识也是一个从浅到深的过程。

  中和农信是 2008 年创办的，为农户提供小额贷款服务，解决农户贷款难题。截至 2019 年年底，中和农信已经在全国 20 个省 345 个县落地实施，累计 600 多万名农户从中受益，贷款余额 112 亿元，户均余额 2.6 万余元。项目成功吸引红杉资本、世界银行集团国际金融公司、蚂蚁金服等投资机构成为战略投资者。2016 年，中和农信在中国慈展会社会企业认证中获得"金牌社会企业"称号。

  我们创办的另外一家社会企业是善品公社，帮助农民建立合作社，改变传统的小农户一家一户的经营方式，帮助农民生产高质量的农产品，善品公社为好产品进行品牌背书，帮助农民把农产品卖出合理价格，实现合理的收益。目前善品公社已经在 100 多个县建立了 138 家合作社，认证项目农户 4 万多户，认证生产基地超过 30 万亩。善品公社在 2018 年成都市首届社会企业评审中被认定为首批社会企业。

  社会企业最开始引起我们的关注，是因为它解决了我们的一个现实问题。我们创办中和农信公司的时候，还不知道有所谓社会企业的概念，我们创办中和农信公司的原因很简单，就是因为当时只有以市场主体的形式才能解决我们的小额信贷项目融资、团队稳定发展等瓶颈，更好地为农户提供金融服务。但是按照当时一般的理解，公司就是为投资人赚钱的工具，创办公司的目的就是赚钱，一个专门从事扶贫的公益基金会为什么要创办公司呢？是不是有什么见不得人的利益或目的？为了向利益相关者说明我们创办公司的正当性和必要性，我们往往要花费很多口舌和时间，这给我们的工作带来了很多压力和沟通成本。直到后来接触到社会企业的概念，我们才知道原来用企业的方法解决社会问题，早已成为国际通用的社会创新方法，这一概念很好地回答了我们创办公司的合理性问题，缓解了我们的沟通压力。

从中和农信到善品公社，我们从不知道社会企业概念，到了解它的内涵、研究它的机制，到有意识地运用这一工具解决社会问题，是一个认识不断加深的过程。在十几年的探索过程中，我们不断学习、实践社会企业的方法，对于社会企业的边界和意义，我们也有了更深刻的理解。

在长期的本土实践中我们体会到，社会企业就是以解决社会问题，创造社会（公益）资本为目标的现代企业。社会企业作为社会目的企业，既与普通企业、公益组织有着密切联系，又与普通企业、公益组织有着清晰的识别界限，这主要包括三个方面：第一，社会企业必须要以解决社会问题、创造社会（公益）资本为创办目的（之一）。第二，社会企业的运营模式，必须是通过提供产品或服务，从市场上获得可持续发展资源，而不能仅仅靠政府补助和社会捐赠。只有有能力生产产品或提供服务并赢得市场的认可，这才是真正的企业。第三，也是最重要的一点，就是在股权层面，从股权设计层面确保社会企业的社会使命不漂移。

作为社会企业，它所带来的社会效益主要体现在两个方面：第一，社会企业直接为弱势群体服务，解决社会问题，这个是社会企业存在的目的，追求的目标，也是它存在的价值；第二，社会企业积累公益资产，创造社会（公益）资本，通过企业的方式为公益资本实现增值。社会企业的本质就是现代企业和现代公益组织两种机制的结合和取长补短，既能一定程度上缓解企业无限追求利润引发社会问题的弊端，还可以改善公益慈善事业力量不足、可持续性不强的问题。社会企业这种兼顾社会目标和发展可持续性的特性，不仅可以在乡村振兴中特别是联农带农发展产业方面发挥有效作用，而且能在完善社会分配机制、促进共同富裕中发挥独特的作用。

社会企业在中国只有10多年的发展历史，作为一个新生事物，在社会上大部分人还没有认识到它的价值的时候,有一群人先看到了它的潜在价值,不断推动它的发展。可喜的是,一些地方政府认识到了社会企业的价值,陆续出台了系列政策措施,鼓励社会企业的发展。2011年,北京市在《中共北京市委关于加强和创新社会管理全面推进社会建设的意见》中,提出要"积极扶持社会企业发展,大力发展社会服务业",这是全国首个涉及社会企业的省部级文件。2022年,北京市社会建设工作领导小组又印发《关于促进社会企业发展的意见》,提出了一系列促进社会企业发展的具体措施,标志着北京市社会企业发展进入一个新阶段。成都市高度重视社会企业的作用,2017年9月,成都市委、市政府发布《关于深入推进城乡社区发展治理建设高品质和谐宜居生活社区的意见》,首次提出"鼓励社区探索创办服务居民的社会企业"。2018年4月,成都市政府办公厅下发《关于培育社会企业促进社区发展治理的意见》,有力地推动了社会企业在成都乃至四川的发展。广东深圳、佛山等地也推出了相关社会企业政策,并尝试开展社会企业认证工作。

作为社会企业实践的先行者,中国乡村发展基金会了解社会企业对我国公益慈善事业发展、对促进共同富裕社会建设具有的潜在价值,也深刻理解这一发展过程中的痛点,深感有责任在继续做好社会企业具体实践的同时,携手各界有识之士,推广社会企业理念,推动社会企业发展。2021年5月,中国乡村发展基金会设立"创新与社会企业促进中心",建立团队开展社会企业倡导与推动工作。希望与有共同愿望的地方政府、企业和社会组织等伙伴合作培育和孵化更多的社会企业,让社会企业在乡村振兴中、在共同富裕社会建设中扮演更重要角色,发挥更大作用。

面对当下社会各界对社会企业还缺乏认知和共识的现状,我们认为,有必要联合研究机构和专家学者,共同研究总结我国社会企业的政策创新与扩散及社会企业在国外的立法情况,这些经验的总结与梳理,无论是理论层面,还是实践层面,对社会企业的推动和发展都具有重要的意义。为此,中国乡村发展基金会联合高校研究机构的专家、学者开展了社会企业领域的系列课题研究,首期形成了《社会企业的政策创新与扩散研究报告》和《外国社会企业立法译汇》两项重要研究成果。这两项研究成果的出版,是中国乡村发展基金会推动社会创新与社会企业发展的一个新进展,也是我国社会企业理论建设的新贡献。

《外国社会企业立法译汇》一书对世界范围内社会企业先行国家（或地区）相关法律文本进行了地毯式搜索，形成汇总译编，深刻阐释了社会企业立法对促进社会企业发展、推动社会建设的必要性。本书充分肯定了社会企业的价值，特别是在促进特殊人群就业、公共事业参与和慈善意识树立等方面的独特作用。通过本书我们了解到一些国家推动社会企业发展意识更为突出，对立法制度研究广、起步早，体现了公共政策的创新导向和以社会企业为抓手推动经济发展和公共利益有效结合的新成果。对于决策部门、研究机构、行业平台、社会企业都有系统的借鉴价值。

回顾中国乡村发展基金会十余年的实践探索，我们逐渐意识到，社会企业的推广和发展离不开政策的鼓励和扶持，社会企业立法有赖于各界共同努力。本书的出版，对于促进我国社会企业立法和社会企业生态建设，具有十分重要的意义。

最后，我谨代表中国乡村发展基金会，对编著团队取得的工作成果和付出的巨大努力表示诚挚的祝贺和衷心的感谢！并向为推动社会企业做出不懈努力的各界同仁表示崇高的敬意！

刘文奎
中国乡村发展基金会执行副理事长
2022 年 9 月 22 日于北京

目　　录

第一编　单独立法模式

芬兰社会企业法（2003） ………………………………………（3）
韩国社会企业促进法（2007） …………………………………（7）
韩国社会企业促进法修订案（2012） …………………………（14）
韩国社会企业促进法执行令（2019） …………………………（24）
斯洛文尼亚社会企业法（2011） ………………………………（35）

第二编　特殊形式立法模式

英国社区利益公司条例（2005） ………………………………（61）
英国社区利益公司条例修正案（2014 年） ……………………（91）
美国得克萨斯州商业组织法（2017）（节选一） ………………（95）
美国得克萨斯州商业组织法（2017）（节选二） ………………（100）
美国得克萨斯州商业组织法（2017）（节选三） ………………（110）
美国伊利诺伊州商业组织共益公司法（2013） ………………（148）
美国伊利诺伊州商业组织有限责任公司法（2009） …………（159）
美国路易斯安那州公司法（2012）（节选） ……………………（173）
美国佛罗里达州商业公司法（2014）（节选） …………………（183）
美国特拉华州法典之法定公共利益有限合伙法（2020） ……（201）

第三编　其他立法模式

南非合作社法（2005） …………………………………………（327）
新西兰 1996 年合作社公司法（2021） ………………………（384）
新加坡合作社法（2020） ………………………………………（412）

第一编

单独立法模式

芬兰社会企业法（2003）[*]

王璐瑶　译
金锦萍　校

根据议会决定，颁布如下法律：

第一条　目的和定义

Ⅰ．本法中提及的社会企业尤其为残疾人士和长期失业人员提供就业机会。

Ⅱ．本法中：

（一）残疾人是指经适当诊断，因身体损伤、疾病或残疾，而使自身获得合适工作、保留工作或晋升的能力显著降低的雇员；

（二）长期失业人员是指雇员在雇佣关系开始前是《劳动就业公共服务法》（1295/2002）第一章第七条第一款第五项或《失业保障法》（1290/2002）第七章第六条第一款第一项和第二项中规定的失业求职者。

第二条　社会企业及社会企业名称使用权

Ⅰ．社会企业是在社会企业登记簿中登记的注册商人。

Ⅱ．只有第一款所规定的注册商人可以在业务中使用社会企业的名称。

第三条　社会企业的支持

Ⅰ．如果注册商人的具体目的是雇用在劳动力市场处于弱势地位的人，则劳动就业管理部门可在国家预算范围内为建立该社会企业和维持其经营

---

[*] Available at：https://finlex.fi/en/laki/kaannokset/2003/en20031351.pdf

提供支持。根据本法，劳动就业管理部门还可以向其他一些公司或基金会提供支持，以便根据本法促进和发展社会企业。政府法令也对该类支持进行了进一步的规定。

Ⅱ.《劳动就业公共服务法》规定了向社会企业提供就业补贴的条款。上述法律和《失业保障法》中还包括综合补贴条款。

第四条　社会企业登记

Ⅰ. 公司、基金会或其他注册商人可根据《交易登记法》（129/1979）第三条的规定申请社会企业登记，条件如下：

（一）根据上述法律在商事登记簿上登记；

（二）根据商事原则生产商品、提供服务；

（三）公司就业员工中至少 30% 是残疾人，或至少 30% 的员工是残疾人和长期失业人员（安置员工的百分比）；以及

（四）向所有雇员支付集体协议中约定的身体机能健全之雇员的工资，无论其生产能力如何，如果没有该等协议，按照惯例和合理标准对已完成的工作支付报酬。

Ⅱ. 此外，社会企业登记要求申请人符合以下标准：

（一）注册商人不存在重大违法违规或违反良好商业惯例的行为；

（二）注册商人未拖欠税款、社会保障费或其他国家款项；亦未拖欠养老金、意外保险或失业保险费。

Ⅲ. 以雇用劳动力市场弱势人员为特定目的的雇主被单独列入社会企业登记簿。

第五条　安置员工的百分比

Ⅰ. 若以就业补贴或综合补贴支付工资，则残疾人士和长期失业人员将被纳入安置雇员的百分比计算。

Ⅱ. 在计算被安置雇员的百分比时，根据《社会福利法》（710/1982）第二十七条第四款第三项的规定获得补贴就业，由就业办公室推荐安置，地方政府向其雇主支付就业补贴的残障人士，相当于残疾人。

Ⅲ. 若由就业办公室推荐安置的残疾人或长期失业者的工资未获得就业补贴或综合补贴，则在雇主必须向其支付工资期间内，被纳入安置员工

的百分比计算，但长期失业人员的补贴期不得超过一年。

Ⅳ. 在补贴期满计算安置雇员百分比时，应计算由就业办公室推荐安置且其雇主根据第二款从市政府获得补贴的残障人士占雇主必须支付工资的残疾人士总数的比例。

Ⅴ. 被安置雇员的百分比应始终包括本条第一款或第三款中提到的雇员。在计算安置雇员的百分比时，任何正常工作时间超过行业最高工作时间75%的雇员均应包括在内。但计算残疾人士被安置雇员的百分比时，应包括正常工作时间至少为该行业最高工作时间的50%的雇员。

第六条　社会企业登记和数据录入

Ⅰ. 社会企业登记簿是由劳动部根据《劳动管理部门客户服务信息系统法》（1058/2002）第四条第二款的规定进行单独保存的雇主登记簿。

Ⅱ. 根据上述法案第四条第二款第二项的规定，该登记簿还可以包括执行本法所需的雇主—客户描述性数据，这些数据未作为《公共劳动就业服务法》中提及的雇主服务进入劳动管理信息系统，且不是个人数据。

Ⅲ. 此外，该法第四条第二款第五项中提及的有关劳动管理部门客户服务信息系统的数据也可输入登记簿，即第五条第二款和第五条第四款中提及的残疾雇员的身份数据，包括个人身份证号和市政府为其就业提供帮助和支付补助的信息。

第七条　社会企业登记簿除名

Ⅰ. 以下注册雇主将被从社会企业登记簿中除名：

（一）请求被除名的；

（二）安置就业人员比例降至上述规定比例以下，且在六个月内未安排残疾人士或长期失业人员就业以致就业重新符合条件的；或者

（三）不符合登记注册其他要求的。

Ⅱ. 如果注册商人通过以下方式不公正地获得或试图获得官方支持，则该注册商人将被除名：

（一）在申请补贴时就某一重要问题提交虚假信息；

（二）隐瞒对补贴的发放或支付有重要影响的信息；或

（三）拒绝提供对补贴的支付和监管具有必要意义的信息、文件或其

他材料，或者拒绝在调查中提供适当协助。

第八条 提供信息的义务

Ⅰ. 登记申请人必须以劳动部规定的方式，向其提供符合本法第四条和第五条所规定标准的必要信息，以及保存登记簿所需的任何其他必要信息。

Ⅱ. 前款所述信息如有变更，注册商人必须立即告知劳动部。

Ⅲ. 中央或地方政府的官员，和其他上市公司的工作人员，保险和养老金机构以及养老金基金会有义务向劳动部免费提供执行本法所需的任何信息。

第九条 登记的决定

Ⅰ. 劳动部必须提供拒绝登记或从登记簿中除名的书面决定。注册商人在被除名前必须有机会发表意见。

Ⅱ. 有关人员可根据《行政诉讼法》（586/1996）的规定，对拒绝登记或从登记册中删除的决定提出上诉。上诉期间继续遵守劳动部的决定，直到对该事项作出具有法律效力的决定，或上诉机构根据《行政诉讼法》第三十二条作出其他规定。

第十条 本法于 2004 年 1 月 1 日生效

实施本法所必需的措施可在本法生效前实行。

对于残疾人士和长期失业人员而言，2004—2007 年安置雇员的百分比包括根据《失业保障法》第七章第十一条中提及的作为综合补贴试验，向其支付工资的任何其他安置雇员。

（2003 年 12 月 30 日在赫尔辛基发布）

韩国社会企业促进法（2007）

陶 溥 译
金锦萍 校

［执行日期 2007 年 7 月 1 日］
［第 8361 号法令，2007 年 4 月 11 日，其他法令的修正］

第一条　目的

本法的目的是通过扩大社会提供不足的社会服务和创造就业机会，为社会融合和提高人民生活质量作出贡献。

第二条　定义

本法所称用语定义如下：

（一）本法所称"社会企业"，系指按照第七条规定认证的企业，该企业从事生产和销售商品及服务的商业活动，同时追求提高当地居民生活质量的社会目的，为弱势群体提供社会服务和创造就业机会；

（二）本法所称"弱势群体"，系指以市场价格购买自己所需社会服务有困难的人，其具体标准由总统令确定；

（三）本法所称"社会服务"，系指教育、卫生、社会福利、环境和文化以及与此相应的其他服务，其范围由总统令规定；

（四）本法所称"关联企业"，系指为某一社会企业提供财政援助、管理咨询等各种支持的企业，在个人、物质和法律上独立于该社会企业的企业；和

＊ Available at：https：//www.icnl.org/wp-content/uploads/South-Korea_socent.pdf

（五）本法所称"地方政府"，系指对社会企业提供行政和财政支持，为当地居民扩大社会服务，创造就业机会的地方政府。

第三条　各经营主体的职责

Ⅰ. 国家对社会企业制定扶持措施，综合采取必要措施，扩大社会服务和创造就业岗位。

Ⅱ. 地方政府应结合当地特点，制定并实施社会企业扶持措施。

Ⅲ. 社会企业应努力将经营活动产生的利润再投资于社会企业的维持和发展。

Ⅳ. 关联企业不得获取社会企业的利润。

第四条　社会企业支持委员会

Ⅰ. 社会企业支持委员会（以下简称"支持委员会"）由劳动部部长负责审议以下关于社会企业的各项规定：

（一）审议第五条社会企业扶持基本计划；

（二）关于第七条规定的社会企业认证审查标准的有关事项；

（三）关于第七条规定的社会企业认证；和

（四）其他总统令规定的社会企业所需必要事项。

Ⅱ. 委员会由不超过15名成员组成，其中包括1名主席。主席由劳动部副部长担任，成员由劳动部部长任命，由对总统令规定的有关中央行政机关公务员和社会企业公务员有深刻认识和经验的人士担任。

Ⅲ. 关于委员会运作的必要事项由劳动部法令决定。

第五条　社会企业扶持基本计划的制订

Ⅰ. 劳动部部长每五年经扶持委员会审议制订《社会企业扶持基本计划》（以下简称"基本计划"），旨在促进社会企业的发展，系统扶持社会企业。

Ⅱ. 基本计划应包括下列各项：

（一）推动对社会企业的支持；

（二）关于创造条件促进社会企业发展的事项；

（三）社会企业运营支持事项；和

（四）总统令为促进和支持社会企业而确定的其他事项。

Ⅲ．劳动部部长应每年根据基本计划制订并实施年度实施计划。

Ⅳ．基本计划、年度实施计划的制订和实施所必需的事项，由总统令规定。

第六条　实际情况研究

劳动部部长每五年对社会企业开展活动的实际情况进行调查，并将调查结果通报支持委员会。

第七条　社会企业认证

Ⅰ．任何打算经营社会企业的人，应在符合第八条规定的认证要求后，由劳动部部长认证。

Ⅱ．在进行第Ⅰ款所述的认证时，劳动部部长应经过支持委员会的审议。

第八条　社会企业认证要求及程序

Ⅰ．凡拟取得社会企业认证的，须符合下列任何一项规定：

（一）具有总统令规定的组织形式，如民法规定的公司和协会或商法规定的公司和非营利性私人组织等；

（二）有偿雇用人员从事生产、销售商品和服务等经营活动；

（三）该组织的主要目的是通过为弱势群体提供就业机会或社会服务来实现提高当地居民生活质量等社会目的。在此情况下，具体的确定标准应由总统令决定；

（四）有相关人员（如受助人、工人等）参与的决策过程；

（五）商业活动的利润应超过总统令确定的标准；

（六）有符合第九条规定的章程、规章等；

（七）当有可按会计年度分配的利润时，三分之二或以上的利润应用于社会目的（限于商法规定的公司）；和

（八）有总统令规定的其他事项。

Ⅱ．在认证社会企业时，劳动部部长应在政府报纸上公布。

Ⅲ．社会企业的认证要求和程序的必要事项应由劳动部法令确定。

第九条　公司章程等

Ⅰ. 拟申请社会企业认证的，应当具备章程、规则等（以下简称"章程等"）并载明下列事项：

（一）目的；

（二）业务内容；

（三）名称；

（四）总公司所在地；

（五）组织治理的形式和运作方式，重大事项的决策过程；

（六）利润分享及再投资事项；

（七）出资、筹资事项；

（八）聘任人员的组成和任免事项；

（九）解散、清算事项（商法公司有可分配剩余资产时，应将剩余资产的三分之二以上捐赠给其他社会企业、公益基金等）；和

（十）总统令规定的其他事项

Ⅱ. 根据第Ⅰ款对公司章程进行变更时，应在变更之日起十四天内向劳动部部长报告。

第十条　运营支持等

Ⅰ. 劳动部部长可提供社会企业经营所需的各种支持，如行政、技术、税务、劳动、会计等领域的专门意见、信息等。

Ⅱ. 劳动部部长可将第Ⅰ款规定的支持业务委托给总统令确定的政府投资机构或私人组织。

第十一条　设施费用等支持

国家和地方政府可以支持或资助设立或经营社会企业所需的场地费、设施费等，也可以租赁社会企业所需的国有土地和共有土地。

第十二条　事业单位的优先采购

Ⅰ.《中小企业促进与产品采购促进法》第二条第八款规定的事业单位负责人（以下简称"事业单位负责人"）应促进事先购买社会企业生产

的商品和服务。

Ⅱ. 事业单位负责人依《中小企业振兴及产品采购促进法》第十二条第Ⅰ款规定，拟订采购计划时，应划分所生产之商品及劳务采购计划。由社会企业提供，并将其纳入采购计划。［由第 8361 号法令修改，2007 年 4 月 11 日］

第十三条　社会保险费减税与扶持

Ⅰ. 国家和地方政府可以根据法人税法、特别税法限制和地方税法的规定减少国税和地方税。

Ⅱ. 国家可根据《就业保险和工伤事故赔偿保险费征收法》《国家健康保险法》《国家健康保险法》等支援部分就业保险费和工伤事故赔偿保险费，以及根据国民年金法缴纳的养老金保险费。

第十四条　社会企业提供社会服务的财政资助

Ⅰ. 劳动部部长可在预算范围内通过公开招聘和考试，向提供社会服务的社会企业提供劳动力成本、营业费用、咨询费等财政支持。

Ⅱ. 在为与第Ⅰ款规定的公司或地方政府有联系的社会企业提供援助时，劳动部部长可以考虑到有联系的公司或有联系的地方政府的财务支持条件，提供额外的业务支出支持。

Ⅲ. 财政资助对象的选择条件、审查程序等必要事项应由劳动部法令确定。

第十五条　关联公司的责任范围

关联公司不得对社会企业职工承担雇佣责任。

第十六条　关联公司减税

根据《法人税法》《特别法》《地方税法》的规定，国家或地方政府可以对关联企业减免国税和地方税。

第十七条　报告等

Ⅰ．社会企业应起草一份商业报告，说明劳动部条例确定的事项，包括经营业绩、利益相关者参与决策等，并在每个财政年度的 2 月底前提交给劳动部部长。

Ⅱ．劳动部部长应指导和监督社会企业，如果认为必要，他/她可命令社会企业及其成员制作业务所需的报告或提交相关文件。

Ⅲ．劳动部部长在根据第Ⅰ款和第Ⅱ款审查报告或指示和监督后，如有必要，可下达纠正令。

第十八条　注销证明

Ⅰ．当社会企业属于下列各项之一时，劳动部部长可以注销认证：

（一）以虚假或其他欺诈方式取得证明的；和

（二）不具备第八条规定的证明要求时。

Ⅱ．如果根据第Ⅰ款取消认证的，劳动部部长应举行听证会。

Ⅲ．注销认证的具体标准和详细程序按照劳动部令规定的标准确定。

第十九条　类似名称的使用限制

非社会企业不得使用社会企业名称或类似名称。

第二十条　授权

根据本法赋予劳动部部长的部分权力可以根据总统令规定的要求下放给地方政府负责人或就业保障机构负责人。

第二十一条　过失罚款

Ⅰ．有下列情况之一者，应处以 1000 万韩元以下的过失罚款：

（一）不遵守第十七条第Ⅲ款规定的纠正令者；和

（二）违反第十九条，使用社会企业或类似名称者。

Ⅱ．有下列情况之一者，应处以 500 万韩元以下的过失罚款：

（一）未履行第九条第Ⅱ款规定的公司章程变更等报告义务的；

（二）疏于履行第十七条第Ⅰ款规定的起草和提交商业报告的义务，

或以虚假或其他欺诈方式作出报告的人;以及

(三)未依第十七条第Ⅱ款规定申报或提交文件,或作虚假申报者。

Ⅲ. 第Ⅰ款、第Ⅱ款的过失罚款由劳动部部长根据总统令规定的要求征收。

Ⅳ. 对根据第Ⅲ款的疏忽处以罚款不满意的人可以在收到罚款通知的三十天内向劳动部部长提出异议。

Ⅴ. 如果根据第Ⅲ款被处以过失罚款的人,根据第Ⅳ款提出异议,劳动部部长应立即通知主管法院,主管法院应审理根据《非诉讼案件诉讼程序法》的案件。

Ⅵ. 未在第Ⅳ款规定的期限内提出异议而未缴纳过失罚款的,按照拖欠国税的处理例子征收过失罚款。

韩国社会企业促进法修订案（2012）*

李林蔚　译
金锦萍　校

第一条　目的

该法的目的是通过扩大社会中供应不足的社会服务，通过支持社会企业的建立和运作以促进社会企业的发展，创造新的就业机会，促进社会团结，提高人民的生活质量。

［本条于 2010 年 6 月 8 日经第 10360 号法案完全修订］

第二条　定义

本法所用术语解释如下：

（一）"社会企业"一词是指按照第七条的规定认证的实体，该实体通过向社会弱势群体提供社会服务或就业机会，或在开展商业活动时为社区作出贡献，以实现旨在提高社区居民生活质量的社会目标，例如制造或销售商品和服务；

（二）"社会弱势群体"一词是指在以市场价格购买所需社会服务方面遇到困难的群体，或在劳动力市场的正常条件下在就业方面遇到特殊困难的群体，其进一步的详细标准应由总统令规定；

（三）"社会服务"一词是指总统令规定领域的服务，包括教育、卫生、社会福利、环境、文化和其他类似服务；

---

* Available at：https：//www. law. go. kr/LSW/eng/engLsSc. do? menuId＝2&section＝lawNm&query＝social＋enterprise&x＝22&y＝34#liBgcolor5

（四）"关联企业"是指为特定社会企业提供广泛支持，诸如财政支持或管理咨询，同时在人事、实体，以及法律事务上保持自身的独立性；

（五）"关联地方政府"是指为特定社会企业提供行政和财政支持，以扩大社会服务及为社区居民创造就业机会。

［本条于 2010 年 6 月 8 日经第 10360 号法案完全修订］

第三条 每一所涉运作实体的角色和责任

Ⅰ. 为了扩大社会服务和创造就业机会，国家应制定支持社会企业的政策，并全面推行任何必要的措施。

Ⅱ. 各地方政府应根据各自特点制定和实施支持社会企业的政策。

Ⅲ. 各社会企业应努力将其经营活动产生的收入再投资于社会企业的维护和扩张。

Ⅳ. 关联企业不得取得社会企业所得的份额。

第四条

已删除。［第 10360 号法案，2010 年 6 月 8 日］

第五条 促进社会企业发展之总体计划的制订

Ⅰ. 就业和劳动部部长应每五年制订一项促进社会企业发展的总体计划（以下简称"总体计划"），经根据《就业政策框架法》第十条设立的就业政策审议委员会（以下简称"政策审议委员会"）审议，以系统地促进和支持社会企业。

Ⅱ. 总体计划需包含以下内容：

（一）支持社会企业的方向确定；

（二）与激励社会企业发展之条件有关的事项；

（三）与支持社会企业经营有关的事项；

（四）其他由总统令规定的促进和支持社会企业的事项。

Ⅲ. 就业和劳动部部长应根据总体计划制订并实施年度实施计划。

Ⅳ. 总体计划和年度实施计划的制订和实施所需的事项应由总统令规定。

［本条于 2010 年 6 月 8 日经第 10360 号法案完全修订］

第五条之二

Ⅰ．首尔特别城区市长、城区市长、知事和特别自治省省长（以下简称"市长/知事"）应根据总统令的规定，制订并实施支持社会企业的城市计划或执行计划（以下简称"执行计划"），以促进和系统地支持其管辖范围内的社会企业。在这种情况下，应结合相关总体计划编制支持计划。

Ⅱ．市长/知事根据第Ⅰ款制订支持计划后，他/她应按照总统令的规定将其提交给就业和劳动部部长。

Ⅲ．就业和劳动部部长可向制订了优秀执行计划的城市和道提供额外支持。

［本条于2010年6月8日经第10360号法案新增］

第六条 实际状态调查

就业和劳动部部长应每五年调查一次社会企业活动的实际状况，并将调查结果告知政策审议委员会。

［本条于2010年6月8日经第10360号法案完全修订］

第七条 社会企业认证

Ⅰ．任何拟经营社会企业的实体应符合第八条规定的认证要求，并从就业和劳动部部长处获得认证。

Ⅱ．当就业和劳动部部长拟根据第Ⅰ款授予认证时，他/她应接受政策审议委员会的审议。

［本条于2010年6月8日经第10360号法案完全修订］

第八条 社会企业认证的要求和程序

Ⅰ．任何拟获得社会企业认证的实体应满足以下所有要求：［2012年2月1日经第11275号法案修订］

（一）其应采用总统令规定的组织形式，如《民法》中定义的公司或协会、《商业法》中定义的公司或有限合伙企业、根据任何特别法案成立的公司或非营利、非政府组织；

（二）其应雇用带薪工人并开展经营活动，如生产和销售商品或服务；

（三）该组织的主要目标应为实现社会目标，例如通过向社会弱势群体提供社会服务或就业机会，或通过为社区作出贡献，以提高社区居民的生活质量。在这种情况下，详细标准应由总统令规定；

（四）其应具备利益相关方（如服务受益人和员工）参与的决策结果；

（五）其经营活动产生的收入应达到或超过总统令规定的标准；

（六）其应编制第九条所述的公司章程、内部细则或类似文件；

（七）其至少应将每个财政年度所产生可分配利润的三分之二用于社会目标（仅适用于《商业法》中定义的公司或有限合伙企业）；

（八）其应准备总统令规定的其他关于业务准则的事项。

Ⅱ. 如果就业和劳动部部长已将任一实体认证为社会企业，他/她应在政府公报上公布其详细信息。

Ⅲ. 社会企业认证方法和程序的必要事项应由就业和劳动部条例规定，社会企业认证审查标准应由就业和劳动部公布。

［本条于2010年6月8日经第10360号法案完全修订］

第九条　公司章程等

Ⅰ. 任何拟获得社会企业认证的实体应编制公司章程、内部规章或类似文件（以下简称"公司章程等"），规定如下：［2012年2月1日经第11275号法案修订］

（一）目标；

（二）经营范围；

（三）企业名称；

（四）主要营业场所；

（五）组织与形式、运作方式及重大事项决策方式；

（六）利润分配和再投资事项；

（七）出资及贷款事项；

（八）员工组成、任免事项；

（九）解散和清算事宜（如果是《商业法》中定义的公司或有限合伙企业，并且有可分配的剩余财产，则应包括将至少三分之二的可分配剩余财产捐赠给另一个社会企业、公共基金等的规定）；

（十）总统令规定的其他事项。

Ⅱ. 如果第Ⅰ款中规定的公司章程等已被修改，则应在修改之日起十四天内向就业和劳动部部长报告详细情况。

[本条于2010年6月8日经第10360号法案完全修订]

第十条 对企业管理的支持等

Ⅰ. 就业和劳动部部长可为社会企业提供各种支持，如为社会企业的建立和运营提供必要的企业管理、技术、税务、劳动关系和会计方面的专业咨询和信息。

Ⅱ. 就业和劳动部部长可将第Ⅰ款规定的支持事务委托给总统令规定的政府资助机构或非政府组织。

[本条于2010年6月8日经第10360号法案完全修订]

第十条之二 对教育和培训的支持等

就业和劳动部部长可提供教育和培训，以培养建立和经营社会企业以及提高社会企业员工能力所需的专业人员。

[本条于2010年6月8日由第10360号法案新增]

第十一条 对设施成本的补贴等

国家和地方政府可补贴或资助建立或经营社会企业所需的土地购买成本、设施成本等，也可出借或允许使用国家或公共财产或物品。

[2012年2月1日经第11275号法案修订]

第十二条 公共机构的优先采购

Ⅰ.《促进中小企业制造产品采购和支持其市场发展法》第二条第二款规定的各公共机构负责人（以下简称"各公共机构负责人"）应鼓励优先购买由社会企业生产或提供的商品或服务（以下简称"社会企业生产产品"）[2012年2月1日经第11275号法案修订]

Ⅱ. 各公共机构负责人应将增加社会企业生产产品采购的采购计划和上一年度的采购记录通知就业和劳动部部长。[2012年2月1日经第11275号法案修订]

Ⅲ. 就业和劳动部部长应编制并公布根据第Ⅱ款通知的采购计划和采

购记录。[2012年2月1日经第11275号法案新增]

Ⅳ. 第Ⅱ款和第Ⅲ款所述的采购计划和采购记录的通知和公布事宜应由总统令规定。[2012年2月1日经第11275号法案新增]

[本条于2010年6月8日经第10360号法案完全修订]

第十三条 社会保险费的减税或免税及补贴

Ⅰ. 根据《公司税法》《特殊税法限制》和《特殊地方税法限制》的规定，国家和地方政府可以减免社会企业的国家或地方税。[2010年3月31日经第10220号法案修订]

Ⅱ. 国家可部分补贴《保险费征收法》等规定下的就业保险费和工伤赔偿保险费、《国家健康保险法》规定下的保险费，以及《国家养老金法》规定的与社会企业相关的养老金保险费。

第十四条 对提供社会服务的社会企业的财政支持

Ⅰ. 就业和劳动部部长可通过公开邀请和筛选的方式，在预算范围内为提供社会服务的社会企业提供财政支持，以支付员工费用、运营费用、咨询费以及运营此类社会企业所产生的其他费用。

Ⅱ. 当就业和劳动部部长根据第Ⅰ款向关联企业或关联地方政府支持的社会企业提供支持时，他/她可根据关联企业或关联地方政府提供的财政支持状况，在工作费用方面提供额外支持。

Ⅲ. 有资格获得财政支持企业的必要条件、筛选程序和其他所需事项由就业和劳动部条例规定。

[本条于2010年6月8日经第10360号法案完全修订]

第十五条 关联企业的责任限制

任何关联企业均不对雇用任何相关社会企业的工人负责。

第十六条 关联企业减税或免税等

根据《公司税法》《所得税法》《特别税法限制法》和《地方税法》的规定，国家和地方政府可以对向社会企业捐款的关联企业、公司或个人减免国家税或地方税。

［本条于 2010 年 6 月 8 日经第 10360 号法案完全修订］

第十六条之二　社会企业日

为提高对社会企业的认识，鼓励社会企业开展活动，国家将每年的 7 月 1 日定为社会企业日，并从社会企业日起指定一周为社会企业周。

国家和地方政府应努力实施项目，如符合社会企业日宗旨的活动。

［本条于 2010 年 6 月 8 日由第 10360 号法案新增］

第十七条　报告等

Ⅰ. 各社会企业应编制一份商业报告，说明就业和劳动部条例规定的事项，如商业绩效结果和利益相关方参与决策的细节，并在每个财政年度的 4 月底和 10 月底之前提交给就业和劳动部部长。［2012 年 2 月 1 日经第 11275 号法案修订］

Ⅱ. 就业和劳动部部长应指导和监督社会企业，如有必要，可要求任何社会企业或其成员提交必要的报告或送交相关文件。

Ⅲ. 就业和劳动部部长可根据第Ⅰ款提交的商业报告评估社会企业的运营情况。

Ⅳ. 根据第Ⅰ款至第Ⅲ款的规定，就业和劳动部部长在审查报告、指导、监督和评估细节后，可在必要时发布纠正令。

［本条于 2010 年 6 月 8 日经第 10360 号法案完全修订］

第十八条　认证的撤销

Ⅰ. 社会企业有下列情形之一的，就业和劳动部部长可以撤销该社会企业的认证：如果有第Ⅰ款情形的，应当撤销认证：［2012 年 2 月 1 日经第 11275 号法案修订］

（一）以欺骗或者其他欺诈手段获得认证的；

（二）不再符合第八条规定之认证条件的；

（三）以欺骗或者其他欺诈手段取得或试图取得本法或者其他行为规定的经济支持的；

（四）无具体理由退回认证，致使社会企业经营状况恶化等难以维持的；

Ⅱ. 除非自认证撤销之日起三年后，否则就业和劳动部部长不得向根据第Ⅰ款被撤销认证的企业或被视为与该企业基本相同的企业授予认证。在这种情况下，总统令应规定实际一致的标准。［2012年2月1日经第11275号法案新增］

Ⅲ. 就业和劳动部部长拟根据第Ⅰ款撤销认证时，应举行听证会。［2012年2月1日经第11275号法案修订］

Ⅳ. 《就业和劳动部条例》应规定撤销认证的进一步详细指南和程序。［2012年2月1日经第11275号法案修订］

［本条于2010年6月8日经第10360号法案完全修订］

第十九条　禁止使用类似名称

除社会企业外，任何人不得使用"社会企业"或任何其他类似名称。

第二十条　韩国社会企业促进机构的设立等

Ⅰ. 就业和劳动部部长应设立韩国社会企业促进机构（以下简称"促进机构"），以有效履行培育和促进社会企业的职责。

Ⅱ. 促进机构应为公司。

Ⅲ. 在对其主要营业地具有管辖权的注册办事处完成注册后，促进机构方可正式成立。

Ⅳ. 促进机构应开展以下项目：［2012年2月1日经第11275号法案修订］

（一）培养社会企业，探索社会企业模式，支持商业化；

（二）对社会企业进行监测和评价；

（三）按业务类型、地区和全国建立社会企业网络，并支持其运营；

（四）建设和运营社会企业网站和综合信息系统；

（五）为改善企业管理、技术、税务、劳动或者会计提供咨询；

（六）合作开展与社会企业有关的国际交流；

（七）本法或者其他法律、法规规定委托的其他与社会企业有关的业务；

（八）第Ⅰ款至第Ⅶ款所称之附带项目。

Ⅴ. 政府可在预算限额内向促进机构捐款，以支付建立和运营过程中产生的费用。

Ⅵ. 除本法另有规定外，《民法》关于财团法人成立基础的规定应参照适用于促进机构。

Ⅶ. 促进机构可要求国家、地方政府、公共机构（如教育机构和研究机构）提供履行职责所需的数据。

Ⅷ. 根据《刑法》第一百二十九条至第一百三十二条刑罚规定的目的，促进机构的行政人员和雇员应被视为公职人员。

Ⅸ. 促进机构的现任或前高管人员和雇员不得泄露其在履行职责过程中获悉的机密信息或将其用于其他目的。

Ⅹ. 就业和劳动部部长应指导和监督促进机构，让促进机构提交有关职责、账务和财产的必要报告，或让相关公职人员进入促销机构并检查书籍、文件和其他物品。

Ⅺ. 促进机构的公司章程、董事会、高管人员和会计、与相关机构的合作以及促进机构成立、运营等所需的其他事项应由总统令规定。

Ⅻ. 除促进机构外，任何实体不得使用"韩国社会企业促进机构"或类似名称。

［本条于 2010 年 6 月 8 日由第 10360 号法案新增］

第二十一条　授权和委托

Ⅰ. 根据总统令的规定，就业和劳动部部长可将其在本法下的部分权力委托给地方政府首脑或地方劳动和就业办公室负责人。（2012 年 2 月 1 日经第 11275 号法案修订）

Ⅱ. 就业和劳动部部长可授权促进机构履行以下职责：

（一）根据第六条对社会企业活动的实际状况进行调查；

（二）根据第七条第Ⅰ款的规定认证社会企业的职责；

（三）根据第九条第Ⅱ款接受修改公司章程等的报告；

（四）根据第十条之二提供教育和培训。

［本条于 2010 年 6 月 8 日经第 10360 号法案完全修订］

第二十二条　刑罚规定

任何人违反第二十条第Ⅸ款，泄露其在履行职责过程中获悉的机密信息或将其用于其他目的，将被处以三年以下有期徒刑或 1000 万韩元以下罚款。

［本条于 2010 年 6 月 8 日由第 10360 号法案新增］

第二十三条　过失罚款

Ⅰ. 有下列情形之一的，处以 1000 万韩元以下的罚款：

（一）未遵守根据第十七条第Ⅳ款发布之纠正令者；

（二）违反第十九条规定，使用社会企业的名称或类似名称者。

Ⅱ. 有下列情形之一的，处以 500 万韩元以下的罚款；

（一）未依第九条第Ⅱ款规定履行公司章程修正报告之义务者；

（二）未根据第十七条第Ⅰ款编制和提交商业报告之玩忽职守者，或编制虚假或欺诈性报告者；

（三）未依第十七条第Ⅱ款规定提交报告、提交不实报告、未提交文件或提交不实文件者；

（四）违反第二十条第Ⅻ款，使用"韩国社会企业促进机构"或类似名称的实体。

Ⅲ. 第Ⅰ款和第Ⅱ款规定的过失罚款应按总统令的规定，由就业和劳动部部长征收。

［本条于 2010 年 6 月 8 日经第 10360 号法案完全修订］

韩国社会企业促进法执行令（2019）[*]

黄　甜　译
金锦萍　校

实施日期 2019 年 1 月 1 日
第 29293 号总统令，2018 年 11 月 20 日，部分修正案

第一条　目的
本法令的目的是规定《社会企业促进法》授权的事项和执行该法所需的事项。

第二条　弱势群体详细标准
《社会企业促进法》（以下简称《促进法》）第二条第（二）项中的"弱势社会群体"（以下简称"弱势群体"）系指下列任何一种：

（一）家庭月平均收入不超过全国家庭平均收入的 60% 的人；

（二）《就业中禁止年龄歧视及高龄者就业促进法》第二条第一款所指的老年人；

（三）《促进残疾人就业及职业康复法》第二条第（一）项所指的残疾人；

（四）《关于处罚中介性交易等行为的相关法律》第二条第Ⅰ款第（四）项所指的性交易受害者；

（五）《青年就业促进特别法》第二条第（一）项所指的青年或《促

---

[*] Available at: https://www.law.go.kr/LSW/eng/engLsSc.do?menuId=2&section=lawNm&query=social+enterprise&x=30&y=23#liBgcolor0

进职业中断妇女经济活动法》第二条第（一）项所指的职业中断妇女中有资格获得《就业保险法执行令》第二十六条第Ⅰ款及附表一规定的促进就业奖励的人；

（六）《北朝鲜难民保护和定居支持法》第二条第（一）项所指的北朝鲜难民；

（七）《家庭暴力防止及受害人保护法》第二条第（三）项所指的受害者；

（八）符合《单亲家庭救助法》第五条和第五条之二所述保护条件的人；

（九）《韩国外国人待遇基本法》第二条第（三）项所指的婚姻移民；

（十）《缓刑法》第三条第Ⅲ款所指的应受康复训练的人；

（十一）下列人员之一：

1. 如《犯罪被害人保护法》第十六条所指的有资格获得救济的被害人系残疾的，该有资格获得救济的被害人、其配偶、直系血亲以及与该有资格获得救济的被害人居住在一起的兄弟姐妹；

2. 如《犯罪被害人保护法》第十六条所指的有资格获得救济的被害人死亡，其配偶、直系血亲以及与该被害人居住在一起的兄弟姐妹；

（十二）在雇佣政策审议委员会（以下简称"政策审议委员会"）根据《雇佣政策基本法》第十条审议就业情况后，被雇佣劳动部部长认定为属于弱势群体的其他任何人，例如失业至少一年的人。

［本条经第 22520 号总统令，2010 年 12 月 9 日全面修订］

第三条　社会服务之种类

《促进法》第二条第（三）项所称"总统令规定之服务领域"系指下列任何一种：

（一）儿童保育服务；

（二）艺术、旅游和体育服务；

（三）森林养护和管理服务；

（四）护理和家政服务；

（五）与保护和利用文化遗产有关的服务；

（六）商业设施管理服务，包括清洁服务；

（七）《就业保障法》第二条之二第（九）项规定的就业服务；

（八）经政策审议委员会审议后，被雇佣劳动部部长认可的其他服务。

［本条经第22520号总统令，2010年12月9日全面修订］

第四条

删除。［根据第22520号总统令，2010年12月9日］

第五条

删除。［根据第22520号总统令，2010年12月9日］

第六条　应纳入社会企业促进总体规划之事项

《促进法》第五条第Ⅱ款第（四）项中的"总统令规定之事项"系指下列任何一种：

（一）设立扶助社会企业的基金会；

（二）培训社会企业经理人，教育以及培训社会企业工作者；

（三）为推行《促进法》第五条所规定之社会企业促进总体规划（以下简称"总体规划"）所需的资金；

（四）其他与社会企业相关的重要措施。

［本条经第22520号总统令，2010年12月9日全面修订］

第七条　总体规划的制定和实施等

Ⅰ．为制定和实施《促进法》第五条第Ⅳ款所规定的总体规划及附属于该总体规划的年度实施计划，雇佣劳动部部长可要求相关中央行政机构负责人或地方政府负责人配合提供相关信息或数据等。

Ⅱ．在收到第Ⅰ款所述合作请求后，有关中央行政机构负责人或地方政府负责人应对该请求予以配合。

［本条经第22520号总统令，2010年12月9日全面修订］

第七条之二　城市或都督扶助社会企业计划之制订等

Ⅰ．特别大城市市长、大城市市长、都督和特别自治省省长（以下简称"市长或都督"）应根据《促进法》第五条之二第Ⅰ款之规定，每五年制订一次城市/都督扶助社会企业计划（以下简称"扶助计划"）；但如果本条第Ⅱ款所述事项被纳入《就业政策框架法》第九条所规定的地方就业政策总体计划，则不得制订扶助计划。

Ⅱ. 扶助计划应包括以下内容：

（一）扶助社会企业的基本方向和实施策略；

（二）社会企业提供的社会服务和通过该种社会服务创造的目标就业水平；

（三）发现和推广社会企业；

（四）创造一个激活社会企业的环境，包括参考《促进法》第十一条所规定的补贴设施成本，《促进法》第十二条所规定的优惠购买以及《促进法》第十三条所规定的社会保险费减税、免除和补贴等；

（五）筹资计划，包括预算；

（六）其他促进和扶持社会企业的必要事项。

Ⅲ. 市长和都督每年应编制上一年度的实施结果和相关年度的扶持计划（以下简称"年度扶持计划"）。

Ⅳ. 市长和都督应在《就业政策框架法》第十条第一款所指的地方就业审议委员会审议后，在下列日期前向雇佣劳动部部长提交一份扶持计划和年度扶持计划：

（一）扶持计划：从2011年起，每五年的1月15日；

（二）年度扶持计划：自2012年起，每年的1月15日。

Ⅴ. 在收到根据第Ⅳ款提交的扶持计划和年度扶持计划后，雇佣劳动部部长应向政策审议委员会报告。

［本条由第22520号总统令，2010年12月9日新增］

第八条　社会企业组织形式

《促进法》第八条第Ⅰ款第（一）项中的"总统令规定的组织形式，如根据特别法案成立的公司或非营利、非政府组织"系指以下任何组织［经2012年6月5日第23838号总统令、2012年8月3日第24020号总统令修订］：

（一）《共益公司法》第二条所指的共益公司；

（二）《援助非营利非政府组织法》第二条所指的非营利、非政府组织；

（三）《社会福利服务法》第二条第三款所指的社会福利公司；

（四）《消费者合作社法》第二条所指的消费者合作社；

（五）《合作社框架法》第二条第一款所指的合作社、第二条第二款所指的合作社联盟、第二条第三款所指的社会合作社以及第二条第四款所指的社会合作社联盟；

（六）其他法案中提及的公司或非商业组织。

［本条经 2010 年 12 月 9 日第 22520 号总统令全面修订］

第九条　社会目标是否实现的判定标准

Ⅰ. 根据《促进法》第八条第Ⅰ款第（三）项后半部分的规定，判定一个组织的首要目标是否为实现社会目标的标准如下［经 2013 年 12 月 30 日第 25048 号总统令、2016 年 6 月 30 日第 27299 号总统令、2018 年 11 月 20 日第 29293 号总统令修订］：

（一）以向弱势群体提供社会服务为主要目标的：弱势群体在该组织提供社会服务的人数中所占比例至少应为 30%；

（二）以为弱势群体提供就业机会为主要目标的：该组织雇用的弱势群体在该组织职工总数中所占比例至少应为 30%；

（三）组织的主要目标是为社区作出以下贡献的：

1. 以通过利用社区的人力和物力资源增加社区居民的收入和就业为主要目标的（指经政策审议委员会审议后，雇佣劳动部部长确认的需要社会企业贡献的社区；以下同样适用于本项）：该组织雇用的居住在该组织所在社区的弱势群体（以下简称"社区弱势群体"）在该组织职工人员总数或在该组织提供社会服务人员总数中所占的比例至少应为 20%；

2. 以解决社区中的贫困、异化、犯罪等社会问题为主要目标的：与该组织主要目标相对应的部分的收入或支出在该组织总收入或支出中所占的比例至少应为 40%；

3. 主要目标是通过提供咨询或营销服务、资金等扶持寻找社会目标的群体，如向社区提供社会服务或就业、提高社区居民的生活质量等：与该组织的主要目标相对应的部分的收入或支出在该组织总收入或支出中所占的比例至少应为 40%；

（四）以向弱势群体提供社会服务和就业为主要目标的：该组织雇用的弱势群体在该组织职工总数中所占的比例，以及该组织提供社会服务的弱势群体在该组织提供社会服务的人数中所占的比例，应分别至少为20%。

Ⅱ. 尽管有第Ⅰ款的规定，如果无法根据第一款确定社会目标是否实现，雇佣劳动部部长应在政策审议委员会审议后确定社会目标是否实现。

［本条经第22520号总统令，2010年12月9日全面修订］

第十条　经营活动收入标准

《促进法》第八条第Ⅰ款第五项中的"通过其业务活动产生的收入至少应达到总统令规定的标准"系指相关组织在根据《促进法》第八条第Ⅲ款的规定申请社会企业认证之日的当月前的六个月（指相关组织的业务活动期，如果该期限少于六个月）通过业务活动获得的总收入，在该组织同期支付的总人工成本（指投入服务或生产的人力资源成本）中所占的比例至少应为50%。［经2013年12月30日第25048号总统令、2018年11月20日第29293号总统令修订］

［本条经第22520号总统令，2010年12月9日全面修订］

第十一条　公司章程规定事项等

《促进法》第九条第Ⅹ款中的"总统令规定的事项"系指以下事项：
（一）相关社会企业的分支机构；
（二）为相关社会企业筹集资金；
（三）相关社会企业的会计核算。

［本条经第22520号总统令，2010年12月9日全面修订］

第十二条　管理支持职责的委托

Ⅰ.《促进法》第十条第Ⅱ款中的"总统令规定的政府资助机构或非政府组织"系指以下任何机构或非政府组织［经2012年6月5日第23838号总统令修订］：
（一）根据《公共机构管理法》第四条的规定被指定为公共机构的机构（限于政府出资的机构）；

（二）下列任何非政府组织：

1. 至少有 3 名全职顾问的管理咨询公司；

2. 有能力提供技术、税收、劳务和会计等专门咨询服务的公司；

3. 删除［根据 2012 年 6 月 5 日第 23838 号总统令］；

4. 根据《就业政策框架法》第二十八条第一款的规定，在社会服务部门有协助公司或组织参与创造就业项目至少一年的记录的社会企业或非政府组织；

（三）《高等学校法》第二条第一款所指的大学附属研究机构。

Ⅱ. 如果雇佣劳动部部长根据《促进法》第十条第Ⅱ款委托第Ⅰ款所指的机构或组织承担提供扶持的职责，他/她可在预算范围内全额或部分补贴受托机构或组织在履行受托职责时发生的费用。

［本条经第 22520 号总统令，2010 年 12 月 9 日全面修订］

第十二条之二　采购计划和采购记录的通知

Ⅰ. 根据《促进法》第十二条第Ⅱ款的规定，在每年 2 月底之前，《促进购买中小企业制造的产品和支持其市场发展法》第二条第（二）项所指的公共机构负责人应通知雇佣劳动部部长有关年份购买社会企业制造的商品和服务（以下简称"社会企业产品"）的计划、上一年度的采购记录、相关机构采购的社会企业产品金额占该机构采购总额的比例等。

Ⅱ. 雇佣劳动部部长应根据第Ⅰ款编制公共机构上一年的采购计划和采购记录，并在每年 4 月 30 日之前在互联网主页上发布通知。

［本条由第 23838 号总统令，2012 年 6 月 5 日新增］

第十二条之三　实际同一性标准

《促进法》第十八条第Ⅱ款前半部分中的"被视为实际相同的企业"系指以下任何企业：

（一）代表人或者管理人与被撤销认证的企业相同的企业；

（二）取得被撤销认证的企业的主要经营权利或者资产的企业；

（三）被撤销认证的企业与其他企业合并或者分立的，合并或分立后设立的企业；

（四）在综合考虑企业目标、业务细节、执行官员和工人等成员、决策结构等因素后,被雇佣劳动部部长认定为与被撤销认证的企业实际相同的企业。

[本条由第 23838 号总统令,2012 年 6 月 5 日新增]

第十二条之四 公司章程

Ⅰ.《促进法》第二十条第Ⅰ款中的韩国社会企业促进机构(以下简称"促进机构")的公司章程应包括以下事项:

(一)名称和目的;

(二)总公司和分公司;

(三)执行官员;

(四)董事会;

(五)业务;

(六)预算和结算;

(七)财产和会计;

(八)修改公司章程;

(九)订立、修订及废除附则;

(十)解散;

(十一)公告事项。

Ⅱ.除非雇佣劳动部部长允许修改促进机构的章程,否则对章程的任何修改都是无效的。

[本条由第 22520 号总统令,2010 年 12 月 9 日新增]

第十二条之五 执行官员

Ⅰ.促进机构的官员不得超过 15 名,包括 1 名机构主席(以下称为"主席")以及 1 名作为执行人员的审计人员。

Ⅱ.主席应代表促进机构并管理促进机构的事务。

Ⅲ.主席应由雇佣劳动部部长根据公司章程规定的程序任免。

Ⅳ.第Ⅰ款所指的执行人员中,下列人员须成为当然执行人员:

(一)由雇佣劳动部部长从雇佣劳动部负责促进社会企业的具有高级行政服务地位的公职人员中指定的一人;

(二)由战略财政部部长从战略财政部中负责促进机构预算的具有高

级行政服务地位的公职人员中指定的一人。

Ⅴ. 董事（当然董事除外）和审计人员应由雇佣劳动部部长根据公司章程规定的程序任免。

Ⅵ. 非执行董事不得获得任何报酬，但履行职责产生的实际费用可支付给非执行董事，当然董事除外。

Ⅶ. 主席及董事的任期为三年，审计师的任期为两年，但当然董事的任期应与其原职务的任期一致。

［本条由第22520号总统令，2010年12月9日新增］

第十二条之六　董事会

Ⅰ. 促进机构应设立董事会，审议并决定下列事项：

（一）修改公司章程；

（二）促进机构的组织；

（三）主席的任免；

（四）重要附则的制定、修订和废除；

（五）经营计划、预算和决算；

（六）重大财产的收购和处置；

（七）其他与促进机构运作有关的重要事项。

Ⅱ. 董事会由主席和董事组成。

Ⅲ. 主席召集并主持董事会会议。

Ⅳ. 审计人员可以列席董事会，陈述意见。

Ⅴ. 董事会运行必需的事项等由公司章程规定。

［本条由第22520号总统令，2010年12月9日新增］

第十二条之七　会计

促进机构的财政年度应与政府的财政年度一致。

［本条由第22520号总统令，2010年12月9日新增］

第十二条之八　职责合作

为履行发展和促进社会企业之职责，主席可要求相关机构提交数据。

［本条由第22520号总统令，2010年12月9日新增］

第十二条之九　设立登记

Ⅰ. 促进机构应在其主要办事处所在地注册成立。

Ⅱ. 第Ⅰ款所指的促进机构的注册事宜如下：

（一）名称和目的；

（二）主要办事处和分支机构的位置；

（三）执行官员的姓名和地址。

［本条由第22520号总统令，2010年12月9日新增］

第十三条　授权

根据《促进法》第二十一条的规定，雇佣劳动部部长应授权地方就业和劳动办公室的负责人处理以下事项：

（一）根据《促进法》第十四条向提供社会服务的社会企业提供财政支持；

（二）接收业务报告，发布提交职责所需的报告或相关文件的指令，及根据《促进法》第十七条发布纠正令；

（三）根据《促进法》第十八条举行听证会和撤销认证；

（四）根据《促进法》第二十三条征收行政罚款。

［本条经第22520号总统令，2010年12月9日全面修订］

第十三条之二　处理个人身份信息

雇佣劳动部部长（包括雇佣劳动部部长根据《促进法》第二十一条委托或委派其权力或职责的人员）或地方政府负责人（包括相关当局委托或委派的人员）可处理数据，包括《个人信息保护法执行令》第十九条第（一）项或第（四）项规定的居民登记号或外国人登记号，必要时履行以下职责：

（一）根据《促进法》第七条第Ⅰ款的规定认证社会企业；

（二）根据《促进法》第十一条的规定为购买场地和设施费用等提供资金；

（三）根据《促进法》第十四条第Ⅰ款补贴劳动力成本。

［本条经第25532号总统令，2014年8月6日全面修订］

第十四条　处以行政罚款
根据《促进法》第二十三条第Ⅲ款处以行政罚款的标准详见附表。
［本条经第22520号总统令，2010年12月9日全面修订］

附录［第29293号总统令，2018年11月20日］
第一条（实施日期）
本法令自2019年1月1日起生效。
第二条（经营活动收入标准的适用性）
本法令生效后，第十条的修正条款将开始适用于社会企业的认证申请。

斯洛文尼亚社会企业法（2011）[*]

陶 溥 译
刘丽莎 一校
金锦萍 二校

第一章 一般规定

第一条 宗旨

本法规定了社会企业的定义、目标和原则，社会企业的活动和与社会企业有关的就业条件，法律实体获得社会企业地位的条件，获得社会企业地位的方法及其撤销，社会企业的具体经营条件，保存的有关社会企业的记录，以及其监督。

该法还规定了社会企业发展的规划和激励措施，社会伙伴和民间社会组织在通过发展文件方面的合作，市政当局在规划和实施社会企业发展政策方面的作用，以及社会企业领域的权限。

第二条 定义

本文所使用的术语应具有以下含义：

（一）非营利法人——系指社会、机构、基金会、公司、合作协会、欧洲合作协会或其他受私法管辖的法人，不以创造利润为唯一目的，不分配资产或创造的利润或收入超过支出的盈余，但根据法律规定有限制范围的除外。

（二）社会企业的成员——应指有权管理社会企业的人，如社会企业

---

[*] Available at：http：//www. pisrs. si/Pis. web/cm? idStrani = prevodi

的创始人和/或所有者，前提是允许个人在社会企业中持股，以及已成为社会企业成员的人，前提是社会企业须为会员组织。

（三）利益相关者——应指在社会企业中雇用的职工，在社会企业中从事志愿工作的志愿者，以及根据合同或其他法律关系使用社会企业在其社会企业活动中提供的产品或服务至少一年的人。

（四）社会企业活动——系指通过提供额外的产品和服务来提高生活质量或生活环境，加强社会团结和凝聚力，或确保实现本法第三条第Ⅱ款中提到的一个或多个其他目标，从而为公共利益服务的活动；作为一项规则，这些活动在没有公共资金的补贴或奖励的情况下无法在市场上长期进行，而奖励和补贴不被认定为扭曲竞争。

（五）特殊就业条件——系指本法中有关被列为本法规定的劳动力市场中最弱势人群的就业要求，从而实现本法第三条第Ⅱ款中提到的一个或多个社会企业目标，为公共利益服务。

（六）职工的长期就业——至少应指职工无限期或至少十二个月固定期限的兼职就业。

第三条　社会企业定义及其目标

Ⅰ. 社会企业系指在市场上制造和销售产品或提供服务的过程中，长期从事社会企业活动或其他活动，此类活动受制于特殊的就业条件，对于该活动而言，创造利润既不是唯一也不是主要目标。

Ⅱ. 社会企业应加强社会团结和凝聚力，促进公民参与，支持志愿工作，提高社会在解决社会、经济、环境和其他问题方面的创新能力，确保为公众利益提供更多的产品和服务，开发新的就业可能性，提供更多的就业机会，使劳动力市场中最弱势的群体能够融入社会和重返职业生活（社会企业目标）。

第四条　社会企业原则和要求

非营利法人可以从事社会企业，但必须按照以下原则和要求（以下简称"原则"）建立和运作，以下原则表明其公益和社会贡献的性质：

（一）由其创始人自愿决定建立的（自主性）；

（二）其目的不只是创造利润（成立的非营利目的）；

（三）其成立主要目的是持续从事社会企业或其他活动，以便雇用劳动力市场中最弱势的群体，从而为公共利益服务（开展符合公共利益的活动）；

（四）其成员自愿工作（自愿性）；

（五）独立管理（独立性）；

（六）其产品的制造和销售或其服务的提供在很大程度上是根据市场原则进行组织（市场导向）；

（七）其通常涉及志愿工作（志愿工作参与）；

（八）创始人或所有者个人不对决策施加支配性影响；决策由所有成员根据每成员一票的原则通过，而不考虑其股权份额（成员平等）；

（九）利益相关者参与决策（利益相关者参与管理）；

（十）资产、利润和超过支出的盈余收入用于社会企业或其他非营利性目的，不允许或根据本法限制利润或盈余收入的分配（非营利性经营）；

（十一）规定其财务运行的透明度以及对其库存管理和财务运行的内部控制（经营透明度）；

（十二）长期为其成员、用户和更广泛的社区的利益开展活动（为公共利益而运作）。

第五条 社会企业领域和活动

Ⅰ. 社会企业活动应在以下领域进行：

（一）社会援助；

（二）家庭援助；

（三）对残疾人的保护；

（四）科学、研究、教育；

（五）提供和组织青年工作；

（六）保护和促进健康；

（七）确保社会包容，促进失业者和面临失业风险者的就业和职业培训；

（八）为本法第六条中所述人员提供职业中介服务，包括将此类人员出租给其他用户的活动；

（九）有机食品生产；

（十）自然保护、景观设计、环境保护和动物保护；

（十一）促进可再生能源的使用和绿色经济的发展；

（十二）以尊重可持续性、可及性和团结的价值观方式，为被排除在外或受其生活条件限制的人提供旅游服务（社会旅游）；

（十三）面向社会弱势群体的商店（社会商店），销售来自最不发达环境小生产者产品的商店，基于生产者和贸易商人之间的道德、透明和平等的商业关系，旨在确保生产者的公平报酬和其生存（公平贸易），以及提供社会企业活动服务和产品的商店；

（十四）文化、技术文化以及文化保护、技术和自然遗产的保护；

（十五）以娱乐和社交为目的的业余运动和体育活动；

（十六）保护和救援活动；

（十七）促进当地社区发展；

（十八）为社会企业提供支持服务；

Ⅱ. 特别法案可以界定社会企业活动的其他领域。

Ⅲ. 斯洛文尼亚共和国政府（以下简称"政府"）应根据负责劳动、家庭和社会事务的部长（以下简称"负责部长"）的建议，在发布的法令中确定本条第Ⅰ款和第Ⅱ款所述的社会企业活动，同时考虑到本法第二条第Ⅳ款规定的标准。负责部长应事先征得负责社会企业活动领域内所有部长的同意，并在与社会伙伴、社会企业和其他民间社会组织进行初步协商后，提交该提案。

Ⅳ. 管理开展社会企业活动的领域的法案和其他法案可以规定津贴和奖励办法，以促进社会企业活动。

第六条　就业的特殊条件

Ⅰ. 尽管有前述的规定，社会企业也应包括开展其他活动，如果开展活动的目的是雇用劳动力市场中最弱势的群体，根据2008年8月6日（EC）第800/2008号委员会条例，宣布某些类别的援助适用条约第八十七条和第八十八条时符合共同市场，其中包括被归类为弱势职工、严重的弱势职工和残疾职工，特别是以下群体：

（一）由主管部门发布的决定确认为残疾的人；

（二）因身体、精神或心理损伤或疾病而受到主管部门决定承认的限制，并导致他们获得、保持或提升就业的前景大幅降低的失业人员；

（三）失业满二十四个月以上的失业人员（以下简称"长期失业者"）；

（四）在斯洛文尼亚共和国就业服务局（以下简称"就业服务局"）登记的失业者，如果在完成教育后或在完成大学学习、高等教育或高等职业课程见习期后首次就业，或者其早期研究人员身份终止（以下简称"首次求职者"），为期六个月以上；

（五）失业人员：

1. 年龄五十五岁以上；

2. 罗姆社区成员；

3. 未能完成初级或低级职业教育的未成年人；

4. 出狱不超过一年且未从事正常有偿工作超过六个月的人，或有条件释放的人，或参加融合计划的难民，或参加酗酒或吸毒治疗计划的人，或两年前完成此类计划的人，或无家可归的人（以下简称"难就业者"）。

Ⅱ. 为了确定本法第八条第Ⅱ款所述配额，劳动力市场中最弱势的群体应包括被社会企业雇用二十四个月后仍然没有工作的长期失业者，以及前款第（五）项第2目、第3目和第4目中所列的首次求职者以及在被社会企业雇用后且未超过十二个月的就业困难者。

第七条　社会企业领域的职能范围

Ⅰ. 社会企业理事会（以下简称"理事会"）由政府设立，目的是制定社会企业发展政策，分析社会企业的发展需求，鼓励各市镇参与制定和实施地方和区域层面的社会企业发展政策，编写发展文件，分析、评估和监督各项措施和社会企业发展政策的实施。政府应从负责本法第五条和第六条所述领域的每个部委中任命一名代表，并从负责地方自治和区域政策的政府办公室中任命一名代表进入理事会。还应根据具有代表性的工会联合会建议任命一名社会伙伴的代表，两名社会企业的代表，以及根据民间社会组织的建议任命一名专业机构的代表。理事会应与各部委、政府办公室、市政当局、社会伙伴和民间社会组织协调有关社会企业的政策。为了执行其任务，理事会应当具备以下职能：

（一）起草社会企业发展战略（以下简称"战略"），并提交其对措施方案的意见；

（二）监督战略和措施方案的实施；

（三）指导和监督执行机关的工作，促进预算和欧盟资金的合法、有效和高效使用；

Ⅱ. 理事会专家职能应由各部委和政府办公室在其各自的工作领域内完成。

Ⅲ. 负责劳动、家庭和社会事务的部长（以下简称"主管部门"）应协调前款所述的专家职能，并监督社会企业的运作和促进社会企业措施的实施。为了执行其任务，主管部门应具备以下职能：

（一）与其他部委和政府办公室合作，制订实施战略的措施方案；

（二）与其他部委和政府办公室合作，为理事会准备分析、报告和其他专家材料；

（三）确定并监督本法规定的社会企业运行条件的履行情况，以及禁止非营利法人作为社会企业运行的条件。

（四）根据本法第四十二条的规定保存记录。

Ⅳ. 本条第Ⅰ款所述措施，应由以下执行机关实施：各部委、政府机关、公共基金、事业单位或政府在本法中确定的其他公法实体。执行机关应监督根据本法给予社会企业奖励的专项资金使用情况。

Ⅴ. 负责根据特别法案将非营利法人列入登记册的法院或国家机关（以下简称"登记机关"），或负责颁发同意其成立的许可，也有义务核实计划作为社会企业经营的非营利法人是否符合本法的要求，并应在登记程序或同意其成立的程序中进行。

Ⅵ. 本条第Ⅳ款所述的实施机关可通过有关公共采购的规定进行公开招标，选择其他组织以实施个别措施并提供措施项下的服务。同时还应监督所选组织合同授予协议的执行情况。

Ⅶ. 前款所述的措施和服务可由公法法人或在公开招标中选定的私法法人实施。

第二章　社会企业

第八条　社会企业

Ⅰ. 非营利法人可以社会企业形式经营，但须获得社会企业的资格。

Ⅱ. 在下列情况下，非营利法人可以获得社会企业的资格：

（一）设立旨在长期开展社会企业活动，并在其运营的第一年至少雇用1名职工，在随后年度里至少雇用2名职工（以下简称"A类社会企业"）；或

（二）设立旨在为了雇用本法第六条中提到的人员，并通过长期雇用这些职工中至少三分之一的人从事特定活动（以下简称"B类社会企业"）；以及

（三）本法和关于特定类型的非营利性合法实体法律结构法案规定的所有其他条件均已满足。

Ⅲ. 非营利法人只能保持社会企业的地位，但必须证明其已开始从事合法的社会企业活动或其他活动，并在第十九条第Ⅰ款规定的时限内雇用了第Ⅰ款所述职工人数或符合前款第Ⅱ款所述人员结构要求。为维持社会企业的地位，A类社会企业的年度报告应在其经营的第二年后至少披露其社会企业活动总收入的40%，并在其经营的第三年及以后所有年份披露至少总收入的50%。

Ⅳ. 社会企业应始终按照本法规定的社会企业原则运行。

第九条　限制

Ⅰ. 以营利为目的的企业不得建立社会企业，将其部分业务或活动转让给社会企业；但是，可以设立为其多余的职工创造就业机会的企业。

Ⅱ. 非营利性法人参加政党的，不得取得社会企业资格。同样，在决策中主要受一家或多家营利性公司、公法规定的法人实体或当地社区影响的非营利性法人也不能获得此类资格。

Ⅲ. 根据有关残疾人职业康复和就业条例，非营利法人无论是否已获得庇护工作场所或就业中心的资格，如果非营利法人处于破产、强制和解或清算程序中，或在登记对其章程或组织结构的修订时有未付税款或未为其职工缴纳社会保险费，则不得获得社会企业资格。

第十条　社会企业协会

社会企业可以决定成立社会企业协会。

第十一条　非营利性运行

Ⅰ. 社会企业活动产生的利润和收入超过支出的盈余，应由社会企业用于开展上述活动或用于本法规定的其他目的。

Ⅱ. 除法律对管理特定类型非营利合法实体法律结构另有规定外，不得分享利润和收入超过支出的盈余。在此情况下，社会企业可以选择在其成员、管理层和职工之间分配利润或超过支出的收入，但最多不超过相关年度产生的利润或超出支出收入总额的20%，而且只有在收入盈余不属于非消耗性公共资金的情况下，且这种分配是由其公司的备忘录或章程所设想的。分配部分利润或盈余收入的社会企业，不得排除其职工参与利润分享。

Ⅲ. 间接利润或剩余收入分配应包括以下内容：

（一）向负责人、董事会或其他机构成员或职工支付奖金；

（二）支付超过部门集体协议规定的各自税目基本工资（以下简称"基本工资"）30%的工资，不符合最低工资标准或社会企业证明需要从事特定职业的除外；

（三）除特别法案另有规定外，应包括对超过规定的工作相关费用和其他不计入应纳税额的支出金额的其他费用补偿。

Ⅳ. 报销与工作有关的费用和培训志愿者的费用，如未超过前述第Ⅲ款规定的数额或相当于职工培训费用的，则不视为间接利润分配。

第十二条　社会企业文件

Ⅰ. 除了规范特定类型非营利法人实体法律结构的法律所规定内容外，社会企业的备忘录或章程还应确定设立法人的非营利目的，以及履行本法规定的其他原则的方法，并确定其公益和社会贡献的性质。如社会企业确定应雇用本法第六条所述群体，则有义务将从事社会企业活动或其他活动确定为其活动或任务，并且必须将这些活动与其他活动或任务区分，根据本法第二十六条确定财产处置和利润或剩余收入的使用方案。

Ⅱ. 其公司的备忘录或章程也应：

（一）确定嵌入平等原则的管理方法；

（二）确定负责管理社会企业活动的人员，任命或选举的条件，以及他们的责任；

（三）确定监督机构，根据本法的规定、公司的备忘录或章程以及其他内部法案，根据良好管理原则监督业务，并监督其物质和财务业务以及年度报告的准确性；应规定监督机构成员的选举或任命方法、任期以及职权、权限和责任；

（四）规定其应按照本法第八条第Ⅱ款第（一）项和第（二）项的规定雇用职工；

（五）具体说明志愿者是否会参与其工作；

（六）明确利益相关者参与管理的方法（协商、强制意见等）；

（七）确定保存账簿和起草财务报表的规则，或规定这些规则由一项特别法案加以管理；以及

（八）明确根据本法规定进行清算时变更其法律形式的要求，以及与持有资产有关的条件。

第十三条　责任

社会企业的责任应根据管理法律规定的特定类型非营利合法实体的法律结构确定。

第十四条　社会企业注册申请

Ⅰ．除规定详述的具体内容和附件外，拟以社会企业经营为目的的非营利法人申请登记还应包括以下内容：

（一）非营利法人的创始人或主管部门决定以社会企业形式运营；

（二）所有获得授权代表的姓名、个人登记号码、国籍和永久或临时地址，以及社团的权限范围；

（三）开始运营的潜在金额或社会资产价值的证据。

Ⅱ．此条也适用于对将非营利法人改组为社会企业的组织章程或条款进行修改的登记申请。

Ⅲ．在登记程序中，登记机关应依职权核实官方记录中授权代表和创始人的个人资料；对于将非营利法人改组为社会企业的备忘录或章程修订进行登记的，还应确定法人是否处于破产、强制和解或清算程序中，或有任何未偿还的税款或未为其员工缴纳社会保障金。

第十五条　社会企业注册

Ⅰ．在登记程序中，登记机关还应确定计划作为社会企业经营的非营利法人的公司备忘录或章程是否符合本法第十二条的规定。在对非营利法人改组为社会企业的备忘录或章程修订进行登记时，也应确定是否符合条件。

Ⅱ．符合前款规定的条件，且本法第九条所述限制不适用于有关的非营利法人时，登记机关应当签发与非营利法人登记入册登记或者有关变更的文件，并应决定在登记册中的公司名称或非营利法人的名称上加注"社会企业"字样。

第十六条　条款的对比适用

本法第十四条和第十五条的规定应对比适用于签发同意公司章程或其修正案的程序，在取得非营利法人的法人资格或将该实体重组为社会企业并将其列入公共记录时，需要获得主管部门同意。

第十七条　登记机构的义务

Ⅰ．登记机构或前条所述部门应立即向负责建立社会企业档案和实施监督的部门提交一份文件副本。

Ⅱ．如果社会企业提交申请，要求登记对其公司章程或备忘录的修订，其中可能存在禁止其作为社会企业经营的理由，则还应向主管部门提交一份文件副本。

第十八条　获得社会企业资格

Ⅰ．当公司名称或非营利法人的名称在登记册或公共记录中加上"社会企业"的字样时，非营利法人则获得社会企业的资格，方可从事其社会企业活动。

Ⅱ．在其合法交易中，前款所述非营利法人应当使用公司名称或与"社会企业"字样一起的名称或缩写"so. p."。

Ⅲ．其他法人不得在其公司名称或命名中使用"社会企业"或其缩写"so. p."的字样。

第十九条 报告

Ⅰ. 社会企业应在获得资格的一年内向主管部门提交其活动开始的证据。A 类社会企业应在经营的第一年结束后提交至少雇用一名职工的证据，在经营的第二年结束后提交至少雇用两名职工的证据。B 类社会企业应在获得资格的两年内提交雇用职工就业证明及其人员结构证明。

Ⅱ. 社会企业应在本年度 3 月 31 日前向主管部门报告上一财政年度社会企业活动可能未达到规定收入标准的情况。不符合人员编制或者人员结构要求的，社会企业应在职工数量不足之日起三个月内，或在其员工结构发生变化后申报。未能达到规定收入标准或不能维持规定的职工数或人员结构的，应当说明原因。

Ⅲ. 前款所述报告应附有社会企业重组计划，以便在下一年度符合规定的年度收入标准，或附有过渡期时间表的就业计划。

Ⅳ. 对社会企业给予奖励、豁免、补贴的公共资金的使用，应由社会企业按照本法、特别条例颁布的实施条例或现行合同义务申报。

第二十条 禁止经营和终止

Ⅰ. 在下列情况下，主管部门应依职权发布决定，禁止社会企业在下列情况下进行经营：

（一）社会企业未能开始经营，或者不符合规定的雇员人数或人员结构要求，或未能在前条第Ⅰ款规定的时限内提交相关证据；

（二）社会企业分配资产，直接或间接分配利润或剩余收入，或违反本法第二十六条的规定进行分配；

（三）社会企业将作为奖励、豁免或补贴给予社会企业的公共资金用于其预定用途以外的目的；

（四）社会企业因严重的税收违法行为而被提起诉讼，并对其违约行为作出最终裁决；

（五）社会企业在随后的两年中未能按时向斯洛文尼亚共和国公共法律记录和相关服务机构提交其年度报告；

（六）主管部门发出警告后，社会企业仍未能履行上条第Ⅱ款或第Ⅳ款所述的报告义务；

（七）社会企业停止执行社会企业活动或根据其社会企业资质开展的其他活动，或未能维持规定的受雇员工数量或员工结构；

（八）社会企业未能按照其备忘录或公司章程运营，从而违反了本法第四条所述的社会企业原则，或对其备忘录或公司章程进行修正，使这些原则无法适用。

（九）社会企业提交书面声明以放弃其资格的。

Ⅱ. 若社会企业实际停止开展社会企业活动，或在两年以上的时间内未能从本法第八条第Ⅲ款所述活动中产生收入标准，则应被视为未长期从事社会企业活动。

Ⅲ. 若社会企业在其员工数量低于本法第八条第Ⅱ款第（一）项规定的数量后六个月内没有雇用适当数量的新员工，应被视为长期未能雇用规定数量的员工。若社会企业在其员工结构不合适的六个月内没有雇用本法第六条所述适当数量的员工，则应被视为长期未能确保适当的员工结构。

Ⅳ. 禁止某实体作为社会企业经营的最终决定应由主管部门转交给登记机关，登记机关应从公司登记册或其他登记册或公共记录中删除加在公司名称或非营利法人名称上的"社会企业"字样，并输入最终决定的编号和日期。

Ⅴ. 根据本法给予非营利法人所有类型的奖励，自决定成为最终决定之日起终止。任何未使用的公共资金或通过免除义务或补贴获得的资金，应由非营利法人在前款提及的决定中指明的期限内返还。

Ⅵ. 非营利法人自本条第Ⅳ款所述的删除之日起，不再具有社会企业资格。

第二十一条　运行监控和实施细则

Ⅰ. 除其他法律另有规定外，主管部门应确保对社会企业的运作及其对本法要求的遵守情况进行专家监督。

Ⅱ. 执行机关依本法或其他社会企业奖励条例给予社会企业资金，应向主管部门报告以下情况：

（一）给予社会企业的资金类型和目的；

（二）适当使用授予的资金；

（三）为确保偿还不当得利或不当使用或未使用的资金而采取的追偿

程序（如果有）。

Ⅲ. 监督机构在行使其职能时，如发现有任何理由禁止社会企业作为社会企业经营，应立即向主管部门提交书面报告，并附上所有收集的证据。

Ⅳ. 由主管部门起草实施细则，详细规定监督社会企业运作及对其遵守要求的方法，第十四条所述申请的详细内容，第十九条所述证据和报告以及本法前条所述证据，第三十五条所述受益人获得促进社会企业发展的个别措施奖励的资格条件。社会企业享有本法第三十七条和第三十八条提及的具体奖励的条件，监督有权享有本法第三十七条和第三十八条规定奖励的社会企业资格和报告义务的方法，监督依照本法给予社会企业奖励和豁免的资金使用方法，以及偿还不当得利或使用或未使用的资金及应计利息的方法。主管部门还应通过一项实施条例，规定本法第七条第Ⅵ款所述组织应满足的详细条件。

第三章　社会企业的具体运作条件

第二十二条　会计

Ⅰ. 尽管其他法律对记账和起草财务报表的规则有所规定，但对于社会企业从事社会企业以外活动的，应单独披露相关的收入和支出数据。

Ⅱ. 社会企业通过依照本法或其他条例给予的奖励、豁免和补贴所获得的财务收入，应在单独的账户中披露。

Ⅲ. 经负责经济的部长和负责财政的部长同意，由斯洛文尼亚审计协会规定社会企业的会计准则。会计准则应规定社会企业年度报告及其附件的内容和编制方法，以确定社会企业的运作是否符合本法第四条第（三）项、第（六）项、第（七）项、第（十）项、第（十一）项和第（十二）项中提到的社会企业原则，并应特别规定：

（一）社会企业活动的收入应与其他活动和来源的收入分开，并确定其在总金额中的比例；

（二）根据本法和其他法律给予的奖励、补贴和豁免的收入和支出应予披露；

（三）每年度至少有九个月的期间内雇用的员工数量，或本法第八条第Ⅱ款中所要求的职工数量和员工结构，以及需要披露的志愿者数量，除非特别法案另有规定。

（四）按目的分配的利润或盈余收入；

（五）关于实现社会企业活动目标和社会企业宗旨的解释（商业报告）。

Ⅳ．社会企业记账和起草财务报表有关的其他问题应遵循法人会计条例和特定类型的非营利法人的会计准则。

Ⅴ．本法第十二条第Ⅲ款中所述监督机构应评估社会企业年度报告中披露数据的完整性和准确性。在通过年度报告之前，还应当审查社会企业的财务、物质经营正确性和合法性，以及账簿编制的规范性。应当评估本法和公司备忘录或章程规定的社会企业活动目标实现情况，利润或收入盈余的分配是否正常，以及授予的公共资金或通过补贴和豁免产生的资金使用情况。

Ⅵ．监督机构编写的评估报告应附在年度报告后。

第二十三条　成员权利

Ⅰ．尽管有特别法令规定了特定类型的非营利性法人的法律地位，社会企业的成员应在决策中适用平等原则。

Ⅱ．每个成员有一票表决权。

第二十四条　职工、志愿者和用户参与管理

Ⅰ．非社会企业成员的职工和志愿者应被赋予参与其管理的可能性，至少对与其工作和社会企业提供的产品或服务质量有关的决定施加影响。非社会企业成员的用户应被赋予影响与社会企业提供的产品或服务质量有关决定的可能性。

Ⅱ．前款所述人员参与决定的事项、知情权、时限、告知方法和参与决策方法的详细定义，应由社会企业在一般规范性文件中规定，并事先征得其代表的同意。

Ⅲ．前款中所述代表不是工会代表的，由职工制定代表的任命办法。

第二十五条　在社会企业工作

Ⅰ. 社会企业应确保不断遵守人员配置水平和结构要求。若由于客观原因暂时无法满足这些要求，应制订一份包含过渡期间时间表的工作人员计划，并应与主管部门协调，以便在六个月内满足所有条件。

Ⅱ. 社会企业与本法第六条所述职工订立劳动合同，并依本法规定由公共基金给予其工资补贴者，若不良结果完全由于促使员工被归类为特别弱势群体的原因，则不能以未能实现预期结果为由终止。

Ⅲ. 志愿者可以长期或临时参与社会企业的工作。志愿者有权参加开展工作和发展社会企业所需的所有培训方案，并有权获得与工作有关所有费用的报销。同时也有权根据特别法案获得补偿。

第二十六条　利润和剩余收入的分配

Ⅰ. 社会企业产生的利润和盈余收入应指定为：

（一）用于追求活动而形成的固定资本；

（二）维持和增加工作岗位的数量；

（三）抵消因本法第八条所述职工请病假数量增加和工作效率降低而造成的收入下降；

（四）对职工和志愿者的教育和培训；

（五）其他发展和非营利活动，如不是为了成员的专属利益而开展，用于成立或共同成立社会企业，或用于在其公司章程中确定的当地社区发展社会企业的目的；

（六）增加资产；

（七）在本法和其他法案允许的情况下进行分发。

Ⅱ. 利润或盈余收入的分配，若允许，则应由社会企业的最高管理机构决定。

第二十七条　状态变更

Ⅰ. 根据规范特定类型的非营利性法人法律地位的法律，社会企业只能加入或与另一家社会企业合并。

Ⅱ. 社会企业的分立或其他重组所产生的法定权利符合获得社会企业

资格条件的，则应允许其分立或其他重组。

Ⅲ. 不符合前款规定的，应拒绝本法第十六条所述的在登记册上登记变更或签发同意书的做法。

第二十八条　社会企业的清算

Ⅰ. 清算程序结束后，除其他法律另有规定外，清偿债权人和潜在的自愿或强制股份后剩余的资产，可以转让给其他社会企业，其他非营利法人或城市。

Ⅱ. 市政府只能将前款规定的资产用于社会企业目的。

第四章　有利于社会企业发展的环境

第二十九条　社会企业发展规划

Ⅰ. 斯洛文尼亚共和国社会企业的计划发展应通过一项战略加以确保。在与社会伙伴、社会企业和其他民间社会组织协商后，政府应通过一项四年期战略。

Ⅱ. 该战略应包括对需求和潜在的社会企业发展方向、基本发展政策、战略发展目标和社会企业发展主要领域的分析，国家及其机构以及市政当局在执行政策和实现发展目标方面的作用。

Ⅲ. 主管部门应与负责社会企业活动领域的所有部门合作，起草措施方案，以执行每年度或规划期的社会企业发展战略（以下简称"措施方案"），就每项措施而言该方案应具体规定以下事项：

（一）目标；

（二）内容；

（三）措施所针对的目标群体；

（四）参与某项活动的条件和开展该活动的方法；

（五）在一项活动中符合条件的费用类型及金额；

（六）活动的执行期；

（七）各项措施的实施机构或其分包商执行权力；

（八）资金的来源和数额，并表明某项活动是否属于国家援助；

（九）报告的方法；以及

(十) 评估目标实现情况的标准。

Ⅳ. 前款所述的措施方案应由政府根据理事会的事先意见予以通过。

Ⅴ. 措施方案应能为建立社会企业提供协调的援助，协助业务开始，为确保其流动性和发展提供援助，并应关注积极就业政策措施和政府通过的其他发展文件的实施。

Ⅵ. 在规划期间，若需求或资金范围要求发生变化，需要对战略或措施方案进行修正，则应按照通过此类文件的方式加以通过。

第三十条 社会企业发展政策的实施

社会企业发展政策的实施应由各部门和政府部门在其各自的工作领域予以保证。政策的实施还应包括提出和通过法规，使社会企业在其个别领域和活动中得以运作或顺利运作，消除社会企业运作的行政障碍，并在立法规定的情况下，促进公共权力向社会企业转移。

第三十一条 市政权限

Ⅰ. 根据本法和关于促进区域平衡发展的法案规定，各市可计划、资助和实施政策，在其各自的行政区域内或在发展区域一级发展社会企业。

Ⅱ. 政府应通过理事会、各部门和政府部门促进地方一级社会企业的发展。

第三十二条 促进社会企业的发展

Ⅰ. 应通过实施本法第二十九条所述措施方案中规定的促进社会企业措施、创造有利于企业环境的措施、鼓励就业的措施和促进获得社会企业投资资源的措施，以促进社会企业。

Ⅱ. 促进社会企业的措施应包括财政和其他措施，以发展社会企业信息和教育体系，确保资金用于建立促进社会企业发展的基金，发展社会企业支持服务，包括为设立社会企业提供服务和为暂时不符合本法规定的社会企业重组提供咨询服务，使市政府参与政策和措施的实施，为社会企业寻求新的商业机会，包括为社会企业提供市场分析，确定社会企业进行公共服务的潜力。

Ⅲ. 为社会企业创造有利的企业环境措施应包括财政和其他措施，以确保建立社会企业及其运作的空间、技术和其他条件，包括社会企业的商业孵化器，共同资助开展社会企业活动和创造新的就业机会，以及共同资助成立新社会企业，为社会企业提供支持服务；措施应针对社会企业和社会企业从业人员。

Ⅳ. 鼓励社会企业就业的措施应包括实施针对社会企业的积极就业政策措施，或针对建立社会企业的个人或来自劳动力市场上最弱势群体的个人在社会企业就业并有望从社会企业中受益。

Ⅴ. 促进获得社会企业投资资源的措施，旨在建立社会企业及其运作，应包括通过从预算中提供有利的贷款、担保和补贴，以促进社会企业和欧洲社会企业资源的发展。

第三十三条　提供资金

实施前条所述措施的资金应依据立法和条例规定的方式，由斯洛文尼亚共和国预算和其他国家及欧洲资源提供。

第三十四条　提供服务的资金

为实施本法第三十二条所述措施提供服务的资金，应根据缔结的合同提供给本法第七条第Ⅵ款所述的执行机关。

第三十五条　受益人

Ⅰ. 有意设立一家社会企业或多家社会企业，或将在社会企业中就业的人，应享有获得本法第三十二条所述个别措施的奖励。

Ⅱ. 受益人应向本法第二十九条第Ⅲ款所述的措施方案中规定的执行当局申请前款所述的奖励。

第五章　对社会企业的特别奖励

第Ⅰ节　特别就业奖励

第三十六条　残疾人特别就业奖励

雇用残疾人的社会企业有权获得与超过雇用残疾人配额的雇主同等的经济奖励。

第三十七条　为劳动力市场中其他弱势群体提供特别就业激励措施

Ⅰ．雇用本法第六条所述人员而非残疾人的社会企业，应有权为此类职工提供工资补贴，并有权获得本法第六条所定义的其他类型支持，即对贫困职工、严重贫困职工和因身体、精神或心理损伤而公认残疾员工的支持。

Ⅱ．社会企业与本法第六条第Ⅰ款第（二）项所指的职工签订无限期或至少十二个月的劳动合同，并与来自最弱势群体的其他人员签订根据前款所述享有工资补贴期限的合同，则有权获得前款所述的全部奖励。

Ⅲ．严重贫困劳动者就业期限不满十二个月或者不满二十四个月的，应适当按比例地减少援助。

第Ⅱ节　其他特别奖励

第三十八条　特别管理激励措施

社会企业在获得社会企业资格后的前两年内，根据措施方案，有资格共同资助负责其管理和与弱势群体合作人员的教育和培训。暂时不符合本法规定的社会企业，可申请获得社会企业重组咨询服务的共同资助。

第三十九条　特殊奖励实施理由

Ⅰ．前两条所述特殊鼓励措施应在战略和措施方案的基础上，根据斯洛文尼亚共和国已通过预算中的专项资金予以实施。

Ⅱ．主管部门应在本法生效前将特殊奖励措施定义为国家援助计划。

第四十条　申请特殊奖励

Ⅰ．本法第三十七条和第三十八条所述特殊奖励应以本法第二十九条第Ⅲ款中所述措施方案规定的方式申请。

Ⅱ．前款中所述特殊奖励的要求，应由本法第二十九条第Ⅲ款措施方案中规定的执行机关决定。

第四十一条　其他奖励

为社会企业提供的其他奖励、豁免、津贴或便利，旨在使社会企业与其他商业主体平等竞争，并且不构成扭曲竞争，应通过特别法案加以界定。

第六章 注册

第四十二条 社会企业登记

Ⅰ．社会企业的登记册应由主管部门保管。在登记册中的登记应根据本法第十五条第Ⅱ款和第十六条提及的可执行行为进行，而从登记册中删除则应根据本法第二十条第Ⅰ款提及的可执行行为进行，或当社会企业处于清算阶段。

Ⅱ．登记册应包括以下资料：

（一）社会企业的公司名称或全称、注册办事处和营业地址；

（二）所有授权代表的全名、个人登记号码、国籍及永久或临时地址；

（三）社会企业的注册编号；

（四）社会企业的法律形式；

（五）本法第十五条或第十六条所述文件的编号、签发日期和可执行日期，以及签发该文件机关的说明；

（六）社会企业所从事的社会企业领域和活动，或本法第六条所述的最弱势群体在社会企业相关活动中的就业情况；

（七）启动资金的数额或开始运作的潜在金额或社会财产的价值；

（八）本法第二十条第Ⅰ款所述文件编号和签发日期及可执行性，或社会企业的清算日期和方式；

（九）本段第Ⅰ款和第Ⅲ款所述关于重组后的社会企业所有权继承人的数据。

Ⅲ．登记册可以作为一个计算机化的数据库保存。

Ⅳ．登记册应予公开。尽管该法有关于保护个人资料的规定，但社会企业所有授权代表的个人姓名和居住地址均应予公开。

Ⅴ．登记册的保存是为了收集、处理、传递和公布对法律交易有重要意义的社会企业数据。

第七章 监督

第四十三条 监督

Ⅰ. 本法规定的实施情况，违反这些规定的行为应视为犯罪，受到以下监督：

（一）斯洛文尼亚共和国劳动监察局，关于执行本法第二十四条第Ⅱ款和第二十五条第Ⅰ款和第Ⅱ款的规定；

（二）斯洛文尼亚共和国税务局，关于执行本法第二十二条第Ⅰ款和第Ⅱ款的规定；

（三）斯洛文尼亚共和国市场监察局，关于执行本法第十八条第Ⅲ款的规定；

（四）斯洛文尼亚共和国公共法律记录和相关服务机构，关于执行本法第二十二条第Ⅵ款的规定；以及

（五）负责监督本法第十一条和第二十六条规定实施情况的部门，通过检查社会企业的电子登记和业务运作，以及在其职权范围内对社会企业的文件进行现场检查。

Ⅱ. 对于根据其他法规须对其业务进行审计的社会企业，主管部门应委托可根据规范审计条例提供审计服务的人员监督本法第十一条和第二十六条规定的实施情况。主管部门应确定监督的范围，并从国家预算中为其提供资金。

Ⅲ. 为了实施上述任务，斯洛文尼亚审计协会应制定适当的审计准则。

Ⅳ. 尽管本条第Ⅰ款第（五）项有所规定，但斯洛文尼亚共和国税务局仍应作为监督违反本法第十一条和第二十六条规定轻微犯罪的机关。

第四十四条 有权决定轻微罪行的机关

Ⅰ. 本法规定的轻微罪行应由斯洛文尼亚共和国劳动监察局、斯洛文尼亚共和国税务局、斯洛文尼亚共和国市场监察局和斯洛文尼亚共和国公共法律记录和相关服务机构在简易程序中并在本法规定的各自权力范围内作出决定。

Ⅱ. 斯洛文尼亚共和国税务局应将制裁社会企业特别严重的税务违法行为的最终违法决定转交给主管部门。

第八章　惩罚规定

第四十五条

Ⅰ. 社会企业如有以下罪行，应被处以5000欧元至20000欧元的罚款：

（一）违反本法第十一条的规定分配利润、剩余收入或资产行为的；

（二）未按照本法第二十二条第Ⅰ款和第Ⅱ款的规定保存会计账簿；

（三）未能在提交给斯洛文尼亚共和国公共法律记录和相关服务机构的年度报告中附上本法第二十二条第Ⅵ款所述监督机构编写的评估报告；

（四）未能在其总则中规定通过本法第二十四条所述人员的参与而决定的问题、知情权、时限、告知方法和参与决策方法的详细定义；（本法第二十四条第Ⅱ款）；

（五）暂时不遵守人员配置水平和结构要求，不编制过渡期计划，或不与主管部门协调（本法第二十五条第Ⅱ款）；

（六）违反本法第二十五条第Ⅱ款的规定，终止劳动者劳动合同；

（七）违反本法第二十六条的规定，指定利润和剩余收入的用途。

Ⅱ. 社会企业的负责人也应因前款所述的罪行而被处以400欧元至3000欧元的罚款。

第四十六条

Ⅰ. 社会企业以外的法人在其公司名称或姓名中使用"社会企业"或其缩写"so. p."字样，应被处以2000欧元至10000欧元罚款。

Ⅱ. 前款所述法人负责人，并处600欧元罚款。

第四十七条

轻微犯罪可在本法规定的有关罪行范围内处以任何数额的罚款。

第九章　过渡性和最终规定

第四十八条

Ⅰ. 政府应在本法生效后六个月内发布本法第五条第Ⅲ款所述的法令。

Ⅱ. 政府应最迟于 2012 年 1 月 1 日前通过 2012—2015 年规划期战略以及 2012 年和 2013 年的测量方案。

Ⅲ. 政府应在本法生效后六个月内任命本法第七条所述的理事会。尽管有本法第七条第Ⅰ款的规定，在 2013 年 1 月 1 日之前，应任命两名非政府组织的代表进入理事会，以取代两名社会企业代表。

Ⅳ. 政府应通过本法第五条第Ⅲ款所述规定，无须事先与社会企业协商。

第四十九条

Ⅰ. 主管部门最迟应于 2012 年 1 月 1 日前发布本法第二十一条第Ⅲ款所述的实施条例。

Ⅱ. 斯洛文尼亚审计协会应最迟于 2011 年 10 月 31 日将本法第二十二条第Ⅲ款所述会计准则提交负责经济和财政的部长批准。

Ⅲ. 在获得前款规定的批准后，斯洛文尼亚审计协会应在《斯洛文尼亚共和国官方公报》上公布会计准则。

第五十条

为了实施本法规定的任务，主管部门应在本法生效后六个月内设立一个专门的社会企业组织单位。

第五十一条

本法于斯洛文尼亚共和国官方公报公布后的第十五天生效，并从 2012 年 1 月 1 日起适用。

第二编

特殊形式立法模式

英国社区利益公司条例（2005）*

王璐瑶　译
刘丽莎　一校
金锦萍　二校

鉴于本条例草案已提交给议会两院，并经决议予以批准；

因此，依据《2004年公司（审计、调查和社区企业）法》第三十条第Ⅰ至第Ⅳ款，第三十条第Ⅶ款，第三十一条，第三十二条第Ⅲ款、第Ⅳ款和第Ⅵ款，第三十四条第Ⅲ款，第三十五条第Ⅳ款至第Ⅵ款，第三十六条第Ⅱ款，第三十七条第Ⅶ款，第四十七条第Ⅻ和第ⅩⅢ款，第五十七条第Ⅰ款和第Ⅱ款，第五十八条，第五十九条第Ⅰ款和第六十二条第Ⅱ款和第Ⅲ款以及附表四第四段的规定，国务卿依法行使权力制定以下条例：

第一部分　引用、生效和解释

第一条　引用与生效

本规例可引称为《2005年共益公司规例》，并于2005年7月1日生效。

第二条　解释

在这些法规中

Ⅰ．"1985年法案"指1985年公司法；

---

* Available at：https：//www.legislation.gov.uk/uksi/2005/1788/made

Ⅱ."2004年法案"是指《2004年公司（审计、调查和社区企业）法》；

Ⅲ."股息总额上限"指根据第二十二条设定的上限，用于确定最高总股息；

Ⅳ."上诉人"指针对上诉机构而言，提出上诉的人；

Ⅴ."相关股份股息上限"定义详见第十八条第Ⅱ款和第Ⅲ款；

Ⅵ."相关利息上限"定义详见第二十一条第Ⅲ款；

Ⅶ."资产锁定机构"是指：

（一）社区利益公司、慈善机构或苏格兰慈善机构；或者

（二）在英国以外设立的相当于上述机构的组织；

Ⅷ."社区利益声明"是指以监管机构批准的形式发布的声明，包含：

声明公司将为社区利益或某部分社区利益而开展活动；以及

说明建议该公司的活动将如何有利于社区利益（或社区的某部分）；

Ⅸ."可分配利润"是指，就一家公司而言，其累积的、已实现的利润（只要以前没有用于分配或资本化），减去其累积的、已实现的损失，（只要以前没有在正式进行的资本减少或重组中被注销），并应根据1985年法案第二百六十三条第Ⅲ款关于公司可分配利润含义的规定进行解释；

Ⅹ."选举"指在英国或其他地方举行的任何公职选举；

Ⅺ."雇员"是指已经进入或在下述合同约束下工作的人（或者，雇佣关系已经终止，但曾经签订过下述合同）：

（一）服务或学徒合同；或者

（二）约定由特定个人提供服务的合同，无论是明示的还是暗示的，以及（如果是明示的）是口头的还是书面的；

Ⅻ."雇主"是指雇用雇员（或雇佣关系已经终止，但曾经雇用雇员）的人；

ⅩⅢ."豁免股息"定义详见具有第十七条Ⅲ款中给出的含义；

ⅩⅣ."政府权力"包括：

（一）大不列颠或其他地方的任何国家、地区或地方政府，包括此类政府的任何机关或机构；

（二）欧盟及其机构或机关；和

（三）能够制定规则或能够通过对第（一）项或第（二）项所指的政府机关具有法律约束力之决定的任何组织；

XV．"利息上限"指根据第二十二条为确定第二十一条应付的最高利率而设定的上限；

XVI．"经理"是指根据2004年法案第四十七条第Ⅰ款所任命的人员；

XVII．"最高累计股息"定义详见第十九条；

XVIII．"每股最高股息"定义详见第十八条第Ⅰ款；

XIX．"实收价值"是指在公司股份中，以下金额的总和：

（一）已经付清的股票面值；和

（二）支付给公司股份的任何溢价；

XX．"绩效相关比率"指与公司利润或营业额或公司资产负债表中任何项目相关的比率；

XXI．"政党"包括在选举中作为候选人参选或提议参选的任何人，以及当选后担任公职的任何人；

XXII．"政治竞选组织"指任何正在进行或计划进行活动的人，他们旨在：

（一）促进或反对在英国或其他地方适用的任何法律的改变，或政府、公权力机关的任何政策的改变（除非此类活动是该人进行的其他活动的附带活动）；或者

（二）可合理地被视为旨在影响公众对某一政党的支持，或影响与任何选举或全民投票有关的选民（除非此类活动是该人进行的其他活动的附带活动）；

XXIII．"公权力机关"包括：

（一）法院或法庭；和

（二）职能属于公共性质的自然人；

XXIV．"公民投票"包括根据国家法律或根据任何国家的法律条款中规定的一个或多个问题进行的国家或地区范围内的公民投票或其他投票；

XXV．"关联公司"是指股份有限公司或有股本的担保有限公司；

XXVI．"股份股息上限"指根据第二十二条为确定每股最高股息而设定的上限；

XXVII．"附属公司"定义详见1985年法案第七百三十六条第Ⅲ款；

XXVIII. "未使用的股息容量"定义详见第二十条第Ⅱ款。

第二部分　社区利益测试和被排除的公司

第三条　政治活动不应被视为为了社区利益而进行的活动

Ⅰ. 为测试社区利益，以下活动不会被一般理性人视为可能为了社区利益而开展的活动：

（一）促进或反对：

1. 英国或其他地方的相关法律变化；或者
2. 政府或当局就任何事项采取的政策的变化；

（二）促进或反对（包括促进变革）政府或当局提议就任何事项采取的政策；和

（三）可被合理地视为有意或可能：

1. 为政党或政治竞选组织提供支持或影响其得到支持（无论是财政支持还是其他支持）的行为；或者
2. 在任何选举或公民投票中影响选民的活动。

Ⅱ. 但是，第Ⅰ款中规定的活动会被一般理性人视为是为了社区利益而进行的活动，如果：

（一）它们可以被合理地视为其他活动的附带活动，一般理性人可能认为这些活动是为了社区利益而进行的；和

（二）这些活动不能被合理地视为第Ⅰ款中所述活动的其他附带活动。

第四条　不被视为为了社区利益而开展的其他活动

就社区利益测试而言，如果在某种程度上，一般理性人可能认为某项活动仅有益于某个特定机构的成员或某个特定雇主的雇员，则该项活动不应被视为为了社区利益而开展的活动。

第五条　社区的一部分

出于社区利益测试的目的，任何个人团体都可以构成社区的一部分，如果：

（一）他们具有易于识别的特征；以及

（二）该个人团体所属社区的其他成员不具备这一特征。

第六条　被排除的公司

就2004年法案第三十五条第Ⅵ款而言，以下公司不在本法规定的范围内：

（一）隶属于（或在成立时将隶属于）某一政党的公司；

（二）属于（或在成立时将是）政治竞选组织的公司；或者

（三）某政党或政治竞选组织的附属公司。

第三部分　关于备忘录和章程的要求

第七条　无股本公司

没有股本的担保责任有限公司，其备忘录或章程必须包括附表一所列明的条文。

第八条　有股本的公司

股份有限公司或担保股份有限公司的社区利益公司必须在其组织大纲或章程中包括以下内容之一：

（一）附表二所订明的条文；或

（二）附表三所订明的条文。

第九条　替代条款

Ⅰ. 对于附表一、附表二或附表三中规定的第一条第Ⅳ款第（一）项，社区利益公司可以替代：

（一）"慈善机构"，即慈善机构、苏格兰慈善机构或在英国以外设立的相当于上述机构的组织；

Ⅱ. 如社区利益公司准许前款提及的替代条款，则该公司亦必须在附表一、附表二或附表三所列明条文的第一条第Ⅱ款中，就每一次提述"资产锁定机构"之处，以"慈善团体"取代。

第十条 股息申报

相关公司不得在备忘录或章程中包含允许通过其成员决议（包括普通决议及特别决议）以外的方式宣布股息的条款。

第四部分 规定的文件

第十一条 基础规范文件

Ⅰ. 就 2004 年法案第三十六条而言，基础规范文件是：

（一）由公司首任董事签署的社区利益声明；和

（二）公司成立时不会被排除在外的声明。

Ⅱ. 第一条第Ⅱ款所指的声明必须采用监管机构批准的格式，并且必须由公司首任董事作出。

第十二条 修订规范文件

Ⅰ. 就 2004 年法案第三十七条而言，修订规范文件是：

（一）公司董事签署的社区利益声明；

（二）声明该公司不是被排除在外的公司；和

（三）任一：

1. 声明公司不是慈善机构或苏格兰慈善机构；或者

2. 若该公司不是 2004 年法案第四十条规定的苏格兰慈善公司，该公司应具有表明慈善专员已经给予该公司 2004 年法案第三十九条要求的书面同意的声明。

Ⅱ. 第Ⅰ款（二）项和（三）项所指的声明必须采用监管机构批准的格式，并且必须由公司的每位董事作出。

第五部分 变更标的

第十三条 经监管机构批准

除非获得监管机构的批准，否则对一家社区利益公司的备忘录中有关公司目标陈述的变更不具有效力。

第十四条　须提交公司注册机构的文件

Ⅰ. 如果根据1985年法案第三百八十条（决议登记），将1985年法案第四条第Ⅰ款下的特别决议副本提交至公司注册机构，同时还必须交付：

（一）社区利益声明；和

（二）监管机构批准后发布的声明，说明公司已采取合理措施，提请受公司活动影响的人员注意拟议的变更。

Ⅱ. 社区利益声明及第Ⅰ款第（二）项所指的声明必须由公司董事签署。

第十五条　决策等事项

Ⅰ. 在收到1985年法案第四条第Ⅰ款下的特别决议、根据第十四条第Ⅰ款第（一）项提交的社区利益声明和根据第十四条第Ⅰ款第（二）项提交的声明的副本后，公司注册机构必须：

（一）向监管机构移送每份文件的副本；以及

（二）保留文件，等待监管机构的决定。

Ⅱ. 监管机构必须决定是否批准该公司关于公司目标声明备忘录的拟议变更。

Ⅲ. 如果监管机构认为该公司满足以下条件，则会批准前述变更：

（一）经特别决议修改的公司目标声明将符合2004年法案第三十二条的要求；

（二）公司将符合社区利益测试；和

（三）公司已采取合理措施提请受其活动影响的人员注意拟议的变更。

Ⅳ. 在考察公司是否符合社区利益测试时，监管机构应考虑到：

（一）经特别决议变更的公司标的说明；

（二）社区利益声明；以及

（三）任何其他相关考虑。

Ⅴ. 监管机构必须将最终决定告知注册机构（注册机构不需要记录）。

Ⅵ. 注册机构不得：

（一）记录根据1985年法案第三百八十条提交的特别决议；

（二）登记根据1985年法案第六条提交的任何变更备忘录副本；或者

（三）根据1985年法案第七百一十一条（登记员收到文件的公告）的规定，公布该变更的通知，除非并监管机构已经发出决定批准拟议的变更的通知。

Ⅶ．如果监管机构发出决定批准提议变更的通知，注册机构还应

（一）记录社区利益声明；和

（二）记录根据第十四条第Ⅰ款第（二）项提交的陈述。

Ⅷ．如果监管机构决定不批准社区利益公司关于公司目标陈述的备忘录的拟议变更，公司可就该决定向上诉机关提出上诉。

第十六条　豁免

第十三条至第十五条不适用于社区利益公司因成为慈善机构或苏格兰慈善机构而不再是社区利益公司的情况，根据2004年法案第五十四条，更改公司关于其目标声明的备忘录的特别决议应提交公司注册机构。

第六部分　分配和利息的限制

第十七条　股息申报

Ⅰ．相关公司只能在符合以下情况时，向其成员宣布股息：

（一）在其备忘录和章程允许的范围内；

（二）如果公司成员的普通或特别决议已经批准宣布股息；和

（三）如果宣布股息不会导致

1. 本公司任何股份在宣布超过该财政年度每股最高股息的财政年度宣布的股息总额；或者

2. 在公布的财政年度，公司股票宣布的所有股息总额超过该财政年度的最高股息总额。

Ⅱ．第Ⅰ款第（三）项不适用于免税股息。

Ⅲ．如果符合第Ⅳ款规定的条件之一和第Ⅴ款规定的条件之一，对相关公司股票宣布的股息为免税股息。

Ⅳ．本款中规定的条件是：

（一）宣布股息的股票是由资产锁定机构持有的（但如果推荐股息的董事知道该股票是由非资产锁定机构托管的，则不满足该条件）；

（二）代表资产锁定机构持有的股份宣布股息（或董事认为建议如此持有股息）。

Ⅴ.本款中规定的条件是

（一）监管机构已同意宣布股息；

（二）宣布股息的股份持有人或其代表持有的资产锁定机构（或宣布股息的董事认为其代表持有的资产锁定机构）在公司的备忘录或章程中被指定为公司资产的可能接收人。

Ⅵ.如果相关公司进行了第九条第Ⅱ款中规定的替换，则本条中提及的"资产锁定机构"应具有效力，就像用第九条第Ⅰ款中规定的含义替换了"慈善机构"一样。

第十八条 每股最高股息

Ⅰ.一个财政年度的每股最高股息是相关公司在该年度宣布的股息总额（以股份已付价值的百分比表示）等于该股份适用的股份股息上限时宣布的股息。

Ⅱ.相关公司股份的适用股份股息上限是在股份发行或公司成为社区利益公司时对该股份生效的股份股息上限，以较晚者为准。

Ⅲ.如果适用股息上限的表述包括公司、监管机构或国务卿以外的任何人确定的比率或数字，则任何财政年度的每股最高股息应参照该比率或数字计算。同时，该比率或数字在该财政年度第一天开始时生效。

第十九条 最大总股息

相关公司某一财政年度的最高股息总额为该公司该年度所有股息总额减去任何免税股息后的金额，等于（以相关公司可分配利润的百分比表示）在宣布股息的财政年度第一天对该公司生效的股息总额上限。

第二十条 结转上一财政年度未使用的股息能力

Ⅰ.尽管有第十七条第Ⅰ款第（三）项第1目的规定，但根据第十七条第Ⅰ款第（三）项第2目的规定，在符合公司章程的情况下，一个财政年度内相关公司股票宣布的股息总额可包括该股票未使用的股息能力的全部或任何部分。

Ⅱ. 就本法规而言，股份未使用的股息能力为 A 减去 B，其中：

A 为在根据本规例宣布股息的财政年度即将开始的四个财政年度中，该财政年度就该股份宣布及支付的股息总额少于该财政年度每股最高股息的总和。

B 为 A 的任何部分，该部分已经通过上一个财政年度宣布和支付的股息的方式进行了分配。

第二十一条　利息上限

Ⅰ. 本法规适用于由社区利益公司发行的债券和债务，该社区利益公司符合以下情况：

（一）应付与业绩相关的利率；和

（二）公司在成为社区利益公司之日或之后签订了按业绩相关利率支付利息的协议。

Ⅱ. 就第Ⅰ款所指明种类的公司债券及债务而言，社区利益公司并无法律责任支付利息，亦不得以高于适用利息上限的利率支付利息。

Ⅲ. 适用的利息上限是在达成以绩效相关利率支付利息的协议时生效的利息上限。

Ⅳ. 凡利率上限的表述包括由公司、监管机构或国务大臣以外的任何机构厘定的利率或数字，则利率上限所适用的任何债务或债券的应付利息，须参照该利率或数字计算，犹如该利率或数字在利息到期的财政年度的第一天开始时已生效一样。

Ⅴ. 第Ⅱ款中的任何内容不得被视为免除社区利益公司的付款责任，或阻止社区利益公司付款：

（一）公司成为社区利益公司之前产生的利息；或者

（二）拖欠的利息，若在到期时已经支付，就不会违反第Ⅱ款。

第二十二条　股息上限和利息上限的初始水平和后续变化

Ⅰ. 在符合第Ⅲ款的情况下：

（一）股票股息上限应为相关公司股票已缴足股款价值的百分比，比英格兰银行的基本贷款利率高 5%；

（二）总股息上限应为相关公司可分配利润的 35%；和

（三）利息上限为在紧接该债务或债券的利息到期日（按照附表四确定）之前的十二个月期间，社区利益公司的平均债务总额或其发行的债券下的未偿还款项的百分比，该百分比比英格兰银行的基本贷款利率高4%。

Ⅱ. 就第Ⅰ款而言，英格兰银行的基准贷款利率是英格兰银行货币政策委员会最近根据《1998年英格兰银行法》第二部分规定的职责确定的基准贷款利率。

Ⅲ. 经国务卿批准，监管机构可随时设定新的股息上限、总股息上限或利息上限。

Ⅳ. 根据第Ⅲ款设定的新上限：

（一）不得自公布之日起三个月内生效；和

（二）在不违反第Ⅴ至Ⅶ款的情况下，可导致任何上限的水平及其表达方式的改变。

Ⅴ. 股份红利上限必须表示为其适用的股份已付价值的百分比。

Ⅵ. 总股息上限必须表示为可分配利润的百分比。

Ⅶ. 利息上限必须表示为在紧接债券下的平均债务或未偿付金额的利息到期日（按照附表四厘定）之前的十二个月内，该债券下的平均债务或未偿付金额的百分比。

Ⅷ. 国务卿可能会不时要求监管机构审查本法规下的任何上限设置。

第二十三条　清算时的资产分配

Ⅰ. 本法规适用以下情况：

（一）当社区利益公司根据《1986年破产法》被清盘；和

（二）公司的一些财产（"剩余资产"）在清偿公司债务后仍然存在。

Ⅱ. 根据第Ⅲ款的规定，剩余资产应分配给社区利益公司的成员（如果有），这些成员有权根据其在公司中的权利和利益在公司清盘时分享任何资产分配。

Ⅲ. 任何成员不得根据第Ⅱ款获得超过其所持公司股份已缴足股款的金额。

Ⅳ. 如果根据第Ⅱ款分配给成员后仍有剩余资产（"剩余剩余资产"），则应根据第Ⅴ款和第Ⅵ款进行分配。

Ⅴ. 如果公司的备忘录或章程规定了资产锁定机构，公司的任何余下的剩余资产应分配给该机构，则除非满足第Ⅵ款第（二）项和第（三）项中规定的条件之一，余下的剩余资产应按监管机构指示的比例或金额分配给该资产锁定机构。

Ⅵ. 如果：

（一）公司的备忘录和章程没有明确规定资产锁定机构，公司的任何余下的剩余资产应分配给该机构；

（二）监管机构意识到，公司备忘录或公司章程规定应分配公司余下的剩余资产的资产锁定机构本身正在清盘过程中；或

（三）监管机构：

1. 已收到公司成员或董事的陈述，陈述理由，说明公司备忘录或公司章程规定应分配公司余下的剩余资产的资产锁定机构不是公司余下的剩余资产的适当接受者；和

2. 已同意这些陈述，那么余下的剩余资产应按照监管机构指示的比例或金额分配给资产锁定机构。

Ⅶ. 在考虑根据本法规作出的任何指示时，监管机构必须

（一）在它认为可行和适当的范围内，咨询公司的董事和成员；和

（二）考虑根据公司备忘录和章程的任何相关规定分配资产的可取性。

Ⅷ. 监管机构必须根据本法规向公司和清算人发出任何指示通知。

Ⅸ. 若《1986年破产法》有其他规定，本条例仍然有效。

Ⅹ. 本条例根据1996年《住房法》和2001年《住房（苏格兰）法》的规定生效。

Ⅺ. 公司的任何成员或董事均可针对监管机构根据本法规发出的指示向上诉机构提出上诉。

第二十四条 股份的赎回和购买

相关公司不得通过赎回或购买公司自有股份的方式向其成员分配资产，除非公司就任何此类股份支付的金额不超过股份的已缴足股款价值。

第二十五条 股本减少

相关公司不得通过减少公司股本的方式向其成员分配资产，除非：

（一）通过消除或减少任何成员对公司任何股份未缴足股本的责任来

进行减持；或者

（二）公司向股东支付的缴足股本金额不超过其各自股份的缴足价值。

第七部分　社区利益公司报告

第二十六条　一般规则

Ⅰ. 每份社区利益公司报告应包含：

（一）公平准确地描述公司在财政年度的活动对社区的益处；

（二）公司在财政年度内为咨询受公司活动影响的人员而采取的步骤（如果有）的说明，以及任何此类咨询的结果；和

（三）1985年法案附表六第一部分第Ⅰ款至第ⅩⅣ款中规定的信息（董事长和董事的薪酬、养老金和离职补偿），但第Ⅱ款至第ⅩⅣ款中规定的信息仅适用于非上市公司。

Ⅱ. 如果在一个财政年度内，一家社区利益公司转让任何资产，而不是出于全部对价：

（一）任何资产锁定机构（免税股息除外）；或者

（二）为了共同体的利益，而不是通过转让给资产锁定机构的方式，其该财政年度的共同体利益报告应具体说明此类转让的金额，或包含此类转让的公允价值估计。

Ⅲ. 如果：

（一）一家社区利益公司在其根据1985年法案第二百四十二条第Ⅰ款提交给公司注册机构的年度账目副本中提供了第Ⅰ款第（三）项要求的信息；和

（二）其社区利益公司报告载有一项声明，说明公司董事在财政年度的薪酬详情可在公司年度账目的附注中找到，社区利益公司报告不需要包含第Ⅰ款第三项要求的信息。

第二十七条　关于股息的信息

Ⅰ. 本法规适用于任何社区利益公司的社区利益公司报告：

（一）其已宣布或其董事拟宣布报告所涉财政年度的股息；或者

（二）该公司已宣布在紧接该财政年度之前的四个财政年度中的任何

一个财政年度派发股息。

Ⅱ. 报告必须说明：

（一）报告所涉财政年度，公司宣布或拟宣布的每股股息金额；和

（二）对于紧接报告所涉财政年度之前的四个财政年度中的每个财政年度（只要公司在该期间成立并进行交易）：

1. 公司每股股票宣布和支付的任何股息金额；以及

2. 公司每股股份的最高每股股息。

Ⅲ. 报告还必须解释公司就报告所涉财政年度宣布或拟宣布的任何股息的声明或拟议声明如何符合第十七条至第二十条。

Ⅳ. 根据第Ⅲ款提供的解释必须包括以下细节：

（一）如果是免税股息，为什么是免税股息；

（二）在任何其他股息的情况下：

1. 已宣布或将宣布股息的每股适用的股份股息上限和每股最高股息；

2. 作为已宣布或拟宣布的股息的一部分而分配或将分配的任何未使用的股息能力的金额；和

3. 最大股息总额，以及如何确定每一项。

第二十八条　关于应付绩效相关利率的债务或债券的信息

Ⅰ. 如果一家社区利益公司在财政年度的任何时候有未偿债务或发行中的债券，适用第二十一条，其社区利益公司报告必须说明：

（一）该债务或债券的应付利率，按截至该财政年度内该债务或债券的应付利息的最近日期为止的十二个月期间计算；和

（二）适用于该债务或债券的适用利息上限，以及如何确定每一项。

Ⅱ. 如果公司在财政年度的任何时候有未偿债务或发行中的债券，第二十一条不适用，但应支付与绩效相关的利率，其社区利益公司报告必须说明：

（一）该债务或债券的应付利率，按截至该财政年度内该债务或债权证的应付利息的最近日期为止的十二个月期间计算；和

（二）为什么第二十一条不适用于该债务或债券。

第二十九条　1985年法案的适用

Ⅰ. 1985年法案的以下条款适用于社区利益公司报告，如同适用于董

事报告一样：

第二百三十四条之一第XI款（批准和签署董事报告）；

第二百三十八条第XII款（有权获得账目和报告副本的人）；

第二百三十九条第XIII款（索取账目和报告副本的权利）；

第二百四十一条第XIV款（在股东大会上向公司提交的账目和报告）；

第二百四十四条第XV款（提交账目和报告的期限）；

第二百四十五条第Ⅰ款和第Ⅱ款、第XVI款（自愿修改账目或董事报告）；以及

第二百五十二条第Ⅰ款、第Ⅱ款、第Ⅳ款、第XVII款（选择免除在股东大会前提交账目及报告）。

第八部分　经理

第三十条　报酬

Ⅰ. 监管机构有权决定经理的报酬金额。

Ⅱ. 经理的报酬应从任命经理的共益公司的收入中支付。

Ⅲ. 如果出现以下情况，监管机构有权拒绝经理的任何薪酬：

（一）第三十二条第Ⅱ款所提述的通知所指明的时间已届满；以及

（二）监管机构：

1. 考虑了针对此类通知正式作出的陈述（如果有）；和

2. 确信该经理没有以第三十二条第Ⅰ款第（一）项第1或2目所列并在该通知中指明的方式行事。

第三十一条　安全

监管机构有权要求经理在监管机构规定的时间内，以监管机构规定的形式，为其履行职责提供担保。

第三十二条　失职和免职

Ⅰ. 其中：

（一）在监管机构看来，出现以下情形时，可以认定经理存在失职：

1. 未在监管机构规定的时间内或未以监管机构规定的形式提供担保；

或者

2. 未能令人满意地履行由委任经理的命令或第三十三条委予经理的任何职能；和

（二）监管机构希望考虑根据本法规第三十条第Ⅲ款或本条第Ⅲ款行使其权力，监管机构应根据第Ⅱ款的规定，亲自或通过邮件向经理发出书面通知。

Ⅱ．根据第Ⅰ款向经理发出的通知应告知经理：

（一）根据第Ⅰ款第（一）项发出通知的任何不履行；

（二）监管机构根据第三十条第Ⅲ款有权授权在对任何此类未能履行的情况下，拒绝支付任何金额的报酬；

（三）第Ⅲ款规定的监管机构有权在出现符合此类失职的情况下罢免经理的权力；和

（四）经理有权在通知中规定的合理时间内向监管机构就任何此类被指控的违约行为进行陈述。

Ⅲ．如果出现以下情况，监管机构可以罢免经理（无论他是否行使第三十条第Ⅲ款授予的权力）：

（一）第Ⅱ款所指的通知中指明的时间已届满；以及

（二）监管机构：

1. 考虑了针对此类通知正式作出的陈述（如果有）；和

2. 确信经理没有以第Ⅰ款第（一）项第1目或第2目所列并在该通知中指明的方式行事。

第三十三条　报告

经理必须向监管机构提交监管机构要求的报告，报告内容和形式由监管机构指定。

第九部分　公司注册机构

第三十四条　修改和修正

Ⅰ．除非公司注册机构根据2004年法案第三十八条第Ⅵ款或第五十五条第Ⅵ款记录了文件，否则公司注册机构不得根据1985年法案第七百一十一条的规定，在《公报》上发布关于收到 2004 年法案第三十七条或第五十四条文件的通知。

Ⅱ. 在 1985 年法案（解释）第七百一十五条之一中，在第Ⅱ款之后插入"Ⅲ. 本部分所指的《公司法》包括《2004 年公司（审计、调查和社区企业）法》第二部分"。

Ⅲ. 在 1985 年法案（与威尔士公司有关的文件）第七百一十条之二第Ⅰ款第（一）项中，将"或 1986 年破产法"替换为"1986 年破产法或《2004 年公司（审计、调查和社区企业）法》第二部分"。

Ⅳ. 就 1985 年法案第二十四部分而言，这些条例应被视为 2004 年法案第二部分的规定。

第三十五条　文档

Ⅰ. 公司注册机构应在收到《1986 年破产法》第一百零九条第Ⅰ款下的任何通知（清算人关于其任命的通知）时，向监管机构提供该通知的副本。

Ⅱ. 公司注册机构在收到根据《1986 年破产法》[①] 第一百三十条第Ⅰ款（清盘令的后果）转发的任何与社区利益公司有关的清盘令副本后，应向监管机构提供该清盘令副本。

第十部分　费用

第三十六条　社区利益公司应付的费用

附表五第二栏中规定的费用：

（一）须为与该附表第一栏所列事项有关的监管机构职能相关的应付费用；

（二）须按该附表第三栏所述缴付；及

（三）须付予公司注册机构。

---

① 《1986 年破产法》已针对苏格兰进行了修改。根据 1998 年苏格兰法案附表八的第二十三项第Ⅱ款和第Ⅲ款（已经被在 2001 年通过的《金融服务和市场法案》的第三百六十条所修改），任何根据《1986 年破产法》第一百三十条第Ⅰ款要提交给在苏格兰的公司注册机构完成的事，应也改为向破产会计师提交。

第十一部分　上诉机构

第三十七条　期限

Ⅰ．除非适用第Ⅱ款，否则向上诉机构提出的上诉申请必须通过向监管机构发送上诉书来向监管机构发出，以便在根据2004年法案第六十一条第Ⅴ款向上诉人提供有争议的命令或决定的理由之日起两个月内收到。

Ⅱ．当根据第二十三条对监管机构的指示提出上诉时，必须向监管机构发送上诉通知，以保证根据第二十三条第Ⅷ款向社区利益公司发出有争议的指示之日起三周内收到上诉通知。

Ⅲ．收到上诉通知后，监管机构必须：

（一）向上诉人送达一份回执，并附上根据第Ⅳ款所作陈述的副本；和

（二）将上诉通知书转交上诉管辖机构，并注明收到日期。

Ⅳ．在第Ⅱ款适用的情况下，监管机构必须和上诉通知一起提交一份声明：

（一）根据第二十三条第Ⅷ款向社区利益公司发出有争议的指示或决定的日期；或

（二）没有发出该通知。

第三十八条　上诉通知书

Ⅰ．上诉通知必须说明：

（一）上诉人的姓名和地址；和

（二）在英国的送达地址。

Ⅱ．除非第三十七条第Ⅱ款适用，否则上诉通知必须：

（一）尽可能准确地说明监管机构就有争议的指示或决定向上诉人提供理由的日期；或

（二）声明没有提出这种理由。

Ⅲ．上诉通知必须包含：

（一）上诉理由的陈述；

（二）有争议的命令、决定或指示的细节；

（三）支持每一项上诉理由的论据的简明陈述；以及

（四）一份列出上诉通知书所附所有文件的附表。

Ⅳ. 上诉通知应附有：

（一）如果是有争议的命令或决定，监管机构根据2004年法案第六十一条第Ⅴ款给出的任何理由的副本；和

（二）上诉人提及的每份文件的副本。

Ⅴ. 上诉通知必须由上诉人或其授权其工作人员或其法定代表人签署并注明日期。

第三十九条　上诉程序等

Ⅰ. 监管机构可对上诉通知作出书面回应。

Ⅱ. 任何此类书面答复必须送交上诉机构，以便在监管机构收到上诉通知之日起两周内或上诉主机构可能允许的进一步时间内收到。

Ⅲ. 上诉机构必须向上诉人发送一份书面答复的副本。

Ⅳ. 上诉机构可给予上诉人和监管机构进一步书面或口头陈述的机会。

Ⅴ. 上诉机构可指明进一步申述的时间及方式。

Ⅵ. 上诉机构可以：

（一）询问任何人；

（二）接受任何人的陈述；

（三）举行任何会议或听证会；和

（四）在符合本规例的规定下，在顾及上诉的公正、迅速及经济的进行后，遵从它认为适当的常规及程序。

Ⅶ. 上诉机构可指明举行任何会议或聆讯的时间及地点。

第四十条　上诉裁定

在裁定上诉时，上诉机构须顾及它觉得有关的所有事宜。

第四十一条　驳回上诉

Ⅰ. 如果上诉机构认为存在以下情形，可以驳回上诉：

（一）上诉通知没有披露有效的上诉理由；

（二）上诉通知书不符合第三十八条的规定；或

（三）上诉人无权提出上诉。

Ⅱ. 如果上诉机构认为上诉没有在第三十七条规定的时限内提出，必须驳回上诉，除非存在特殊情况。

Ⅲ. 上诉机构可应上诉人的要求，在任何阶段驳回上诉。

第四十二条　理由

Ⅰ. 上诉机构必须给出决定的理由：

（一）驳回上诉；

（二）允许上诉；或者

（三）向监管机构提交案件。

Ⅱ. 必须向监管机构和提起上诉的人说明理由。

Ⅲ. 上诉机构必须作出它认为适当的安排，公布第Ⅰ款所列的决定及其理由。

附表一

条例七　为社区利益公司的备忘录或章程规定的条款，该社区利益公司为无股本担保的有限公司

第一条

Ⅰ. 公司不得转让其任何资产，除非是出于充分考虑。

Ⅱ. 如果满足第Ⅲ款中的条件，第Ⅰ款不适用于：

（一）将资产转移至任何指定的资产锁定机构，或（经监管机构同意）转移至任何其他资产锁定机构；和

（二）为社区利益进行的资产转让，而不是通过将资产转让给资产锁定机构的方式。

Ⅲ. 条件是，资产转让必须遵守公司备忘录或公司章程其他条款中规定的对低于全额对价的资产转让的任何限制。

Ⅳ. 在本段中：

（一）"资产锁定机构"是指：

1. 社区利益公司、慈善机构或苏格兰慈善机构；或者

2. 在英国境外设立的相当于上述任何人的机构；

（二）"共同体"应根据《2004年公司（审计、调查和共同体企业）法》第三十五条第Ⅴ款进行解释；

（三）"慈善机构"（除了短语"苏格兰慈善机构"）具有1993年《慈善法》第九十六条第Ⅰ款给出的含义；

（四）"监管机构"是指社区利益公司的监管机构；

（五）"苏格兰慈善机构"具有《1990年法律改革（杂项规定）（苏格兰）法案》第一条第Ⅶ款给出的含义；

（六）"指定"指为本款目的在公司组织大纲或章程中指定的。

（七）"转让"包括处置、支付、释放或分配，以及任何财产的财产或权益或权利的产生或消灭的所有描述。

第二条

Ⅰ. 备忘录的签署人是公司的第一批成员。

Ⅱ. 根据章程被接纳为成员的其他人员应为公司成员。

Ⅲ. 除非经董事批准，否则任何人不得被接纳为公司成员。

Ⅳ. 每个希望成为成员的人都应向公司提交一份成员申请表，申请表的格式（包含此类信息）由董事要求并由其执行。

Ⅴ. 会员资格不得转让给其他任何人。

Ⅵ. 在下列情况下，会员资格终止：

（一）该成员死亡或不复存在；或者

（二）按照章程的其他规定。

第三条

Ⅰ. 非公司成员的人在公司股东大会上没有任何投票权；但这并不影响对影响一类公司债券所附权利的决议进行表决的任何权利。

Ⅱ. 不得将任命公司董事的权力授予非公司成员，否则在行使这些权力后，可能会导致公司大多数董事由非公司成员任命。

Ⅲ. 不得将罢免公司董事的权力授予非公司成员，否则在行使这些权力后，可能会导致：

（一）本公司其余大部分董事由非本公司成员任命；或者

（二）非本公司成员在本公司本财政年度内被罢免的董事人数超过本

公司剩余董事人数。

Ⅳ. 但是，如果公司章程允许，第Ⅱ款和第Ⅲ款不应阻止董事任命或随后罢免一名候补董事。

Ⅴ. 在本段中，"财政年度"具有《1985 年公司法》第二百二十三条中给出的含义。

第四条

Ⅰ. 董事会上出现的问题应由多数票决定；在票数相等的情况下，主席有权投第二票或决定性一票。

Ⅱ. 同时也是候补董事的董事，在他的任命人缺席的情况下，除了他自己的投票外，有权代表他的任命人单独投票。

Ⅲ. 除第Ⅰ和Ⅱ款规定外，在所有董事会议中，每位董事不得拥有超过一票的表决权。

附表二

条例八之一　对股份有限公司或有股本的担保有限公司的备忘录或章程的规定

第一条

Ⅰ. 公司不得转让其任何资产，除非是出于充分考虑。

Ⅱ. 如果满足第Ⅲ款中的条件，第Ⅰ款不适用于：

（一）将资产转移至任何指定的资产锁定机构，或（经监管机构同意）转移至任何其他资产锁定机构；和

（二）为社区利益进行的资产转让，而不是通过将资产转让给资产锁定机构的方式。

Ⅲ. 条件是，资产转让必须遵守公司备忘录或公司章程其他条款中规定的对低于全额对价的资产转让的任何限制。

Ⅳ. 在本段中：

（一）"资产锁定的机构"是指：

1. 社区利益公司、慈善机构或苏格兰慈善机构；或者
2. 在英国以外建立的相当于这些人的团体；

（二）"共同体"应根据《2004年公司（审计、调查"资产锁定机构"和共同体企业）法》第三十五条第Ⅴ款进行解释；

（三）"慈善机构"（除了短语"苏格兰慈善机构"）具有1993年《慈善法》第九十六条给出的含义；

（四）"监管机构"是指社区利益公司的监管机构；

（五）"苏格兰慈善机构"具有《1990年法律改革（杂项规定）（苏格兰）法》第一条第Ⅶ款给出的含义；

（六）"指定"指为本款目的在公司组织大纲或章程中指定的。

（七）"转让"包括处置、支付、免除或分配，以及任何财产的财产或权益或权利的产生或消灭的所有描述。

第二条

Ⅰ. 董事可以拒绝向他们不认可的人登记股份转让。

Ⅱ. 他们也可以拒绝登记该转让，除非该转让递交到公司的注册办事处或董事指定的其他地点，并附有董事可能合理要求的证明转让人进行转让的权利的证据，以及他们可能合理要求的其他信息。

Ⅲ. 如果董事拒绝登记此类转让，他们应在向公司提交转让之日后两个月内向受让人发送拒绝通知。

Ⅳ. 本段的规定除了适用于公司备忘录或公司章程其他地方可能规定的对股份转让的任何限制外。

第三条

Ⅰ. 非公司成员的人在公司股东大会上没有任何投票权；但这并不影响对影响一类公司债券所附权利的决议进行表决的任何权利。

Ⅱ. 不得将任命公司董事的权力授予非公司成员，否则在行使这些权力后，可能会导致公司大多数董事由非公司成员任命。

Ⅲ. 不得将罢免公司董事的权力授予非公司成员，否则在行使这些权力后，可能会导致：

（一）本公司其余大部分董事由非本公司成员任命；或者

（二）非本公司成员在本公司本财政年度内被罢免的董事人数超过本公司剩余董事人数。

Ⅳ. 但是，如果公司章程允许，第Ⅱ款和第Ⅲ款不应阻止董事任命或随后罢免一名候补董事。

Ⅴ. 在本段中，"财政年度"具有《1985年公司法》第二百二十三条中给出的含义。

第四条

Ⅰ. 董事会上出现的问题应由多数票决定；在票数相等的情况下，主席有权投第二票或决定性一票。

Ⅱ. 同时也是候补董事的董事，在他的任命人缺席的情况下，除了他自己的投票外，有权代表他的任命人单独投票。

Ⅲ. 除第Ⅰ款和第Ⅱ款规定外，在所有董事会议中，每位董事不得拥有超过一票的表决权。

附表三

条例八之二　为社区利益股份有限公司或有股本的担保有限公司的备忘录或章程规定的替代性条款

第一条

Ⅰ. 公司不得转让其任何资产，除非是出于充分考虑。

Ⅱ. 如果满足第Ⅲ款中的条件，第Ⅰ款不适用于：

（一）将资产转移至任何指定的资产锁定机构，或（经监管机构同意）转移至任何其他资产锁定机构；

（二）为社区利益进行的资产转让，而不是通过将资产转让给资产锁定机构的方式；

（三）支付公司股份的股息；

（四）清盘时的资产分配；

（五）赎回或购买公司自有股份的付款；

（六）股本减少的付款；和

（七）成员对股本减少时未缴足的股本的责任的消除或减少。

Ⅲ．条件是资产转让：

（一）必须遵守公司备忘录或公司章程中其他地方可能规定的对低于全额对价的资产转让的任何限制；和

（二）不得超过《2004年公司（审计、调查和公共企业）法案》第二部分规定或依据的任何限制。

Ⅳ．在本段中：

（一）"资产锁定机构"是指：

1. 社区利益公司、慈善机构或苏格兰慈善机构；或者

2. 在英国以外设立的相当于上述机构的组织；

（二）"共同体"应根据《2004年公司（审计、调查和共同体企业）法》第三十五条第Ⅴ款进行解释；

（三）"慈善机构"（除了短语"苏格兰慈善机构"）具有1993年《慈善法》第96条给出的含义；

（四）"监管机构"是指社区利益公司的监管机构；

（五）"苏格兰慈善机构"具有《1990年法律改革（杂项规定）（苏格兰）法》第一条第Ⅶ款给出的含义；

（六）"指定"指为本款目的在公司组织大纲或章程中指定的。

（七）"转让"包括处置、支付、免除或分配，以及任何财产的财产或权益或权利的产生或消灭的所有描述。

第二条

Ⅰ．董事可以拒绝向他们不认可的人登记股份转让。

Ⅱ．他们也可以拒绝登记该转让，除非该转让递交到公司的注册办事处或董事指定的其他地点，并附有董事可能合理要求的证明转让人进行转让的权利的证据，以及他们可能合理要求的其他信息。

Ⅲ．如果董事拒绝登记此类转让，他们应在向公司提交转让之日后两个月内向受让人发送拒绝通知。

Ⅳ．除了公司备忘录或公司章程其他地方可能规定的对股份转让的任何限制外，本条规定均适用。

第三条

Ⅰ. 非公司成员的人在公司股东大会上没有任何投票权；但这并不影响对影响一类公司债券所附权利的决议进行表决的任何权利。

Ⅱ. 不得将任命公司董事的权力授予非公司成员，否则在行使这些权力后，可能会导致公司大多数董事由非公司成员任命。

Ⅲ. 不得将罢免公司董事的权力授予非公司成员，否则在行使这些权力后，可能会导致：

（一）本公司其余大部分董事由非本公司成员任命；或者

（二）非本公司成员在本公司本财政年度内被罢免的董事人数超过本公司剩余董事人数。

Ⅳ. 但是，如果公司章程允许，第Ⅱ款和第Ⅲ款不应阻止董事任命或随后罢免一名候补董事。

Ⅴ. 在本段中，"财政年度"具有《1985年公司法》第223条中给出的含义。

第四条

Ⅰ. 董事会上出现的问题应由多数票决定；在票数相等的情况下，主席有权投第二票或决定性一票。

Ⅱ. 同时也是候补董事的董事，在他的任命人缺席的情况下，除了他自己的投票外，有权代表他的任命人单独投票。

Ⅲ. 除第Ⅰ款和第Ⅱ款规定外，在所有董事会议中，每位董事不得拥有超过一票的表决权。

附表四

第二十二条第Ⅶ款　计算12个月内的债券下的平均债务或未偿付金额

第一条

Ⅰ. 在任何十二个月期间，债券项下未偿债务或金额的平均金额是满足第Ⅱ款规定的计算的金额。

Ⅱ. 第Ⅰ款所提述的计算是 A 除以 B，其中：

A 为十二个月期间每天结束时债务总额或债券下未偿金额的总和；和

B 为十二个月期间的天数。

Ⅲ. 就第Ⅱ款的 A 段而言，任何代表该债项或债权证在该十二个月期间内累算的利息的款项，均不得计算在内。

Ⅳ. 就第Ⅱ款中的 A 而言，凡该债项或债权证在十二个月期间的任何一天结束时并不存在，则就 A 中的计算而言，该日结束时该债项或该债权证下的未偿还款额须视为零。

第二条

凡在任何特定日期终结时并不知道债券下的债务或未偿还债务的金额，则就第一条所提述的计算而言，共益公司的董事可用他们估计的在该特定日期结束时的债务数额或债务项下的未偿付数额来代替该债务或未偿付数额。

附表五

第三十六条　应付公司注册处处长的费用

应支付费用的事项	费用金额（英镑）	应付时间
根据 2004 年法案第三十六条第四款作出的关于公司是否有资格组建为社区利益公司的决定	15.00	根据 1985 年第十条交付处长时法案、2004 年法案第 36 条和申请成立社区利益公司的文件第十一条
根据 2004 年法案第三十八条第Ⅲ款作出的关于公司是否有资格成为社区利益公司的决定	15.00	根据 1985 年法案第三百八十条、2004 年法案第三十七条和构成向注册服务商申请的文件的第十二条，向注册服务商交付成为社区利益公司

续表

应支付费用的事项	费用金额（英镑）	应付时间
考虑注册服务商提交的社区利益公司报告 根据2004年法案第三十四条第Ⅳ款条行动	15.00	向注册机构提交报告后

解释性说明

（本说明不是《条例》的一部分）

《2004年公司（审计、调查和社区企业）法》第二部分规定了一种新型公司，称为社区利益公司。该法授权国务秘书就社区利益公司事务的各个方面制定条例，并由社区利益公司监管机构（以下简称"监管机构"）进行监督。

《条例》第一部分（第一条和第二条）规定，《条例》将于2005年7月1日生效，并对《条例》中使用的某些术语的解释作出了规定。

根据该法，将成为或组建为社区利益公司的公司必须满足"社区利益标准"，不得是"被排除在外的公司"。如果一个通情达理的人可能认为公司的活动是为了社区的利益而进行的，那么公司就满足了社区利益测试，就这些目的而言，"社区"包括社区的一部分。在这方面，《条例》第二部分（第三条至第六条）规定：

某些活动被规定为合理的人可能认为不是为了社区利益而进行的活动（第三条和第四条）；什么构成了社区的一部分（第五条）；某些公司被排除在外（第六条）。

《条例》第三部分（第七条至第十条）订明（主要参照附表一至附表三：见下文）某些条文必须列入，而某些条文则不得列入社区利益公司的备忘录及章程细则内。

《条例》第四部分（第十一条和第十二条）规定了在申请成立或成为共益公司时必须向公司注册处提交的文件。

《条例》第五部分（第十三条至第十六条）规定了在更改社区利益公司备忘录中的目标陈述时必须遵循的程序。

该法规定，只有在法规允许的情况下，社区利益公司才能向其成员分配资产，并且法规可以对社区利益公司发行的债券和债务的利息支付施加限制。条例第六部分（第十七条至第二十五条）规定：

社区利益公司在宣布股息或以"与业绩相关的利率"支付债务或债券利息时所受的限制，以及监管机构随后如何在获得国务卿批准的情况下改变这些限制（第十七条至第二十二条）；以及在社区利益公司清盘、社区利益公司赎回或购买其本身股份或减少社区利益公司股本时，可将资产分配给成员及其他人的条件（第二十三条至第二十五条）。

该法规定，社区利益公司的董事有义务就每个财政年度编写一份"社区利益公司报告"。《条例》第七部分（第二十六条至第二十九条）规定了必须包含在共益公司报告中的信息，并规定1985年《公司法》中有关公司董事根据该法有义务编写的董事报告的某些规定也应适用于社区利益公司报告。

根据该法，在某些情况下，监管机构可以行使的监督权力包括任命一名社区利益公司财产和事务经理的权力。《条例》第八部分（第三十条至第三十三条）规定了此类管理人员任命的各个方面，包括他们的薪酬和免职。

《条例》第九部分（第三十四条及第三十五条）就公司注册机构处理与社区利益公司有关的各种法定文件作出规定。

《条例》第十部分（第三十六条）规定，社区利益公司就特定事项支付费用。

该法规定，监管机构作出的某些决定和命令可以向社区利益公司上诉机构（以下简称"上诉机构"）提出上诉。《条例》第十一部分（第三十七条至第四十二条）概述了向上诉机构提出上诉时应遵循的程序。

附表一列出了必须包含在无股本担保有限公司备忘录或章程中的条款。

附表二列出了如果不允许向其任何成员分配资产，则必须包含在股份担保有限公司或股份有限公司的备忘录或公司章程中的条款（除非资产是以完全对价转让的，或其任何成员是"资产锁定机构"）。

附表三列出了如果允许社区利益公司（股份有限公司或股本担保有限公司）向其成员（无论其是否为"资产锁定机构"）分配资产，例如通过宣布其部分或全部股份的股息，则必须包含在公司备忘录或章程中的规定。

附表四载列计算债券及债务的利息的方法，该等债务或债权证须按

"与表现有关的利率"支付利息。

附表五列出根据第三十六条须缴付的费用。

在准备对该法案的监管影响评估时,考虑到了本文书对企业成本的影响。贸易和工业部编写的关于这些条例的更详细的指导说明可向贸易和工业部的响应中心获取,地址为:伦敦SW1H 0ET维多利亚街1号(电邮:dti. enquiries@ dti. gsi. gov. uk,电话:020 7215 5000),或从该署网站获取。副本也放在议会两院的图书馆里。

英国社区利益公司条例修正案（2014年）[*]

李林蔚　译
刘丽莎　一校
金锦萍　二校

国务卿行使由《公司（审计、调查和社区企业）法》（2004）第三十条第Ⅰ款和第Ⅱ款、第三十四条第Ⅲ款第（二）项和第六十二条第Ⅳ款赋予的权力，制定以下条例。

根据《公司（审计、调查和社区企业）法》（2004）第六十二条第Ⅳ款和第Ⅴ款的规定，这些法规草案已提交议会，并由议会各院通过决议予以批准。

第一部分　引用、生效和适用

第一条

本条例可被引称为《社区利益公司条例（修正案）》（2014），并于2014年10月1日生效。

这些条例的修订适用于2014年10月1日当天或之后宣布或拟宣布的任何股息。

第二部分　取消每股最高股息

第二条

《社区利益公司条例》（2005）修订如下。

---

[*] Available at：https：//www.legislation.gov.uk/uksi/2014/2483/made

第三条

Ⅰ. 条例2（释义）

Ⅱ. 省略"可适用的股息上限"的定义。

Ⅲ. 省略"每股最高股息"的定义。

Ⅳ. 省略"股息上限"的定义。

Ⅴ. "子公司"的定义中，在"2006年法案第一千一百五十九条"之后省略"和"。

Ⅵ. 省略"未使用分红能力"的定义。

第四条

在第十七条（股息公示）中，第Ⅰ款第（三）项修正为

"（三）若公示股息并没有导致有关公司在该财政年度所公示的所有股息总额超过该财政年度的最高股息总额。"

第五条

第十八条（每股最高股息）被撤销。

第六条

第二十条（未使用分红能力的结转）被撤销。

第七条

Ⅰ. 第二十二条（股息上限和利息上限的初始水平和后续变化）修订如下。

Ⅱ. 在标题中，"股息上限（复数形式）"替代了"股息上限（单数形式）"。

Ⅲ. 省略第Ⅰ款第（一）项。

Ⅳ. 在第Ⅲ款中，省略"股息上限"。

Ⅴ. 在第Ⅳ款第（二）项中，"Ⅴ至"替代"Ⅵ和"。

Ⅵ. 省略第Ⅴ款。

第八条

第二十七条（股息信息）修正为

第二十七条　股息信息

Ⅰ. 本规定适用于任何社区利益公司中与已宣布或其董事提议宣布财政年度股息有关的报告。

Ⅱ. 该报告必须说明公司在该报告所涉财政年度就其每一股份已经宣布或拟宣布的任何股息数额。

Ⅲ. 对于公司就报告所涉财政年度宣布或拟宣布的任何股息之声明或拟议声明，报告须说明其符合或将会符合第十七条和第十九条的规定。

Ⅳ. 根据第Ⅲ款提供的解释必须包括以下细节：

（一）如果是免税股息，为什么是免税股息；以及

（二）在属于其他股息的情形下，最高总股息以及如何确定这些股息。

Jo Swinson

国会副国务卿

负责就业关系及消费者事务

商业、创新和技能部

2014 年 9 月 14 日

注释

（本说明不属于条例的组成部分）

这些条例对《社区利益公司条例》（2005）（S.Ⅰ.2005/1788）进行了修订（以下简称"2005 年条例"）。

2005 年条例包含了社区利益公司（简称"CICs"）的"股息上限"。这一股份股息上限以占股份实收价值百分比的形式设定了每股可支付的最高股息金额。本条例第二条至第五条和第七条修订了 2005 年条例，以取消股息上限。

第一条规定，这些条例所作的修改自 2014 年 10 月 1 日起生效，关于社区利益公司支付股息的新规定适用于 2014 年 10 月 1 日或之后宣布或拟宣布的股息，无论何时支付。

2005年条例的第二十条允许社区利益公司在未宣布根据股票股息上限可获得的全部股息的情况下,将未使用的分红能力展期至多四个财政年度。随着股息上限的取消,这一规定归于无效,因此2005年条例的第二十条被本条例的第六条撤销。

本条例第八条用新的第二十七条代替了2005年条例中的第二十七条。新的第二十七条取消了社区利益公司在其报告中列入报告所涉年度前四年已支付股息或未使用股息能力详情的要求。由于取消了股息上限,此类信息不再需要公开。

可从商业、创新和技能部的商业环境董事会(位于伦敦维多利亚大街1号)或 www.gov.uk/bis 网站获得关于这一法律文件对商业和志愿部门成本影响的监管影响评估,其见于 www.legislation.gov.uk. ,网站的解释性备忘录附后文。

美国得克萨斯州商业组织法（2017）*
（节选一）

陶溥 译
刘丽莎 一校
金锦萍 二校

第二编 公司
第二十一章 营利性公司

分章XIX 共益公司

第九百五十一条 适用于共益公司的法律；设立

Ⅰ. 营利性公司可根据第三章第七条第Ⅴ款选择成为受本分章管辖的共益公司。

Ⅱ. 选择成为共益公司，适用于本章其他规定以及本法关于营利性公司的其他规定。

Ⅲ. 本分章与本章的其他规定或本法适用于营利性公司的其他规定发生冲突时，以本分章为准。

---

* Available at：https：//statutes.capitol.texas.gov/Docs/BO/htm/BO.21.htm#21.951

第九百五十二条　定义

在此章中：

（一）"公共利益"系指除以股东身份作为公司股东以外，对一个或多个类别的人、主体、社区或利益产生的积极影响或减少消极影响，其中包括艺术、慈善、文化、经济、教育、环境、文学、医学、宗教、科学或技术性质。

（二）"共益公司"系指国内营利性法人根据第三章第七条第Ⅴ款选择成为本章管辖范围内的共益公司。

（三）"公共利益条款"系指第三章第七条第Ⅴ款和本分章规定的证明成立条款。

第九百五十三条　共益公司的宗旨；法人名称

Ⅰ．共益公司，系旨在产生一项或多项公共利益并以一种负责和可持续的方式经营的国内营利性公司。

Ⅱ．为实现第Ⅰ款所述的公司目的，共益公司的管理方式应兼顾：

（一）股东的经济利益；

（二）根据公司行为具有重大影响者的最大利益；以及

（三）公共利益或公司注册证书中所列明的利益。

Ⅲ．共益公司在其注册证书中规定的名字可以包含"共益公司"的字样，缩写"P. B. C."，或者名称"PBC"。如果名字不包含该字样、缩写或名称，则在发行未发行股票或处置库存股份之前，除非第Ⅳ款另有规定，应向以下人员发出该公司为共益公司的通知。

（一）未向其发行未发行股份；或者

（二）已购置库存股。

Ⅳ．在下列情况下，无须根据第Ⅲ款提供通知：

（一）该款所述股份的发行或处分是根据《证券法》（1993年）（《美国法典》第十五编第七十七条第一款及以下）注册的发行方式进行；或者

（二）在发行或处分该款所述的股份时，公司持有根据《证券交易法》（1934年）（《美国法典》第十五编第七十八条第一款及以下）注册的一类证券。

Ⅴ．第五章第五十四条第Ⅰ款不适用于在其名称中包含第Ⅲ款允许的字样、缩写或名称的共益公司。

第九百五十四条　修订、合并、交换和变更；经表决权人同意

Ⅰ. 虽有本章其他规定，但非共益公司的国内营利性公司，未经公司三分之二已发行股份的所有者同意，不得对此事项进行表决，如果第二十一章第三百六十四条、第二十一章第四百五十七条或第二十一章第四百五十八条另有要求，则必须按类别或系列股份进行表决：

（一）根据第三章第七条第Ⅴ款要求修改公司的注册证书，以选择将公司作为共益公司进行管理；

（二）与另一主体合并或进行利益交换，因合并或交换，公司股份将成为、被转换为或交换获得境内或境外共益公司或类似主体的股份或其他权益；或

（三）变更为境外共益公司或类似主体。

Ⅱ. 在该公司已发行和发行在外的公司股份之前，不适用第Ⅰ款。

Ⅲ. 非境内营利性公司的境内主体，尚未经三分之二未偿所有权权益的所有者同意，不得：

（一）与另一主体合并或进行利益交换，因合并或交换，公司股份将成为、被转换为或交换获得境内或境外共益公司或类似主体的股份或其他权益；或

（二）变更为境内或境外的共益公司或类似主体。

Ⅳ. 除本章有其他规定外，共益公司必须按类别或系列股份进行表决，未经对该事项有表决权的三分之二已发行股份的同意，不得表决，除非第二十一章第三百六十四条、第二十一章第四百五十七条或第二十一章第四百五十八条另有规定：

（一）通过删除或修改第三章第七条第Ⅴ款要求或第二十一章第九百五十七条第Ⅲ款所述规定以修订公司注册证书；

（二）变更为境内或境外主体：

1. 非共益公司或类似主体；以及

2. 在其注册证书或类似的管理文件中未载明与含有公共利益的共益公司注册证书相同条款的，或第三章第七条第Ⅴ款规定的利益，或根据第二十一章第九百五十七条第Ⅲ款的要求；或者

（三）与另一主体合并或进行利益交换，因合并或交换，公司股份将成为、被转换为或交换获得境内或境外主体的股份或其他权益：

1. 非共益公司或类似主体；以及

2. 在其注册证书或类似的管理文件中未载明与含有公共利益的共益公司注册证书相同条款的，或第三章第七条第Ⅴ款规定的利益，或根据第二十一章第九百五十七条第Ⅲ款的要求。

Ⅴ. 虽有本章其他规定，但非营利性公司或非营利性关联企业不得：

（一）在本章管辖的合并中，成为合并的一方；或者

（二）变更为共益公司。

Ⅵ. 受本节所述行为影响的境内主体所有人享有第十章第三百五十四条以及第十章第八分章规定范围内的异议权和评估权。

第九百五十五条　股票凭证；关于无证股的通知

Ⅰ. 共益公司发行的股票凭证必须明确注明该公司是受本章管辖的共益公司。

Ⅱ. 向任何人发出的通知，必须根据第三章第二百零五条规定明确声明该公司是受本章管辖的共益公司。

第九百五十六条　董事职责

Ⅰ. 共益公司董事会管理或指导公司业务和事务应兼顾：

（一）股东的经济利益；

（二）根据公司行为具有重大影响者的最大利益；以及

（三）公司注册证书中所载明的特定公共利益。

Ⅱ. 共益公司的董事，根据注册证书中包含的公共利益条款，或根据第二十一章第九百五十三条第Ⅰ款和第Ⅱ款的目的及要求，并不因以下原因承担义务：

（一）公共利益或注册证书中规定的特定利益；或者

（二）受公司行为重大影响的任何利益。

Ⅲ. 关于涉及第Ⅰ款兼顾的判断，共益公司董事在知情、无利害关系情况下作出具有合理判断的决策，视为已履行对股东和公司的义务。

Ⅳ. 共益公司的注册证书可以包含一项规定，即就本法规定的适用条

款而言，董事因无利害关系而未能满足本条要求，不构成非善意的行为或不作为，或者违反忠诚义务。

第九百五十七条　定期声明

Ⅰ．共益公司应在每次股东大会通知中包含一份声明，明确该公司是受本章管辖的共益公司。

Ⅱ．共益公司应至少每两年向公司股东提供一份声明，涉及关于公司促进公共利益或公司注册证书中规定的利益以及促进根据公司行为具有重大影响者的最大利益。声明必须包括：

（一）董事会为促进公共利益或福利而制定的目标；

（二）董事会为衡量公司在促进公共利益或福利方面取得进展所采用的标准；

（三）以公司成功实现促进公共利益或者福利目标的客观事实；以及

（四）对公司在实现目标和促进公共利益或福利方面成功情况的评估。

Ⅲ．共益公司的注册证书或章程，可要求：

（一）公司提供第Ⅱ款所规定的声明，比每两年一次更频繁；或者

（二）公司向公众提供第Ⅱ款所规定的声明。

第九百五十八条　派生诉讼

Ⅰ．在本章中，"股东"系指：

（一）个人或者集体持有公司已发行股份的2%以上的共益公司股东；或者

（二）在国家证券交易所上市的共益公司股东，下列各项中至少拥有：

1．第（一）项所述的股份百分比；或者

2．市场价值至少为200万美元的股票。

Ⅱ．根据第二十一章第九百五十六条第Ⅰ款的规定，共益公司的股东可以代表公司提起派生诉讼以强制实施。

第九百五十九条　对于其他公司的豁免

除第二十一章第九百五十四条规定外，本章不适用于非共益公司。

美国得克萨斯州商业组织法（2017）*
（节选二）

陶 溥 译
刘丽莎 一校
金锦萍 二校

第二编　公司

第二十三章　特殊目的公司

分章 I　一般规定

第一条　法律适用

Ⅰ. 根据本章所设立或本法典以外的特别法设立的公司，在不违反有关特定公司的特别法范围内，由以下规定管辖：

（一）以营利为目的的公司，适用第一编和第二十一章；以及

（二）不以营利为目的的公司，适用第一编和第二十二章。

Ⅱ. 如果特别法不包含第一编、第二十一章或第二十二章中任何规定，或者特别法明确规定，关于公司的一般规定在与特别法一致的范围内对该法进行补充：

（一）以营利为目的的公司适用第一编和第二十一章；以及

（二）不以营利为目的的公司适用第一编和第二十二章。

---

* Available at: https://statutes.capitol.texas.gov/Docs/BO/htm/BO.23.htm

第二条　申请要求适用性

根据特别法规定，向国务卿提交的文件应按照第四编执行和申请，特别法另有规定的除外。

第三条　特别法规定的国内公司

根据本法以外的特殊法成立的公司，不被认定为本法规定的"国内公司"，尽管该公司可以适用本法。

分章 II　商业发展公司

第五十一条　定义

在本分章中：

（一）"公司"系指根据本分章成立的商业发展公司。

（二）"金融机构"系指银行或者信托公司，储蓄贷款协会，政府机关，保险公司，关联公司，合伙企业，基金会，或者其他主要从事贷款或投资的机构。

（三）"贷款限额"系指成员向公司提供的贷款中一次性允许未偿的最高额度。

（四）"成员"系指在本州有权开展业务，并承诺向公司提供贷款的金融机构。

第五十二条　组织者

根据《证券法》（《政府法典》第十二编）的规定，25人或以上，其中多数必须是本州居民，可成立商业发展公司以促进、发展和推进本州的繁荣和经济福利。

第五十三条　宗旨

I．商业发展公司组织形式如下：

（一）作为第二十一章规定的营利性公司；或者

（二）作为第二十二章规定的非营利性公司。

II．根据第三章第五条I款第（三）项的规定，商业发展公司的注册证书必须载明该公司的宗旨是：

（一）为了促进、刺激、发展和推动本州以及本州居民的商业繁荣和经济福利；

（二）通过贷款、投资或者其他商业交易，鼓励和帮助本州新兴办工商业；

（三）恢复和帮助本州现有产业；

（四）刺激和帮助扩大商业活动，以促进商业发展和维持本州的经济稳定，提供最大的就业机会，鼓励节俭，并提高本州居民的生活水平；

（五）与其他公共或私人组织合作，共同促进和推动本州的工业、商业、农业和娱乐业的发展；以及

（六）为本州商业活动的促进、发展和经营提供资金。

第五十四条　权力

Ⅰ．除了第二章以及第二十一章或第二十二章（如适用）赋予公司的权力外，公司的权力还包括：

（一）选举、任命和雇用官员、代理人和雇员；

（二）为公司的宗旨订立合同以及承担债务；

（三）为实现公司的目的而进行有担保或者无担保借款；

（四）发行以借款为目的的债券、信用债券、票据或其他负债证明，无论其是否有担保；

（五）未获得股东或成员批准，可通过抵押、质押、信托契约或对其他基于公司财产、特许经营权、权利或特权，或本项中其他部分或权益的留置权，以作为担保负债的证据。

（六）提供有担保或无担保贷款，并制定和规范该贷款条款和条件以及与该贷款有关的利息或服务费用；

（七）购买、接受、持有、租赁或以其他方式取得，以及出售、转让、转移、租赁或以其他方式处置财产，并行使财产的取得或处置财产以及使用所附带的权利和特权，包括公司为清偿债务或履行义务而定期取得的任何财产；

（八）取得改良或未改良不动产，以便在该不动产上建造工业厂房或其他商业设施，或为建造工业厂房或其他商业设施而处置该不动产；

（九）取得、建造或重建、改建、维修、维护、运营、出售、转让、转移、租赁或以其他方式处置工业厂房或商业设施；

（十）通过收购商誉、业务、权利、财产，包括股份、债券、信用债券、票据、其他债务证据、其他资产或资产的任何部分或资产中的权益，保护公司作为善意债权人的立场，并承担、承接或支付义务、债务或责任；

（十一）将根据第（七）项、第（八）项、第（九）项或第（十）项取得的任何财产、权利或有价物进行抵押、质押或以其他方式担保，作为支付部分购买价格的担保。

（十二）促进建立本州各社区的地方发展公司，并与其签订协议，与地方基金会合作，帮助或以其他方式鼓励它们；以及

（十三）与经依法授权的联邦贷款机构一起参与贷款发放。

Ⅱ.公司可以根据第Ⅰ款第（六）项规定批准贷款申请，但申请人必须证明：

（一）申请人通过普通银行渠道申请贷款；并且

（二）已被2家以上银行或其他金融机构拒绝贷款的。

第五十五条 全州范围内运营

本分章设立的公司，系根据《1958年小型企业投资法》（《美国法典》第十五编第六百六十二条）第一百零三条或类似的联邦立法所定义的州发展公司，并可在全州范围内运营。

第五十六条 注册证书

Ⅰ.公司的成立证书应当载明下列事项：

（一）公司名称；

（二）根据第二十三章第五十三条的要求，公司设立的目的或宗旨；以及

（三）任何其他要求的信息：

1.第四章；以及

2.第二十一章或第二十二章，如适用。

Ⅱ.公司的名称必须包括"商业发展公司"字样。

第五十七条　董事会管理职权；董事数量

Ⅰ. 公司的组织、控制和管理归属于董事会。董事会应由不少于15名且不超过21名董事组成。

Ⅱ. 董事会可行使法律或公司章程未授予股东或成员的任何公司权力。

第五十八条　董事的选举或任命

Ⅰ. 公司的组织者应提名组成公司初始董事会的董事。除初始董事外，其他董事应在公司的每次年度会议上选举产生。如果公司未按照公司章程规定的时间召开年度会议，则应在代替年度会议的特别会议上选举董事。

Ⅱ. 在年度会议或代替年度会议的特别会议上，公司成员应选举三分之二的董事，公司股东应选举其余董事。

第五十九条　任期；空缺

Ⅰ. 公司董事的任期应持续至下一届年度董事选举以及继任者当选且具备资格，除非该董事根据公司的章程提前被免职。

Ⅱ. 由成员选举产生的董事职位空缺，应由成员选举产生的董事填补；由股东选举产生的董事职位空缺，应由股东选举产生的董事填补。

第六十条　管理人员

公司董事会应任命1名总裁、1名财务负责人和公司的任何其他代理人或管理人员，并应填补任何董事会以外的空缺。

第六十一条　作为所有者参与

Ⅰ. 本州授权从事商业活动的个人、公司或其他组织，包括公用事业公司、保险及意外险公司，或本州授权从事商业活动的外国公司，或信托机构可以获得、购买、持有、出售、转让、转移、抵押、质押，或以其他方式处置由公司设立的债券、证券或其他债务证据，或公司的股份。

Ⅱ. 公司股份的所有者可以行使该所有权的任何权力、权利或特权，包括投票权。

第六十二条　作为公司成员的金融机构

Ⅰ. 金融机构可以成为公司的成员，并可以按照本章的规定向公司提供贷款。

Ⅱ. 金融机构可以按照董事会规定的方式向公司董事会提出申请，成为公司的成员。公司的成员资格在董事会接受申请后生效。

Ⅲ. 作为公司成员的金融机构可以取得、购买、持有、出售、转让、转移、抵押、质押或以其他方式处置公司设立的债券、证券或其他债务证明，或公司的股份。金融机构作为公司股份的所有者，可以行使该所有权的任何权力、权利或特权，包括投票权。公司成员取得公司股份的数额不得超过其贷款限额的10%。成员可以取得的公司股份数额不包括该成员以其他方式取得的公司股份数额。

Ⅳ. 非公司成员的金融机构不得收购公司的任何股份。

第六十三条　成员退出

Ⅰ. 成员可以向公司董事会发出书面通知后，在通知所述日期退出公司。成员退出之日应当是根据本分章发出通知的日期之后至少六个月。

Ⅱ. 成员不具有根据其退出公司之日后发出的通知向公司提供贷款的义务，但成员应当履行在退出日期之前已产生的或已作出承诺的任何义务。

第六十四条　股东和成员的权力

公司的股东和成员可以：

（一）根据第二十三章第五十八条的规定，确定董事人数并选举董事；

（二）制定、修改和废除公司的章程；或者

（三）行使公司章程赋予股东和成员的任何其他权力。

第六十五条　股东或成员的投票权

Ⅰ. 公司的每个股东对其持有的每一股份具有一票投票权，可以亲自或委托他人投票。

Ⅱ. 公司的每个成员具有一次亲自或委托他人的投票权。

Ⅲ. 根据第二十三章第六十八条的规定，贷款限额超过1000美元的成员，该成员对公司的贷款每增加 1000 美元，其本人或其代理人在任何时候即可多投一票。

第六十六条　向公司贷款

Ⅰ.当公司被要求向公司提供贷款时，公司成员应按照董事会定期授权的条款和条件提供贷款。

Ⅱ.成员向公司提供的贷款应以公司的债券、信用债券、票据或其他债务凭证为证，该凭证应：

（一）可在任何时候自由转让；以及

（二）对于无担保商业贷款，其利息应不低于董事会明确的且在发行之日适用的最优惠利率的四分之一。

第六十七条　禁止贷款

Ⅰ.如果在贷款后，公司的债务总额将立即超过公司资本的 50 倍，则成员不得向公司提供贷款。

Ⅱ.根据本章宗旨，公司的资本包括公司已发行股份的数额，无论是普通股还是优先股，以及公司已赚取或实收盈余。

第六十八条　贷款限额

Ⅰ.贷款限额应以最接近根据本章计算的金额 1000 美元为限。

Ⅱ.成员在任何时候向公司提供的未偿贷款总额，与该成员当时持有的公司股份投资总额相加，不得超过：

（一）所有成员向公司提供贷款总额的 20%，包括申请有效但尚未贷款的未偿金额；或者

（二）在成员具有成员资格时，或在成员根据其申请前的财政年度结束时经审计的资产负债表提出要求时确定以下限额；如果是保险公司，则根据其向得克萨斯州保险部门提交的最后年度报表确定以下限额：

1. 相当于商业银行或信托公司资本和利润的 75 万美元或 2% 以下的金额；

2. 相当于储蓄贷款协会未偿贷款总额 1% 的金额；

3. 相当于火灾保险公司以外的股票保险公司资本金和未分配利润 1% 的金额；

4. 相当于火灾保险公司以外的互助保险公司未分配利润1%的金额；
5. 相当于火灾保险公司资产十分之一的金额；或者
6. 公司董事会授权的政府养老基金或其他金融机构限额。

Ⅲ. 在符合第Ⅱ款规定的情况下，公司的每项催缴应在公司成员中按比例分配，每个成员的调整后贷款限额与所有成员调整后贷款限额的总和大致相同。

Ⅳ. 就第Ⅲ款宗旨而言，成员的调整贷款限额系指成员的贷款限额，减去成员向公司提供的未偿贷款余额以及成员在催缴时持有的公司股票投资额。

第六十九条　利润

Ⅰ. 公司应每年拨出不少于公司净收益10%的利润，直至盈余（加上任何未减损利润）等于当时已发行股份所支付金额的二分之一。利润应当妥善保管，以防出现损失和意外情况。剩余部分减损的，按照规定的累计方式偿还。

Ⅱ. 净收益及利润应在董事认为适当的情况下且提供必要的准备金后，由董事会决定。董事会根据本款善意决定的净收益和利润具有决定性。

第七十条　存款机构

Ⅰ. 公司可以将公司的资金存入经出席公司董事会授权会议的多数董事投票指定为存款机构的银行机构，但高层管理人员或董事指定的存款机构除外。

Ⅱ. 公司不得接收存款。

第七十一条　年度报告；必要信息披露

Ⅰ. 公司应每年向银行专员以及得克萨斯州保险部门提交关于其状况的报告。

Ⅱ. 公司应提供州务卿要求的任何信息。

分章Ⅲ　大型机构

第一百零一条　成立

Ⅰ. 一个机构或决定根据以下条款，通过决议或其他成员的同意，可以依据本分章成立公司：

（一）得克萨斯州古老、自由和公认的共济会大会馆；

（二）得克萨斯州大皇家拱门分会；

（三）得克萨斯州圣殿骑士团大司令部；

（四）得克萨斯州奇数独立勋章大会馆；或者

（五）为慈善或慈善目的而组织的其他类似机构或决定。

Ⅱ. 根据本分章成立的公司应根据第四章提交符合本分章规定的成立证书。

第一百零二条　关于第二十二章的适用性

如果本分章未包含与第二十二章规定事项有关的条款，在与本分章一致的范围内，第二十二章适用于根据本分章成立的公司。

第一百零三条　期限

根据本分章成立的大型机构可以在大型团体的成立证书中明确其公司权力在规定的年限结束时到期。如果成立证书未规定大型机构的期限，则大型机构将永久存在。大型机构管理人员和成员可以其公司名称永久存续。

第一百零四条　附属机构

Ⅰ. 一个大型机构的成立包括其下属的每个持有大型机构保证书或授权书的附属机构或者团体。

Ⅱ. 附属机构根据授予其所属大型机构的保证书或授权书中赋予该机构的名称，拥有其他公司的所有权利。权利应在大型机构的授权书中加以规定。

Ⅲ. 附属机构受其各自大型机构的管辖以及控制，附属机构的保证书或授权书可由大型机构撤销。

第一百零五条　受托人与董事

大型机构和大型机构的附属机构可以选举受托人和董事，也可以从其管理人员中任命受托人或董事。

第一百零六条　特许经营税

根据本分章成立的公司无须缴纳或被要求缴纳特许经营税，除非公司根据《税法》第一百七十一章免征特许经营税并获得豁免。

第一百零七条 一般权力

大型机构以及大型机构的附属机构可以按照法律对其他公司的指示或规定采取行动,并可以制定章程和细则来管理其事务。

第一百零八条 财产权

Ⅰ.大型机构或附属机构可以在必要或便利时获得并持有财产,以便在其上建立供机构使用的建筑物,并为成员的寡妇或孤儿或老人、残疾或贫穷的成员建造房屋和学校,并可以出售或抵押该财产。

Ⅱ.转让必须由议长执行,并由秘书加盖印章证明。

Ⅲ.附属机构出售或抵押财产权,须符合该附属机构所隶属的大型机构定期规定或设立的条件。

第一百零九条 贷款权

Ⅰ.根据本分章成立的大型机构可以:

(一)将大型机构持有和拥有的资金用于慈善目的,或作为大型机构中任何机构的捐赠,或其他用途;以及

(二)通过取得和接受不动产的留置权或通过大型机构选择的其他方式担保贷款。

Ⅱ.在出售由留置权担保的不动产时,大型机构可以成为该不动产的购买者并持有该不动产所有权。

第一百一十条 附属机构的清算与终止

Ⅰ.当附属于大型机构的附属机构清算并终止时,该附属机构现有的所有财产和权利将转移并归属于其附属的大型机构,但须清偿该附属机构所欠的任何债务。

Ⅱ.尽管大型机构根据第Ⅰ款对附属机构的债务负有责任,但大型机构对高于附属机构实际现金价值的财产或权力不具有清偿责任。

美国得克萨斯州商业组织法（2017）*
（节选三）

魏儒淇　译
刘丽莎　一校
金锦萍　二校
黄元亨　三校

第三编　有限责任公司
第一百零一章　有限责任公司
分章 I　一般规定

第一条　定义

本编中：

（一）"公司协议"是指股东就有限责任公司的事务或业务达成的任何书面或口头协议。只有一个股东的有限责任公司的公司协议不会因为只有一个人作为公司协议的一方当事人而不可执行。

（二）"境外有限责任公司"或"境外公司"是指根据本州之外的其他司法辖区的法律而成立的有限责任公司。

（三）"有限责任公司"或"公司"是指受这一编约束的境内有限责任公司。

---

* Available at: https://statutes.capitol.texas.gov/Docs/BO/htm/BO.101.htm

第二条　其他法律的适用性

Ⅰ. 根据第一百零一章第一百一十四条，第二十一章第二百二十三条、二十一章第二百二十四条、第二十一章第二百二十五条和第二十一章第二百二十六条适用于有限责任公司及其股东、所有人、受让人、关联方和订户。

Ⅱ. 为适用第Ⅰ款之目的：

（一）所称"股份"包括"股东权益"；

（二）所称"持有人""所有人"或"股东"包括"股东"和"受让人"；

（三）所称"公司"或"法人"包括"有限责任公司"；

（四）所称"董事"包括经理管理的有限责任公司中的"经理"和股东管理的有限责任公司中的"股东"；

（五）所称"章程"包括"公司协议"；和

（六）第二十一章第二百二十三条第Ⅰ款第（一）项中提及的"第二十一章第一百五十七条至第一百六十二条"是指本章下分章Ⅳ中的规定。

分章Ⅱ　成立与管理文件

第五十一条　成立证明中包含的某些规定

Ⅰ. 根据第三章第五条第Ⅱ款的规定，有限责任公司的公司协议中可能包含的条款也可以被包含在公司成立证明中。

Ⅱ. 本编所称的有限责任公司的公司协议包括公司成立证明中包含的任何条款，而不是第Ⅰ款规定的公司协议。

第五百一十五条　备案的签署

除非本编另有规定，有限责任公司的备案文书必须由有限责任公司的授权管理人员、经理或股东签署。

第五十二条　公司协议

Ⅰ. 除第五十四条规定外，有限责任公司的公司协议适用于：

（一）公司股东、管理人员、高级管理人员、公司股东权益的受让人

以及公司本身之间的关系；和

（二）公司的其他内部事务。

Ⅱ．在有限责任公司的公司协议未另行规定的范围内，本编和第一编的规定适用于有限责任公司对公司内部事务的管理。

Ⅲ．除第一百零一章五十四条另有规定外，本编或第一编中适用于有限责任公司的规定可以在有限责任公司的公司协议中予以放弃或修改。

Ⅳ．公司协议中可以载有与法律或成立证明不相抵触的任何为了规范与管理有限责任公司事务的条款。

Ⅴ．在公司协议规定的范围内，公司协议可以为任何人（包括非公司协议一方的人）提供权利。

Ⅵ．公司协议可由有限责任公司执行或针对有限责任公司执行，无论公司是否已经签署或以其他方式明示通过该协议。

第五十三条　公司协议的修订

有限责任公司的公司协议只有在公司的每个股东均同意修改的情况下才能修改。

第五十四条　禁止放弃或修改某些法定条款；例外情形

Ⅰ．除本条规定的情形外，有限责任公司的公司协议不得放弃或修改下列规定：

（一）本条；

（二）第一百零一章的第一百零一条、第一百五十一条、第二百零六条、第五百零一条、第六百零二条第Ⅱ款以及第一百零一章的第六百一十三条；

（三）第一章，如果该条款用于解释条款或定义本部分出现的单词或短语；

（四）第二章，但第二章第一百零四条第Ⅲ款第（二）项、第（三）项以及第二章第一百一十三条可以被公司协议放弃或修改；

（五）第三章，但分章Ⅲ和分章Ⅴ可以被公司协议放弃或修改；或者

（六）第四、五、十、十一、十二章，但第十一章第五十六条除外。

Ⅱ．第Ⅰ款所列的条款可以在公司协议中予以放弃或修改，如果被放

弃或修改的规定授权有限责任公司在其公司管理文件中放弃或修改该等条款。

Ⅲ．第Ⅰ款所列的条款可以在公司协议中进行修改，如果修改后的条款规定：

（一）有权批准修改的个人或群体；或者

（二）通过修改的表决方式或者其他方式。

Ⅳ．本编或第一编对应部分中适用于有限责任公司的、授予除有限责任公司股东、经理、职员或股东权益的受让人以外的个人的规定，只有在上述个人同意放弃或修改的情况下，才可以在公司的公司协议中予以放弃或修改。

Ⅴ．公司协议不得不合理地限制个人根据第一百零一章第五百零二条使用记录和信息的权利。

第五十五条　不可撤销的授权委托书

Ⅰ．本条仅适用于：

（一）关于有限责任公司的组织、内部事务或终止事宜的授权委托书；或

（二）由下列人士出具的授权委托书：

1. 作为有限责任公司的股东或股东权益的受让人；或

2. 寻求成为有限责任公司股东或股东权益的受让人。

Ⅱ．授权委托书出于任何目的都不可撤销，如果该授权书：

（一）附有足以支持不可撤销的权利的法律利益；并且

（二）声明它是不可撤销的。

Ⅲ．除非授权书另有规定，根据本条作出的不可撤销的授权书不受此后委托人死亡、残疾、丧失行为能力、清算、解散、终止存续、破产或任何有关事件的影响。

Ⅳ．授予有限责任公司、公司股东，或其各自的任何高级职员、董事、经理、股东、合伙人、受托人、雇员或代理人的授权书推定附有足以支持不可撤销的权利的法律利益。

分章Ⅲ 股东资格

第一百零一条 股东要求

Ⅰ. 有限责任公司可以有一个或者多个股东。除本条另有规定外，有限责任公司至少应有一个股东。

Ⅱ. 有经理的有限责任公司，在公司成立之日起至第一个股东加入公司之日止的合理期间内，不要求有任何股东。

Ⅲ. 有限责任公司，在公司最后一名股东的股东资格终止之日起至第十一章第五十六条所述的公司存续协议签署之日止的期间内，不要求有任何股东。

第一百零二条 股东资格条件

Ⅰ. 任何人均可成为有限责任公司的股东或获得有限责任公司的股东权益，除非其不具备本法典以外的行为能力。

Ⅱ. 成为有限责任公司的股东或获得有限责任公司的股东权益，无须以下条件：

（一）向公司出资；

（二）以其他方式向公司支付现金或转让财产；或

（三）承担向公司出资或以其他方式支付现金或转让财产的义务。

Ⅲ. 如果一人或多人享有有限责任公司的股东权益，公司协议可以规定一个人被接纳为公司的股东而不收取该公司的股东权益。

第一百零三条 股东资格的生效日期

Ⅰ. 就公司的成立而言，如果一个人在公司成立证书中被称为初始股东，则此人在公司成立之日即成为公司的股东。

Ⅱ. 就公司的成立而言，被接纳为公司股东但未在公司成立证书中被指定为初始股东的人，在下列最晚发生的日期成为公司股东：

（一）公司成立的日期；

（二）公司记录中记载此人加入公司的日期。

（三）如果公司记录中没有记载第（二）款所述的日期，则为公司记录首次反映此人加入公司的日期。

Ⅲ．有限责任公司成立后，直接取得或受让公司股东权益，或虽未取得股东权益而被接纳为公司股东的人，经公司全体股东批准或同意而成为公司股东。

第一百零四条　股东或股东权益的类别或组别

Ⅰ．有限责任公司的公司协议可以：

（一）在公司内设立一个或多个股东或股东权益的类别或组别，其中每一类别或组别均具有某些明确的相关权力、权利和义务，包括表决权；和

（二）规定以何种方式在公司内设立一个或多个股东或股东权益的附加类别或组别，其中每一类别或组别均具有某些明确的相关权力、权利和义务，包括表决权。

Ⅱ．本条第Ⅰ款第（二）项所述的某一类别或组别的股东或股东权益的权力、权利和义务可以在公司协议中规定或在该类别或组别设立之时规定。

Ⅲ．如果有限责任公司的公司协议没有规定本条第Ⅰ款第（二）项所述的设立股东或股东权益的类别或组别的方式，则只有通过对公司协议的修订，方可设立其他类别或组别的股东或股东权益。

Ⅳ．有限责任公司任何类别或组别的股东或股东权益的权力、权利或义务可以优先于该公司任何其他类别或组别的股东或股东权益的权力、权利或义务，包括先前已经设立的类别或组别。

第一百零五条　公司成立后股东权益的发行

有限责任公司在公司成立后，可以：

（一）经公司全体股东同意，向任何人发行公司股东权益；及

（二）如果发行股东权益需要设立新的股东或股东权益的类别或组别，则按照第一百零一章第一百零四条第Ⅰ款第（二）项、第Ⅱ款和第Ⅲ款的规定设立新的类别或组别。

第一百零六条　股东权益的性质

Ⅰ．有限责任公司的股东权益为个人财产。

（第Ⅰ款之一）根据适用法律，股东权益可以为共同财产。

（第Ⅰ款之二）股东参与有限责任公司业务的管理和经营的权利不是共同财产。

Ⅱ．有限责任公司的股东或有限责任公司股东权益的受让人对公司的任何特定财产均无权益。

Ⅲ．《商业与商业法典》第九章第四百零六条和第四百零八条不适用于有限责任公司的股东权益，包括根据公司成立证书或公司协议或本法典产生的权力、权利和权益。如果本款与《商业与商业法典》第九章第四百零六条和第四百零八条之间存在任何冲突，以本款为准。本款的明确意图是作为有限责任公司股东之间的合意，允许强制执行公司协议的任何条款，即便其根据《商业与商业法典》第九章第四百零六条和第四百零八条的规定是无效的。

第一百零七条　禁止股东退伙或除名

有限责任公司的股东不得被退伙或被除名。

第一百零八条　股东权益的转让

Ⅰ．有限责任公司的股东权益可以全部或部分转让。

Ⅱ．转让有限责任公司的股东权益：

（一）不是需要公司清算的事件；并且

（二）受让人无权：

1．参与管理和公司事务；

2．成为公司股东；或者

3．行使公司股东的任何权利。

第一百零九条　股东资格的受让人在取得股东资格前的权利和义务

Ⅰ．有限责任公司的股东权益的受让人有权：

（一）获得一切收入、收益、损失、扣除金额、贷款的分配，或者类似项目的分配（在该项目的分配被转让的范围内，获得转让人有权收取的分配）。

（二）在该分配被转让的范围内，获得转让人有权收取的一切分配；

（三）出于正当目的，要求提供公司交易的合理信息或或对其交易作出合理说明。

（四）出于正当目的，对公司的账簿和记录进行合理检查。

Ⅱ．有限责任公司股东权益的受让人经公司全体股东同意后，有权成为公司的股东。

Ⅲ．在成为公司的股东之前，有限责任公司股东权益的受让人不作为公司的股东承担责任。

第一百一十条　股东权益的受让人在成为公司股东之后的权利和义务

Ⅰ．有限责任公司股东权益的受让人在成为公司股东之后：

（一）在转让的范围内，享有公司协议或本法典赋予公司股东的同等权利和权力；

（二）受限于公司协议或本法典对公司股东设置或施加的同等限制和义务；以及

（三）除第Ⅱ款另有规定外，承担转让人对公司的出资义务。

Ⅱ．有限责任公司股东权益的受让人在成为公司股东后，不承担转让人的下列责任：

（一）在受让人成为公司股东之日不知情的；以及

（二）不能依据公司协议确定的。

第一百一十一条　股东权益的转让人的权利和义务

Ⅰ．有限责任公司股东权益的转让人继续作为公司股东，并有权行使公司股东的任何未转让的权利或权力，直到受让人成为公司股东。

Ⅱ．无论股东权益的受让人是否成为公司股东，有限责任公司股东权益的转让人对公司的责任并不免除。

第一千一百一十五条　死亡或离婚对股东权益的影响

Ⅰ．就本法典而言：

（一）在股东离婚的情况下，该股东的配偶在其股东权益范围内（如果有），为股东权益的受让人；

（二）在股东死亡的情况下，该股东的未亡配偶（如果有），以及该股

东的继承人、受遗赠人、个人代表或其他继承人，在其各自的股东权益范围内，是股东权益的受让人；以及

（三）在股东的配偶死亡的情况下，除该股东以外，其配偶的继承人、受遗赠人、个人代表或其他继承人，在其各自的股东权益范围内（如果有），为股东权益的受让人。

Ⅱ. 本章并不影响在任何时候购买或出售股东权益的协议效力，包括在股东权益所有人死亡或离婚时。

第一百一十二条　受押记令约束的股东的股东权益

Ⅰ. 应有限责任公司股东的胜诉债权人或任何其他有限责任公司股东权益所有人的申请，管辖法院可以将债务人的股东权益押记以履行判决。

Ⅱ. 如果法院按照第Ⅰ款的规定将股东权益押记以支付判决款项，则胜诉债权人仅有权收取债务人就股东权益本应享有的任何分配。

Ⅲ. 押记令构成对债务人的股东权益的留置权。不得根据本法或任何其他法律取消押记令的留置权。

Ⅳ. 发出押记令是股东或股东权益任何其他所有人的债权人可以就债务人的股东权益履行判决的唯一补救措施。

Ⅴ. 本条不得被解释为剥夺有限责任公司的股东或股东权益的任何其他所有人享有适用于该股东或股东权益所有人的任何免责法律利益。

Ⅵ. 股东或股东权益的任何其他所有人的债权人无权占有有限责任公司的财产或者以其他方式就有限责任公司的财产行使法定或衡平法上的救济。

第一百一十三条　诉讼各方

在有限责任公司提起的或针对有限责任公司提起的诉讼中，只有在该诉讼是为了行使特定股东对公司的权利或对公司的责任时，该股东才可以被指定为该诉讼的一方。

第一百一十四条　对债务的责任

除非公司协议另有明确规定，股东或经理不对有限责任公司的债务、义务或责任承担责任，包括根据法院的判决、法令或命令发生的债务、义

务或责任。

分章Ⅳ 出资

第一百五十一条 执行承诺的条件

向有限责任公司出资或以其他方式支付现金或转让财产的承诺，仅在下列情况下才具有可执行性：

（一）书面形式；以及

（二）由作出承诺的人的签字。

第一百五十二条 不受情势变更影响的可执行承诺

有限责任公司的股东有义务履行向公司出资或以其他方式支付现金或转让财产的可执行承诺，无论该股东是否死亡、丧失行为能力或有其他情况的变化。

第一百五十三条 未能履行可执行承诺；后果

Ⅰ．有限责任公司的股东或其法定代理人或其继承人，如果没有履行对公司出资的可执行承诺，包括先前作出的出资或以其他方式向公司支付现金或转让财产，则有义务按照公司的要求以现金支付约定的出资额，该出资额应按照第三章第一百五十一条和第一百零一章第五百零一条中的公司协议或公司记录中所列的数额，减去：

（一）已支付的全部出资金额；和

（二）全部已转让财产的价值。

Ⅱ．有限责任公司的公司协议可以规定，如果股东未能履行其向公司支付现金或转让财产的可执行承诺，无论是作为出资还是与已作出的出资有关，则该股东的股东利益可能：

（一）减少；

（二）屈从于其他守约股东的股东利益；

（三）以估价或其他计算方式确定的价值赎回或出售；或

（四）接受下列事项：

1. 强制出售；

2. 没收；

3. 从公司其他股东处取得为履行可执行承诺所必需的数额的贷款；或

4. 其他处罚或后果。

第一百五十四条 免除可执行承诺所需的同意

有限责任公司的股东或其法定代理人或其继承人负有的向公司出资或以其他方式支付现金或转让财产的义务，或因其违反本法典或公司协议而负有的向公司返还支付或分配给其的现金或财产的义务，只有在获得公全体的同意后才能被免除或解除。

第一百五十五条 债权人强制执行特定义务的权利

如果有限责任公司的债权人因合理信赖公司股东的可执行的义务而提供了信贷或采取其他行为，而该义务根据第一百零一章第一百五十四条的规定被免除或解除，该有限责任公司的债权人可以强制执行该义务，如果该义务被列明在符合下列条件的文件中：

（一）由股东签署；且

（二）没有修正或取消以证明该承诺的免除或解除。

第一百五十六条 强制执行附条件的义务的条件

（一）有限责任公司的股东的附条件的义务，只有在该条件被满足或被该股东放弃的情况下，才可由该公司或第一百零一章第一百五十五条所述的债权人强制执行。

（二）本条规定的有限责任公司的股东的附条件的义务，包括在有限责任公司的全权委托催缴之前应付的缴款。

分章 V　分配和分红

第二百零一条　利润和亏损的分配

有限责任公司的利润和亏损，应根据第一百零一章第五百零一条规定的公司记录中所记载的每个股东的认缴出资额，在公司每个股东之间进行分配。

第二百零二条　实物分红

有限责任公司的股东有权要求或收取仅以现金形式进行的公司分红，

而不论其对公司的出资形式。

第二百零三条　分红的分享

有限责任公司的现金和其他资产的分红，应根据第三章第一百五十一条和第一百零一章第五百零一条规定的公司记录中所记载的每个股东对公司的认缴出资额，在公司的每个股东之间进行分红。

第二百零四条　临时分红

有限责任公司的股东在公司清算之前，无权收取或向公司要求分红，直至公司管理部门宣布分红给：

（一）公司的每个股东；或

（二）该股东所属的类别或组别。

第二百零五条　退伙时的分红

合理行使公司协议赋予的退伙权利的有限责任公司的股东，有权在退伙之日后的合理时间内，收取截止退伙之日其在公司中的股东权益的公允价值。

第二百零六条　禁止分红；返还义务

Ⅰ．除非根据第十一章的规定进行分配，如果在分红后有限责任公司的总负债（第Ⅱ款所述的负债除外）超过公司总资产的公允价值，则有限责任公司不得向公司股东进行分红。

Ⅱ．就Ⅰ款而言，有限责任公司的负债不包括：

（一）与股东的股东权益有关的负债；或

（二）除Ⅲ款另有规定外，债权人的追索权仅限于公司特定财产的债务。

Ⅲ．就Ⅰ款而言，有限责任公司的资产包括负有债务的财产的公允价值，即便其债权人就该特定财产享有追索权，只要该财产的公允价值超出其上所负的债务。

Ⅳ．有限责任公司的股东收到公司违反本条规定进行的分红，无须将该分红返还给公司，除非该股东知道该违反行为。

Ⅴ．本条不得解释为影响有限责任公司的股东根据公司协议或其他州法律或联邦法律向公司返还分红的义务。

Ⅵ．就本条而言，"分红"不包括对现在或过去的服务的合理补偿，也不包括在善意的退休计划或其他福利计划等正常业务过程中支付的合理款项。

第二百零七条　债权人在分红方面的地位

在符合第十一章第五十三条和第一百零一章第二百零六条的规定的情况下，当有限责任公司的股东有权从公司获得分配时，该股东在该分配方面与公司债权人具有相同的地位，并有权获得公司债权人可以获得的任何救济。

第二百零八条　登记日期

公司协议可以规定或设定有关分配和分红的登记日期。

分章Ⅵ　管理

第二百五十一条　管理部门

有限责任公司的管理部门包括：

（一）公司的经理，如果公司的成立证书中规定公司将有一名或多名经理；或

（二）公司的股东，如果公司的成立证书中规定公司不设经理。

第二百五十二条　由管理部门管理

有限责任公司的管理部门应依照下列规定管理公司的业务和事务：

（一）公司协议；和

（二）本编和第一编的规定适用于有限责任公司，但以公司协议未就公司管理作出规定的范围为限。

第二百五十三条　委员会的指定；权力的授予

Ⅰ．有限责任公司的管理部门可以通过决议指定：

（一）由一名或多名公司管理人员组成的管理部门的一个或多个委员

会；以及

（二）受限于管理部门施加的任何限制，在某一委员会委员缺席或无资格出席的委员会会议上根据第（一）项指定的一个委员会候补委员。

Ⅱ．有限责任公司管理部门的委员会可以行使指定该委员会的决议所规定的管理部门的权力。

Ⅲ．根据本条指定委员会并不免除管理部门依法负有的任何责任。

第二百五十四条　代理人的指定；有约束力的行为

Ⅰ．除本编和第一编另有规定外，有限责任公司的每一个管理人员和由公司的管理部门授予实质性或表面上的权力的每个有限责任公司的高级职员，就开展公司业务而言都是公司的代理人。

Ⅱ．第Ⅰ款所述的有限责任公司的代理人显然为执行公司的正常业务所实施的行为，包括以公司的名义签署文书、文件、抵押或转让契约，对公司具有约束力，除非：

（一）代理人未取得代表公司的实际授权；以及

（二）与代理人进行交易的人知道代理人缺乏实际授权。

Ⅲ．第Ⅰ款所述的有限责任公司的代理人所实施的、显然不是为了执行公司的正常业务的行为，只有在根据本编获得授权的情况下才对公司具有约束力。

第二百五十五条　存在利害关系的管理人员或高级职员的合同或交易

Ⅰ．本条适用于有限责任公司与下列人员之间的合同或交易：

（一）该公司的一个或多个管理人员或高级职员，或一个或多个管理人员或高级职员的一个或多个关联公司或联合公司，或

（二）该公司的一个或多个管理人员或高级职员，或一个或多个管理人员或高级职员的一个或多个关联公司或联合公司在该实体或其他组织中：

1. 是管理人员；或

2. 享有经济利益。

Ⅱ．第Ⅰ款所述的其他有效的和可执行的合同或交易，在满足下列任何一个条件的情况下，也是有效的和可执行的，而不是无效的或可以撤销

的，尽管存在第Ⅰ款所述的任何关系或利益：

（一）有关第Ⅰ款所述的关系或利益的重要事实，以及有关合同或交易的重要事实被披露给下列人员或由下列人员获悉：

1. 公司的管理部门或管理部门的委员会，且该管理部门或委员会经无利益关系的管理人员或委员会委员的多数同意而善意地批准了该合同或交易，而不考虑这些无利益关系的管理人员或委员会委员是否达到了法定人数；或

2. 公司股东们，且这些股东们通过表决善意地批准了该合同或交易；或

（二）如果该合同或交易是由管理部门、管理部门的委员会或公司股东授权、批准或认可的，则该合同或交易对公司是公平的。

Ⅲ. 在确定批准该合同或交易的公司管理部门或管理部门的委员会会议是否达到法定人数时，可以包括有限责任公司的普通管理人员或有利益关系的管理人员。

Ⅳ. 具有本条第Ⅰ款所述的关系或利益的人可以：

（一）出席或参加授权该合同或交易的管理部门的会议或管理部门的委员会的会议，且如果此人是管理人员或委员会股东，可以在该会议上投票；或

（二）以其管理人员或委员会委员的身份，签署管理人员或委员会委员批准该合同或交易的书面同意书。

Ⅴ. 如果本条第Ⅱ款中至少有一个条件得到了满足，则无论是公司还是公司的任何股东，都不能成为起诉本条第Ⅰ款所规定的任何人的理由，即因为此人具有本条第Ⅰ款所规定的关系或利益，或采取了本条第Ⅳ款所规定的任何行动，而违反了有关该合同或交易的缔结、授权或履行的义务。

分章Ⅶ 经理

第三百零一条 本分章的适用性

本分章仅适用于有一个或一个以上经理的有限责任公司。

第三百零二条 人数和资格

Ⅰ. 有限责任公司的经理可包括一人或多人。

Ⅱ．除本条第Ⅲ款另有规定外，有限责任公司的经理人数包括在公司成立证书中所列的初始的经理的人数。

Ⅲ．有限责任公司经理的人数可以通过修改公司协议或根据公司协议的规定予以增加或减少。

Ⅳ．有限责任公司的经理无须是：

（一）本州居民；或

（二）公司股东。

第三百零三条　期限

有限责任公司的经理任期：

（一）为其选任期限（如果有），直至经理的继任者被选定为止；或

（二）直至该经理辞职、免职或死亡为止。

第三百零四条　免职

除第一百零一章第三百零六条第Ⅰ款另有规定外，有限责任公司的经理可在为此召开的公司股东会议上被无理由免职。

第三百零五条　经理职位空缺

Ⅰ．除第一百零一章第三百零六条第Ⅱ款另有规定外，有限责任公司经理职位的空缺可由下列人员填补：

（一）获得公司其余经理的多数赞成票的（人/股东），而不论其余经理是否达到法定人数；或

（二）在为此召开的公司股东会议上的股东。

Ⅱ．填补经理职位空缺的人的任职期限为其前任尚未届满的任期（如果有）。

第三百零六条　按类别或组别选出的经理的免职或更换

Ⅰ．如果有限责任公司的某一类别或组别的股东根据公司协议有权选出公司的一名或多名经理，则该经理只能被选出该经理的类别或组别免职。

Ⅱ．根据第Ⅰ款规定选出的经理职位的空缺只能由下列人员填补：

（一）在空缺发生之日任职的、由该类别或组别的股东多数赞成票选出的经理；或

（二）该类别或组别股东的多数赞成票。

第三百零七条　对经理进行分类的方法

对有限责任公司经理进行分类的其他方法，包括针对任期交错或任期不一致的经理的规定，可以在公司协议中制定。

分章Ⅷ　会议和表决

第三百五十二条　一般通知要求

Ⅰ. 除第Ⅱ款另有规定外，有限责任公司的管理部门或股东，或公司管理部门的委员会的定期会议或特别会议的通知，应当酌情根据第六章第五十一条的规定，以书面形式发给每位管理人员、股东或委员会委员。

Ⅱ. 如果有限责任公司的股东不构成公司的管理部门，则第Ⅰ款所要求的股东会议的通知应由管理部门或根据其指示早于会议日期前十天或六十天内发出。本款要求的会议通知必须说明在会议上将要处理的事务或会议目的，如果：

（一）该会议是特别会议；或

（二）该会议目的是审议第一百零一章第三百五十六条所述的事项。

第三百五十三条　法定人数

有限责任公司的所有管理人员、股东或委员会委员中的多数构成在管理部门、股东或公司委员会会议上处理业务的法定人数。

第三百五十四条　平等的表决权

有限责任公司的每个管理人员、股东或委员会委员在管理部门、股东或公司委员会会议上享有平等的表决权。

第三百五十五条　管理部门、股东或委员会的行为

除本编或第一编另有规定外，在出席会议的人达到法定人数的会议上的，有限责任公司的管理人员、股东或委员会股东的多数赞成票，构成公

司管理部门、股东或委员会的行为（视情况而定）。

第三百五十六条　批准特定行为所需票数

除本条或本编其他条另有规定外，有限责任公司的行为可由第一百零一章第三百五十五条规定的公司管理部门批准。

除本条第Ⅲ款、第Ⅳ款、或第Ⅴ款或本编其他条另有规定外，如果有限责任公司的行为明显不是为了开展公司正常业务，则必须获得公司全体管理人员多数的赞成票批准。

Ⅲ．除本条第Ⅳ款或第Ⅴ款或本编其他条另有规定外，有限责任公司的重大商业交易，或者使有限责任公司无法开展公司正常业务的行为，必须获得公司全体股东的多数赞成票批准。

Ⅳ．除本条第Ⅴ款或本编其他条另有规定外，公司股东必须以全体股东的赞成票通过：

（一）对有限责任公司成立证书的修订；或

（二）包含对有限责任公司成立证书的修订的重述成立证明。

Ⅴ．有限责任公司的行为必须获得公司股东批准的要求在第一百零一章第一百零一条第Ⅱ款规定的期间内不适用。

Ⅵ．仅在重述证书包含修订内容时，才需要有限责任公司的股东批准该重述成立证书。

第三百五十七条　表决方式

Ⅰ．有限责任公司的股东可以（通过下列方式）表决：

（一）亲自出席；或

（二）亲自书面签署的委托书。

Ⅱ．有限责任公司的经理或委员会委员可以（通过下列方式）表决：

（一）亲自出席；或

（二）在公司协议授权的情况下，由经理或委员会委员以书面形式签署的委托书，视情况而定。

第三百五十八条　未经一致书面同意而采取的行动

Ⅰ．本条仅适用于根据本章、第一章或公司管理文件要求或授权在有限责任公司的管理部门、股东或管理部门的委员会的年会或特别会议上所要求或授权采取的行动。

Ⅱ. 尽管有第六章第二百零一条和六章第二百零二条的规定，可以不经举行会议、发出通知或开展表决而采取一个行为，如果有限责任公司的一定数目的管理人员、股东或委员会委员（视情况而定）签署了声明所要采取的行为的书面同意书，并且该书面同意书应当至少在有权就该行为进行表决的管理人员、股东或委员会委员（视情况而定）出席并进行表决的会议上获得采取该行为所需的最低票数。

第三百五十九条　股东或经理在召开或不召开会议的情况下采取的有效行为

有限责任公司的股东或经理可以在股东会或经理会议上或不召开会议的情况下采取行动，以本编、第一编或公司管理文件所允许的任何方式。除非管理文件另有规定，否则在以下情况下的行为是有效的：

（一）在有权就该行为进行表决的管理人员、股东或委员会委员（视情况而定）出席并进行表决的会议上获得采取该行为所需的最低票数的赞成票。

（二）经有限责任公司每个股东的同意，该同意可以通过以下作出：

1. 该股东对该行为充分知情却没有及时地反对该行为；
2. 由该股东签署的对该行为的书面同意书；或
3. 任何其他合理地证明同意的方式。

分章Ⅸ　义务的变更；补偿

第四百零一条　义务和责任的扩大或限制

有限责任公司的公司协议可以扩大或限制股东、经理、高级职员或其他人员对公司或公司股东或经理的任何义务，包括信托义务，以及相关的责任。

第四百零二条　允许的赔偿、费用的预付和保险或其他安排

Ⅰ. 有限责任公司可以：

（一）赔偿某人；

（二）预付或报销个人产生的费用；和

（三）购买或取得或建立并维持保险或其他安排，以赔偿某人或使其免受损害。

Ⅱ. 本条中，"人"包括有限责任公司的股东、经理或高级职员或公司股东权益的受让人。

分章 X 派生诉讼

第四百五十一条 定义

在本分章中：

（一）"派生诉讼"是指对境内的有限责任公司的民事诉讼，或在第一百零一章第四百六十二条规定的范围内，对境外有限责任公司的民事诉讼。

（二）"管理实体"是指（符合）下列之一的实体：

1. 由经理管理的有限责任公司的经理；或者
2. 由有权管理公司的股东所管理的有限责任公司的股东。

（三）"股东"是指作为股东的人，或股东权益的受让人，或通过委托表决权或代表该人的代名人而受益地拥有股东权益的人。

第四百五十二条 起诉的资格

Ⅰ. 根据第Ⅱ款的规定，股东不得提起或维持派生诉讼，除非：

（一）该股东：

1. 在被诉的作为行为或不作为行为发生时是有限责任公司的股东；或
2. 通过在被诉的作为行为或不作为行为发生时是股东的人的法律运作而成为股东；以及

（二）该股东在行使有限责任公司的权利时公平、充分地代表了有限责任公司的利益。

Ⅱ. 如果在转化中被转化的实体是一个有限责任公司，则该有限责任公司的股东不得基于在转化日之前发生的与该被转化实体有关的作为行为或不作为行为而提起或维持派生诉讼，除非：

（一）该股东在作为行为或不作为行为发生时是被转化实体的股权所有者；以及

（二）该股东在行使有限责任公司的权利时公平、充分地代表了有限责任公司的利益。

第四百五十三条 请求

Ⅰ. 股东不得在向有限责任公司提交了书面请求之日后的第九十一天之前提起派生诉讼，该请求具体陈述了作为行为、不作为行为或为了主张权利或提出异议并要求有限责任公司采取适当行动的其他事项。

Ⅱ. 第Ⅰ款所要求的提起派生诉讼之前的等待期是不需要的，或者，如果适用就应当终止（在下列情况）：

（一）该股东已经被通知该请求已被有限责任公司拒绝；

（二）有限责任公司正在遭受无法弥补的损失；或

（三）等待九十天期限届满将会对有限责任公司造成无法弥补的损失。

第四百五十四条 由管理层或独立人士所作的决定

Ⅰ. 关于如何处理与派生诉讼有关的请求或请求书中提出的主张的决定必须通过下列人数的多数赞成票作出：

（一）有限责任公司的独立且无利益关系的管理人员，无论是一个还是多个，即使独立且无利益关系的管理人员未占有限责任公司管理人员的多数；

（二）由一个或多个独立且无利益关系的管理人员组成的委员会，上述管理人员是由有限责任公司的一个或多个独立且无利益关系的管理人员的多数任命，即使发出任命的独立且无利益关系的管理人员未占有限责任公司管理人员的多数；或

（三）由法院根据有限责任公司的一个动议而任命的一个或多个独立且无利害关系的个人组成的小组，该请求罗列了将被任命的个人的姓名，并声明在有限责任公司所知范围内将被任命的个人是无利益关系的，且有资格作出第一百零一章第四百五十八条所规定的决定。

Ⅱ. 适用本款的实体，只有在其关于有限责任公司的派生的程序的决定是由其关于该派生的程序独立且无利益关系的多数管理人作出时，才是本条中独立且无利害关系的实体，即使那些管理人员未占其管理人员的多数。本款适用于下列实体：

（一）有限责任公司的管理实体；或

（二）该管理实体中的直接管理人员或通过一个或多个其他实体的间接管理人员。

Ⅲ．如果法院认为有限责任公司推荐的个人是独立且无利害关系的，并且在专门知识、经验、独立判断能力和其他法院认为在当时的情况下适合作出决定的因素方面是合格的，则法院应该根据第Ⅰ款第（三）项任命一个小组。法院根据本条任命的小组成员，不会因其在上述身份下采取的作为行为或不作为而对有限责任公司或有限责任公司的股东承担责任，但构成欺诈的或故意的作为或不作为除外。

第四百五十五条　诉讼的中止

Ⅰ．如果作为派生诉讼对象的有限责任公司开始对请求书或诉状中的主张进行调查，并且第一百零一章第四百五十四条所述的人员或小组正在主动、善意地审查该主张，法院应当将派生诉讼在不超过六十天（的期限内）中止，直到审查结束，并且该人员或小组作出了应该采取何种进一步的行为决定（如果有）。

Ⅱ．为使中止成立，有限责任公司必须向法院提供一份书面声明，同意在对该事项的审查结束后立即通知法院和提出该要求的股东。

Ⅲ．基于动议（启动）的中止，可以每隔六十天审查一次（是否）延长期限，如果有限责任公司向法院和该股东提交了载明审查状况和在不超过六十天的期限延长的合理理由的书面声明。如果法院认为继续延长对有限责任公司的利益是恰当的，则应批准延长，延长期限不得超过六十天。

第四百五十六条　证据调查

Ⅰ．如果有限责任公司提出驳回第一百零一章第四百五十八条下的派生诉讼，则在根据本分章规定提出派生诉讼之后，股东进行的证据调查应限于：

（一）与第一百零一章第四百五十四条所述的人是否独立和无利害关系有关的事实；

（二）进行调查和审查的人员或小组的善意；以及

（三）该人员或小组开展审查所遵循的程序的合理性。

Ⅱ．第Ⅰ款所规定的调查取证不得扩大到包括作为派生诉讼标的作为、不作为或其他事项的事实或实质性问题，但如果法院在发出通知和听证后决定对该主张的善意审查没有依据第一百零一章第四百五十四条和第一百零一章第四百五十八条由独立且无利害关系的人员或小组作出，则调查取证的范围不应受此限制。

第四百五十七条　诉讼时效的中止

根据第一百零一章第四百五十三条向有限责任公司提交的书面要求会影响主张索赔权利的诉讼时效，直到以下较迟的一项（发生）：

（一）依据第一百五十三章第四百零三条规定的任何等待期届满后的第31日；或

（二）依据第一百五十三章第四百零五条批准的任何中止期届满后的第31日，包括该中止期的每次延期。

第四百五十八条　派生诉讼的驳回

Ⅰ．在衡平法上，如果第一百零一章第四百五十四条所述的人员或小组在进行了合理的调查之后，并且基于该人员或小组在当时的情况下认为适当的因素，善意地认定继续该派生诉讼不符合有限责任公司的最大利益，则法院作为事实的查明者，应驳回根据有限责任公司的动议发起的派生诉讼。

Ⅱ．在确定是否满足第Ⅰ款的要求时，举证责任应（由以下一方）承担：

（一）原告股东，如果：

1. 依据第一百零一章第四百五十四条第Ⅰ款第（一）项或第（二）项作出决定的相关主体在作出该决定时是独立且无利益关系的；

2. 该决定是由根据第一百零一章第四百五十四条第Ⅰ款第（三）项任命的一个或多个独立且无利益关系的人组成的小组作出的；或

3. 有限责任公司提出的初步证据表明根据第一百零一章第四百五十四条第Ⅰ款作出决定的相关主体是独立且无利益关系的；或

（二）有限责任公司，在任何其他情况下。

第四百五十九条　请求被拒绝后的指控

如果在请求被拒绝后启动派生诉讼，则起诉书中必须提出证明该拒绝不符合第一百零一章第四百五十四条和第一百零一章第四百五十八条下的要求和标准的具体事实。

第四百六十条　终止或和解

Ⅰ. 未经法院同意，派生诉讼不得被终止或和解。

Ⅱ. 如果法院确定终止或和解的提议可能实质性地影响其他股东的利益，则法院应指示向受影响的股东发出通知。

第四百六十一条　费用支付

Ⅰ. 在本条中，"费用"指在派生诉讼中当事人发生的合理费用，包括：

（一）律师费；

（二）对派生诉讼所涉事项进行调查的费用；或

（三）有限责任公司可能被要求赔偿另一方的费用。

Ⅱ. 在派生诉讼终止时，法院可以命令：

（一）有限责任公司向原告支付因派生诉讼而发生的费用，如果法院认定该派生诉讼对有限责任公司带来重大利益；

（二）原告应向有限责任公司或其他被告支付因调查或诉讼程序而发生的费用，如果法院认定派生诉讼的启动或维持不具有合理理由或正当目的；或

（三）一方当事人应向另一方当事人支付因提交起诉书、动议或其他文件而产生的费用，如果法院认为该起诉书、动议或其他文件：

1. 经合理调查后，事实依据不充分；

2. 不能以现行法律，或对现行法律的善意适用、扩张、修改或推翻为依据；或

3. 出于不正当目的而提起，例如骚扰、造成不必要的迟延或诉讼成本的增加。

第四百六十二条　对境外有限责任公司的适用

Ⅰ. 在境外有限责任公司提起的派生诉讼中，本分章规定的事项应受该境外有限责任公司的设立地的管辖法律的调整，但第一百零一章第四百五十五条、第四百六十条和第四百六十一条除外，（上述法条）为程序性规定且不涉及境外有限责任公司的内部事务，除非该境外有限责任公司的设立地的管辖法律对第一百零一章第四百五十五条另有要求。

Ⅱ. 就第一百零一章第四百五十五条规定的涉及境外有限责任公司的事项而言，第一百零一章第四百五十四条所述的人员或小组是指根据境外有限责任公司的设立地的管辖法律有权作出第一百零一章第四百五十四条第Ⅰ款所述的决定的人员或小组。对该人员或小组作出的决定的审查标准应受境外有限责任公司的设立地的管辖法律的调整。

第四百六十三条　封闭型有限责任公司

Ⅰ. 在本条中，"封闭型有限责任公司"是指符合以下条件的有限责任公司：

（一）少于35个股东；并且

（二）股东权益未在全国证券交易所上市，或未在场外交易市场上由一个或多个全国性证券协会的一名或多名会员定期报价。

Ⅱ. 第一百零一章第四百五十二条至第四百六十条不适用于由封闭型有限责任公司的股东对该有限责任公司的管理人员、股东或高级职员提出的指控或派生诉讼。在该指控或派生诉讼也针对上述管理人员、股东或高级职员以外的人员提出的情况下，本款仅适用于对上述管理人员、股东或高级职员的指控或派生诉讼。

Ⅲ. 如果第一百零一章第四百五十二条至第四百六十条因为第Ⅱ款的规定而不适用，且出于正义的要求：

（一）由封闭型有限责任公司的股东提起的派生诉讼可以被法院视为该股东为其自身利益而提起的直接诉讼；并且

（二）为保护债权人或有限责任公司其他股东的利益，公司股东在直接诉讼或派生诉讼中的追偿款可以直接支付给原告或有限责任公司。

Ⅳ. 公司股东是否对管理人员、公司股东或高级职员有直接诉讼理由或起诉的权利受州法律的其他规定管辖，本条不得被解释为创设了直接诉讼理由或起诉的权利。

分章XI 补充记录要求

第五百零一条 有限责任公司所需的补充记录

Ⅰ．除根据第三章第一百五十一条的要求保存的账簿和记录之外，有限责任公司应在其位于美国的主营业地保存（以下资料），并在不迟于某人士根据第三章第一百五十二条第Ⅰ款或第一百零一章第五百零二条提交了查阅公司账簿和记录的书面请求后的第五日，在其位于美国的主营业地向该人士提供（以下资料）。

（一）一份现行的清单，载明：

1. 每位股东在有限责任公司中拥有的股份或其他权益；以及

2. 每一特定类别或组别的股东姓名，如果在成立证书或公司协议中或根据成立证书或公司协议设立了一个或多个类别或组别的股东权益；

（二）公司在之前六个纳税年度中每年的联邦、州和地方税务信息或所得税申报表的的副本；

（三）公司成立证书的副本，包括对该公司成立证书作出的任何修订或重述；

（四）公司协议的副本，包括对该公司协议作出的任何修订或重述，如果公司协议是书面形式的；

（五）经签署的任何授权书的副本；

（六）公司协议规定的设立公司股东类别或组别的任何文件的副本；以及

（七）除第Ⅱ款另有规定外，一份关于下列事项的书面声明：

1. 现金出资额以及对每位股东已作出的或认缴的其他任何出资；

2. 股东追加出资的日期；

3. 发生要求股东追加出资的任何事件；

4. 发生需要公司清算的任何事件；以及

5. 每个股东成为公司股东的日期。

Ⅱ．如果在书面的公司协议中已经有所规定，则有限责任公司不需要在其美国的主营业地保存或提供本条第Ⅰ款第（七）项所要求的信息的书面陈述。

Ⅲ. 有限责任公司应将其位于本州的注册地址保存，并应公司股东的合理请求，向其提供该公司在美国的主营业地的街道地址，即保存或提供本条和第三章第一百五十一条所要求记录的地点。

Ⅳ. 本条下规定的有限责任公司需要保存的所有账簿和记录可以根据第三章第一百五十一条第Ⅱ款允许的任何形式和方式保存。

第五百零二条　查阅记录和某些其他信息的权利

Ⅰ. 有限责任公司的股东或有限责任公司股东权益的受让人，或者股东或受让人的代表，出于正当目的并经书面请求，可在任何合理时间内，自担费用，查阅和复制下列文件：

（一）第三章第一百五十一条和第一百零一章第五百零一条所要求的记录；以及

（二）其他可供他人合理查阅、复制的有关公司业务、事务和财务状况的信息。

Ⅱ. 应公司股东或公司股东权益的受让人向公司的美国主营业地发送的书面请求，或者应公司协议中指定的人员和地址发送的书面请求（如果与协议中指定的人士和地址不一致），有限责任公司应当向公司股东或公司股东权益的受让人提供下列文件的免费副本：

（一）公司成立证书，包括对该成立证书的任何修订或重述；

（二）书面形式的公司协议，包括对该公司协议的任何修订或重述；以及

（三）第一百零一章第五百零一条第Ⅰ款第（二）项所述的任何纳税申报表。

第五百零三条　拒绝查阅某些记录的处罚

Ⅰ. 如果有限责任公司拒绝股东或股东权益的受让人根据符合第一百零一章第五百零二条第Ⅰ款规定的书面请求查阅和复制该条规定的记录或其他信息，则该有限责任公司应对股东或股东权益的受让人在行使其第一百零一章第五百零二条规定的权利时发生的任何成本或费用承担责任，包括律师费。本款对有限责任公司施加的责任是对公司股东或受让人依法享

有的任何其他损害赔偿或救济的补充。

Ⅱ. 对本条中的诉讼的抗辩理由是，起诉人：

（一）不正当地使用了根据第一百零一章第五百零二条通过事先审查有限责任公司或任何其他有限责任公司的记录或其他信息而获得的信息；或

（二）非出于善意或正当目的提出其查阅请求。

分章Ⅻ 清算和终止的补充条款

第五百五十一条 有资格清算公司的人员

在需要有限责任公司清算的事件发生后，除非发生第十一章第一百五十一条规定的撤销或第十一章第一百五十二条规定的取消，公司的清算必须由下列人员进行：

（一）公司的管理部门或由管理部门、股东或管理文件指定的一名或多名人员，包括管理人员；

（二）最后剩余的股东的法定代理人或继承人或由其法定代理人或继承人指定的一名或多名人员，如果公司清算事由是公司最后剩余的股东的股东资格的终止；或

（三）由法院根据第十一章第五十四条、四百零五条、四百零九条或第四百一十条指定的对公司进行清算的人。

第五百五十二条 对自愿清算、撤销、取消或恢复注册的批准

Ⅰ. （下列事项）需要有限责任公司全体股东的多数票，或者公司全体经理的多数票（如果有限责任公司没有股东）批准：

（一）公司根据第十一章的规定自愿清算；

（二）根据第十一章第一百五十一条撤销自愿清算公司的决定；或

（三）根据第十一章第二百零二条恢复已终止的公司。

Ⅱ. 根据第十一章第一百五十二条取消第十一章第五十一条第（一）项、第（三）项规定的需要清算的事由时，需要获得有限责任公司全体股东的同意。

Ⅲ. 第十一章第五十六条规定的应当进行清算的事由可根据第十一章第一百五十二条第Ⅰ款取消，如果境内有限责任公司最后剩余股东的法定

代理人或继承人同意：

（一）取消要求清算的事由并使公司继续存续；并且

（二）自公司剩余的最后一名股东的股东资格终止之日起成为公司股东，或指定同意成为公司股东的其他人在上述终止之日（成为公司股东）。

分章 XIII 系列有限责任公司

第六百零一条 股东、经理、股东权益或资产系列

Ⅰ．公司协议可以确立或规定确立一个或多个指定的股东、经理、股东权益或资产系列。

（一）就有限责任公司的特定财产或义务或与特定财产或义务有关的利润和亏损，享有独立的权力、权利或义务；或

（二）具有独立的经营目的或投资目标。

Ⅱ．根据本条第Ⅰ款设立的一系列可以进行任何未被第二章第三条禁止的业务、目的或活动，无论是否以营利为目的。

第六百零二条 就资产系列设定的债务和费用的可强制执行性

Ⅰ．尽管有本章或任何其他法律的任何其他规定，但根据本条第Ⅱ款和本分章的任何其他规定：

（一）就一个特定系列发生的、约定的或以其他方式存在的债、责任、义务和费用应当仅针对该系列的资产强制执行，而不得概括地针对该有限责任公司的资产或任何其他系列的资产强制执行；以及

（二）就有限责任公司或任何其他系列发生的、约定的或以其他方式存在的任何债、责任、义务和费用，不得概括地针对某一特定系列的资产强制执行。

Ⅱ．本条第Ⅰ款仅在下列情况下适用：

（一）为该特定系列维护的账目，独立于公司的其他资产或任何其他系列，分开核算与该系列相关的资产；

（二）公司协议包含对第Ⅰ款所规定的限制的效力的声明；以及

（三）公司成立证书包含对第Ⅰ款所规定的限制的通知。

Ⅲ．第Ⅰ款或者根据第Ⅰ款在有限责任公司的公司协议或成立证书中包含的任何规定，不限制：

（一）特定系列或代表特定系列的有限责任公司在公司协议或其他书面协议中的明确约定，概因该公司或任何其他系列而发生的、约定的或以其他方式存在的某一项或全部的债务、责任、义务和费用均可对该特定系列的资产强制执行；或

（二）有限责任公司在公司协议或其他书面协议中明确规定，就某一特定系列发生的、约定的或以其他方式存在的某一项或全部债务、责任、义务和费用均可概括性地强制执行该公司的资产。

第六百零三条　系列的资产

Ⅰ．与系列有关的资产可以被直接或间接地持有，包括以系列的名义、以有限责任公司的名义、通过代名人或以其他方式（持有）。

Ⅱ．如果某一系列的账单的维护方式使得该系列的资产能够通过包括任何资产的百分比或份额的特定列表、类别、类型、数量或计算方式或分配公式或程序，或通过任何其他能够客观地确定资产属性的方法而被合理地识别，则该账单应被视为满足第一百零一章第六百零二条第Ⅱ款第（一）项的要求。

第六百零四条　对限制系列的责任的提示

提交国务院备案的公司成立证书中包含的、按照第一百零一章第六百零二条规定的对限制系列的责任的提示，满足第一百零一章第六百零二条第Ⅱ款第（三）项的要求，而无论：

（一）该有限责任公司在该提示被写入成立证书中时是否已经依据本分章的规定设立了任何系列；以及

（二）该提示是否提及了有限责任公司的某一特定系列。

第六百零五条　系列的一般性权力

根据本分章的规定设立的系列以其自身名义享有以下权力和能力：

（一）起诉和被起诉；

（二）订立合同；

（三）取得、出售和持有该系列的资产的所有权，包括不动产、动产和无形资产；

（四）以该系列的资产设定留置权和担保权；

（五）成为一个组织的发起人、组织者、合作伙伴、所有人、股东、合伙人或经理；

（六）行使任何必要的或适当的权力或特权，以实施、推广或达成系列的业务、目的或活动。

第六百零六条　股东或经理对债务的责任；义务

Ⅰ. 除非公司协议另有明确规定，与某一系列相关的股东或经理或公司的股东或经理不对该系列的债务、义务或责任承担责任，包括在法院的判决、法令或命令下的债务、义务或责任。

Ⅱ. 公司协议可以扩大或限制与某一系列相关的股东、经理、高级职员或与该系列相关的任何其他人员必须（对下列各方）履行的诚信义务和相关责任：

（一）该系列或公司；

（二）与该系列相关的股东或经理；或

（三）公司的股东或经理。

第六百零七条　股东或经理的类别或组别

Ⅰ. 公司协议可以：

（一）设立一个或多个由与某一系列相关的一名或多名股东或经理组成的，均拥有某些明确的相对权力、权利和义务（包括表决权）的类别或组别；以及

（二）规定设立由与某一系列相关的一名或多名股东或经理组成的，均拥有某些明确的相对权力、权利和义务（包括表决权）的类别或组别的方式，包括规定优先于与该系列相关的现有股东或管理人员的类别和组别的表决权、权力、权利和义务。

Ⅱ. 公司协议可以规定无须经任何股东或经理或某一类别或组别的股东或经理的投票或批准而采取某项行为，包括修订公司协议，从而根据公司协议的规定创设该系列的一类或一组前所未有的股东权益。

Ⅲ. 公司协议可以规定：

（一）与某一系列相关的全体或特定股东或经理或特定类别或组别的

股东或经理有权单独或集体就任何事项进行表决；

（二）与某一系列相关的任何股东或类别或组别的股东均无表决权；以及

（三）与某一系列相关的股东或经理的投票是基于人均、数量、经济利益、类别、组别或任何其他基础进行的。

第六百零八条　管理部门

Ⅰ. 该系列的管理部门由在公司协议中规定的与该系列相关的经理或股东构成，即便有限责任公司的成立证书中有任何与之相冲突的规定。

Ⅱ. 如果公司协议没有规定该系列的管理部门，则该系列的管理部门包括：

（一）与该系列相关的经理，如果公司成立证书规定公司将有一名或多名经理；或

（二）与该系列相关的股东，如果公司成立证书规定公司将没有经理。

第六百零九条　本章或第一编中其他规定的适用；同义术语

Ⅰ. 在不与本分章相抵触的范围内，本章对某一系列及与其相关的股东和经理适用。

Ⅱ. 结合上下文的需要，为使本章的任何其他规定适用于本分章的规定：

（一）提及"有限责任公司"或"公司"，系指"系列"；

（二）提及"股东"时，系指"与该系列相关的股东"；

（三）提及"经理"时，系指"与该系列相关的经理"。

Ⅲ. 在与本分章不抵触的范围内，某一系列以及与其相关的管理人员和高级职员具有第三章的分章Ⅲ、分章Ⅳ、以及第十章的分章Ⅵ中规定的权力和权利。

（一）提及"实体""境内实体"或"备案实体"时，系指"系列"；

（二）提及"管理人员"时，系指"与该系列相关的管理人员"；

（三）提及"管理部门"时，系指"与该系列相关的管理部门"；

（四）提及"高级职员"时，系指"与该系列相关的高级职员"。

第六百一十条　特定事件对经理或股东的影响

Ⅰ. 根据本章或公司协议规定的某一事件导致经理不再担任某一系列的经理，该事件本身不会导致该经理不再担任有限责任公司的经理或该公司其他任何系列的经理。

Ⅱ. 根据本章或公司协议规定的某一事件导致股东不再与某一系列相关，该事件本身不会导致该股东不再与任何其他系列相关，也不会终止股东在有限责任公司中的股东资格，也不会要求该系列的清算，不论该股东是否为与该系列相关的最后剩余的股东。

第六百一十一条　股东的分红地位

Ⅰ. 根据第一百零一章的第六百一十三条、第六百一十七条、第六百一十八条、第六百一十九条和第六百二十条的规定，当与依据本分章所设立的一个系列相关的股东有权获得与该系列相关的分红的时候，该股东就该分红而言具有与该系列的债权人相同的地位，并有权获得该系列的债权人可获得的任何救济。

Ⅱ. 第一百零一章第二百零六条的规定不适用于与该系列相关的分配。

第六百一十二条　分配和分红的登记日期

公司协议可以为与系列相关的分配和分红设立或规定一个登记日期。

第六百一十三条　分红

Ⅰ. 有限责任公司可以对一个系列进行分红。

Ⅱ. 如果在进行分红后，该系列的负债总额（除第Ⅲ款所述的负债外）超过与该系列相关的资产的公允价值，则有限责任公司不得就该系列对股东进行分红。

Ⅲ. 就第Ⅱ款而言，一个系列的负债不包括：

（一）与股东的股东利益相关的负债；或

（二）除第Ⅴ款另有规定外，债权人的追索权仅限于该系列中特定财产的该系列的负债。

Ⅳ. 就第Ⅱ款而言，一个系列的资产包括其上负有债务的财产的公允价值，但仅限于债权人仅就该系列的特定财产享有追索权，且该财产的公允价值超过其上所负的债务。

Ⅴ. 获得违反了本条规定进行的某一系列的分红的股东，无需将分红返还给该系列，除非该股东对该违反情形知情。

Ⅵ. 本条不得被解释为影响股东根据公司协议或其他州或联邦法律向该系列返还分红的义务。

Ⅶ. 第一百零一章第二百零六条的规定不适用于与系列相关的分红。

Ⅷ. 就本条而言，"分红"不包括对现在或过去的服务的合理补偿或在正常业务过程中根据善意的退休计划或其他福利计划支付的合理款项。

Ⅸ. 就本分章而言，确定一个系列的负债金额或资产价值可以基于：

（一）一个系列的财物报表，其中可包括该系列的附属实体的财物报表，采用综合基准或权益法编制：

1. 采用公认的会计准则或国际会计准则，反映一个系列以及列入这些财务报表的任何附属实体的的财务状况；或

2. 采用一个系列申报联邦所得税所使用的会计方法或采用在相关情况下合理的任何其他会计惯例或原则编制。

（二）财务信息，包括简明财务报表或财务报表摘要，采用与第（一）项所述财务报表相同的基准编制。

（三）在相关情况下合理的，与一个系列未来的经济表现、财物状况或流动性有关的预测、预言或其他前瞻性信息。

（四）公平估值或通过任何其他在相关情况下属合理的方法获得的信息；或

（五）本款授权的报表、估值或信息的组合。

Ⅹ. 第Ⅸ款不适用于根据本州法律对一个系列征收的任何税款的计算。

Ⅺ. 对违反本条规定的分红提起诉讼必须在分红之日起两年内进行。

第六百一十四条　清算和终止系列的权力

除非公司协议另有规定，根据第一百零一章的第六百一十七条、第六

百一十八条、第六百一十九条和第六百二十条的规定，某一系列及其业务和事务可以被清算和终止，而不会导致该有限责任公司的清算。

第六百一十五条　系列的终止

Ⅰ．除非第一百零一章的第六百一十七条、第六百一十八条、第六百一十九条和第六百二十条另有规定，在一个系列符合第一百零一章的第六百一十七条、第六百一十八条、第六百一十九条和第六百二十条的规定完成对其业务和事务的清算时，该系列终止。

Ⅱ．有限责任公司应按照公司协议中规定的终止通知方式发出某一系列终止的通知（如果有）。

Ⅲ．一个系列的终止并不影响第一百零一章第六百零二条规定的对系列的责任的限制。

第六百一十六条　需要清算的事由

根据第一百零一章的第六百一十七条、第六百一十八条、第六百一十九条和第六百二十条的规定，一个系列的业务和事务（在下列情况下）需要被清算：

（一）根据第一百零一章第五百五十二条第Ⅰ款或第十一章的规定需要该有限责任公司清算；或

（二）在以下较早的日期：

1. 公司协议中规定的一个系列清算的时间；
2. 公司协议中就该系列规定的事件的发生；
3. 与该系列相关的全体股东的多数票批准该系列的清算，或者与该系列相关的每一类别或组别的股东的多数票批准该系列的清算（如果与该系列相关的股东多于一个类别或组别）；
4. 如果该系列没有股东，则与该系列相关的所有经理的多数票批准该系列的清算，或者与该系列相关的每一类别或组别的经理的多数票批准该系列的清算（如果与该系列相关的经理多于一个类别或组别）；或
5. 由法院根据第一百零一章第六百二十一条作出的决定。

第六百一十七条　系列清算和终止的程序

Ⅰ．下列规定适用于系列以及与该系列相关的股东和经理：

（一）第十一章的分章Ⅰ、Ⅶ、Ⅷ和分章Ⅸ；以及

（二）第十一章的分章Ⅱ，但第十一章第五十一条、第五十六条、第五十七条、第五十八条和第五十九条除外。

Ⅱ．为使第十一章适用于一个系列，结合上下文的需要：

（一）提及"国内实体""备案实体"或"实体"时，系指"系列"；

（二）提及"所有人"，系指"与该系列相关的股东"；

（三）提及"管理部门"或"管理人员"，系指"与该系列相关的管理部门"或"与该系列相关的管理人员"；以及

（四）提及"业务""财产""责任"或"负债"，系指"与该系列相关的业务""与该系列相关的财产""与该系列相关的责任"或"与该系列相关的负债"。

Ⅲ．在第一百零一章第六百一十六条规定的需要清算系列的事件发生之后，除非发生了第一百零一章第六百一十八条规定的撤销或第一百零一章第六百一十九条规定的取消，该系列的清算必须（由下列主体）进行：

（一）该系列的管理部门或一名或多名人员，包括由以下人员指定的管理人员：

1. 该系列的管理部门；

2. 与该系列相关的股东；或

3. 公司协议；或

（二）由法院根据第十一章第五十四条、第四百零五条、第四百零九条或第四百一十条指定的对该系列进行清算的人员。

Ⅳ．根据本条采取的行动并不影响第一百零一章第六百零六条规定的对股东和经理的责任的限制。

第六百一十八条　自愿清算的撤销

在系列的终止生效之前，根据第一百零一章第六百一十六条第（二）

项第 3 目或该条第 4 目，一个自愿清算系列的决定可以通过以下方式撤销：

（一）与该系列相关的全体股东的多数票批准该撤销，或者与该系列相关的每个类别或组别的股东的多数票批准该撤销（如果与该系列相关的股东多于一个类别或组别）。

（二）如果该系列没有股东，则与该系列相关的全体经理的多数票批准该撤销，或者与该系列相关的每个类别或组别的经理的多数票批准该撤销（如果与该系列相关的股东多于一个类别或组别）。

第六百一十九条　需要清算事由的取消

Ⅰ. 除非公司协议禁止取消，根据第一百零一章第六百一十六条第（一）项或第（二）项的规定需要该系列清算的事由，可以在该系列的终止生效之前，经该系列的全体股东的同意而被取消。

Ⅱ. 关于取消事由，股东必须修订公司协议以：

（一）取消或延长就该系列指定的时间，如果发生第一百零一章第六百一十六条规定的需要清算该系列的事件；或

（二）取消或修改就该系列指定的事件，如果发生第一百零一章第六百一十六条第（二）项规定的需要清算该系列的事件。

第六百二十条　业务的继续

在根据第一百零一章第六百一十八条撤销或根据第一百零一章第六百一十九条取消后，本系列可继续其业务。

第六百二十一条　法院要求的清算

一个境内有限责任公司在本州的注册地或主要营业地所在县的地方法院，应与该系列相关的股东的申请，有权命令该系列清算和终止，如果该法院确定：

（一）按照公司协议开展该系列的业务并不合理可行；

（二）该系列的经济目的可能不合理地落空；或

（三）与该系列相关的另一股东从事与该系列的业务有关的行为，使

得与该股东开展业务不再合理可行。

第六百二十二条　系列不是一个独立的境内实体或组织

就本章和第一编而言，系列享有本分章规定的权力、权利和职责，但其不是独立的境内实体或组织。

美国伊利诺伊州商业组织共益公司法（2013）*

于蒙蒙　译
刘丽莎　一校
金锦萍　二校

由立法参考局维护的信息

更新伊利诺伊州汇编法规（ILCS）的数据库是一个持续的过程。最近的法律可能尚未包含在 ILCS 数据库中，但它们在成为法律后不久就会作为公共法案在本网站上找到。有关法令与公共法案之间关系的信息，请参阅指南。

由于法规数据库主要是为起草法规而进行维护，因此有时法规变更会在其生效之前已被纳入法规数据库中。如果法规某节末尾的来源注释包括尚未生效的公共法案，则当前有效的法律版本可能已从数据库中被删除，此时您应该参考该公共法案来查看现行法律的变更。

第 I 节　一般规定

第一条　简称

本法可称为共益公司法。

---

* Available at：https：//www.ilga.gov/legislation/ilcs/ilcs5.asp？ActID＝3419&ChapterID＝65

第五条 该法的适用和效力

Ⅰ. 本法适用于所有共益公司。

Ⅱ. 本法规定的存在本身不应产生这样的影响，即使相同或相反的法律规则适用于不属于共益公司的公司。本法不应影响适用于非共益公司的商业公司的成文法或法律规则。

Ⅲ. 在此之前或之后修订的《1983年商业公司法》，适用于此类共益公司及其组织，他们应像其他公司一样享有权力和特权，并受职责、限制和责任的约束，但本法可能限制或扩大的除外。如果本法的任何条款与《1983年商业公司法》相冲突，则以本法为准。

Ⅳ. 公司章程的任何规定或共益公司的规章都不能有所宽松，不得与本法的规定不一致或取代本法的规定。

第十条 定义

Ⅰ. 在本法中，除上下文另有要求，本节中定义的词语和短语应具有下文规定的含义。

Ⅱ. "共益公司"是指根据《1983年商业公司法》所组建的公司；

（一）已选择受本法约束的；和

（二）作为共益公司的地位尚未根据第Ⅱ节第十条所终止的。

Ⅲ. "共益董事"是指：

（一）根据第Ⅳ节第五条被指定为共益公司的共益董事的董事；或者

（二）在第Ⅳ节第五条规定的范围内，拥有共益董事的一项或多项权力、职责或权利的人。

Ⅳ. "共益执行程序"是指针对以下方面的索赔或诉讼：

（一）共益公司未能贯彻或创造其公司章程中规定的一般公共利益或特定公共利益；或者

（二）违反本法规定的义务、责任或行为标准。

"共益管理人员"是指根据第Ⅳ节第十五条被指定为共益公司的共益管理人员的个人。

Ⅴ. "一般公共利益"是指根据第三方标准进行评估，将共益公司作为一个整体,其业务和运营对社会和环境产生的实质性积极影响。

Ⅵ."独立"是指与共益公司或共益公司的子公司没有实质性关系。担任共益董事或共益管理人员的人可被视为独立人士。就此定义而言,实体中所有权的百分比应视为已行使收购实体股权的所有未偿权利。在以下情况中,个人与共益公司或其任何子公司之间的实质性关系将被最终推定为存在:

(一)该人是或在过去三年内一直是该共益公司或该共益公司的子公司的共益管理人员以外的雇员;

(二)该人的直系亲属是或在过去三年内一直是该共益公司或其子公司的共益管理人员以外的执行官;或者

(三)共益公司已发行股份的 5% 或以上被以下主体实益拥有或记录在案:

1. 此人;或者

2. 一个实体:

(1)该人是其董事、高级职员或经理;或者

(2)该人实益拥有或记录 5% 或更多已发行股权。

Ⅶ."最低票数"意味着:

(一)对于公司,除了《1983 年商业公司法》、规章或公司章程要求的任何其他批准或投票之外:

1. 无论公司章程或规章中对任何级别或系列的股东投票权的限制如何,每个级别的股东均有权对公司行为进行投票;并且

2. 公司行为应由对已发行股票有投票权的每个级别或系列的股东投票通过,且所有级别或系列的股东中至少有三分之二参与投票;并且

(二)如果根据本州法律组建的实体不是公司,除了主要管辖该实体内部事务的成文法(如果有)所要求的任何其他批准、投票或同意之外,形成实体所需的公开备案的记录或文件(如果有),或对实体的部分或全部股权持有人具有约束力的任何协议:

1. 无论对投票或每一级别、系列股东同意权的任何其他应用性限制,有权从实体获得任何种类分配的每一级别或系列的股权持有人都有权投票或同意该行动;并且

2. 该行动必须获得至少三分之二的此类股权持有人的投票或同意。

Ⅷ."特定公共利益"是指：

（一）为低收入或服务不足的个人或社区提供有益的产品或服务；

（二）在普通商业过程中在创造就业机会之外为个人或社区提供提升经济的机会；

（三）保护环境；

（四）改善人类健康；

（五）促进艺术、科学或知识进步；

（六）增加流向具有共益目的实体的资金；或者

（七）为社会或环境实现任何其他特定利益。

Ⅸ.一个人的"子公司"是指此人对已发行股权的50%或者更多实益拥有或记录在案的实体。就本小节而言，实体所有权的百分比应按照收购实体股权的所有未决权利计算。

Ⅹ."第三方标准"是指用于定义、报告和评估整体公司、社会和环境绩效的标准，此种标准：

（一）是根据第Ⅳ节第一条第Ⅰ款第（一）项第2目至第Ⅰ款第（一）项第5目中列出的考虑因素对业务和业务经营影响的综合评估；

（二）由与共益公司或其任何子公司没有实质财务关系的实体开发；

（三）由与以下任何组织没有实质性资助的实体开发，并且不超过该实体理事机构成员的三分之一是以下组织的代表：

1. 在特定行业经营的公司协会，其成员的业绩以此标准衡量；

2. 来自特定行业的公司或该行业的公司协会；或者

3. 根据此标准评估业绩的公司；和

（四）由以下实体开发：

1. 获得必要和适当的专业知识来评估整体公司社会和环境绩效；并且

2. 使用平衡的多利益相关者方法，包括至少三十天的公众意见征询期来制定标准；和

（五）公开有关标准的以下信息：

1. 在衡量公司的整体社会和环境绩效时考虑的因素，以及每个因素的相对权重（如果有）；

2. 制定和控制标准修订的实体的董事、高级职员、所有实质所有者和理事机构人员的身份，以及标准的修订过程和理事机构变更的过程；和

3. 实体财务来源的核算，并且提供足够详细的信息以披露可以合理地被视为存在潜在利益冲突的任何关系。

第Ⅱ节　共益公司的组建

第一条　共益公司的组建

共益公司必须根据《1983年商业公司法》第二条设立。除了该法的设立要求外，共益公司的企业章程必须声明它是符合本条规定的共益公司。

第五条　身份的选举

Ⅰ. 根据本法，公司可以通过修改其章程，使其包含公司是一家共益公司的声明而成为一家共益公司。为了生效，对章程的修改必须满足至少以最低票数通过。

Ⅱ. 对于作为吸收合并或创立合并一方的任何实体，或作为股份交换中的交换实体，如果吸收合并、创立合并或股份交换中存续的、新的或生成的实体旨在成为共益公司，则此类吸收合并、创立合并或股份交换计划必须至少获得最低票数通过才能有效。

第十条　身份的终止

Ⅰ. 共益公司可以通过修改其公司章程以删除该公司是共益公司的声明来终止其地位并不再受本法的约束。为了生效，修正案必须至少以最低票数通过。

Ⅱ. 如果吸收合并、转换或股份交换计划将终止公司作为共益公司的身份，则该计划必须至少以最低票数通过才能生效。

Ⅲ. 除非交易是在通常和正常的业务过程中进行的，出售、租赁、交换或其他对共益公司的全部或几乎全部资产的处置必须至少以最低票数通过才能生效。

第Ⅲ节　公司宗旨

第一条　公司宗旨

Ⅰ. 共益公司应以创造一般公共利益为宗旨。此宗旨是《1983年商业公司法》第Ⅲ节第五条规定的宗旨以及其公司章程中根据Ⅱ款规定的任何特定宗旨的补充。

Ⅱ. 共益公司的公司章程可以确定一项或多项特定的公共利益，创造这些《1983年商业公司法》第Ⅲ节第五条和第Ⅰ款规定的宗旨之外的公共利益是该共益公司的宗旨之一。根据本节确定的特定公共利益并不限制共益公司在第Ⅰ款中的义务。

Ⅲ. 根据第Ⅰ款和第Ⅱ款所创造的一般公共利益和特定公共利益符合共益公司的最佳利益。

Ⅳ. 共益公司可以修改其企业章程以增加、更改或删除特定的公共利益。为了生效，修正案必须至少以最低票数通过。

Ⅴ. 作为共益公司的专业公司不违反第Ⅲ节第四条或《专业服务公司法》第六条，其宗旨是创造一般公共利益或特定公共利益。

第Ⅳ节　责任

第一条　董事行为标准

Ⅰ. 无论共益公司是否受《1983年商业公司法》第Ⅷ节第八十五条的约束，共益公司的董事会、董事会委员会和个人董事在履行其职责，考虑共益公司的最佳利益时：

（一）都应当基于以下因素考虑公司行动的影响：

1. 共益公司的股东；

2. 共益公司、其子公司及其供应商的员工和劳动力；

3. 作为共益公司的一般公共利益或特定公共利益目的的共益人的客户利益；

4. 社区和社会考虑，包括共益公司、其子公司或其供应商的办公室或设施所在地的每个社区；

5. 当地和全球环境；

6. 共益公司的短期和长期利益，包括共益公司可能从其长期计划中获得的利益，以及共益公司的持续独立性可能最好地满足这些利益的可能性；和

7. 共益公司实现其一般共益目的和所有特定共益目的的能力；和

（二）可以考虑：

1. 《1983 年商业公司法》第Ⅷ节第八十五条中列出的考虑因素；和

2. 他们认为合适的任何其他相关因素或任何其他团体的利益；但是

（三）除非已在公司章程中表明将优先考虑与实现章程中确定的一般共益目的或特定共益目的相关的某些利益，否则共益公司不需要将第（一）项或第（二）项中提到的特定个人或团体的利益优先于另一个人或团体的利益考虑。

Ⅱ. 按照第Ⅰ节的要求对利益和因素的考虑是对《1983 年商业公司法》第Ⅷ节第八十五条规定的董事考虑利益和因素的能力的补充。

Ⅲ. 董事不对以下金钱损失承担个人责任：

（一）如果董事按照《1983 年商业公司法》第八条和本节履行职责，其作为董事所采取的任何行动；或者

（二）共益公司为追求或创造一般公共利益或特定公共利益而遭遇的失败。

Ⅳ. 董事对作为一般共益目的或特定共益目的共益人的人不承担责任。

第五条 共益董事

Ⅰ. 共益公司的董事会应包括一名董事，他：

（一）被指定为共益董事；和

（二）除了共益公司其他董事的权力、义务、权利和豁免权之外，还具有本节规定的权力、义务、权利和豁免权。

Ⅱ. 共益董事应按照《1983 年商业公司法》第八条规定的方式选举和罢免，并且应是第 1.10 节中定义的独立个人。共益董事可以在担任共益董事的同时担任共益管理人员。共益公司的公司章程或法规可以规定与本节不矛盾的共益董事的其他资格。

Ⅲ. 共益董事应按照本法第Ⅴ节第一条对共益公司年度股东共益报告

的要求对以下方面提供意见：

（一）在报告所涵盖的期间内，共益公司是否在所有重大方面都按照其一般共益目的和所有特定共益目的行事；和

（二）董事和管理人员是否分别遵守了第Ⅳ节第一条的第Ⅰ款和第Ⅳ节第十条的第Ⅰ款，如果共益董事认为董事和管理人员没有遵守，需对未能遵守的情况进行说明。

Ⅳ. 以共益董事身份作出的个人的行为，就所有目的而言，应构成该个人作为共益公司董事身份的行为。

Ⅴ. 与《1983年商业公司法》第Ⅷ节第五条第Ⅰ节相反，如果共益公司的章程规定授予或强加给董事会的权力和职责应由董事以外的一个人或多个人行使或履行，或者如果作为共益公司的非上市公司的章程规定公司的业务和事务应由股东董事管理，则共益公司的章程必须规定履行董事会职责的个人、多人或股东中应包括一名具有共益董事的权力、职责、权利和豁免权的人。

根据本小节行使共益董事的一项或多项权力、职责或权利的人：

（1）不需要独立于共益公司；

（2）应享有共益董事的豁免权；

（3）可以与一个或多个其他人分享共益董事的权力、职责和权利；和

（4）不受《1983年商业公司法》第八条规定的董事选举或罢免程序的约束，除非该人也是共益公司的董事或章程中规定适用这些程序。

Ⅵ. 无论共益公司的章程是否包括消除或限制《1983年商业公司法》第Ⅱ节第十条第Ⅱ款第（三）项授权的董事个人责任的规定，共益董事不得以共益董事的身份对作为或不作为承担个人责任，除非该作为或不作为构成自我交易、故意不当行为或明知违法。

第十条　管理人员的行为准则

Ⅰ. 在以下情形下，共益公司的每位管理人员应以第Ⅳ节第一条第Ⅰ款规定的方式考虑该节中所述的利益和因素：

（一）管理人员有就某事采取行动的自由裁量权；和

（二）管理人员合理地认为该事项可能对共益公司章程中确定的一般公共利益或特定公共利益的创造产生重大影响。

Ⅱ. 免除个人责任。管理人员对以下情况的金钱损害不承担个人责任：

（一）该管理人员按照本节履行职务职责所采取的行动；或者

（二）共益公司为追求或创造一般公共利益或特定公共利益所遭遇的失败。

Ⅲ. 地位的限制。管理人员对作为一般公共利益目的或特定公共利益目的共益人的人没有义务。

第十五条　共益管理人员

Ⅰ. 共益公司可以指定一名管理人员作为共益管理人员。

Ⅱ. 共益管理人员应具备：

（一）与共益公司创造一般公共利益或特定公共利益的目的有关的权力和义务，条件是：

1. 根据共益公司的规定；或者

2. 规定、董事会决议或命令中没有控制性规定；和

（二）根据本法第Ⅴ节第一条提供共益报告的义务。

第二十条　行动权；共益执行程序

Ⅰ. 除共益执行程序外，任何人不得因未能追求或创造公司章程中规定的一般公共利益或特定公共利益、违反义务或违反本法规定的行为标准而对共益公司或其董事或管理人员提起诉讼或提出索赔。

Ⅱ. 共益执行程序只能在以下情况下开始或维持：

（一）直接由共益公司开始或维持；或者

（二）从以下人员派生：

1. 股东；

2. 董事；

3. 个人或多人在共益公司是其子公司的实体中实益拥有或记录在案5%或以上的股权；或者

4. 共益公司的公司章程或规定中规定的其他人。

Ⅲ. 根据本法，共益公司不对任何因未能追求或创造一般公共利益或特定公共利益而带来的金钱损害负责。

第Ⅴ节 公开

第一条 年度共益报告

Ⅰ. 共益公司应编制年度共益报告，该报告包括以下所有内容：

（一）关于以下内容的叙述性描述：

1. 选择用于编制共益报告的第三方标准的过程和理由；

2. 共益公司年内追求一般公共利益的方式和创造一般公共利益的程度；

3. 共益公司追求章程所规定的作为共益公司目的的特定公共利益的方式，以及该特定公共利益的创造程度；和

4. 任何阻碍共益公司追求其一般共益目的和任何特定共益目的或创造一般公共利益和任何特定公共利益的情况。

（二）根据第三方标准对共益公司的整体社会和环境绩效进行评估：

1. 与先前共益报告中该标准的所有应用保持一致；或者

2. 附有任何应用不一致的原因的解释。

（三）说明共益董事和共益管理人员的姓名（如果有），以及与他们各自的通信地址。

（四）共益公司在年内向具有董事身份的董事支付的报酬。

（五）持有共益公司已发行股份5%或以上的每个人的姓名，复核以下任一情形：

1. 在共益公司未经独立调查而知晓的范围内实益拥有的；或者

2. 记录在案的。

（六）第Ⅳ节第五条第Ⅲ款要求的共益管理人员的声明。

（七）建立第三方标准的组织或其董事、管理人员或实质所有者与共益公司或其董事、管理人员或实质所有者之间的任何联系的声明，包括任何可能严重影响所使用的第三方标准的可信度的财务上或管理上的关系。

（八）如果共益公司已免除或限制董事会的自由裁量权或权力，其年度共益报告必须描述根据第Ⅳ节第五条第Ⅴ款要求行使董事会和共益董事权力、义务、权利和豁免权的人。

Ⅱ. 共益公司应每年向每位股东发送一份共益报告：

（一）在共益公司的财政年度结束后的一百二十天内；或者

（二）在共益公司向其股东提交任何其他年度报告的同时。

Ⅲ. 共益公司应在其官方网站的公共部分发布其所有共益报告（如果有），但支付给董事的报酬以及共益报告中包含的财务或专有信息可以从发布的共益报告中删除。

Ⅳ. 如果共益公司没有官方网站，则该共益公司应免费向任何索取副本的人提供其最近的共益报告的副本。

美国伊利诺伊州商业组织有限责任公司法（2009）[*]

周奕彤　译
陶　溥　一校
金锦萍　二校

第 I 节　一般规定

第一条　简称

本法可被简称为《有限责任公司法》。

第五条　定义

I. 除上下文另有所指者外，本法所用诸名称之定义，均应以下述规定为准：

（一）"周年日"是指自以下日期起满一年或多年的当日：

1. 如果是有限责任公司，根据本法第 V 节第五条提交的组织章程被提交给国务卿办公室的日期；或

2. 如果是外国有限责任公司，根据本法第 XLV 节第五条提交的允许交易的申请被提交给国务卿办公室的日期。

（二）"周年月"是指有限责任公司的周年日所在的月份。

（三）"组织章程"是指州务卿为组建第 V 节规定的有限责任公司而提交的组织章程，以及对其进行的所有修正，包括但不限于修正条款、合并

---

[*] Available at: https://www.ilga.gov/legislation/ilcs/ilcs4.asp? ActID = 2290&ChapterID = 65&SeqStart = 100000&SeqEnd = 1900000

条款、影响条款的更正声明。

（四）"有限责任公司别名"是指除实际的有限责任公司名称以外的任何有限责任公司名称，但有限责任公司用其作为所有者或特许使用者的商标或服务标志来标识其业务，不构成本法规定的别名的使用。

（五）"破产"是指根据1978年《联邦破产法》，即《美国法典》第十一编第七章（经不时修订），或任何后续法规的破产。

（六）"业务"包括每一种贸易、职业、专业和其他合法目的，无论是否以营利为目的。

（七）"公司"指有限责任公司。

（八）"出资"是指某人以其成员身份或为成为成员而向有限责任公司出资的任何现金、财产、所提供的服务或其他利益，或者承兑汇票或其他有约束力的义务，即出资现金或财产、履行服务或提供任何其他利益。

（九）"法院"包括对案件有管辖权的每个法院和法官。

（十）"破产中的债务人"是指根据《美国法典》第十一编、根据普遍适用的后续法规的类似命令或根据有关破产的联邦、州或外国法律的类似命令而发出的救济令的对象。

（十一）"分配"是指有限责任公司向成员或成员分配权益的受让人转让金钱、财产或其他利益。

（十二）"分配利益"是指成员有权接受有限责任公司的资产分配，但不包括成员的其他权利或利益。

（十三）"实体"是指个人以外的人。

（十四）"外国有限责任公司"是指根据本州法律以外的法律组建的非公司实体，为其所有者提供与第X节第十条规定的责任相当的有限责任，并且不需要根据本法以外的本州任何法律注册进行商业活动。

（十五）"资不抵债"是指有限责任公司无法支付其在通常业务过程中到期的债务。

（十六）"法定代表人"是指不限于遗嘱执行人、管理人、监护人、个人代表和代理人等人，包括授权书下的受委托人。

（十七）"有限责任公司"是指根据本法组织的有限责任公司。

（十八）"L3C"或"低利润有限责任公司"是指符合本法第Ⅰ节第二十六条要求的营利性有限责任公司，其重要目的不是生产收入或财产增值。

（十九）"经理人"是指在经营协议中被赋予第XV节第一条规定的权力的人，无论是否是经理管理公司的成员。

（二十）"经理人管理的公司"是指按照第XV节第一条的规定，在经营协议中把权力赋予一个或多个经理人的有限责任公司。

（二十一）"成员"是指在公司成立时或按照经营协议规定的方式和时间成为有限责任公司成员的人，如果经营协议没有规定，则按照本法规定的方式和时间判断。

（二十二）"成员管理的公司"是指除经理管理的公司以外的有限责任公司。

（二十三）"经营协议"是指第XV节第五条规定的协议，不管是否被命名为经营协议，也不管是口头的、记录的、暗示的，还是它们的任何组合，有限责任公司的所有成员，包括唯一的成员，关于成员、经理和有限责任公司之间的关系。术语"经营协议"包括对协议的修正。

（二十四）"组织者"是指原始组织章程的签字人之一。

（二十五）"人"是指个人、合伙企业、国内或国外有限合伙企业、有限责任公司或国外有限责任公司、信托、房地产、协会、公司、政府机构或其他法人。

（二十六）"专业有限责任公司"是指提供专业服务的有限责任公司，由金融和专业监管部颁发许可证，并根据《专业有限责任公司法》和本法组建。

（二十七）"记录"是指刻在有形媒介上或存储在电子或其他媒介上并能以可感知的形式检索的信息。

（二十八）"注册办事处"是指有限责任公司在本州设立的办事处，其地址包括街道、号码、城市和县，在州务卿办公室存档，法律要求或允许的任何程序、通知或要求可在此送达有限责任公司的注册代理人。

（二十九）"注册代理人"是指由有限责任公司指定的向有限责任公司送达程序的代理人，其地址为有限责任公司的注册办事处。

（三十）"重述的组织章程"是指根据第V节第三十条规定重述的组织章程。

（三十一）"签署"是指，以目前的意图来认证或通过一项记录：

1. 执行或通过一个有形的符号；或

2. 在记录上附加或在逻辑上与电子符号、声音或程序相关联。

（三十二）"州"是指美国的一个州、地区或属地、哥伦比亚特区或波多黎各联邦。

（三十三）"转让"包括转让、转手、契约、销售单据、租赁、抵押、担保权益、抵押权和赠与。

第六条　电子记录

本法中任何对书面形式的要求或任何文件、文书或协议为书面或书写的规定，都要遵守《电子商务安全法》的规定。

第十条　有限责任公司的名称

Ⅰ. 根据本法组织、存续或受本法约束的每个有限责任公司或外国有限责任公司的名称：

（一）应包含"有限责任公司"、"L.L.C."或"LLC"，或者，如果根据本法第Ⅰ节第二十六条组织为低利润有限责任公司，应包含"L3C"一词；

（二）不得含有本州任何其他法规所禁止或限制使用的词语或短语，或其缩写或派生词，除非遵守对应法规的限制；

（三）应由英文字母、阿拉伯或罗马数字或州务卿办公室容易复制的符号组成；

（四）不应包含任何下列术语："公司""Corp.""Incorporated""Inc.""Ltd.""Co.""有限合伙""L.P."；

（五）应是该有限责任公司在本州开展业务的名称，除非该有限责任公司也选择采用本法规定的一个或多个别名；但是，该有限责任公司可以使用任何分部名称或商号，而无须遵守本法的要求，只要该有限责任公司也明确披露其名称；

（六）不应包含任何表明或暗示有限责任公司被授权或有权从事公司信托业务的词语或短语，除非金融和专业监管部长根据《公司信托法》第Ⅰ节第九条另行允许。有限责任公司只有在遵守《公司信托法》第Ⅰ节第九条的情况下，才可以使用"信托""受托人"或"受信托人"一词；

以及

（七）应包含"信托"一词，如果该有限责任公司是为接受和执行信托的目的而组织成立的。

Ⅱ. 本条或第Ⅰ节第二十条中的任何内容均不得废除或限制关于不公平竞争或不公平贸易行为的普通法或成文法，也不得减损本州或美国关于获得和保护版权、商号、商标、服务商标、服务名称或任何其他名称或符号独家使用权的普通法、衡平法原则或法规。

Ⅲ. （空白）

Ⅳ. 在州务卿办公室的记录中，该名称应能与下列所有名称区分开来：

（一）任何根据第Ⅴ节第五条的规定向州务卿提交章程的有限责任公司；

（二）任何被允许在本州进行商业活动的外国有限责任公司；

（三）根据第Ⅰ节第十五条的规定，在州务卿办公室保留独家权利的任何名称；

（四）任何根据第Ⅰ节第二十条向州务卿登记的别名；

（五）受《1983年商业公司法》第四条第Ⅴ款或1986年《普通非营利公司法》第一百零四条第Ⅴ款规定约束的国内或国外公司的任何公司名称或别名。

Ⅴ. 如果组织者向州务卿提交一份经核证的有管辖权的法院最终法令副本，确定申请人在本州使用该名称的优先权，则本条Ⅳ款的规定不适用。

Ⅵ. 为本法的目的，国务卿应确定一个名字是否与另一个名字"可区分"。在不排除其他可能不构成本州可区分名称的情况下，就本法而言，一个名称不能仅仅因为包含以下一项或多项内容而被视为可区分：

（一）"有限""责任"或"公司"等字样或其中一个词的缩写。

（二）冠词、连接词、缩写、简称，或同一个词的不同时态或数量。

第十五条 名称保留

Ⅰ. 以下任何一种情况都可以保留使用某一名称的专有权：

（一）准备根据本法组织设立一个有限责任公司的人将拥有该名称；

（二）有限责任公司或在本州注册的任何外国有限责任公司，在任何一种情况下，都打算采用该名称；

（三）任何拥有该名称并打算申请在本州开展业务的外国有限责任公司；

（四）一个人准备组织一个外国有限责任公司，并打算申请在本州进行商业交易并采用该名称。

Ⅱ. 要保留一个特定的名称，一个人应按照州务卿指定的形式和方式向州务卿提交一份申请。如果州务卿审查发现该名称可供有限责任公司或外国有限责任公司使用，州务卿应保留该名称供申请人独家使用，期限为九十天或直到收到申请人签署的书面撤销文件，以较早者为准。保留名称的独家使用权可以转让给任何其他人，只要向州务卿办公室提交一份转让通知，由保留名称的原权利人签署，并指明受让人的姓名和地址。

第二十条 别名

Ⅰ. 有限责任公司或被允许在伊利诺伊州开展业务或申请在伊利诺伊州开展业务的外国有限责任公司可以选择采用符合本法第Ⅰ节第十条要求的别名，但不包括第Ⅰ款第（一）项规定的情形。

Ⅰ-5 在本法中，"别名"是指除实际的有限责任公司名称以外的任何名称，但以下情况不构成本法规定的别名使用：

（一）一个有限责任公司使用该公司所有或经授权使用的商标或服务标志以识别其业务；

（二）使用不包含"有限""责任"或"公司"字样或其中一个字样的缩写的分部名称，但该有限责任公司已明确披露其实际名称。

Ⅱ. 在伊利诺伊州以一个或多个有限责任公司别名开展任何业务之前，该有限责任公司应就每个别名签署并提交一式两份的申请，列明所有下列内容：

（一）实际的有限责任公司名称；

（二）其依法组织成立的州或国家；

（三）其准备以有限责任公司别名的名义进行商业活动；

（四）其拟使用的别名。

Ⅲ. 使用别名的权利应从向州务卿提出申请之日起生效，直到有限责任公司的周年月的第一天，该周年月应按照下一个5的倍数日历年计算。

然而，如果申请是在有限责任公司周年月的前两个月提出的，且该周年月属于五的整倍数日历年，使用别名的权利应于下一个 5 的倍数日历年的有限责任公司周年月的第一天失效。

Ⅳ. 有限责任公司应在权利到期前的六十天内，在提交年度报告表时作出选择并支付本法规定的续期费用，续期使用其别名的权利，每次续期延长五年。

Ⅴ. 有限责任公司或外国有限责任公司可以通过签署和提交一份列明以下所有内容的申请来变更或注销其任何一个或所有的别名：

（一）实际的有限责任公司名称；

（二）其依法组织成立的州或国家；

（三）它准备通过变更或注销别名来停止以别名进行商业活动；

（四）要变更或注销的别名；

（五）如果要变更别名，有限责任公司拟使用的新别名。

Ⅵ. 在提出变更别名的申请后，有限责任公司应有权在授权的剩余时间内使用该别名。

Ⅶ. 如果发生以下情况，州务卿应注销有限责任公司或外国有限责任公司使用别名的权利：

（一）有限责任公司未能续期其别名；

（二）该有限责任公司已提出申请，要求变更或注销别名；

（三）一个有限责任公司已经解散了；

（四）一家外国有限责任公司被撤销在伊利诺伊州的营业许可。

Ⅷ. 任何有限责任公司或外国有限责任公司在到期应付时未能支付规定的别名续期费用，州务卿应通过平信向其发出不付款通知。如果该费用以及 100 美元的滞纳金在通知寄出后的六十天内没有支付，那么使用该名称的权利将被终止。任何有限责任公司或外国有限责任公司，如果（一）打出任何标志或广告，自称其组织或法律授权的名称以外的任何名称，或（二）违反第Ⅰ节第二十七条，则构成轻罪，应处以不低于 501 美元和不高于 1000 美元的罚款。有限责任公司或外国有限责任公司违反本条规定的，每逾一日，均被视为再次违法。如果有限责任公司或外国有限责任公司没有或拒绝（1）在本法规定的时间内如实和全面地回答州务卿根据本法提出的质询，或（2）履行本法要求有限责任公司或外国有限责任公司履行的任何其他行为，则犯有轻罪，应被处以不低于 501 美元和不高于 1000 美元的罚款。

Ⅸ. 外国有限责任公司在开展业务时不得使用别名或虚构的名称以故意歪曲公司的地理来源或位置。

第二十五条　业务的性质

Ⅰ. 有限责任公司可以为任何合法的目的或业务而成立，但保险除外，除非为了作为包括法人和个人非法人承保人的集团成员开展业务，若保险部审查发现该集团符合伊利诺伊州保险法第八十六条第Ⅲ款的要求，并且该有限责任公司如果无力偿债，可由保险部根据伊利诺伊州保险法第十三条进行清算。

Ⅱ.（空白）

Ⅲ.（空白）

Ⅳ. 准备提供由金融和专业监管部许可的专业服务的有限责任公司必须按照《专业有限责任公司法》的规定成立。

第二十六条　低利润的有限责任公司

Ⅰ. 低利润有限责任公司在任何时候都应显著促进 1986 年《国内税收法》第一百七十条第Ⅲ款第（二）项第 2 目［美国法典第二十六编第一百七十条第Ⅲ款第（二）项第 4 目］或其后续条款意义上的一个或多个慈善或教育目的的实现，并且如果不是为了实现这些慈善或教育目的，就不会成立。

Ⅱ. 有意根据本条规定成为低利润有限责任公司的有限责任公司应在其组织章程中注明，并进一步说明：

（一）公司的重要目的不是生产收入或财产增值；但是，在没有其他因素的情况下，一个人产生大量收入或资本增值的事实不应成为公司的重要目的为生产收入或财产增值的决定性证据；以及

（二）公司的目的不是实现 1986 年《国内税收法》第一百七十条第Ⅲ款第（二）项第 4 目［美国法典第二十六编第一百七十条第Ⅲ款第（二）项第 4 目或其后续条款所指的一个或多个政治或立法目的。

Ⅲ. 不再满足本法第Ⅰ节第二十六条要求的公司，继续作为有限责任

公司存在，并应及时修改其组织章程，使其名称和宗旨不再表明其为低利润有限责任公司或 L3C。

Ⅳ. 任何在伊利诺伊州经营或自称是低利润有限责任公司的公司，任何根据本法成立的低利润有限责任公司，以及任何此类公司的首席运营官、董事或经理都是《慈善信托法》第三条中定义的"受托人"。

Ⅴ. 本法第Ⅰ节第二十六条中的任何内容都不妨碍未根据本条款组织的有限责任公司以慈善或教育为目的，根据本法开展全部或部分业务。

第二十七条　有关地理位置的虚假陈述

Ⅰ. 任何人不得宣传或在电话簿中列出别名或虚构的企业名称以故意歪曲企业的实际位置或经营情况，或虚假地表示该企业位于或在电话簿所覆盖的地区内经营。本条第Ⅰ款不适用于电话服务提供者或电话服务目录的出版商或经销商，除非本条第Ⅰ款规定的行为是代表该电话服务提供者或该出版商或经销商进行的。

Ⅱ. 本条不适用于任何年总收入超过 1 亿美元的外国有限责任公司。

Ⅲ. 违反本条规定的外国有限责任公司构成轻罪，必须被处以不低于 501 美元和不高于 1000 美元的罚款。外国有限责任公司违反本条规定的，每逾一日，均被视为再次违法。

第二十八条　注册证书；金融和专业监管部

本条仅适用于准备提供或确实提供专业服务的有限责任公司，这些服务需要从事该专业的个人获得金融和专业监管部的许可。本条所涉及的有限责任公司不得以特殊目的开设、经营或维持一个机构，以便在未根据《专业有限责任公司法》从该部门获得注册证书的情况下根据本法组织设立有限责任公司。

第三十条　权力

每个根据本法组织和存在的有限责任公司可以做以下所有事情：

（一）以其名义起诉和被起诉，投诉和辩护，以及参与行政或其他程序；

（二）拥有一枚印章，可任意变更，并通过使其或其传真件被压印或粘贴或以任何其他方式复制来使用该印章，但在文书上加盖印章不应赋予该文书额外的效力或效果，或改变其结构，而且使用印章不是强制性的；

（三）购买、取得、接受、作为承租人租赁、通过赠与、遗赠或以其他方式获得、拥有、持有、使用和以其他方式处理无论位于何处的任何不动产或个人财产，或其中的任何利益；

（四）出售、转让、抵押、质押、作为出租人租赁以及以其他方式处置其全部或任何部分财产和资产；

（五）向其成员和雇员借钱或以其他方式提供帮助；

（六）购买、获取、接受、认购或以其他方式获得、拥有、持有、投票、使用、雇用、出售、抵押、贷款、质押或以其他方式处置，以及以其他方式使用和处理其他有限责任公司、国内或国外公司、协会、普通或有限合伙企业或个人的股份或其他利益或债务；

（七）承担债务，以有限责任公司为其适当目的可能确定的任何利率借款，而不考虑本州任何高利贷法律的限制，发行票据、债券和其他债务，以其全部或任何部分财产、特许权和收入的抵押或质押或信托契约来担保其任何债务，并签订合同，包括担保和保证合同；

（八）不时对其剩余资金进行投资，为其适当的目的借出资金，并取得和持有不动产和个人财产作为借出或投资的资金的担保；

（九）在本州内外开展业务，进行运作，设有办事处，并在美国的任何其他州、地区、区或属地或任何外国行使本法所赋予的权力；

（十）指定有限责任公司的经理、任命官员和其他代理人，确定他们的职责，并确定他们的报酬；

（十一）为管理和规范有限责任公司的事务，签订或修改一份不违反本州法律的经营协议；

（十二）为公共福利或慈善、科学、宗教或教育目的进行捐赠，向政府借钱，并为帮助美国而进行任何合法的交易；

（十三）为其管理人员和雇员制订递延报酬计划、养老金计划、利润分享计划、奖金计划、期权计划和其他激励计划，并支付其中规定的款项；

（十四）成为任何普通合伙企业、有限合伙企业、合资企业或类似组织、任何其他有限责任公司、或其他企业的发起人、合伙人、成员、业务伙伴或经理；

（十五）拥有并行使所有必要或方便的权力，以实现有限责任公司组织成立的任何或所有目的。

第三十五条 注册办事处和注册代理人

Ⅰ．每个有限责任公司和外国有限责任公司应在本州持续设立一个注册代理人和注册办事处，该代理人必须是本州的居民或其他被授权在本州处理业务的个体。

Ⅱ．有限责任公司或外国有限责任公司可根据第Ⅰ节第三十六条的规定变更其注册代理人或其注册办事处的地址，有限责任公司或外国有限责任公司的注册代理人可根据第Ⅰ节第三十七条的规定变更其注册办事处的地址。

Ⅲ．注册代理人可以在任何时候辞去职务，向州务卿办公室提交书面通知，并将其副本邮寄给辞职的注册代理人所知的有限责任公司或外国有限责任公司的主要办事处。该通知必须在提交给州务卿的日期前至少十天寄出。如果是个人，该通知应由注册代理人签署，如果是商业实体，则应以法规授权的方式签署。该通知应载明以下所有内容：

（一）注册代理人所代表的有限责任公司的名称；

（二）注册代理人的名称；

（三）有限责任公司当时在本州的注册办事处的地址，包括街道、号码和城市；

（四）注册代理人的辞职；

（五）辞职的生效日期，该日期不得早于提交日期后的30天；

（六）注册代理人所知道的有限责任公司的主要办公室地址；

（七）声明该通知的副本已在本条规定的时间和方式内以挂号信或核证信寄往该有限责任公司的主要办公室；

（八）新的注册代理人必须在注册代理人根据本条规定发出辞职通知后的六十天内被记录在案。

第三十六条 注册办事处或注册代理人的变更

Ⅰ．国内有限责任公司或外国有限责任公司可以不时地改变其注册办事处的地址。如果国内有限责任公司或外国有限责任公司的注册代理人职位因任何原因出现空缺，或其注册代理人丧失资格或无行为能力，则应更换其注册代理人。

Ⅱ. 国内有限责任公司或外国有限责任公司可以改变其注册办事处的地址，或改变其注册代理人，或两者兼而有之，方法是根据本法第Ⅴ节第四十五条的规定，执行并提交一式两份的声明，列明：

（一）有限责任公司的名称；

（二）其当时的注册办事处的地址，包括街道和编号，或乡村街道地址；

（三）若变更其注册办事处的地址，新注册办事处的地址，包括街道和编号，或乡村街道地址；

（四）其当时的注册代理人的名称；

（五）若变更其注册代理人，其继任注册代理人的名称；

（六）其注册办事处的地址和其注册代理人的业务办事处的地址，如有变更，将是相同的；

（七）该变更已经成员或管理层授权。

Ⅲ. 注册办事处地址的变更，或注册代理人的变更，或两者的变更（视情况而定），应在州务卿提交该声明后生效。

第三十七条　变更注册代理人的地址

Ⅰ. 注册代理人可将其作为注册代理人的国内有限责任公司或外国有限责任公司的注册办事处地址变更为本州的另一地址，方法是根据本法第Ⅴ节第四十五条提交一式两份声明，说明：

（一）有限责任公司的名称；

（二）其当时的注册办事处的地址，包括街道和编号，或乡村街道地址；

（三）注册办事处变更后的地址，包括街道和编号，或乡村街道地址；

（四）其注册代理人的名称；

（五）其注册办事处的地址和其注册代理人的业务办事处的地址，如有变更，将是相同的。

该声明应由注册代理人签署；

Ⅱ．注册办事处地址的变更应在州务卿提交该声明后生效。

第四十条　应保存的记录

Ⅰ．每个有限责任公司应在组织章程中指定的公司主要营业地或经营协议中规定的其他合理地点保存以下所有内容：

（一）每个成员的全名和最后所知的地址的清单，列出每个成员已出资的现金数额，每个成员已出资或同意在未来出资的其他财产或服务的协议价值的描述和声明，以及成为成员的日期；

（二）经修订或重述的组织章程的副本，以及据以执行任何章程、申请或证书的任何授权书的执行副本；

（三）有限责任公司最近三年的联邦、州和地方所得税申报表和报告（如果有）的复印件；

（四）任何当时有效的书面运营协议及其任何修正案的副本，以及有限责任公司最近三年的任何财务报表的副本。

Ⅱ．根据本条规定保存的记录，可由任何成员，或已故成员或无法律行为能力的成员的法定代理人在正常工作时间内要求并支付费用后进行检查和复印。

Ⅲ．本条第Ⅱ款规定的权利也适用于可分配权益的受让人，但只能出于适当的目的。为了行使这一权利，受让人必须向有限责任公司提出书面要求，并详细说明要求检查的记录和要求的目的。

Ⅳ．在收到根据第Ⅲ款提出的要求后十天内。

（一）公司应提供所要求的信息，或在记录中说明公司将提供的信息，并说明提供信息的合理时间和提供信息的地点；以及

（二）如果公司拒绝提供所要求的任何信息，公司应在记录中向受让人说明其拒绝的理由。

受让人可以通过法定代理人行使本款规定的权利。

Ⅴ．如果公司没有遵守本条的规定，提出请求或要求的人可以提起诉讼，迫使公司允许检查和复制，并获得其他适当的法律或公平的救济。如果法院认为公司没有遵守本条的要求，并且在第Ⅲ款或第Ⅳ款的情况下，公司的行为是不合理的，法院可以判决原告承担合理的费用和提起诉讼所产生的律师费。

第四十三条　本法的补充原则

除非本法的条款另有规定，否则法律和公平原则是本法的补充。

第四十五条

（已废除）

美国路易斯安那州公司法（2012）*
（节选）

李林蔚 译
陶溥 校

第十二编 企业和组织
第二十七章 共益企业
第Ⅰ节 初步规定

第一千八百零一条 简称

本章可被引称为《共益企业法》。

2012年法案，第442号第一条。

第一千八百零二条 本章的适用和效力

Ⅰ. 本章适用于所有共益企业。

Ⅱ. 本章的规定本身不应暗示相反或不同的法律规则适用于非共益企业的商业公司。本章不影响适用于非共益企业的商业公司的法规或法律规则。

Ⅲ. 除非本章另有规定，否则《商业公司法》第十二编第一条等一般适用于所有共益企业。本章的具体规定适用于商业公司法的一般规定。共益企业可同时受本篇中一个或多个其他章节的约束。

Ⅳ. 共益企业章程或细则的规定不得放宽、与本章规定不一致或取代本章规定。

---

* Available at：http://legis.la.gov/Legis/Laws_Toc.aspx? folder=86&title=12

2012 年法案，第 442 号第一条

第一千八百零三条　定义

Ⅰ. 本章中使用的下列术语和短语应具有本节赋予它们的含义，除非上下文另有明确说明：

（一）就某个人而言，"附属公司"是指该个人或实体的子公司，该子公司实益地拥有或记录了该个人的大部分未偿股权。

（二）"共益企业"是指选择受本章约束的商业公司且其作为共益企业的地位尚未终止。

（三）"共益董事"指根据第十二编第一千八百二十二条被指定为共益企业共益董事的董事。

（四）"利益强制执行程序"是指以下一项或两项的任何索赔或诉讼：

1. 共益企业未能追求或创造其章程中规定的一般公共利益或特定公共利益。

2. 违反本章规定的任何义务、职责或行为标准。

（五）"利益管理人"指根据第十二编第一千八百二十四条被指定为共益企业利益管理人的个人。

（六）"一般公共利益"是指根据第三方标准的评估，共益企业的业务和运营作为一个整体对社会和环境的重大积极影响。

（七）"独立"是指与共益企业或共益企业的子公司没有实际关联。

（八）"实际关联"是指个人与共益企业或其任何子公司之间满足下列情形之一的关系：

1. 此人是或在过去三年内一直是共益企业或其附属公司的雇员（利益管理人除外）。

2. 此人的直系亲属是或在过去三年内一直是共益企业或其附属公司的雇员、高级管理人员或董事。

（九）"最低票数"是指：

1. 如果是商业公司，则指出席并投票的每一类别或每一系列股份的三分之二持有人的同意，以及《商业公司法》或章程要求的任何其他同意或投票。

2. 对于商业公司以外的国内实体，则指每一类别或每一系列有权对任何问题进行表决的三分之二股权持有人的同意，以及管理该实体内部事务的法律或其组成文件要求的任何其他批准或同意。

（十）"特定公共利益"是指以下任何一项：

1. 为低收入或服务不足的个人或社区服务。

2. 为低收入或处于弱势地位的个人或社区提供经济机会。

3. 保护环境，促进对环境的积极影响，或减少对环境的负面影响。

4. 改善人类健康。

5. 促进艺术、科学或知识的进步。

6. 对本段所列具有特定目的的实体增加资本流向。

7. 历史保护。

8. 城市美化。

（十一）就某个人而言，"子公司"是指该个人实益拥有或记录的50%或以上未偿股权的实体。

（十二）"第三方标准"是指定义、报告和评估公司在产生一般公共利益和特定公共利益方面之表现的公认标准，包括以下所有方面：

1. 全面性，其评估公司及其运营在产生一般公共利益和章程规定的任何特定公共利益方面的影响。

2. 透明性，因为有关该标准的以下信息是公开的：

（1）衡量商业活动整体的社会和环境绩效时所考虑的标准。

（2）该准则的相对权重（如果有）。

（3）制定和控制该标准之修订的组织的董事、高级管理人员、材料所有者和管理机构的身份。

（4）对该标准进行修订和更改管理机构成员的过程。

（5）对组织的财务支持来源进行会计核算，并提供足够的详细信息，以披露可能被合理认为存在潜在利益冲突的任何关系。

Ⅱ．本条第Ⅰ款中未另行定义的术语应具有《商业公司法》赋予它们的含义。

Ⅲ．就本节中的定义而言，一个实体的所有权比例应计算为已行使所有取得该机构的股权。

2012年法案，第442号，第一条。

第一千八百零四条　身份选择；公司名称

Ⅰ．根据第十二编第一条至第二百零一条等成立的商业公司可通过在其章程中声明其为本章规定的共益企业，选择成为本章规定的共益企业。

Ⅱ．对现有商业公司章程的任何修改，如需添加声明表明其为受本章约束的共益企业，则应至少以最低票数通过。股东大会批准该修正案的通知应说明共益企业的目的将包括的具体公共利益（如果有），并应解释成为共益企业对股东的预期影响。

Ⅲ．如果某非共益企业的实体是合并或联合的一方，且合并或联合中的存续实体或新实体将成为共益企业，则合并或联合计划应至少以最低票数通过。

Ⅳ．共益企业的公司名称应以以下短语结尾，"共益企业"，可包含在括号内。

2012 年法案，第 442 号，第一条；2019 年法案，第 19 号，第二条。生效日期：2019 年 5 月 28 日。

第一千八百零五条　身份的终止

Ⅰ．共益企业可通过修改其章程，删除第十二编第一千八百零四条所要求的在共益企业章程中说明的条款以终止其地位，并停止受本章约束。为使修订生效，该修订应至少以最低票数通过。

Ⅱ．如果一家共益企业的合并或联合会影响一家商业公司作为共益企业的身份，为使计划生效，合并或联合计划应至少以共益企业的最低票数通过。除非该交易是在正常业务过程中进行的，否则对共益企业全部或实质上全部的资产的任何出售、租赁、交换或其他处置均不得生效，除非该交易至少获得最低票数的同意。

2012 年法案，第 442 号，第一条。

第Ⅱ节　公司宗旨

第一千八百一十一条　公司宗旨

Ⅰ．共益企业应以创造一般公共利益为宗旨。该宗旨是对第十二编第一条至第二百零一条及以下所述宗旨的补充。

Ⅱ. 除第十二编第一条至第二百零一条及本条第Ⅰ款外，共益企业的章程可确定其所要创建的一项或多项特定公共利益作为其宗旨的补充。

本款特定公共利益的认定不应限制共益企业在本条第Ⅰ款下的义务。

Ⅲ. 根据本条第Ⅰ款和第Ⅱ款的规定，创造一般公共利益和特定公共利益符合共益企业的最佳利益。

Ⅳ. 共益企业可修改其章程，以增加、修改或删除共益企业旨在创建的特定公共利益的标识。为使该修订生效，修正案应至少以最低票数通过。

Ⅴ. 在创造一般公共利益或特定公共利益的目的下，作为共益企业的专业公司不得被视为违反第十二编第八百零四条、第九百零四条、第九百八十四条、第一千零五十四条、第一千零七十四条、第一千零八十九条、第一千一百一十三条、第一千一百三十三条、第一千一百五十四条、第一千一百九十三条或第一千四百零三条。

2012 年法案，第 442 号，第一条；2018 年法案，第 560 号，第二条。生效日期：2018 年 5 月 28 日。

第Ⅲ节　责任

第一千八百二十一条　董事行为标准

Ⅰ. 在履行各自职位职责及考虑共益企业、董事会、董事会委员会和共益企业个别董事的最大利益时：

（一）应考虑任何作为或不作为对下列各项的影响：

1. 共益企业的股东。
2. 共益企业、其子公司及其供应商的员工和劳动力。
3. 客户作为共益企业的一般公共利益或特定公共利益目的的受益人的利益。
4. 社区和社会因素，包括共益企业、其子公司或其供应商的办公室或设施所在的每个社区。
5. 当地和全球环境。
6. 共益企业的短期和长期利益，包括共益企业可能从其长期计划中获得的利益，以及共益企业的持续独立性可能最有利于这些利益的可能性。
7. 共益企业实现其一般公共利益目的和任何特定公共利益目的的

（二）可以考虑其他相关因素或其认为合适的任何其他团体的利益。

（三）不得被要求优先考虑本款第（一）项或第（二）项所述特定个人或团体的利益以致超过任何他人或团体的利益，除非共益企业已在其章程中声明计划优先考虑与实现其一般公共利益目的或章程中确定的特定公共利益目的有关的某些利益。

Ⅱ．按照本条第Ⅰ款要求的方式作出的对利益和因素的考量不得违反第十二章第九十一条。

Ⅲ．董事不应对以下任何情况的金钱损失承担个人责任：

（一）根据第十二编第二十四条第Ⅲ款第（四）项的规定，公司章程中规定的消除或限制董事责任的任何作为或不作为。

（二）董事根据第十二编第九十一条的规定履行职务的任何作为或不作为。

（三）共益企业未能追求或创造一般公共利益或特定公共利益。

Ⅳ．董事对共益企业的一般公共利益目的或特定公共利益目的的受益人不负有义务，因其身份为受益人。

2012年法案，第442号，第一条。

第一千八百二十二条　共益董事

Ⅰ．共益企业的董事会应包括一名董事，该董事应被指定为共益董事，除享有共益企业其他董事的权力、义务、权利和豁免外，还应享有本部分规定的权力、义务、权利和豁免。

Ⅱ．共益董事应根据第十二编第八十一条选举产生，并可罢免，且应为独立的个人。共益董事可在担任共益董事的同时担任利益管理人。共益企业的章程或细则可规定共益董事的其他资格或职责，但不得与本小节相抵触。

Ⅲ．共益董事应按照第十二编第一千八百三十一条的要求，负责编制提交给股东的年度共益报告。共益董事可聘请独立第三方审计年度共益报告或对公司追求的一般公共利益目的和任何特定公共利益目的进行任何评估。年度共益报告应根据共益董事的意见，包括共益董事关于以下所有事项的声明：

（一）在本报告所述期间，共益企业是否在所有重大方面按照其一般公共利益目的和任何特定公共利益目的行事。

（二）董事和高级管理人员是否分别遵守第十二编第一千八百二十一条第Ⅰ款和第一千八百二十三条第Ⅰ款。

（三）如果共益董事认为，共益企业或其董事或高级管理人员未能遵守第十二编第一千八百二十一条第Ⅰ款和第一千八百二十三条第Ⅰ款。

Ⅳ. 个人以共益董事身份的作为或不作为无论如何都应构成该个人以共益企业董事身份的作为或不作为。

Ⅴ. 无论共益企业的细则是否包含消除或限制由第十二编第二十四条第Ⅲ款第（四）项授权的董事个人责任条款，共益董事不得以共益董事的身份对其作为或不作为承担个人责任，除非该作为或不作为构成自我交易、故意的不当行为或明知的违法。

Ⅵ. 专业公司的共益董事无须独立。

2012年法案，第442号，第一条。

第一千八百二十三条　高级管理人员行为准则

Ⅰ. 若以下条件均适用，则共益企业的每一位高级管理人员都应以第十二编第一千八百二十一条所述的方式考虑其中规定的利益和因素：

（一）该高级管理人员有权就此事采取行动。

（二）该高级管理人员合理地认为，该事项可能对共益企业创造其章程中确定的一般公共利益或特定公共利益产生实质影响。

Ⅱ. 根据本条第Ⅰ款对利益和因素的考虑不构成违反第十二编第九十一条的行为。

Ⅲ. 对于以下任何一种情况，高级管理人员个人不承担金钱赔偿责任：

（一）高级管理人员根据第十二编第九十一条履行职位职责的作为或不作为。

（二）共益企业未能追求或创造一般公共利益或特定公共利益。

Ⅳ. 高级管理人员对共益企业的一般公共利益目的或特定公共利益目的的受益人不承担任何义务，因其身份为受益人。

2012年法案，第442号，第一条。

第一千八百二十四条　利益管理人

Ⅰ. 共益企业可指定一名高级管理人员作为利益管理人。

Ⅱ. 利益管理人应具有以下所有权限：

（一）与公司宗旨相关的权力和职责，以创造一般公共利益或特定公共利益，这些公共利益由公司细则提供，或在细则中没有管理规定的情况下，由董事会的决议或命令提供。

（二）第十二编第一千八百三十一条规定的编制共益报告的职责。

Ⅲ. 对于以下任何情况，利益管理人个人不承担金钱赔偿责任：

（一）根据第十二编第二十四条第Ⅲ款第（四）项的规定，公司章程中规定的消除或限制高级管理人员责任的任何作为或不作为。

（二）高级管理人员根据第十二编第九十一条履行职位职责的作为或不作为。

（三）共益企业未能追求或创造一般公共利益或特定公共利益。

2012 年法案，第 442 号，第一条。

第一千八百二十五条　诉权

Ⅰ. 本章规定的董事和高级管理人员的职责以及共益企业的一般公共利益目的和任何特定公共利益目的只能在福利强制执行程序中按照本条规定执行，任何人不得对共益企业提起诉讼或主张索赔。

Ⅱ. 福利强制执行程序只能由共益企业直接启动或维持，或由以下一方衍生启动或维持：

（一）股东

（二）共益董事

（三）共益企业章程或细则规定的其他人员。

2012 年法案，第 442 号，第一条。

第Ⅳ节　透明度

第一千八百三十一条　年度共益报告

Ⅰ. 共益企业应编制年度共益报告，包括以下所有内容：

（一）以下所有内容的叙述性描述：

1. 共益企业在这一年中实现一般公众利益的方式，以及一般公共利益的实现程度。

2. 共益企业实现由其章程指明的属于该共益企业之目的的特定公共利益的方式，以及该特定公共利益的实现程度。

3. 妨碍共益企业创造一般公共利益或特定公共利益的任何情况。

4. 选择或更改用于编制共益报告之第三方标准的过程和理由。

（二）根据第三方标准对共益企业在创造公共利益方面的表现进行的评估，该标准与先前共益报告中对该标准的任何应用一致，或随附对任何不一致应用的原因的解释。该评估不应由第三方标准供应商所履行、审核或认证。

（三）共益董事和其高级管理人员（如果有）的姓名，以及他们各自的通信地址。

（四）共益企业在一年中以董事身份向每位董事支付的报酬。

（五）拥有共益企业百分之五或更多已发行股份的股东姓名。

（六）共益董事根据第一千八百二十二条第Ⅲ款作出的声明。

（七）制定第三方标准的组织或其董事、高级管理人员或持有该组织百分之五或以上治理权益的任何持有人与共益企业，或其董事或高级管理人员或拥有该共益企业百分之五十或以上已发行股份的任何持有人之间的任何关联声明，包括可能严重影响第三方标准使用可信度的任何财务或治理关系。

Ⅱ. 共益企业应每年向每位股东发送一份共益报告：

（一）应在共益企业财政年度结束后120天内发送。

（二）同时，共益企业应向其股东提交其他任何年度报告。

Ⅲ. 共益企业应将其所有共益报告公布在其互联网网站的公共部分（如果有）。支付给董事的薪酬以及共益报告中包含的财务或专有信息可从公布的共益报告中省略。

Ⅳ. 如果共益企业没有互联网网站，共益企业应免费向要求提供副本的任何人提供其最新共益报告的副本，但向董事支付的报酬以及共益报告中包含的财务或专有信息可从提供的共益报告副本中省略。

2012年法案，第442号，第一条。

第一千八百三十二条　股票证书

除《商业公司法》要求的任何其他声明外，代表共益企业股份的所有证书应在证书正面包含以下醒目语言："本企业一家受《共益企业法》（第十二章第一千八百零一条等）约束的共益企业。"

2012 年法案，第 442 号，第一条。

美国佛罗里达州商业公司法（2014）*
（节选）

李子涵　译
刘丽莎　校

第六百零七章

第Ⅱ部分　社会目的企业

第五百零一条　本部分的适用性和效力

Ⅰ.本部分适用于社会目的企业，不影响不属于社会目的企业的企业。

Ⅱ.除非本部分另有规定，本章一般适用于所有社会目的企业。

Ⅲ.一个社会目的企业可能同时受到本部分和一个或多个章节的约束，包括第六百二十一章。在这种情况下，本部分对社会目的企业来说具有优先权。

Ⅳ.除非本部分授权，否则社会目的企业的企业章程或细则的规定，或社会目的企业股东之间的股东协议，不得限制、不符合或取代本部分的规定。

第五百零二条　定义

在本部分中，除非上下文另有要求，术语：

Ⅰ."共益董事"是指：

（一）根据第五百零八条被指定为社会目的公司的共益董事；或

---

* Available at：http：//www.leg.state.fl.us/Statutes/index.cfm? App_mode=Display_Statute&URL=0600-0699/0607/0607.html

（二）在第五百零八条规定的公司章程或细则的范围内，拥有共益董事的一项或多项权力、职责或权利的人。

Ⅱ．"共益执行程序"是指针对以下情况的索赔或诉讼：

（一）社会目的企业未能追求或创造其公司章程中规定的公共利益或特定的公共利益；或

（二）违反本部分规定的任何义务、责任或行为标准。

Ⅲ．"共益高管"是指根据第五百一十条被指定为社会目的企业共益高管的个人。

Ⅳ．"独立"是指与社会目的企业或社会目的企业的子公司没有实质性关系。一个人并非仅因担任社会目的公司或其子公司的共益董事或共益高管而有实质性关系。在确定一名董事或高管是否独立时，如果出现以下情况，将最终推定个人与社会目的公司或其任何子公司之间存在实质性关系，以确定其独立性：

（一）该个人在过去三年内是或曾经是该社会目的企业或其子公司的雇员，但不是共益高管。

（二）该人的直系亲属在过去三年内是或曾经是该社会目的企业或子公司的行政高管，但不是共益高管。

（三）如果所有权的计算方式是假定所有收购该社会目的企业股权的未决权利已被行使，那么社会目的企业现有股份的5%或以上的实益或记录所有权由以下人员拥有：

1. 个人；或

2. 一个实体：

（1）该个人是其董事、高管或经理；或

（2）在计算所有权时，如果所有未行使的获得该实体股权的权利都已被行使，则该个人实际拥有或记录拥有5%或以上的发行在外的权益。

Ⅴ．"最低程度投票"是指：

（一）对于将成为社会目的企业的公司，无论是通过修订公司章程，还是通过或根据合并、转换或换股，根据本章第五百零六条第Ⅱ款修订公司章程的社会目的企业；或不再是社会目的企业的社会目的企业，除了任何其他必要的批准或投票外，还要满足以下条件：

1. 各类或系列股份的持有人应有权作为一个单独的投票团体对公司行

动进行投票，而不管公司章程或细则中对任何类别或系列的投票权有无限制。

2. 公司行为由有权投票的每一类别或系列的股份以该类别或系列总票数的至少三分之二表决通过。

Ⅴ. 如果是公司以外的州内实体，同时转为社会目的企业或并入社会目的企业，除了任何其他需要批准、投票或同意的条件外，还要满足以下条件：

1. 该实体中有权获得任何形式分配的每一类别或系列股权的持有人，都有权作为单独的投票团体，对该行动进行投票或同意，无论任何类别或系列的投票或同意权有任何适用限制。

2. 该行动由第1目所述的每个类别或系列的股权的至少三分之二的投票权或同意权来批准。

Ⅵ. "公共利益"是指社会目的企业的业务和运营从整体来看对环境或对除股东以外的一类或多类个人或实体的艺术、慈善、经济、教育、文化、文学、宗教、社会、生态或科学性质产生积极影响，或尽量减少消极影响，从整体上来看。该术语包括，但不限于以下内容：

（一）为低收入或服务不足的个人或社区提供有益的产品或服务。

（二）之外，在正常业务过程中创造就业机会促进个人或社区的经济机会。

（三）保护或恢复环境。

（四）改善人类健康。

（五）促进艺术、科学或知识的进步。

（六）增加资本流向那些以提供社会或环境利益为其既定目的的实体。

Ⅶ. "社会目的企业"是指成立或选择成为本部分规定的公司，其作为社会目的企业的地位没有被终止。

Ⅷ. "特定公共利益"是指公司章程中规定的与公共利益一致的、被认定为社会目的企业目的的利益。

Ⅸ. "子公司"是指，个人之外实际拥有或记录拥有50%或以上的股份的实体。

Ⅹ. "第三方标准"是指用于定义、报告和评估企业的社会和环境绩效的公认标准，该标准：

（一）全面，因为它评估了业务和运营对本章第五百零七条第Ⅰ款第（一）项中所列利益的影响。

（二）由一个不受社会目的企业控制的实体制定。

（三）可信的，因为它是由一个拥有必要的专业知识来评估企业的整体影响的实体制定的，并使用平衡的、合作的方法来制定标准，包括一个公众评论的时期。

（四）透明的，因为以下信息是公开的：

1. 在衡量业务和运营对第五百零七条第Ⅰ款第（一）项规定的利益的整体影响时，决定是否符合标准的指标，以及这些指标的相对权重（如果有）；以及

2. 第三方标准的制定和修订过程，包括董事、高级职员、重要所有者以及制定和控制标准修订的实体的管理机构的身份；对标准的修订和管理机构成员的变化过程；以及对该实体的收入和财政支持来源的核算，并有足够的细节披露任何可被合理认为呈现潜在利益冲突的关系。

第五百零三条 成立公司

要成立社会目的企业，成立者必须满足本章的要求，并且公司章程必须说明该公司是本部分规定的社会目的企业。

第五百零四条 选择社会目的企业地位

Ⅰ. 一个现有的公司可以通过修改其公司章程，加入该公司是本部分规定的社会目的企业的声明，成为本部分规定的社会目的企业。该修正案必须经最低程度投票通过。

Ⅱ. 如果非社会目的公司的实体是合并、归化或转换的一方，或者如果股份交换中的交换实体和存续的、新的或产生的实体是或将是社会目的企业，则合并、归化、转换或股份交换的计划必须经最低程度投票通过。

Ⅲ. 如果一个实体通过修改公司章程或通过合并、归化、转换或换股选择成为社会目的企业，该实体的股东有权根据本章第一千三百零一条至第一千三百四十条享有评估权。

第五百零五条　终止社会目的企业地位

Ⅰ. 社会目的企业可以通过修改其公司章程，删除本章第五百零三条或第五百零四条规定的条款，终止其社会目的企业的地位，不再受本部分的约束。该修正案必须由最低程度投票通过。

Ⅱ. 具有终止公司作为社会目的公司地位的合并、转换或股份交换计划，必须由最低程度投票通过。出售、租赁、交换或以其他方式处置社会目的企业的全部或大部分资产，除非该交易得到最低程度投票的批准，否则无效。但是，如果该交易是在通常和正常的业务过程中进行的，是根据法院命令进行的，或者是在销售日期后一年内将全部或大部分销售净收益分配给股东的销售，则不需要进行最低程度投票。

Ⅲ. 如果一个公司作为社会目的企业的地位根据第Ⅰ款或第Ⅱ款被终止，该公司的股东有权根据本章第一千三百零一条至第一千三百四十条的规定获得评估权。

第五百零六条　公司目的

Ⅰ. 社会目的企业的目的是创造公共利益。这一目的是在本章第三百零一条规定的目的之外的。

Ⅱ. 除了第Ⅰ款和本章第三百零一条规定的目的外，社会目的企业的公司章程可以确定一个或多个具体的公共利益作为其目的。社会目的企业可以修改其公司章程，以增加、修改或删除对特定公共利益目的的认定；但是，修正案必须由最低程度投票通过。

Ⅲ. 根据第Ⅰ款和第Ⅱ款设立的公共利益和特定公共利益被认为是符合社会目的企业的最佳利益。

Ⅳ. 作为社会目的企业的专业公司，不因其目的是创造公共利益或特定公共利益而违反第六百二十一章第八条。

第五百零七条　董事的行为标准

Ⅰ. 董事在履行其职责和考虑社会目的公司的最佳利益时：

（一）应考虑任何作为或不作为对以下方面的影响：

1. 社会目的企业的股东；以及

2. 社会目的企业实现其公共利益或任何特定公共利益的能力。

（二）可考虑任何作为或不作为对以下任何方面的影响：

1. 社会目的企业、其子公司和其供应商的雇员和劳动力。

2. 客户和供应商作为社会目的企业的公共利益或特定公共利益的受益人的利益。

3. 社区和社会因素，包括社会目的企业、其子公司或其供应商的办公室或设施所在的每个社区的因素。

4. 当地和全球环境。

5. 社会目的企业的短期和长期利益，包括社会目的企业从其长期计划中可能获得的利益，以及社会目的企业继续保持独立最有利于这些利益的可能性。

（三）可考虑其他相关因素或他们认为适当的任何其他团体的利益。

（四）不要求优先考虑第（一）项、第（二）项或第（三）项中提到的特定个人或团体的利益，除非社会目的企业在其公司章程中说明打算给予这种优先权。

（五）不需要对第（一）项、第（二）项或第（三）项中提到的任何特定个人或团体的利益给予同等重视，除非社会目的企业在其公司章程中说明其打算给予这种同等重视。

Ⅱ. 除公司章程规定外，董事不因社会目的企业未能追求或创造公共利益或特定公共利益而对公司或任何其他人承担金钱损失的个人责任。董事须遵守本章第八百三十条规定的职责。

Ⅲ. 除公司章程规定外，董事对作为社会目的企业的公共利益目的或任何一个或多个特定公共利益目的的受益人的人没有责任。

第五百零八条　共益董事

Ⅰ. 如果公司章程有规定，社会目的企业的董事会可以包括一名被指定为共益董事的董事，除了社会目的企业其他董事的权力、职责、权利和豁免权之外，还拥有本部分规定的权力、职责、权利和豁免权。

Ⅱ. 共益董事应按本章规定的方式选举，并可被罢免。除第Ⅴ款规定的情况外，共益董事应是独立的，可担任共益高管。公司章程或附则可以规定共益董事的其他资格。

Ⅲ. 除非公司章程或附则另有规定，共益董事应准备，而且社会目的企业应在本章第五百一十二条规定的提交给股东的年度公益报告中包括共益董事对以下问题的意见。

（一）在报告所涉期间，社会目的企业是否在所有重大方面都按照其共益目的和任何具体的共益目的行事。

（二）董事和高管是否遵守了本章第五百零七条第Ⅰ款和第五百零九条第Ⅰ款的规定。

（三）该社会目的公司或其董事或高管职员是否没有遵守第（一）项或第五百零七条第Ⅰ款或第五百零九条第Ⅰ款的规定，并说明该社会目的公司或其董事或高管未能遵守的方面。

Ⅳ. 个人以共益董事的身份采取的作为或不作为，就所有目的而言，均构成该个人以社会目的公司董事的身份采取的作为或不作为。

Ⅴ. 根据本章第六百二十一章成立的公司的共益董事不需要是独立的。

第五百零九条　高管的行为标准

Ⅰ. 如果社会目的企业的高管有理由相信，某一事项可能对公司创造公共利益或公司章程中确定的特定公共利益的能力产生重大影响，并且该高管有对该事项采取行动的自由裁量权，该高管应考虑本章第五百零七条第Ⅰ款规定的利益和因素。

Ⅱ. 高管根据第Ⅰ款对利益和因素的考虑并不构成对本章第八百四十一条的违反。

Ⅲ. 除公司章程另有规定外，高管不因社会目的企业未能追求或创造一般公共利益或特定公共利益而对公司或任何其他人承担金钱损失的个人责任；然而，其应受本章第八百四十一条的约束。

Ⅳ. 除公司章程另有规定外，高管对作为受益人的一般公共利益目的或社会目的企业的任何特定公共利益目的的受益人，不承担因其身份而产生的责任。

第五百一十条　共益高管

Ⅰ. 社会目的企业可以指定一名高管作为共益高管。

Ⅱ. 共益高管拥有章程中规定的或由董事会决定的权力和职责，其中可能包括但不限于以下内容：

（一）与公司的公共利益或特定公共利益目的有关的权力和职责；以及

（二）编制本章第五百一十二条规定的年度公益报告的责任。

第五百一十一条 诉讼权

Ⅰ.（一）除非在共益执行程序中，个人不得对社会目的公司或其董事或高管提起诉讼或主张索赔，涉及：

1. 未能追求或创造公共利益或公司章程中规定的具体公共利益；或
2. 违反本部分规定的义务、责任或行为标准。

（二）社会目的企业不因其未能追求或创造公共利益或特定的公共利益而承担本部分规定的金钱损失。

Ⅱ. 共益执行程序只能由以下方面开始或维持：

（一）由社会目的企业直接提起；或

（二）由以下方面衍生。

1. 在共益执行程序中被投诉的作为或不作为发生之日有记录的股东。
2. 一名董事。
3. 在共益执行程序中被投诉的行为或行动发生之日，在社会目的企业为其子公司的实体中实益拥有或记录拥有5%或更多发行在外权益的个人或团体；或
4. 社会目的企业的公司章程或细则中规定的任何其他人员。

第五百一十二条 编制年度公益报告

Ⅰ. 除非由共益董事或共益高管编制，否则董事会应编制年度公益报告。年度公益报告必须包括以下所有内容：

（一）对以下内容的叙述性描述。

1. 社会目的企业在该年度追求公共利益的方式以及创造公共利益的程度。
2. 任何阻碍社会目的企业追求或创造公共利益的情况。
3. 如果社会目的企业的公司章程要求或董事会决定必须按照第三方标准编制年度公益报告，则选择或改变用于编制公益报告的第三方标准的过

程和理由。

（二）如果社会目的公司的章程要求或董事会决定，年度公益报告必须按照第三方标准编制，则第三方的标准必须：

1. 与以前的年度公益报告中的任何应用一致；或

2. 附带解释不一致应用的原因，或与之前的报告相比标准有任何变化。

（三）如果存在共益主管和共益高管，则提供其姓名，以及各自的通信地址。

（四）如果公司有一名共益董事，其在第五百零八条第Ⅲ款规定的声明。

（五）如果社会目的企业的章程要求，或董事会决定，年度公益报告必须按照第三方标准编制，则应说明建立第三方标准的组织，或其董事、高管，或在该组织中拥有5%或更多治理权益的任何持有人，与社会目的企业或其董事、高管，或该社会目的公司5%或更多发行在外的股份的任何持有人之间的任何联系，包括可能对使用第三方标准的可信度产生实质性影响的任何财务或治理关系。

Ⅱ．如果在年度公益报告所涵盖的年度内，共益董事辞职或拒绝连任，或被免职，并且其向社会目的企业提供了有关其离职情况的书面信函，该信函必须作为证据列入年度公益报告。

Ⅲ．年度公益报告和第Ⅰ款第（二）项规定的年度公益报告中对社会目的企业的业绩评估不需要由第三方标准提供者进行审计或认证。

Ⅳ．尽管有本条的要求，但需要列入年度公益报告的信息，如果是适用的州或联邦监管法律要求保密的，可以从年度公益报告中省略。如果省略了这些信息，年度公益报告应明确说明，本条要求的信息是根据本条规定省略的。

第五百一十三条　年度公益报告的提供

Ⅰ．每个社会目的企业应向每个股东发送其年度公益报告。

（一）在社会目的企业的财政年度结束后一百二十天内；或

（二）在社会目的企业向其股东提交任何其他年度报告的同时。

Ⅱ．社会目的公司应在其网站的公共部分张贴每份年度公益报告，如果有的话，应至少张贴三年。

Ⅲ. 如果一个社会目的企业没有网站，该公司应免费向任何要求获得其最新年度公益报告的人提供一份副本。

Ⅳ. 如果社会目的企业不遵守交付年度公益报告的要求，社会目的企业主要办事处所在县的巡回法院，或者如果办事处不在本州，则其注册办事处所在县的巡回法院，可以在社会目的企业的股东要求提供副本后，立即命令该公司提供年度公益报告。如果法院命令提供年度公益报告，法院也可以命令社会目的企业支付股东的费用，包括合理的律师费，这些费用是为了获得该命令和以其他方式执行其在本条下的权利。

第Ⅲ部分　共益企业

第六百零一条　本部分的适用性和效力

Ⅰ. 本部分适用于共益企业，不影响非共益企业的企业。

Ⅱ. 除本部分的规定外，本章一般适用于所有共益企业。

Ⅲ. 一家共益企业可能同时受到本部分和一个或多个章节的约束，包括第六百二十一章。在这种情况下，本部分对共益企业来说具有优先权。

Ⅳ. 除非本部分授权，否则共益企业的公司章程或附则中的规定，或共益企业股东之间的股东协议，不得限制、不符合或取代本部分的规定。

第六百零二条　定义

在本部分中使用的术语，除非上下文另有要求，否则：

Ⅰ. "共益企业"是指成立或选择成为本部分规定的企业，其作为共益企业的地位尚未终止。

Ⅱ. "共益董事"是指：

（一）根据第六百零八条被指定为共益公司共益董事的董事；或

（二）根据第六百零八条，在公司章程或细则规定的范围内，拥有共益董事的一项或多项权力、职责或权利的人。

Ⅲ. "共益执行程序"是指针对以下情况的任何索赔或诉讼。

（一）共益企业未能追求或创造一般公共利益或公司章程中规定的特定公共利益目的；或

（二）违反本部分规定的任何义务、责任或行为标准。

Ⅳ."共益高管"是指根据第六百一十条指定为共益公司共益高管的个人。

Ⅴ."一般公共利益"是指对社会和环境的重大积极影响,从整体上看,使用第三方标准进行评估,该影响可归因于共益企业的业务和运营。

Ⅵ."独立"是指与共益企业或其子公司没有实质性关系。一个人并非仅因担任共益公司或共益公司的子公司的共益董事或共益高管而具有实质性关系。在确定一名董事或高管是否独立时,如果出现以下情况,将最终推定个人与共益公司或其任何子公司之间存在实质性关系,以确定独立性:

(一)该个人在过去三年内是或曾经是该共益公司或其子公司的雇员,但不是共益高管。

(二)个人的直系亲属在过去三年内是或曾经是该共益公司或子公司的行政高管,但不是共益高管。

(三)如果所有权的计算方式是假定所有收购该共益公司股权的未决权利都已行使,那么有以下情况的人对该共益公司5%或以上的发行在外的股份拥有实益或记录所有权:

1. 个人;或

2. 一个实体。

(1)该个人是其董事、高管或经理;或

(2)在计算所有权时,如果所有未行使的获得该实体股权的权利都已被行使,则该个人实际拥有或记录拥有5%或以上的发行在外股权。

Ⅶ."最低程度投票"是指:

(一)对于将成为共益企业的公司,无论是通过修改公司章程,还是通过合并、转换或换股的方式,或者根据第六百零六条第Ⅱ款修改公司章程的共益企业;或者将停止成为共益企业的共益企业,除了任何其他必要的批准或投票之外,还要满足以下条件:

1. 各类股份或系列股份的持有人应有权作为一个单独的投票群体对公司行动进行投票,而不考虑公司章程或细则中对任何类别或系列的投票权的限制。

2. 公司行动由有权投票的每个类别或系列的股份以该类别或系列总票数的至少三分之二表决通过。

（二）如果是公司以外的州内实体，要同时转为共益企业或并入共益企业，除了任何其他必要的批准、投票或同意外，还要满足以下条件：

1. 有权获得任何形式的分配的该实体的每个类别或系列的股本权益的持有人有权作为一个单独的投票群体，对该行动进行投票或同意，无论对任何类别或系列的投票或同意权有任何适用的限制。

2. 该行动由第 1 目所述的每个类别或系列的股权投票或同意，他们至少有三分之二的投票权或同意权。

Ⅷ."特定的公共利益"包括，但不限于：

（一）为低收入或服务不足的个人或社区提供有益的产品或服务；

（二）之外，在正常业务过程中创造就业机会促进个人或社区的经济机会。

（三）保护或恢复环境；

（四）改善人类健康；

（五）促进艺术、科学或知识的进步；

（六）增加资本流向以提供社会或环境利益为明确目的的实体；以及

（七）符合共益公司宗旨的任何其他公共利益。

Ⅸ."子公司"，是指由一个个人以外的法人实际拥有或记录拥有 50% 或以上的发行在外股权的实体。

Ⅹ."第三方标准"是指定义、报告和评估企业的社会和环境绩效的公认标准，它是：

（一）全面的，因为它评估了业务及其运营对本章第六百零七条第Ⅰ款第（一）项第 2 目至第 5 目规定的权益的影响。

（二）由一个不受该共益企业控制的实体制定。

（三）可信的，因为它是由一个拥有必要的专业知识来评估企业的整体社会和环境表现的实体制定的，并使用平衡的、合作的方法来制定标准，包括一个征求公众意见的时期。

（四）透明的，因为以下信息是公开的：

1. 在衡量一个企业的整体社会和环境表现时，决定是否符合标准的指标以及这些指标的相对权重（如果有）。

2. 制定和控制修订的实体的董事、高管、重要所有者和管理机构的身份；对标准的修订和管理机构成员的变化过程；以及对实体的收入和财政支持来源的说明，并有足够的细节披露任何可被合理认为是潜在利益冲突的关系。

第六百零三条　成立公司

要成立共益企业，成立者必须满足本章的要求，并且公司章程必须说明该公司是本部分规定的共益企业。

第六百零四条　选择共益企业的地位

Ⅰ．现有的公司可以通过修改其公司章程，加入该公司是本部分规定的共益企业的声明，成为本部分规定的共益企业。该修正案必须经最低程度投票通过。

Ⅱ．如果一个非共益企业的实体是合并、归化或转换的一方，或者如果股份交换中的交换实体和存续的、新的或产生的实体是或将是一个共益公司，则合并、归化、转换或股份交换的计划必须经最低程度投票通过。

Ⅲ．如果一个实体通过修改公司章程或通过合并、归化、转换或股份交换而选择成为一个共益公司，该实体的股东有权根据本章第一千三百零一条至第一千三百零四条享有评估权。

第六百零五条　终止共益企业的地位

Ⅰ．共益企业可以通过修改公司章程，删除第六百零三条或第六百零四条规定的条款，终止其共益企业的地位，不再受本部分的约束。该修正案必须由最低程度投票通过。

Ⅱ．合并、转换或股份交换的计划，如果具有终止公司作为共益公司的地位的效果，必须由最低程度投票通过。出售、租赁、交换或其他处置共益公司的全部或大部分资产的行为，除非该交易得到最低程度投票的批准，否则不会生效。但是，如果该交易是在通常和正常的业务过程中进行的，是根据法院命令进行的，或者是一项销售，根据该销售的全部或大部分净收益将在销售日期后的一年内分配给股东，则不需要最低程度投票通过。

Ⅲ．如果一个公司作为共益企业的地位根据第Ⅰ款或第Ⅱ款被终止，该公司的股东有权根据第一千三百零一条至一千三百三十三条规定获得评估权。

第六百零六条 公司目的

Ⅰ. 共益企业的目的是创造公共利益。这一目的是在第三百零一条规定的目的之外的。

Ⅱ. 除了第Ⅰ款和第三百零一条规定的目的外,共益企业的公司章程可以确定一个或多个具体的公共利益为其目的。共益企业可以修改公司章程,以增加、修改或删除对特定公共福利目的的认定;但是,修正案必须由最低程度投票通过。本款规定的具体共益目的的确定,并不限制第Ⅰ款规定的共益企业的义务。

Ⅲ. 根据第Ⅰ和第Ⅱ款设立的一般公共利益和特定公共利益被认为是符合共益企业的最佳利益的。

Ⅳ. 作为共益企业的专业公司,不因其目的是创造一般公共利益或特定公共利益而违反第六百二十一章第八条。

第六百零七条 董事的行为标准

Ⅰ. 在履行其职责和考虑共益企业的最佳利益时,董事:

(一)应考虑任何作为或不作为对以下方面的影响

1. 共益企业的股东。

2. 共益企业、其子公司以及其供应商的雇员和劳动力。

3. 客户和供应商作为一般公共利益和共益企业任何特定公共利益目的的共益者的利益。

4. 社区和社会因素,包括共益企业、其子公司或其供应商的办公室或设施所在的每个社区的因素。

5. 当地和全球环境。

6. 共益企业的短期和长期利益,包括共益企业可能从其长期计划中获得的利益,以及共益企业继续保持独立对这些利益最有利的可能性;及

7. 共益企业实现其一般共益目的和每个具体共益目的的能力,如果有的话。

(二)可考虑其他相关因素或他们认为合适的任何其他团体的利益。

(三)不需要将第(一)项或第(二)项中提到的某一特定个人或团体的利益优先于任何其他个人或团体的利益,除非该共益企业在其公司章

程中说明其打算优先考虑某些利益。

（四）不需要对第（一）项或第（二）项中提到的特定个人或团体的利益给予同等重视，除非该共益企业在其公司章程中说明其打算给予这种同等重视。

Ⅱ. 除公司章程规定的情况外，董事不因共益企业未能追求或创造一般公共利益或特定公共利益而对公司或任何其他人的金钱损失承担个人责任。董事须遵守第八百三十条规定的职责。

Ⅲ. 除公司章程规定的情况外，董事对作为共益企业的一般公共福利目的或任何一个或多个具体公共福利目的的受益人的人没有责任。

第六百零八条　共益董事

Ⅰ. 如果公司章程有规定，共益公司的董事会可以包括一名董事，该董事被指定为共益董事，除了共益企业其他董事的权力、职责、权利和豁免权外，还拥有本部分规定的权力、职责、权利和豁免权。

Ⅱ. 除第Ⅴ款规定的情况外，共益董事应是独立的，可以担任共益高管。公司章程或附则可以规定共益董事的其他资格。

Ⅲ. 除非公司章程或附则另有规定，否则福利董事应编写，而且共益企业应在第六百一十二条规定的提交给股东的年度福利报告中包括福利董事对以下事项的意见：

（一）在报告所涉期间，共益企业是否在所有重大方面都按照其一般共益目的和任何具体的共益目的行事。

（二）董事和高级职员是否遵守了本章第六百零七条第Ⅰ款和六百零九条第Ⅰ款的规定。

（三）共益企业或其董事或高管是否没有遵守（一）项或本章第六百零七条第Ⅰ款和六百零九条第Ⅰ款，并说明共益公司或其董事或高管没有遵守的方面。

Ⅳ. 就所有目的而言，个人以共益董事的身份采取的作为或不作为应构成该个人以共益公司董事的身份采取的作为或不作为。

Ⅴ. 根据第六百二十一章成立的公司的共益董事不需要是独立的。

第六百零九条 高管的行为标准

Ⅰ. 如果共益企业的高管有理由相信，某一事项可能对公司创造或由公司创造一般公共利益或公司章程中确定的特定公共利益的能力产生重大影响，并且该高管有对该事项采取行动的自由裁量权，该高管应考虑本章第六百零七条第Ⅰ款规定的利益和因素。

Ⅱ. 该高管根据第Ⅰ款对利益和因素的考虑并不构成对本章第八百四十一条的违反。

Ⅲ. 除公司章程规定的情况外，高管不因共益企业未能追求或创造一般公共利益或特定公共利益而对公司或任何其他人承担金钱损失的个人责任；然而，其应受本章第八百四十一条的约束。

Ⅳ. 除公司章程规定的情况外，高管对作为受益人的一般公共利益目的或共益企业的任何待定公共利益目的的受益人，不承担因其身份而产生的责任。

第六百一十条 共益高管

Ⅰ. 共益企业可以指定一名高管作为共益高管。

Ⅱ. 共益高管拥有章程中规定的或由董事会决定的权力和职责，其中可能包括，但不限于

（一）与公司的一般公共利益或特定公共利益目的有关的权力和职责；以及

（二）编写第六百一十二条规定的年度公益报告的责任。

第六百一十一条 诉讼权

Ⅰ.（一）除非在共益执行程序中，否则任何人不得就以下事项对利益企业或其董事或高管提起诉讼或主张权利：

1. 未能追求或创造一般的公共利益或公司章程中规定的具体公共利益；或

2. 违反本部分规定的义务、责任或行为标准。

（二）共益企业不因其未能追求或创造一般公共利益或特定公共利益而承担本部分规定的金钱损失。

Ⅱ. 只有在以下情况下才能启动或维持共益执行程序：

（一）由共益企业直接提起；或

（二）由以下方面衍生：

1. 在利益执行程序中被投诉的作为或不作为发生之日有记录的股东。

2. 一名董事。

3. 在诉讼中被投诉的行为或行动发生之日，实实在在地或有记录地拥有该共益企业为其子公司的实体的5%或以上发行在外权益的个人或团体；或

4. 共益企业的公司章程或细则中规定的任何其他人员。

第六百一十二条 编制年度公益报告

Ⅰ. 除非是由共益董事或共益高管编制，否则董事会应编制年度公益报告。年度公益报告必须包括以下所有内容：

（一）对以下内容的叙述性描述：

1. 共益企业在该年度追求一般公共利益的方式，以及创造一般公共利益的程度。

2. 任何阻碍共益企业追求或创造一般公共利益或特定公共利益的情况。

3. 选择或改变用于编制公益报告的第三方标准的过程和理由。

（二）如果存在利益相关的董事和利益相关的高管，他们的姓名，以及各自的商业地址，以便进行通信联系。

（三）如果该公司有一名共益董事，则提供本章第六百零八条第Ⅲ款规定的声明。

（四）建立第三方标准的组织，或其董事、高级职员，或该组织5%或以上治理权益的任何持有人，与共益企业或其董事、高级职员，或该共益公司5%或以上发行在外股份的任何持有人之间的任何联系声明，包括任何可能严重影响使用第三方标准的可信度的财务或治理关系。

Ⅱ. 年度公益报告必须按照第三方标准编制，该标准是：

（一）与以前的年度公益报告中的任何应用一致；或

（二）伴随着对任何不一致的应用或与之前的报告相比标准的任何变化的原因的解释。

Ⅲ. 如果在年度公益报告所涵盖的年度内，共益企业董事辞职或拒绝连任，或被免职，并且其向共益公司提供了有关其离职情况的书面信函，则该信函必须作为证据列入年度公益报告中。

Ⅳ. 根据第Ⅱ款的要求，年度公益报告以及年度公益报告中对共益公司业绩的评估，不需要由第三方标准提供者进行审计或认证。

Ⅴ. 尽管有本条的要求，但需要列入年度公益报告的信息，如果是适用的州或联邦监管法律要求保密的信息，可以从年度公益报告中省略。如果省略了这些信息，年度公益报告应明确说明，本条要求的信息是根据本条规定省略的。

第六百一十三条　年度公益报告的提供

Ⅰ. 各共益企业应向每位股东发送其年度公益报告：

（一）在共益企业的财政年度结束后的一百二十天内；或

（二）在共益企业向其股东发送任何其他年度报告的同时。

Ⅱ. 共益公司应在其网站的公共部分公布每份年度公益报告（如果有），并应至少公布三年。

Ⅲ. 如果共益企业没有网站，该共益公司应免费向任何要求获得其最新年度公益报告的人提供一份副本。

Ⅳ. 如果共益企业不遵守年度公益报告的交付要求，在共益企业的股东要求提供副本后，共益企业主要办事处所在县的巡回法院，或在本州没有办事处的情况下，其注册办事处所在县的巡回法院，可以立即命令该公司提供报告。如果法院命令提供报告，法院也可以命令共益企业支付股东的费用，包括合理的律师费，这些费用是在获得该命令时产生的，并以其他方式执行其在本条下的权利。

美国特拉华州法典之法定公共利益有限合伙法（2020）*

徐顺萍　译
刘丽莎　一校
金锦萍　二校

第Ⅱ分编　其他与商业和贸易有关的法律
第十七章　有限合伙

第Ⅰ分章　总则

第一百零一条　定义

定义如本条所述，除非上下文另有要求。

（一）"有限合伙证书"是指本章第二百零一条提到的证书，以及经修订的证书。

（二）"出资"是指合伙人以合伙人的身份向有限合伙出资的任何现金、财产、所提供的服务、本票，或其他提供现金、财产或提供服务的义务。

（三）"文件"是指：

1. 任何刻有信息的有形媒介，包括手写的、打字的、印刷的文书以及

---

* Available at: https://delcode.delaware.gov/title6/c017/sc01/index.html

此类文书的副本；

2. 电子传输。

（四）"电子传输"是指不直接涉及纸张物理传输的任何通信形式，包括使用或参与一个或多个电子网络或数据库（包括一个或多个分布式电子网络或数据库），该记录可由其接收者保留、检索和审查，并可由该接收者通过自动程序直接复制成纸张形式。

（五）"普通合伙人退出事件"是指本章四百零二条规定的导致某人不再是普通合伙人的事件。

（六）"外国有限合伙"包括根据任何州、外国或其他域外司法管辖区的法律成立的合伙，由二人或二人以上组成，并拥有一名或一名以上普通合伙人和一名或一名以上有限合伙人。本编中提及外国有限合伙企业时，如使用"合伙协议""合伙利益""普通合伙人"或"有限合伙人"系指根据成立外国有限合伙所依据的州、外国或其他域外司法管辖区的法律订立的合伙协议、合伙利益、普通合伙人或有限合伙人。

（七）"普通合伙人"指在有限合伙证书或类似文件中（如有需要）被指定为普通合伙人的人，以及根据合伙协议或本章规定被接纳为普通合伙人的有限合伙人，并且一般包括有限合伙的普通合伙人和与一系列有限合伙相关的普通合伙人。除非上下文另有要求，本章中提及的普通合伙人（包括在本章中提及有限合伙企业的普通合伙人）应被视为有限合伙的普通合伙人，以及与该有限合伙系列相关的普通合伙人。

（八）"知道"是指一个人对某一事实的实际了解，而不是该人对该事实的推定。

（九）"有限责任有限合伙"是指符合本章第二百一十四条规定的有限合伙。

（十）"有限合伙"指本章第三百零一条规定的以有限合伙人身份进入有限合伙的人，包括一个有限合伙的有限合伙人和一个与一系列有限合伙相关的有限合伙人。除非上下文另有要求，本章中提及的有限合伙人（包括在本章中提到的有限合伙的有限合伙人）应被视为是该有限合伙的有限合伙人，以及与该系列相关的有限合伙人。

（十一）"有限合伙"和"国内有限合伙"是指根据特拉华州法律成立的合伙，由二人或二人以上组成，由一名或一名以上普通合伙人和一名或一名以上有限合伙人组成，就特拉华州法律的所有立法目的而言，包括有限责任有限合伙。

（十二）"清算受托人"是指除普通合伙人外，包括有限合伙人在内的负责对有限合伙进行清算的人。

（十三）"合伙人"指有限合伙人或普通合伙人。

（十四）"合伙协议"是指合伙人对有限合伙的事务和业务开展的任何书面、口头或默示的协议。有限合伙的合伙人或合伙权益的受让人受合伙协议的约束，无论该合伙人或受让人是否执行了合伙协议。有限合伙不需要执行其合伙协议。无论有限合伙是否执行合伙协议，都受其合伙协议的约束。合伙协议不受任何欺诈法规的约束（包括本编第两千七百一十四条）。合伙协议可以在其中规定的范围内向任何人提供权利，包括不是合伙协议一方的人。一份书面合伙协议或另一份书面协议或书面文件可规定：

1. 一个人应被接纳为有限合伙企业的有限合伙人，或应成为有限合伙人的合伙权益或其他权利或权力的受让人，其受让范围为：

（1）如果此人（或此人口头、书面或通过其他行动如支付合伙权益授权的代表）签署了合伙协议或任何其他证明此人有意成为有限合伙人或受让人的书面文件。或

（2）无须签署，如果此人（或经此人口头、书面或通过其他行动如支付合伙权益授权的代表）符合合伙协议或任何其他书面文件中规定的成为有限合伙人或受让人的条件。

2. 并且不得因未由本条第（十四）项第一款所规定的被接纳为有限合伙人或受让人的人士签署，或因其已由本编所规定的代表签署而不可强制执行。

（十五）"合伙权益"是指合伙人在有限合伙企业的利润和亏损中的份额以及接受合伙企业资产分配的权利。

（十六）"人"指在以下情况中，不管是以自身或任何代表身份，以及无论是国内还是国外的自然人、合伙企业（无论是普通的还是有限的）、有限责任公司、信托（包括普通法信托、商业信托、法定信托、投票信托或任何其他形式的信托）、房地产、协会（包括任何团体、组织、共同租赁、计划、董事会、理事会或委员会）、公司、政府（包括国家、州、县

或任何其他政府分支机构、机构或部门）、保管人、被提名人或任何其他个人或实体（或其系列）。

（十七）"个人代表"，对于自然人来说，是指其遗嘱执行人、管理人、监护人、保护人或其他法律代表；对于自然人以外的人来说，是指其法定代表人或继承人。

（十八）"受保护系列"是指根据本编本章第二百一十八条第Ⅱ款建立的有限合伙人、普通合伙人、合伙权益或资产的指定系列。

（十九）"注册系列"是指根据本编本章第二百二十一条形成的有限合伙人、普通合伙人、合伙权益或资产的指定系列。

（二十）"系列"是指受保护系列或已登记系列，或既不是受保护系列也不是已登记系列的有限合伙人、普通合伙人、合伙权益或资产的指定系列。

（二十一）"州"是指哥伦比亚特区或波多黎各联邦或美国除特拉华州以外的任何州、地区、属地或其他管辖区。

第一百零二条　证书中规定的名称

每个有限合伙企业在其有限合伙证书中所列的名称：

（一）应包含"有限合伙"的字样或缩写"L. P."或名称"LP"，或者，如果是作为或成为有限责任有限合伙的有限合伙，应包含本编第二百一十四条第Ⅰ款所要求的字样、缩写或指定；

（二）可以载明合伙人的名称；

（三）必须在州务卿办公室的记录中与任何公司、合伙企业、有限合伙、法定信托、有限责任公司、有限责任公司的注册系列或有限合伙企业的注册系列的名字区分开来，这些名字是根据特拉华州的法律保留、注册、形成或组织的，或有资格在特拉华州作为外国公司、外国有限合伙企业、外国法定信托、外国合伙企业或外国有限责任公司做生意或注册。但是，有限合伙企业可以用任何名称进行注册，该名称不能使其在州务卿办公室的记录中与任何国内或国外公司、合伙企业、法定信托、有限责任公司、有限责任公司的注册系列、有限合伙企业的注册系列的记录中的名称相区别。或外国有限合伙公司，根据特拉华州的法律保留、注册、形成或组织，并得到其他公司、合伙公司、法定信托、有限责任公司、有限责任公司的注册系列、有限合伙公司的注册系列或外国有限合伙公司的书面同意，该书面同意应提交给州务卿。此外，如果在2011年7月31日，一个有限合伙（经另一个有限合伙企业同意）以一个名称注册，而该名称在州务卿办公室的记录中无法与其他国内有限合伙企业的名称区分开来，则任何此类有限合伙企业无须修改其有限合伙证书以遵守本款规定；

（四）可包含以下词语：公司、协会、俱乐部、基金会、基金、学会、协会、联盟、辛迪加、有限公司、公益或信托（或类似含义的缩写）；

（五）以及不得含有"银行"一词或其任何变体，除非是向本州银行专员报告并受其监督的银行或银行或储蓄协会，这些术语的定义见《联邦存款保险法》（修订版《美国法典》第十二编第一千八百一十三条以下内容），或根据《1956年银行控股公司法》（修订版《美国法典》第十编篇第一千八百四十一条及以下内容规定的有限合伙），或《房屋所有者贷款法案》（修订版《美国法典》第十二编第一千四百六十一条及以下内容）。但是，本条不应被解释为阻止在明显不是指银行业务的情况下使用"银行"一词或其任何变体，或在可能误导公众对有限合伙企业的业务性质的情况下使用，或导致可能损害公众或本州利益的滥用模式和做法（由国务院公司处决定）。

第一百零三条　保留名称

以下主体保留使用名称的专有权：

（一）任何打算根据本章组织有限合伙并采用该名称的人；

（二）任何打算根据本章组成有限合伙的注册系列并根据本章第二百二十一条第Ⅴ款采用该名称的人；

（三）在特拉华州注册的任何国内有限合伙企业或者任何外国有限合伙企业，拟改变其名称；

（四）任何打算在特拉华州注册并采用该名称的外国有限合伙企业；

（五）以及任何打算组织外国有限合伙企业并打算让其在特拉华州注册并采用该名称的人。

Ⅱ. 对特定名称的保留应通过向州务卿提交一份由申请人执行的申请来进行，该申请应说明要保留的名称以及申请人的姓名和地址。如果州务卿发现该名称可供国内或国外的有限合伙企业使用，州务卿应保留该名称供申请人独家使用,期限为一百二十天。一旦保留了一个名称,同一申请人可以在连续的一百二十天内再次保留同一名称。保留名称的独家使用权可以转让给任何其他人,只要在州务卿办公室提交一份转让通知,由为其保留名称的申请人执行,并指明要转让的名称以及受让人的姓名和地址。对特定名称的保留可以通过向州务卿提交一份由申请人或受让人执行的取消通知来取消,具体说明要取消的名称保留以及申请人或受让人的姓名和地址。除非州务卿发现按照本款规定向州务卿提交的任何申请、转让通知或取消通知不符合法律规定,否则在收到法律规定的所有备案费后,州务卿应准备并向提交该文书的人返还一份备案文书的副本,并在上面注明州务卿采取的行动。

Ⅲ. 本编本章第一千一百零七条第Ⅰ款第(一)项规定的费用应在首次保留任何名称时、在更新任何此类保留时以及在提交任何此类保留的转让或取消通知时支付。

第一百零四条 注册办事处、注册代理人

Ⅰ. 每个有限合伙企业应在特拉华州拥有并维持:

(一)注册办事处,可以但不需要是其在特拉华州的营业场所;

(二)一个负责向有限合伙企业送达诉讼程序的注册代理人,其营业场所与该注册办事处相同,该代理人可以是以下任何一个人:

1. 有限合伙企业本身;

2. 居住在特拉华州的个人;

3. 国内有限责任公司、国内公司、国内合伙企业〔无论是普通的(包括有限责任合伙企业)还是有限的(除有限合伙企业本身外,包括有限责任合伙企业)〕,或国内法定信托;

4. 外国公司、外国有限责任合伙企业、外国有限合伙企业(包括外国有限责任合伙企业)、外国有限责任公司,或外国法定信托;

Ⅱ. 注册代理人可以将其作为注册代理人的有限合伙的注册办公室地址变更为特拉华州的另一个地址,只要支付本编本章第一千一百零七条第Ⅰ款第(二)项规定的费用,并向州务卿提交一份由该注册代理人签署的证书。阐明该注册代理人维持其作为注册代理人的每个有限合伙企业的注册办事处的地址,并进一步证明每个此类注册办事处将在某一天变更到的

新地址，以及该注册代理人此后将在该新地址维持其作为注册代理的每个有限合伙的注册办事处。在提交该证书后，在法律授权的地址进一步变更之前，该代理人作为注册代理人的每个有限合伙企业在特拉华州的注册办事处应位于证书中提供的注册代理人的新地址。如果作为有限合伙企业注册代理人的人改变了姓名，该注册代理人应向州务卿提交一份由该注册代理人签署的证书，列明该注册代理人的新名称，该注册代理人在改变之前的名称，以及该注册代理人为其注册的每个有限合伙企业维持注册办公室的地址，并应支付本章第一千一百零七条第Ⅰ款第（二）项规定的费用。任何作为有限合伙注册代理人的人因以下原因而改变名称：

（一）注册代理人与依法继承其资产和负债的其他人合并或合并而导致的作为有限合伙企业注册代理人的任何人的姓名变更

（二）注册代理人转换为另一个人，或

（三）注册代理人的分立，其中一个已确定的结果人根据分立计划继承与注册代理人业务有关的所有资产和负债，如分割证书中规定的，应视为本条中的名称变更。根据本条规定提交的证书应被视为对每个受影响的有限合伙企业的有限合伙证书的修订，每个这样的有限合伙企业不需要就此采取任何进一步的行动，以根据本编本章第二百零二条修订其有限合伙证书。任何根据本条规定提交证书的注册代理人应在提交后立即将任何此类证书的副本交付给受影响的每个有限合伙企业。

Ⅲ. 一个或多个有限合伙的注册代理人可以通过支付本章第一千一百零七条第Ⅰ款第（二）项规定的费用，并向州务卿提交一份证书，说明其辞职和继任注册代理人的姓名和地址，来辞职并任命继任的注册代理人。该证书应附有每个受影响的有限合伙企业的声明，批准并同意这种注册代理人的变更。在这种情况下，继任的注册代理应成为已批准的有限合伙企业的注册代理人，继任注册代理人的地址，如该证书中所述，应成为每个有限合伙企业在特拉华州的注册办事处地址。这种辞职证书的提交应被视为对受影响的每个有限合伙企业的有限合伙证书的修订，每个这样的有限合伙企业不需要根据本章第二百零二条采取任何进一步行动来修订其有限合伙证书。

Ⅳ. 有限合伙的注册代理人，包括其有限合伙证书已经根据本章第一千一百一十条的规定被取消的有限合伙企业，可以在不指定继任注册代理人的情况下通过支付本章第一千一百零七条第Ⅰ款第（二）项规定的费用而辞职，并向州务卿提交一份辞职证书，但辞职在证书提交后三十天才会生效。该证书应包含一项声明，即在提交该证书前至少三十天，已通过邮寄或递送该通知至注册代理人最后所知的有限合伙企业的地址，向该有限合伙企业发出书面辞职通知，并应列明该通知的日期。证书应包括根据本章第一百零四条第Ⅶ款提交的证书必须采用州务卿规定的格式。在收到其注册代理人辞职的通知后，该注册代理人所代表的有限合伙企业应取得并指定一个新的注册代理人，以代替辞职的注册代理人。如果该有限合伙企业在注册代理人提交辞职证明、有限合伙证明和资格声明（如适用）后三十天期限届满前，未能获得和指定新的注册代理人的有限合伙企业将被取消。注册代理人辞职后应按照本条规定生效，如果没有按照上述时间和方式获得和指定新的注册代理人，则针对每个有限合伙企业（以及每个受保护的系列和每个已辞职的注册代理人所从事的注册系列）的法律程序的送达将由州务卿根据本章第一百零五条的规定负责。

Ⅴ. 每个注册代理人都应：

（一）如果是实体，应在特拉华州保持一个日常开放的商业办事处；如果是个人，应在特拉华州的一个指定地点频繁出现以接受流程服务，并履行注册代理人的职能；

（二）如果是外国实体，要有在特拉华州进行商业活动的授权；

（三）接受针对有限合伙企业（及其任何受保护系列或注册系列）和外国有限合伙企业的送达程序和其他通信，并将其转发给送达或通信所针对的有限合伙企业或外国有限合伙企业；以及

（四）向其作为注册代理的有限合伙企业和外国有限合伙企业转发本章第一千一百零九条所述的该有限合伙企业（及其每个注册系列）或该外国有限合伙企业（如适用）的年度税收报表，或以令州务卿满意的形式发出的电子通知。

（五）满足并遵守州务卿制定的关于核实实体联系人和注册代理人为其保持记录的个人身份的规定，以减少非法商业目的的风险。

Ⅵ. 任何注册代理人，如果在任何时候担任50个以上实体的注册代理人（商业注册代理人），无论是国内还是国外，都应满足并遵守以下资格：

（一）担任商业注册代理人的自然人应：

1. 在特拉华州保持一个主要住所或主要营业场所。

2. 持有特拉华州的营业执照。

3. 在正常工作时间内，一般在特拉华州内的指定地点接受流程服务，并以其他方式履行本条第Ⅴ款规定的注册代理人的职能。

4. 根据要求向州务卿提供其所需要的识别此类商业注册代理人并使其能够进行沟通的信息；

5. 满足并遵守州务卿制定的关于核实实体联系人和个人身份的规定，以减少非法商业目的的风险。

（二）作为商业注册代理人的国内或外国公司、国内合伙企业〔无论是普通的（包括有限责任合伙企业）还是有限的（包括有限责任合伙企业）〕、外国有限责任合伙企业、国内或外国有限责任公司、国内或外国法定信托公司应：

1. 在特拉华州有一个通常在正常工作时间开放的营业厅，以接受诉讼程序的服务，并以其他方式履行本条第Ⅴ款规定的注册代理人的职能；

2. 持有特拉华州的营业执照；

3. 在正常工作时间内，通常有一名自然人的高级职员、董事或管理代理人在该办公室；

4. 根据要求向州务卿提供其所需的的识别此类商业注册代理人并使其能够进行沟通的信息；

5. 满足并遵守秘书制定的关于核实实体的联系人和个人的身份的规定，以减少非法商业目的的风险。

（三）就本款和本条第Ⅸ款第（二）项第1目而言，"商业注册代理人"还应包括与任何其他注册代理人共同拥有高级职员、董事或管理代理人的任何注册代理人，如果此类注册代理人在此类共同服务期间的任何时间共同担任高级职员、董事或管理代理人作为50多家国内外实体的注册代理。

Ⅶ. 每个国内有限合伙企业和每个有资格在特拉华州开展业务的国外有限合伙企业，应向其注册代理提供并在必要时更新作为国内或国外有限合伙企业的合伙人、官员、雇员或指定代理人的自然人的姓名、营业地址和营业电话号码，该人当时被授权接收注册代理人的通信。此人应被视为国内或国外有限合伙企业的通信联系人。国内有限合伙在收到通信联络人以书面或电子方式提出的请求后应向通信联络人提供一个自然人的姓名、营业地址和营业电话号码，该自然人可以接触到根据本章第三百零五条第Ⅶ款要求保存的记录。每个注册代理人应（以纸质或电子形式）保留上述关于每个国内有限合伙企业和他/她作为注册代理人的每个国外有限合伙企业的当前通信联系人的信息。如果国内或国外的有限合伙企业未能向注册代理提供当前通信联络人，注册代理人可以根据本条规定辞去该国内或国外有限合伙企业的注册代理。

Ⅷ. 州务卿完全有权发布必要或适当的条例以执行本条第Ⅴ款、第Ⅵ款和第Ⅶ款，并采取合理和必要的行动确保注册代理人遵守本条第Ⅴ款、第Ⅵ款和第Ⅶ款的规定。这些行动可能包括拒绝提交注册代理人提交的文件，拒绝提交有关实体成立的任何文件。

Ⅸ. 根据州务卿的申请，衡平法院可以禁止任何个人或实体担任注册代理人或注册代理人的高级职员、董事或管理代理人。

（一）在州务卿根据本条规定提出申请后，法院可就其认为适当的程序作出判令，并可视情况而定下令授予临时或最终救济。

（二）以下任何一个或多个理由均应成为根据本条颁发禁令的充分依据：

1. 对于在州务卿提交投诉前一年内任何时间为商业注册代理人的任何注册代理人，在收到通知和警告后未能符合本条第Ⅴ款规定的资格，或者未能符合上述本条第Ⅵ款或第Ⅶ款的要求；

2. 担任注册代理人的人，或作为实体注册代理人的官员、董事或管理代理人的任何人，被判犯有重罪或任何包括不诚实或欺诈因素或涉及道德败坏的罪行；

3. 注册代理人从事与作为注册代理人有关的行为，旨在或可能欺骗或欺骗公众。

（三）对于法院根据本条规定对担任注册代理人的实体发出的任何命令，法院也可以将这种命令指示给担任这种注册代理人的高级职员、董事或管理代理人的任何人。任何在2007年1月1日或之后担任特拉华州注册代理实体的高级职员、董事或管理代理人的人，应被视为同意任命该注册代理人为代理，在根据本条提起的任何诉讼中可向其送达诉讼文件，并作为高级职员、董事或管理代理人提供服务。作为在特拉华州担任注册代理人的实体的高级职员、董事或管理代理人，应表明该人同意任何程序在如此送达时应具有与在特拉华州内送达该人相同的法律效力和有效性，并且这种注册代理人的任命应是不可撤销的。

（四）在法院发布命令禁止任何人或实体担任注册代理人时，州务卿应按照受影响的国内有限合伙的有限合伙证书或受影响的国外有限合伙企业的注册申请中规定的普通合伙人的地址，向每个受影响的国内或国外有限合伙企业的普通合伙人邮寄或递送有关该命令的通知。如果该国内有限合伙企业未能在该通知发出后的三十天内获得并指定一个新的注册代理人，该有限合伙企业的有限合伙证书和资格声明（如适用）将被注销。如果该外国有限合伙企业未能在该通知发出后的三十天内获得并指定一个新的注册代理人，该外国有限合伙企业将不被允许在特拉华州开展业务，其注册将被注销。如果法院禁止某人或某实体按照本条的规定担任注册代理人，并且受影响的国内或国外有限合伙企业没有在上述时间和方式内获得并指定新的注册代理，则此后应根据本编本章第一百零五条或本章第九百一十一条的规定，将针对该注册代理人所代表的国内或国外有限合伙企业的法律程序送达给州务卿。衡平法院可根据州务卿的申请，在通知前注册代理人后，发布其认为适当的命令允许州务卿获取前注册代理人所拥有的信息，以促进与前注册代理人所服务的国内和国外有限合伙企业的沟通。

Ⅹ．州务卿被授权向公众提供一份注册代理人名单，并在其认为必要或适当的情况下就该名单资格认定和名单制定发布规则和条例。

Ⅺ．在任何有限合伙企业证书、外国有限合伙企业注册申请或根据本章提交给州务卿办公室的其他文件中，注册代理人或注册办事处的地址应包括街道、号码、城市和邮政编码。

第一百零五条 对国内有限合伙企业和其受保护系列或注册系列的送达

Ⅰ．对任何国内有限合伙或其任何受保护系列或注册系列的法律程序的送达，应亲自将副本送达特拉华州的任何管理人，或一般代理人，或有限合伙企业的普通合伙人，或有限合伙企业在特拉华州的注册代理人，或将其留在任何此类管理或一般代理人、普通合伙人或注册代理人（如果注册代理人是个人）在特拉华州的住宅或通常居住地，或在特拉华州的有限合伙企业的注册办事处或其他营业地点。如果法律程序是代表任何此类受保护系列或注册系列向特拉华州的有限合伙企业的注册代理送达的，该程序应包括有限合伙企业的名称和受保护系列或注册系列的名称。如果注册代理人是一家公司，向其送达法律程序文件可以通过在特拉华州向公司注册代理人的总裁、副总裁、秘书、助理秘书或任何董事送达副本来进行。在特拉华州，通过将副本留在高级职员、管理代理人或一般代理人、普通合伙人或注册代理人的住所或惯常居住地，或留在有限合伙企业的注册办事处或其他营业场所的方式进行的送达。要想生效，必须至少六天前送达，并有一名成年人在场，而且送达人员应在送达回执中明确说明送达方式。可立即退回的程序必须亲自交付给高级管理人员、管理人员或一般代理人、普通合伙人或注册代理人。

Ⅱ. 如果负责送达法律程序的官员无法通过尽职努力以本条第Ⅰ款规定的任何方式完成送达，则应合法地将针对有限合伙企业或其任何受保护系列或注册系列的程序送达州务卿，而且这种送达就所有意图和目的而言，与以本条第Ⅰ款规定的任何方式完成的送达同等有效。如果代表任何此类受保护系列或注册系列向州务卿送达法律程序，该程序应包括有限合伙公司的名称和此类受保护系列或注册系列的名称。根据本款规定，可以通过电子传输的方式向州务卿完成送达，但只能按照州务卿的规定进行。州务卿被授权发布其认为必要或适当的关于此类服务的规则和条例。如果按照本款规定通过州务卿进行送达，州务卿应立即以信函的形式通知该有限合伙企业，地址为州务卿存档的该有限合伙企业普通合伙人的地址，如果没有该地址，则为其最后的注册办事处。该信应通过邮件或快递服务发送，其中包括邮寄或存放在快递公司的记录以及由收件人签名证明的交付记录。此信应包括一份诉讼程序的副本和根据本款规定送达给州务卿的任何其他文件。在这种情况下，原告有责任将诉讼程序和任何其他文件一式两份送达，并通知州务卿正在根据本款规定进行送达，并向其支付50美元供特拉华州使用，如果原告胜诉，该金额应作为诉讼费用的一部分一并缴税。州务卿应保持一份按字母顺序排列的任何此类送达记录，列明原告和被告的姓名、诉讼程序的名称、备审案件编号和性质，以及根据本条规定进行的送达事实、送达的返回日期和送达的日期和时间。州务卿保留这些信息的时间不应超过五年，自其收到送达的程序开始。

第一百零六条　许可业务的性质、权力

Ⅰ．有限合伙企业可以开展任何合法的业务、目的或活动，无论是否以营利为目的，但第八编第一百二六条中定义的银行业务除外。

Ⅱ．有限合伙企业应拥有并可行使本章或任何其他法律或其合伙协议所赋予的所有权力和特权，以及任何附带的权力，包括进行、促进或实现有限合伙企业的业务、目的或活动所必需或便利的权力和特权。

Ⅲ．即使本章有任何相反的规定，但在不限制本条第二条所列举的一般权力的前提下，有限合伙企业应在其合伙协议中规定的标准和限制（如果有）的前提下，有权力和权限签订担保和保证合同，并签订利率、基准、货币、对冲或其他互换协议或上限、下限、看跌、看涨、期权、交换或领价协议、衍生品协议或其他类似上述内容的协议。

Ⅳ．除非合伙协议中另有规定，有限合伙企业有权力和权限授予、持有或行使授权，包括不可撤销的授权。

第一百零七条　合伙人与合伙企业的商业交易

除合伙协议规定外，合伙人可以向有限合伙企业贷款，向其借款，作为担保人、保证人或背书人，担保或承担有限合伙企业的一项或多项具体义务，为其提供抵押品，并与之进行其他交易，并且在不违反其他适用法律的情况下，与非合伙人具有相同的权利和义务。

第一百零八条　赔偿

在符合其合伙协议中规定的标准和限制（如果有）的前提下，有限合伙可以并有权赔偿任何人或其他人，使其免受任何和所有索赔和要求的损害。

第一百零九条　向合伙人和清算受托人送达程序

Ⅰ．在特拉华州提起的涉及有限合伙业务或与之相关的所有民事诉讼或程序中，或在普通合伙人或清算受托人违反对有限合伙或有限合伙的任何合伙人的责任时，可按本条规定的方式向普通合伙人或清算受托人送达诉讼文件，无论该普通合伙人或清算受托人在诉讼开始时是否是普通合伙

人或清算受托人。特拉华州的居民或非居民在州务卿办公室提交有限合伙企业的证书，并签署该证书，将其命名为有限合伙企业的普通合伙人或清算受托人，或者普通合伙人或清算受托人在1999年8月1日后接受选举或任命为有限合伙企业的普通合伙人或清算受托人，或在1999年8月1日之后以普通合伙人或清算受托人身份服务的有限合伙的普通合伙人或清算受托人，构成此人同意指定有限合伙企业的注册代理人（如果没有，则为州务卿）作为此人的代理人，可按本条规定向其送达诉讼文件。这种执行和备案，或此类接受或送达，应表示该普通合伙人或清算受托人同意如此送达的程序就像在特拉华州内送达给该普通合伙人或清算受托人一样具有相同的法律效力，而且这种注册代理人（或如果没有，则为州务卿）的任命应是不可撤销的。

Ⅱ. 送达程序应以法律规定的送达传票的方式向注册代理人（如果没有则为州务卿）送达一份该程序的副本。如果根据本款规定向州务卿送达，原告应向州务卿支付50美元，供特拉华州使用，如果原告胜诉，该金额应作为诉讼费用的一部分进行征税。此外，民事诉讼或法律程序所在法院的首席检察官或大法官应在送达后的七天内，以挂号信、预付邮资的方式将真实的、经认证的诉讼程序副本，连同根据本条规定进行送达的声明，寄给该普通合伙人或清算托管人，地址与有限合伙企业的有限合伙证书上的地址相同，或者，如果没有这样的地址，寄给希望进行送达的一方最后知道的地址。

Ⅲ. 在此类普通合伙人或清算受托人已被送达上述程序的诉讼中，要求被告出庭并提交答辩状的时间应从本条第Ⅱ款规定的首席检察官或大法官登记处的邮寄日期开始计算；然而，开始进行此类诉讼的法院可下令进行必要的延期，以使此类普通合伙人或清算受托人有合理的机会为诉讼辩护。

Ⅳ. 在书面合伙协议或其他书面文件中，合伙人可以同意接受特定司法管辖区法院的非专属管辖权或仲裁，或特拉华州法院的专属管辖权，或特定司法管辖区或特拉华州的专属仲裁，并以该合伙协议或其他书面文件规定的方式接受法律程序的约束。除非同意在特定司法管辖区或特拉华州仲裁任何可仲裁的事项，否则有限合伙人不得放弃在特拉华州法院就与有限合伙企业的组织或内部事务有关的事项提起法律诉讼或程序的权利。

Ⅴ. 本条规定不限制或影响现在或以后法律规定的以任何其他方式送达的权利。本条是对非居民送达法律程序的权利延伸，而不是限制。

Ⅵ. 衡平法院和高级法院可以就诉讼程序的形式、诉讼程序的签发和返还方式以及为执行本条所必需的、与本条不相矛盾的其他内容制定一切必要的规则。

第一百一十条　与普通合伙人有关的争议事项、有争议的投票

Ⅰ. 根据任何合伙人的申请，衡平法院可以审理并决定任何担任、选举、任命或罢免或以其他方式退出有限合伙的普通合伙人的有效性，以及任何人成为或继续成为有限合伙的普通合伙人的权利，如果担任普通合伙人的权利被一人以上主张，可以确定有权担任普通合伙人的一人或多人；并为在此类情况下作出公正和适当的命令或法令，有权强制出示与该问题相关的有限合伙企业的任何账簿、文件和记录。在任何此类申请中，有限合伙应被列为一方，向有限合伙的注册代理人送达申请书副本应被视为向有限合伙和其作为普通合伙人的权利受到质疑的人，以及声称是普通合伙人或声称有权成为普通合伙人的人（如有）送达。注册代理人应立即将该申请的副本转发给该有限合伙企业和其作为普通合伙人的权利受到质疑的人，以及声称是普通合伙人或有权成为普通合伙人的人（如果有），并以邮资、密封、挂号信的形式寄给该有限合伙企业和该人的最后所知或由申请合伙人提供给注册代理人的邮政地址。法院可在其认为适当的情况下，就该申请的进一步或其他通知作出命令。

Ⅱ. 根据合伙人的申请，衡平法院可就有限合伙的合伙人或任何类别或团体的合伙人根据合伙协议或其他协议或本章有权投票的事项（普通合伙人的接纳、选举、任命或罢免或其他退出除外）进行听证并决定合伙人的任何投票结果。在任何此种申请中，有限合伙企业应被列为一方当事人，将申请送达有限合伙的注册代理人应被视为送达有限合伙企业，无须其他当事人加入，法院即可判决表决结果。法院可就有关申请作出它认为在有关情况下适当的进一步或其他通知。

Ⅲ. 本条规定不限制或影响以现在或以后的法律规定的任何其他方式送达程序的权利。本条是对非居民送达法律程序的权利的延伸，而非限制。

第一百一十一条　合伙协议的解释和执行

任何解释、适用或执行合伙协议条款的诉讼，或有限合伙企业对有限合伙企业合伙人的职责、义务或责任，或合伙人之间或合伙人对有限合伙企业的职责、义务或责任，或有限合伙或合伙人的权利或权力或限制，或本章的任何规定，或本章任何规定所设想的任何其他文书、文件、协议或证书，均可提交衡平法院审理。

第一百一十二条　有限合伙证书的司法注销、程序

Ⅰ.根据总检察长的动议，法院有权因任何国内有限合伙企业滥用或误用其有限合伙权力、特权或实体而注销其有限合伙证书。总检察长为达此目的应在衡平法院进行诉讼。

Ⅱ.衡平法院有权通过任命受托人、接管人或其他方式，管理和清算任何国内有限合伙企业的事务，如果大法官根据本条注销了有限合伙企业的证书，衡平法院有权就其事务和资产以及其合伙人和债权人的权利作出公正和公平的命令和裁决。

第一百一十三条　文件形式、签名和交付

Ⅰ.除本条第Ⅱ款规定外，不限制行为或交易的任何记录方式，或文件的签署或交付方式。

（一）本章或合伙协议所设想或管辖的任何行为或交易可在文件中规定，而电子传输等同于书面文件。

（二）只要本章或合伙协议要求或允许签名，该签名可以是亲笔签名、传真签名、其他符合要求的签名或电子签名。电子签名是指附在文件上或与文件有逻辑联系的电子符号或程序，并由意图执行、认证或采用该文件的人执行或采用。一个人可以用其签名来执行文件。

（三）除非合伙协议中另有规定或发送人和接收人之间另有约定，就本章和合伙协议而言，只要电子传输的形式能够被该系统处理，且该人能够检索该电子传输，则该电子传输进入该人指定的用于接收该类型电子传输的信息处理系统，即为交付给该人。一个人是否指定了一个信息处理系统，由合伙协议或从语境和周围情况，包括各方的行为来决定。根据本条规定，即使没有人知道收到了电子传输，也是完成了交付。收到来自信息处理系统的电子确认，可以确定收到了电子传输，但其本身并不能确定发送的内容与收到的内容相一致。收到来自信息处理系统的电子确认，能够确定收到了电子传输内容，但其本身并不能确定发送的内容与收到的内容相一致。

本章不应禁止一人或多人按照本编第十二章的规定进行交易，只要交易中受本章管辖的部分是按照本条的规定或以其他方式记录、签署和交付。本条仅适用于确定一项行为或交易是否已经按照本章和合伙协议的规定进行了记录，以及文件是否已经签署和交付。

Ⅱ．本条第Ⅰ款不适用于以下情况：

（一）向州务卿、衡平法院登记处或本州法院或其他司法或政府机构提交的文件；

（二）合伙权益证书，但合伙权益证书上的签名可以是手工、传真或电子签名；

（三）根据本章第一百零四条、第一百零五条或第一百零九条，以及本章第Ⅸ分章、第Ⅹ分章的行为或交易。

上述规定不应对记录本分节所述事项的合法方式，或签署或交付款所述文件的合法方式作出任何推定。合伙协议的条款不应限制本条第Ⅰ款的适用，除非该条款明确限制了本条第Ⅰ款所允许的记录行为或交易，或签署或交付文件的一种或多种方式。

Ⅲ．如果本章的任何规定被视为修改、限制或取代《全球和国家商业电子签名法》，即《美国法典》第十五编第七千零一条及以下条款，则本章的规定应在该法第七千零二条第Ⅰ款第（二）项［《美国法典》第十五编第七千零二条第Ⅰ款第（二）项］允许的最大范围内加以控制。

第Ⅱ分章　有限合伙企业的成立和证书

第二百零一条　有限合伙企业的证书

Ⅰ．为了组建有限合伙企业，一人或多人（但不少于所有普通合伙人）必须签署一份有限合伙企业证书。有限合伙企业证书应在州务卿办公室备案，并载明：

（一）有限合伙公司的名称。

（二）本章第一百零四条要求保留的注册办事处地址和注册代理人的姓名和地址；

（三）每个普通合伙人的姓名和商业、居住或邮寄地址；

（四）合伙人决定纳入其中的任何其他事项。

Ⅱ．有限合伙企业在向州务卿办公室提交最初的有限合伙企业证书时成立，或在有限合伙企业证书中规定的日期或时间成立，如果在这两种情况下，已经遵守了本条的基本规定。根据本章成立的有限合伙企业应是一个独立的法律实体，其作为一个独立法律实体的存在应持续到该有限合伙企业的有限合伙证书被取消为止。

Ⅲ．在州务卿办公室提交有限合伙企业证书后，就没有必要再根据本编第三十一章提交任何其他文件。

Ⅳ．合伙协议应在提交有限合伙企业证书之前、之后或在提交时订立或以其他方式存在，而且，无论在提交之前、之后或在提交时订立或以其他方式存在，均可在提交的有效时间或在合伙协议规定或反映的其他时间或日期生效。

Ⅴ．如果有限合伙企业的证书包含注册代理人的姓名和注册办事处的地址，则该证书基本上符合本章第二百零一条第Ⅰ款第（二）项的规定，即使有限合伙企业的证书没有明确指定此人为注册代理人或该地址为注册办事处或注册代理人的地址。

第二百零二条　对证书的修正

Ⅰ．有限合伙企业的证书可通过向州务卿办公室提交修订证书进行修正。修订证书应载明：

（一）有限合伙企业的名称；

（二）对证书的修正；

Ⅱ．普通合伙人在意识到有限合伙证书中的陈述在作出时就是虚假的，或者所描述的事项发生变化而使证书的重要方面为虚假时，应立即修改证书。

Ⅲ．尽管有本条第Ⅱ款的要求，在以下任何事件发生后的九十天内，普通合伙人应提交对有限合伙企业证书的修订，以反映该事件：

（一）新的普通合伙人加入；

（二）普通合伙人退出；

（三）有限合伙企业名称的变更，或除本章第一百零四条第Ⅱ款和第Ⅲ款的规定外，注册办事处地址的变更或有限合伙企业注册代理人的姓名或地址的变更。

Ⅳ. 根据普通合伙人决定的合理目的，可以在任何时候对有限合伙企业的证书进行修改。

Ⅴ. 除非本章或修订证书中另有规定，修订证书应在提交给州务卿时生效。

Ⅵ. 如果在有限合伙企业解散后，但在按照本章第二百零三条的规定提交注销证书之前：

（一）有限合伙企业的证书已经修正以表明所有普通合伙人的退出，有限合伙证书应被修改以列出每个清算有限合伙企业事务的人的姓名和业务、住所或邮寄地址，每个人都应签署并提交该修改证明，并且每个人都不应因该修改而承担作为普通合伙人的责任；

（二）在有限合伙企业证书上显示为普通合伙人的人未清算有限合伙企业的事务，则应修改有限合伙企业的证书，以增加每个清算有限合伙企业事务的人的姓名和业务、住所或通信地址，每个人都应签署和提交该修改证书，并且每个人不因该修改而承担普通合伙人的责任。在有限合伙企业证书上显示为普通合伙人的人，如果没有清算有限合伙企业的事务，则不需要签署根据本款规定执行和提交的修订证书。

第二百零三条 证书的注销

Ⅰ. 符合以下情形时，有限合伙企业证书应被注销：有限合伙企业解散和完成清算时；如本章第一百零四条第Ⅳ款或Ⅸ款第（四）项、本章第一百一十二条或第一千一百一十条的规定所述；在提交合并或兼并证书或所有权与合并证书时（如果有限合伙企业不是合并或兼并中的存续或最终实体）；在合并或兼并证书或所有权与合并证书的未来生效日期或时间（如果有限合伙企业不是合并或兼并中的存续或最终实体）；在提交转让证书时；在转让证书的未来生效日期或时间；在提交转换为非特拉华州实体的证书时；在转换为非特拉华州实体的证书的未来生效日期或时间；在提交分立证书时（如果该有限合伙企业是一个分立的有限合伙企业，而不是一个存续的合伙企业）；在分立证书的未来生效日期或时间。注销证书应提交给州和卿办公室，以便在有限合伙企业解散和完成清算时完成对有限合伙企业证书的注销，并应列明：

（一）有限合伙公司的名称；

（二）其有限合伙证书的提交日期；

（三）如果该有限合伙企业已形成一个或多个注册系列，其注册系列的证书在提交注销证书之前尚未被注销，该注册系列的名称；

（四）如果不在提交证书时生效，则注销的未来生效日期或时间（应是一个确定的日期或时间）；

（五）提出注销证书的人确定的任何其他信息。

Ⅱ．在有限合伙企业解散或完成清算前提交给州务卿办公室的注销证书，可根据本章第二百一十三条的规定，向州务卿办公室提交该注销证书的更正证书，作为错误执行的注销证书予以更正。

Ⅲ．如果一个有限合伙企业（或其任何注册系列）的有限合伙证书被注销，州务卿不得为其颁发良好信誉证书。

第二百零四条　执行

Ⅰ．本分章要求提交给州务卿办公室的每份证书应按以下方式执行：

（一）有限合伙企业的初始证书、有限合伙企业归化证书、转换为有限合伙企业的证书、转换为非特拉华州实体的证书、转让证书以及转让和国内延续证书必须由所有普通合伙人签署，如果是有限合伙企业归化证书或转换为有限合伙企业的证书，则由任何被授权分别代表非美国实体或其他实体执行该证书的人签署；

（二）修订证书或更正证书必须由至少一名普通合伙人，以及在将要修订或更正的证书中被指定为新的普通合伙人的人签署。但如果修订证书或更正证书载明一个普通合伙人的退出，则不需要由该前普通合伙人签署；

（三）注销证书必须由所有普通合伙人签署，如果普通合伙人没有清算有限合伙的事务，则由所有清算受托人签署；但是，如果有限合伙人正在对有限合伙事务进行清算，则必须由持有当时有限合伙企业所拥有的有限合伙企业利润的当前百分比或其他权益的百分之五十以上的有限合伙人签署注销证书；

（四）如果国内有限合伙企业正在提交合并或兼并证书或所有权和合并证书，合并或兼并证书或所有权和合并证书必须由国内有限合伙企业的至少一名普通合伙人签署，或者如果合并或兼并证书是由另一个商业实体（根据本章第二百一十一条第Ⅰ款的定义）提交的合并或兼并证书，必须由该商业实体授权的人签署；

（五）恢复证书必须由至少一名普通合伙人签署；

（六）根据本章第二百零六条第Ⅲ款提交的具有未来生效日期或时间的证书的终止证书或修订证书，应按照本章规定的具有未来生效日期或时间的被修订或终止的证书的相同方式签署；

（七）分立证书必须由分立的合伙企业的至少一名普通合伙人签署；

（八）注册系列的证书和注册系列转换为受保护系列的证书必须由与注册系列相关的所有普通合伙人签署；

（九）注册系列证书的修订证书或注册系列证书的更正证书必须由至少一名与该系列有关的普通合伙人和该修订证书或该更正证书中指定为与该系列有关的新普通合伙人的其他各普通合伙人签署，但如果该修订证书或更正证书反映了一个普通合伙人的退出，则不需要由该前普通合伙人签署；

（十）受保护系列转换为注册系列的证书必须由与受保护系列相关的所有普通合伙人签署；

（十一）注册系列的合并或兼并证书必须由与合并存立或产生的注册系列有关的所有普通合伙人签署；

（十二）注册系列证书的注销证书必须由与该系列有关的所有普通合伙人签署，如果这些普通合伙人没有清算注册系列的事务，则由该注册系列的所有清算受托人签署；但是，如果该注册系列的有限合伙人正在清算该系列的事务，注册系列证书的注销证书应由该注册系列的有限合伙人签署，他们应拥有该注册系列所有有限合伙人拥有的该注册系列当时的利润百分比或其他权益的50%以上；

（十三）注册系列的恢复证书必须由至少一个与该注册系列相关的普通合伙人签署。

Ⅱ. 除非合伙协议中另有规定，任何人都可以通过代理人，包括实际代理人，来签署任何证书或其修正案，或签订合伙协议或其修正案。签署任何证书或其修正案，或签订合伙协议或其修正案的授权，包括授权书，均不需要以书面形式，不需要宣誓、核实或承认，也不需要在州务卿办公室存档。但如果是书面形式，必须由普通合伙人保留。

Ⅲ. 就特拉华州的法律而言，除非合伙协议中另有规定，授予任何人的有关有限合伙企业的授权书或代理权，如果声明是不可撤销的，并且与法律上足以支持不可撤销的授权书或代理权的利益相联系，则为不可撤销的。这种不可撤销的授权书或委托书，除非其中或合伙协议中另有规定，不应受到委托人随后的死亡、残疾、无行为能力、解散、终止存在或破产，或任何其他有关委托人的事件的影响。有关有限合伙企业的组织、内部事务或终止事项的授权书或委托书，或由作为合伙人或合伙权益受让人的人授予，或由寻求成为合伙人或合伙权益受让人的人授予，在这两种情况下，授予有限合伙企业、其普通合伙人或有限合伙人，或他们各自的任何官员、董事、经理、成员、合伙人、受托人、雇员或代理人，应视为与法律上足以支持不可撤销的权力或委托的利益结合。本款的规定不应解释为限制作为合伙协议一部分的授权书或委托书的可执行性。

Ⅳ. 由本章授权的人签署证书，即构成在三级伪证的惩罚下宣誓或确认，据此人所知和所信，其中所述事实是真实的。

第二百零五条　通过司法判令执行、修改或注销

Ⅰ. 如果本章第二百零四条要求的人未能或拒绝执行任何证书，其他因未执行或拒绝执行而受到不利影响的人可向衡平法院提出请求，要求指示执行该证书。如果法院认为执行证书是适当的，并且被指定的人未能或拒绝执行证书，它应命令州务卿记录一份适当的证书。

Ⅱ. 如果被要求执行合伙协议或其修正案的人未执行或拒绝执行，其他因未执行或拒绝执行而受到不利影响的人可向衡平法院申请指示执行合伙协议或其修正案。如果法院发现合伙协议或其修正案应该被执行，而被指定的人没有或拒绝这样做，法院应发布命令给予适当的救济。

第二百零六条　存档

Ⅰ. 根据本章授权提交的任何证书的签名副本应交付给州务卿。以代

理人或受托人身份执行证书的人不需要展示授权证据作为提交的前提条件。根据本章的任何规定授权提交给州务卿的任何证书上的签名可以是传真、符合要求的签名或电子传输的签名。在交付证书时，州务卿应记录其交付的日期和时间。除非州务卿发现任何证书不符合法律规定，否则在收到法律规定的所有备案费后，州务卿应：

（一）证明根据本章授权提交的证书已经在州务卿办公室提交，在签署的证书上批注"已提交"字样以及提交的日期和时间。在没有实际欺诈的情况下，这一背书对其归档日期和时间具有决定性意义。除本条第Ⅰ款第（五）项或Ⅰ款第（六）项规定的情况外，该证书的归档日期和时间应是证书的交付日期和时间；

（二）对经认可的证书进行归档和索引；

（三）准备并向提交人或此人的代表返还一份已签署的证书的副本，并作类似的批注，并应证明该副本是已签署的证书的真实副本；

（四）州务卿将认为适当的证书信息输入特拉华州公司信息系统或州务卿办公室的后续系统，这些信息和该证书的副本应作为公共记录永久保存在一个合适的媒介上。州务卿授权允许注册代理人直接访问该系统，但须签署州务卿与该注册代理人之间的操作协议。任何获准进入该系统的注册代理人应证明存在相关政策，以确保输入该系统的信息准确反映注册代理人在输入时拥有的证书内容。

（五）根据交付时或交付前提出的要求，州务卿可在其认为可行的范围内，将交付后的日期和时间确定为提交证书的日期和时间。如果州务卿因错误、遗漏或其他缺陷而拒绝提交任何证书，州务卿可以暂停提交该证书，在这种情况下，在向申请者发出暂停通知后的 5 个工作日内，在交付适当形式的替代证书并缴纳所需费用后，如果该证书被接受提交，州务卿应将被拒绝的证书的提交日期和时间确定为该证书的提交日期和时间。州务卿不得对任何拥有根据本款规定被暂停提交证书的有限合伙企业或注册系列企业签发良好信誉证书。州务卿可将根据本条第Ⅰ款第（四）项输入该证书信息的日期和时间确定为提交证书的日期和时间，如果该证书在同一日期并在输入该信息后 4 小时内交付。

（六）如果：

1. 在实际交付证书和缴纳所需费用的同时，向州务卿提交一份单独的宣誓书（其标题应指定为特殊情况宣誓书），以个人知识为基础证明宣誓书中确定的担保人或可靠的知识来源，早先交付此类证书和支付此类费用的努力是善意的，具体说明此类善意努力的性质、日期和时间，并要求州务卿确定日期和时间作为提交该证书的日期和时间；

2. 在实际交付证书和缴纳所需费用后，州务卿可自行决定提供一份免除此类宣誓书要求的书面文件，说明在州务卿看来，先前为交付此类证书和缴纳此类费用所做的努力是真诚的，并指明此类努力的日期和时间。

3. 州务卿确定在该日期和时间存在特殊情况，而由于该特殊情况的存在先前的努力没有成功，并且该实际交付和投标是在该特殊情况停止后的合理时间内（不超过2个工作日）进行的，那么州务卿可以将该日期和时间确定为提交该证书的日期和时间。不应向州务卿支付接收特殊情况宣誓书的费用。就本条而言，特殊情况是指由于外国军队攻击、入侵或占领美国或美国州务卿开展业务的地区，或在该地区真诚地努力交付证书和缴纳所需费用，或面临上述任何情况的直接威胁而导致的任何紧急情况。或州务卿办公室的电力或电话服务出现任何故障或中断，或在州务卿开展业务的地方或附近出现天气或其他状况，导致州务卿办公室无法为根据本章提交证书的目的而开放，或没有特别的努力就无法进行这种提交。州务卿可要求提供其认为必要的证据，以作出本条第Ⅰ款第（六）项第3目所要求的决定。在没有实际欺诈的情况下，任何此类确定应是终局性的。如果州务卿根据本款规定确定了提交证书的日期和时间，交付特殊情况宣誓书的日期和时间或州务卿书面放弃该宣誓书的日期和时间应在该宣誓书或放弃书上批注，该宣誓书或放弃书经批注后应附在与之相关的已提交证书上。这种归档的证书应自州务卿根据本条确定的归档日期和时间起生效，但对于那些受到这种建立的重大不利影响的人来说除外，对于这些人来说，证书应自所附的特殊条件宣誓书或书面豁免书上认可的日期和时间起生效。

Ⅱ. 尽管本章有其他规定，根据本章提交的证书应在其提交给州务卿时生效，或在证书中规定的任何较晚的日期或时间（如果提交日期是在2012年1月1日或之后，则不晚于提交日期后第180天的时间）生效。符合以下情形时有限合伙证书或注册系列证书（如适用）应被注销：提交注销证书（或其司法判决时）；提交合并证书或所有权和合并证书作为注销证书的分立证书、转让证书；提交转换为非特拉华州实体的证书；提交注册系列转换为受保护系列的证书；在注销证书（或其司法判决）的未来生效日期或时间；提交合并或兼并证书或所有权和合并证书作为注销证书；提交转让证书；提交根据规定注册系列转换为受保护系列的证书的分立证书；或符合本章第一百零四条第Ⅳ款、第Ⅸ款第（四）项，第一百一十二条或第一千一百一十条规定。在提交有限合伙企业归化证书时，或在有限合伙企业归化证书的未来生效日期或时间，提交有限合伙企业归化证书的实体被归化为有限合伙企业，具有本章第二百一十五条规定的效力。在提交转换为有限合伙企业的证书后，或在转换为有限合伙企业的证书未来生效之日或之时，提交转换为有限合伙企业证书的实体被转换为有限合伙企业，其效果如本章第二百一十七条所规定。在提交受保护系列转换为注册系列的证书时，或在受保护系列转换为注册系列的证书的未来生效日期或时间，与此有关的受保护系列被转换为注册系列，其效果如本章第二百二十二条规定。在提交注册系列转换为受保护系列的证书时，或在注册系列转换为受保护系列的证书的未来生效日期或时间，提交该证书的注册系列被转换为受保护系列，具有本章第二百二十三条规定的效力。在提交恢复证书后，有限合伙企业或注册系列将被恢复，并具有本章第一千一百一十一条或第一千一百一十二条的效力。在提交转让和国内延续证书后，或在转让和国内延续证书的未来生效日期或时间，根据其中的规定，提交转让和国内延续证书的有限合伙企业应继续作为特拉华州的有限合伙企业而存在，并具有本章第二百一十六条规定的效力。

  Ⅲ. 如果根据本章提交的证书规定了未来的生效日期或时间，如果在该证书规定的未来生效日期或时间之前，交易被终止或其条款被修改以改变未来的生效日期或时间或该证书中描述的其他事项，从而使该证书在任何方面变得虚假或不准确，该证书应在该证书规定的未来生效日期或时间之前，应通过提交根据本章第二百零四条执行的终止证书或修正证书来终止或修正该证书，该证书应指明已终止或修正的证书，并应说明该证书已终止或修正的方式。在提交具有未来生效日期或时间的证书的修订证书时，该修订证书中确定的证书即被修订。在提交具有未来生效日期或时间的证书的终止证书时，该终止证书中确定的证书即告终止。

  Ⅳ. 在提交有限合伙企业证书、注册系列证书、修订证书、更正证书、有未来生效日期或时间的证书修订证书、有未来生效日期或时间的证书终止证书、注销证书、合并证书、所有权和合并证书时，应支付本章第一千一百零七条第Ⅰ款第（三）项规定的费用。重述证书、更正证书、转换为有限合伙的证书、转换为非特拉华州实体的证书、受保护系列转换为注册系列的证书、注册系列转换为受保护系列的证书、转让证书、转让和国内延续的证书、有限合伙归化的证书、分立证书，或恢复证书。

Ⅴ. 对于本章规定的任何文件的核证副本，应支付本章第一千一百零七条第Ⅰ款第（四）项规定的费用，对于每一页副本，应支付本章第一千一百零七条第Ⅰ款第（五）项规定的费用。

Ⅵ. 尽管本章有任何其他规定，任何有限合伙企业或外国有限合伙企业没有必要为遵守本章第一百零四条第Ⅺ款的规定而修改其有限合伙企业证书、外国有限合伙企业的注册申请或在2011年8月1日前已提交给州务卿办公室的任何其他文件；尽管如此，在2011年8月1日或之后根据本章提交的任何证书或其他文件，以及改变注册代理人或注册办事处的地址，应遵守本章第一百零四条第Ⅺ款。

第二百零七条 虚假陈述的责任

Ⅰ. 如果根据本章授权提交的任何证书含有重大的虚假陈述，因合理依赖该陈述而遭受损失的人可以从以下方面获得损失赔偿：

（一）任何执行证书的普通合伙人，在执行证书时知道或应该知道该陈述在任何重要方面是虚假的；以及

（二）任何提交证书的普通合伙人，如果此后知道证书中描述的任何安排或其他事实在重要方面是虚假的，或发生了变化使该陈述在重要方面都是虚假的，如果该普通合伙人在该陈述被合理依赖之前有足够的时间来修改、纠正或取消证书，或提出修改、纠正或取消的申请。

Ⅱ. 如果修订证书、更正证书、注销证书或请愿书是在该普通合伙人知道或在本条第Ⅰ款规定的范围内应该知道证书中的陈述在某重要方面是虚假的九十天内提交的，则该普通合伙人不应承担未能促使修订、更正或注销证书或未能根据本条第Ⅰ款提交其修订、更正或注销申请的责任。

第二百零八条 通知

有限合伙企业证书在州务卿办公室存档的事实，是关于该合伙企业是

有限合伙企业的通知，也是关于其中所载的所有其他事实的通知，这些事实是本章第二百零一条第Ⅰ款第（一）项至第（三）项，或第一千二百零二条和第二百零二条第Ⅵ款中载明的，以及本章第二百一十八条第Ⅱ款或第二百二十一条第Ⅱ款允许载明的。注册系列证书在州务卿办公室存档的事实表明，该注册系列证书中提到的注册系列已根据本章第二百二十一条成立，并表明其中所列举的所有其他事实是本章第二百二十一条第Ⅳ款要求在注册系列证书中列举的。

第二百零九条　向有限合伙人交付证书

在州务卿根据本章第二百零六条返回标有"已归档"的证书后，如果合伙协议有此要求，普通合伙人应立即向每个有限合伙人交付或邮寄该证书的副本。

第二百一十条　重述证书

Ⅰ. 重述的有限合伙企业证书。

（一）有限合伙企业可以在任何时候将其有限合伙企业证书中的所有条款整合到一个单一的文书中，这些条款的分离是由于之前根据本分章的内容向州务卿提交了一份或多份证书或其他文书而导致的，同时通过采用重述的有限合伙企业证书，也可以进一步修订其有限合伙企业证书。

（二）如果重述的有限合伙证书仅重述和整合但未进一步修改初始有限合伙证书，如根据本分章内容签署和提交的文书对其进行了修订或补充，则应明确在其标题中指定为"重述的有限合伙企业证书"以及合伙企业认为合适的其他词，并应由普通合伙人签署并按照本章第二百零六条的规定在州务卿办公室备案。如果重述证书重述和整合，并进一步修订有限合伙证书，经修订或补充的证书，应在其标题中明确指定为"经修订和重述的有限合伙证书"以及其他文字。在合伙企业认为合适的情况下，应由至少一名普通合伙人和在有限合伙企业重述证书中指定为新普通合伙人签署，但如果重述证书反映了普通合伙人的退伙，则不需要由该前普通合伙人签署，并按照本章第二百零六条的规定提交给州务卿办公室。

（三）重述的有限合伙企业证书应在其标题或介绍性段落中说明该有限合伙企业的现有名称，如果已经改变，则说明其最初提交的名称，以及其最初的有限合伙企业证书向州务卿提交的日期，如果重述的证书不在提交时生效，则说明未来的生效日期或时间（应是一个确定的日期或时间）。重述的证书也应说明它是正式执行的，并根据本条规定提交。如果重述的证书只是重述和整合了有限合伙企业的有限合伙证书，而没有进一步修正，并且这些条款与重述的证书之间没有差异，则也应说明这一事实。

（四）在向州务卿提交重述的有限合伙企业证书时，或在重述的有限合伙企业证书按其规定的未来生效日期或时间时，此前修订或补充的最初的有限合伙企业证书应被取代；此后，重述的有限合伙企业证书，包括由此作出的任何进一步修订或更改，应成为该有限合伙企业的有限合伙企业证书，但最初成立的生效日期应保持不变。

（五）任何与有限合伙企业证书的重述和整合有关的修正或变更，应受本章任何其他规定的约束，但不得与本条不一致，这些规定在提交单独的修正证书以实现这种修正或变更时将适用。

Ⅱ．重述注册系列的证书：

（一）有限合伙企业的注册系列可以在任何时候将其注册系列证书中的所有条款整合到一个单一的文书中，这些条款是由于之前根据本章中提到的章节向州务卿提交了一份或多份证书或其他文书而导致的，同时它也可以通过采用注册系列的重述证书来进一步修改其注册系列证书。

（二）如果重述的注册系列证书只是重述和整合，但没有进一步修正最初的注册系列证书，该证书是根据本章中的章节执行和提交的，它的标题应具体指定为"重述的注册系列证书"，并加上注册系列可能认为适当的其他字样，由该注册系列的普通合伙人执行，并按照本编第十七章第二百零六条的规定提交给州务卿办公室。如果重述的证书重述和整合，并在任何方面进一步修正先前修正或补充的注册系列证书，则应在其标题中特别指定为"经修正和重述的注册系列证书"，并加上注册系列可能认为适当的其他字样，并应至少由该注册系列的一个普通合伙人和在经修正和重述的注册系列证书中指定为该注册系列的新普通合伙人的每个其他普通合伙人签署。但如果重述的注册系列证书反映了一个普通合伙人作为该注册系列的普通合伙人的退出，该重述的注册系列证书不需要由该前普通合伙人签署，并按照本编第十七章第二百零六条的规定提交给州务卿办公室。

（三）重述的注册系列证书应在其标题或介绍性段落中说明有限合

企业的名称和注册系列的现有名称，如果注册系列的名称已经改变，则说明其最初提交的名称，以及其原始注册系列证书提交给州务卿的日期。如果重述的注册系列证书不在提交时生效，则说明其未来的生效日期或时间（应是一个确定的日期或时间）。重述的证书也应说明它是正式执行的，并按照本条规定提交。如果重述的证书只是重述和整合，而不是进一步修正先前修正或补充的注册系列证书，并且这些条款与重述的证书之间没有差异，也应说明这一事实。

（四）在向州务卿提交重述的注册系列证书时，或在其中规定的重述的注册系列证书的未来生效日期或时间，最初的注册系列证书，如之前的修正或补充，应被取代；此后，重述的注册系列证书，包括由此作出的任何进一步修正或变化，应成为该注册系列的注册系列证书，但注册系列的最初有效成立日期（如适用）应保持不变。

（五）与注册系列证书的重述和整合有关的任何修正或变化，应受本章任何其他规定的约束，但不得与本条不一致，这些规定在为实现这种修正或变化而提交单独的修正证书时将适用。

第二百一十一条　兼并或合并

Ⅰ. 在本章第二百二十条、第二百二十二条、第二百二十三条和第二百二十四条中，其他商业实体是指公司，法定信托，商业信托，协会，房地产投资信托，普通法信托，有限责任公司，或任何其他注册或未注册的企业或实体，包括普通合伙企业和有限合伙企业（包括有限责任合伙、外国有限责任合伙但不包括国内有限合伙）。在本章第二百一十二条和第三百零一条中，合并计划是指由国内有限合伙企业批准的书面文件，以决议或其他形式，说明本条第Ⅻ款规定的合并条款和条件。

Ⅱ. 根据兼并或合并协议，一个或多个国内有限合伙企业可以与一个或多个国内有限合伙企业或一个或多个根据特拉华州或其他州、外国或外国司法管辖区的法律形成或组织的其他商业实体或其任何组合进行兼并或合并，该协议规定的国内有限合伙企业或其他商业实体是合并后新设产生的国内有限合伙企业或其他商业实体。除非合伙协议中另有规定，兼并或合并协议应得到拟兼并或合并的每个国内有限合伙企业的批准：（1）所有普通合伙人；（2）拥有该国内有限合伙企业当时利润百分比或其他权益的

50%以上的有限合伙人。在本协议项下的兼并或合并中，作为兼并或合并组成方的有限合伙企业或其他商业实体的权利或证券，或其利益，可交换或转换为尚存或产生的有限合伙企业或其他商业实体的现金、财产、权利或证券，或其利益。或作为补充或替代，可交换或转换为现金、财产、权利或证券，或在不是兼并或合并中存留或产生的有限合伙企业或其他商业实体中的权益，可继续保留或取消。尽管有事先批准，合并协议或计划可以根据该协议和计划中的终止或修正条款而终止或修正。除非合伙协议中另有规定，在2015年7月31日或之前向州务卿提交了有限合伙原始证书并生效的有限合伙企业，应继续受2015年7月31日生效的本条第二款的管辖。

Ⅲ. 除本条第Ⅻ款规定的合并情况外，如果国内有限合伙企业根据本条规定进行兼并或合并，在兼并或合并中存留或产生的国内有限合伙企业或其他商业实体应向州务卿办公室提交一份至少由一名普通合伙人代表国内有限合伙企业签署的兼并或合并证书，当它是存留或产生的实体。兼并或合并证书应说明：

（一）拟合并的每个国内有限合伙企业和其他商业实体的名称、成立或组织的管辖范围以及实体类型；

（二）兼并或合并的协议已被每个国内有限合伙企业和其他将要合并的商业实体批准和执行；

（三）存留的或产生的国内有限合伙企业或其他商业实体的名称；

（四）在国内有限合伙企业为存续实体的合并中，对存续的国内有限合伙企业的有限合伙证书（如果存续的国内有限合伙企业为有限责任合伙企业，则对根据本编第十五章第一千零一条提交的该存续国内有限合伙企业的资格声明）进行修订，以改变其名称、注册办事处或注册代理人，因为合并希望达到这样的效果；

（五）如果兼并或合并不在提交证书时生效，则在未来生效日期或时间（应是一个确定的日期或时间）；

（六）兼并或合并的协议在国内有限合伙企业或其他商业实体合并产生或新设产生的营业地点存档，并应说明其地址；

（七）兼并设立的或合并产生的国内有限合伙企业或其他商业实体将应要求，免费向任何国内有限合伙企业的任何合伙人或在任何其他将要合并的商业实体中持有权益的任何人提供协议的副本；

（八）如果合并后的实体不是国内有限合伙企业（包括有限责任合伙企业），或根据特拉华州法律组建的公司、有限责任公司、合伙企业（包括有限责任合伙企业）或法定信托，则该存续实体或由此产生的其他商业实体同意其可在特拉华州的任何诉讼中被送达的声明，为执行任何拟兼并或合并的国内有限合伙企业的任何义务而提起的诉论或程序，不可撤销地指定州务卿作为其代理人接受此类诉讼或程序的送达，并指定州务卿应将该程序副本送达的地址。根据本款规定，可以通过电子传输方式向州务卿送达程序，但只能按照州务卿的规定。州务卿被授权发布其认为必要或适当的有关此类送达的规则和条例。在根据本条款向州务卿送达文件时，应适用本章第九百一十一条第Ⅲ款规定的程序，但任何此类行动、诉讼或程序中的原告应向州务卿提供本条规定的兼并或合并证书中指定的地址以及原告可能选择提供的任何其他地址。以及州务卿要求的此类程序的副本，州务卿应按照本章第九百一十一条第Ⅲ款规定的程序，按原告提供的所有这些地址通知该存续或产生的其他商业实体。

Ⅳ. 在1988年9月1日之前生效的根据本条进行的兼并或合并，如果没有提交兼并或合并证书，不影响任何此类兼并或合并的有效性或效力。

Ⅴ. 除非在兼并或合并证书中规定了未来的生效日期或时间，或者在本条第Ⅻ款规定的兼并情况下，在所有权和合并证书中规定了未来的生效日期或时间，在这种情况下，兼并或合并应在未来的生效日期或时间生效，兼并或合并应在向州务卿办公室提交兼并或合并证书或所有权和合并证书后生效。

Ⅵ. 兼并或合并证书或所有权和合并证书应作为国内有限合伙企业的注销证书，该企业不是兼并或合并的存续或最终实体。根据本条第Ⅲ款第（四）项规定的任何修正案的合并证书，应被视为对有限合伙企业的有限合伙证书（如果适用的话，也包括资格声明）的修正，并且该有限合伙企业不需要根据本章第二百零二条采取任何进一步行动来修正其有限合伙证书（如果适用的话，也包括本编第十五章第一百零五条规定的资格声明），对合并证书中规定的此类修正进行修正。凡是本条要求提交兼并或合并证书的，只要提交了包含本条要求在兼并或合并证书中列出的信息的合并或整合协议，就应视为满足了这种要求。

Ⅶ. 根据本条第Ⅱ款批准的兼并或合并协议或合并计划，可以

（一）对合伙协议进行任何修订，或

（二）对有限合伙企业采用新的合伙协议，如果它是兼并或合并新产生的或存续的有限合伙企业。

根据前述内容对合伙协议的任何修订或采用新的合伙协议，应在兼并或合并的有效时间或日期生效，并应在合伙协议中有关修订或采用新的合伙协议的规定下生效，但根据其条款适用于与兼并或合并有关的合伙协议修订或采用新的合伙协议的规定除外。本条的规定不应解释为限制通过合伙协议或其他协议中规定的任何其他方式或法律允许的方式来完成合并或本文提到的任何事项，包括兼并或合并的任何组成的有限合伙企业（包括为完成兼并或合并而成立的有限合伙企业）的合伙协议应是存续或产生的有限合伙企业的合伙协议。除非合伙协议中另有规定，在2005年7月31日或之前向州务卿提交了原始有限合伙证书并生效的有限合伙企业，应继续受本条在2005年7月31日生效的约束。

Ⅷ. 当任何兼并或合并根据本条规定生效时，就特拉华州的法律而言，每个兼并或合并的国内有限合伙企业和其他商业实体的所有权利、特权和权力，所有财产，包括不动产、个人财产和混合财产，以及上述国内有限合伙企业和其他商业实体的所有债务，以及属于这些国内有限合伙企业和其他商业实体的所有其他事项和诉讼理由，应归属于兼并产生的或合并产生的国内有限合伙企业或其他商业实体，并在此后成为兼并产生的或合并产生的国内有限合伙企业或其他商业实体的财产，就像它们属于每个合并的国内有限合伙企业和其他商业实体一样，根据特拉华州法律，通过契约或其他方式归属于任何这些国内有限合伙企业和其他商业实体的任何不动产的所有权，不应由于本章的原因而恢复或以任何方式受到影响。但债权人的所有权利和对任何上述国内有限合伙企业和其他商业实体的任何财产的所有留置权应得到保留，不受损害，而且上述国内有限合伙企业和其他商业实体的所有债务、负债和责任，从今以后都将附在兼并产生的或合并产生的国内有限合伙企业或其他商业实体身上，并可对其强制执行，其程度与上述债务、负债和责任是由其产生或签订的相同。除非另有约定，国内有限合伙企业的兼并产生的或合并产生，包括不是兼并产生的或合并产生中存留或产生的实体的国内有限合伙企业，不应要求该国内有限合伙企

业根据本编本章第八百零三条规定清理其事务，或根据本章第八百零四条规定支付其债务和分配其资产，并且兼并产生的或合并产生不构成该有限合伙企业的解散。

Ⅸ. 除非与有限合伙企业的普通合伙人有义务的人达成协议，否则已生效的有限合伙企业的兼并或合并，不应影响正在合并或整合的有限合伙企业的普通合伙人在该兼并或合并时存在的任何义务或责任。

Ⅹ. 如果一个有限合伙企业是已生效的兼并或合并的组成方，但该有限合伙企业不是兼并或合并的存留实体或结果实体，那么该有限合伙企业的普通合伙人的判决债权人不得对该普通合伙人的资产征收执行费，以执行基于对兼并或合并的兼并实体或合并实体的索赔的判决，除非：

（一）基于同一索赔的判决已经针对兼并或合并的兼并实体或合并实体获得，而且对该判决的执行令状已经全部或部分地被退回，没有得到满足；

（二）兼并或合并的兼并实体或合并实体是破产的债务人；

（三）普通合伙人已经同意，债权人不需要用尽不是兼并或合并的存留或结果实体的有限合伙企业的资产；

（四）普通合伙人已经同意，债权人不需要用尽兼并或合并中存留或产生的实体的资产；

（五）法院允许判决债权人对普通合伙人的资产征收执行费，其依据是发现兼并或合并存留或产生的实体的资产显然不足以执行判决，用尽兼并或合并存留或产生的实体的资产会造成过重的负担，或者给予许可是法院公平权力的适当行使；

（六）法律或合同将责任强加给普通合伙人，与兼并或合并的存留或结果实体的存在无关；

Ⅺ. 合伙协议可以规定，国内有限合伙企业不具有本条规定的兼并或合并的权力。

Ⅻ. 在任何情况下，（A）一家或多家公司（不包括在其公司注册证书上有第八章第二百五十一条第Ⅶ款第（七）项第1目要求的条款的公司）的每一类股票的至少90%的流通股，如果没有第八章第二百六十七条第Ⅰ款，这些流通股将有权对这种合并进行投票，该公司由国内有限合伙企业拥有；（B）其中一个或多个公司是特拉华州的公司；（C）任何不属于特拉华州的公司是任何其他州或哥伦比亚特区或其他司法管辖区的公司，其法律不禁止这种合并，拥有这种股票所有权的国内有限合伙企业可以根据合并计划，将一家或多家公司合并为自己并承担其所有的义务，或将自己或自己和其中一家或多家公司合并为其他公司之一。

　　如果国内有限合伙企业根据本款规定进行合并，国内有限合伙企业应在州务卿办公室提交一份由至少一名普通合伙人代表国内有限合伙企业签署的所有权和合并证书。所有权和合并证书应证明该合并是根据国内有限合伙企业的合伙协议和本章授权的，如果国内有限合伙企业不拥有作为合并方的所有公司的所有流通股票，则应说明合并的条款和条件，包括在交出不属于国内有限合伙企业的每股公司股票，或取消部分或全部股票后，由存续的国内有限合伙企业或公司发行、支付、交付或授予的证券、现金、财产或权利。合并的条款和条件可能不会导致公司的股票持有人成为存续的国内有限合伙企业（有限责任有限合伙企业除外）的普通合伙人。如果根据本款规定合并后存续的公司不是根据特拉华州法律组建的公司，那么合并的条款和条件应使该公司同意，在执行国内有限合伙公司的任何义务或特拉华州任何组成公司的任何义务的任何程序中，可以在特拉华州接受诉讼。以及执行存续公司的任何义务，包括执行根据第八章第二百六十二条规定的评估程序中确定的任何股东权利的任何诉讼或其他程序，并不可撤销地指定州务卿为其代理人，接受任何此类诉讼或其他程序的送达，并指定州务卿应将此类程序的副本邮寄到的地址。根据本款规定，可以通过电子传输方式向州务卿送达程序，但只能按照州务卿的规定。州务卿被授权发布其认为必要或适当的有关此类服务的规则和条例。如果按照本款规定向州务卿送达，州务卿应立即按指定的地址写信通知该存留公司，除非该存续公司以书面形式向州务卿指定不同的地址，在这种情况下，应将信件邮寄到最后指定的地址。该信应通过邮件或快递服务发送，其中包括邮寄或存放在快递公司的记录以及由收件人签名证明的交付记录。此信应包括一份诉讼程序的副本和根据本款规定送达给州务卿的任何其他文件。在这种情况下，原告有责任将诉讼程序和任何其他文件一式两份送达，通知州务卿根据本款进行送达，并向州务卿支付50美元供特拉华州使用，如果原告胜诉，该金额应作为诉讼费用的一部分进行征税。州务卿应保持一份按字母顺序排列的任何此类送达记录，列明原告和被告的姓名、诉讼程序的名称、备审案件编号和性质、根据本款规定进行送达的事实、送达的返回日期，以及送达的日期和时间。州务卿保留这些信息的时间不应超过从收到诉讼文件后的五年。

第二百一十二条　没有法定的评估权

除非合伙协议、兼并协议、合伙计划或分割计划中另有规定，否则不得对合伙权益或有限合伙企业的其他权益进行评估，包括合伙协议的修订、有限合伙企业的兼并或合并（其中有限合伙企业是其注册系列是兼并或合并的组成方）、有限合伙企业的分割、有限合伙企业转换为另一种商业模式、有限合伙企业的受保护系列转换为该有限合伙企业的注册系列、有限合伙企业的注册系列转换为该有限合伙企业的受保护系列、有限合伙企业向任何司法管辖区的转让、归化或继续存在，或出售所有或基本上所有有限合伙企业的资产。衡平法院应有权审理和决定与合并协议、整合协议、合并计划或分割计划中规定的任何评估权有关的任何事项。

第二百一十三条　更正证书

Ⅰ. 当根据本章的规定授权提交给州务卿办公室的任何证书在提交后，其中提到的行动的不准确记录，或者是有缺陷或错误的执行，该证书可以通过向州务卿办公室提交该证书的更正证书来进行更正。更正证书应说明要更正的不准确或缺陷，应列出证书中经更正的部分，并应按本章的要求执行和提交。更正证书应自原证书提交之日起生效，但对于那些受到更正的实质性不利影响的人来说除外，对于这些人来说，更正证书应自提交之日起生效。

Ⅱ. 为了代替提交更正证书，可以通过向州务卿提交一份更正证书进行更正，该证书应被执行和提交，就像被更正的证书一样。应向州务卿支付相当于本章第一千一百零七条规定的支付给州务卿的更正证书的费用，并由其收取，供特拉华州在提交更正证书方面使用。更正后的证书应在其标题中明确指定为更正后的证书，应说明要更正的不准确或缺陷，并应以更正后的形式列出整个证书。根据本条规定更正的证书应自原证书提交之日起生效，但对于那些受到更正影响的人来说除外，对于这些人来说，更正后的证书应自提交之日起生效。

第二百一十四条　有限合伙企业作为有限责任有限合伙企业

Ⅰ. 根据本条规定，一个有限合伙企业可以成立或成为一个有限责任有限合伙企业。一个有限合伙企业可以在该有限合伙企业的合伙协议允许的情况下成为一个有限责任的有限合伙企业，或者，如果该有限合伙企业的合伙协议没有规定该有限合伙企业可以成为一个有限责任的有限合伙企业，那么，在得到（A）所有普通合伙人，以及（B）拥有该有限合伙企业当时的利润百分比或其他权益的50%以上的有限合伙人的批准后，可以成为一个有限责任的有限合伙企业。有限合伙企业要想成立或成为并继续作为一个有限责任有限合伙企业，除了遵守本章的要求外，还应当：

（一）按照本编第十五章第一千零三条的规定提交资格声明，此后按照第十五章第一千零三条的规定提交年度报告；

（二）其名称的最后一个字或字母为"有限责任有限合伙企业"，或缩写"L.L.L.P."或"LLLP"。

Ⅱ. 在为本条第Ⅰ款、第Ⅳ款、第Ⅵ款、第Ⅶ款、第Ⅸ款和第ⅩⅢ款的目的将特拉华州修订的统一合伙法（本编第十五章）适用于有限责任有限合伙公司时：

（一）任何声明应至少由有限合伙企业的一名普通合伙人执行；

（二）所有提及的合伙人或伙伴仅指普通合伙人；

（三）所有对有限责任合伙企业的提及都应被视为对有限责任合伙企业的提及；

（四）所有对合伙企业的提及都应被视为对有限合伙企业的提及；

（五）所有提及外国合伙企业、外国有限责任合伙企业或外国资格声明的内容应不予考虑；

（六）第十五章第一千二百零七条第Ⅰ款第（一）项中提到的证书应不予考虑。

Ⅲ. 如果提交了取消资格声明的声明，并且该有限合伙企业仍为国内有限合伙企业，那么在提交取消资格声明的声明时，应同时提交对有限合伙企业证书的修订，将"有限责任有限合伙企业""L.L.L.P."或"LLLP"的名称从该有限合伙企业的名称中删除。如有改变，该名称也必须符合本章第一百零二条的规定。

Ⅳ. 如果一个有限合伙企业是一个有限责任的有限合伙企业。

（一）其对有限合伙企业的债务、负债和其他义务负有责任的合伙人应具有特拉华州修订的统一合伙企业法［本编第十五章］赋予有限责任合伙企业合伙人的责任限制，以及

（二）根据本编本章第三百零三条第Ⅰ款，有限合伙企业的有限合伙人不应对有限合伙企业的义务负有任何责任。

Ⅴ. 有限合伙企业的有限责任合伙地位在提交资格声明或资格声明中规定的未来生效日期或时间（以较晚者为准）时生效。在资格声明被取消或撤销之前，无论该有限合伙企业如何变化，其作为有限责任有限合伙企业的地位仍然有效。

Ⅵ. 第十五章的第一百零五条和第一百一十八条的规定，只要这些条款适用于资格声明，就应适用于有限责任的有限合伙。

Ⅶ. 如果一个有限合伙企业在很大程度上遵守了本条的要求，它就是一个有限责任有限合伙企业。有限合伙企业作为有限责任有限合伙企业的地位及其合伙人的责任，不受第十五章第一千零一条第Ⅲ款规定的资格声明中所包含的信息的错误或后来的变化所影响。

Ⅷ. 资格声明的提交确定了一个有限合伙企业已经满足了该有限合伙企业作为有限责任有限合伙企业资格的所有先决条件。

Ⅸ. 资格声明的修改或取消在声明提交时或在声明中规定的未来生效日期或时间生效。

Ⅹ. 如果一个人被包括在资格声明或年度报告中列出的有限责任有限合伙企业的普通合伙人人数中，在任何行动、诉讼或程序中，无论是民事、刑事、行政还是调查，为确定该人是否作为该有限责任有限合伙企业的普通合伙人负有责任，该人被包括的情况不得被接受为证据。

Ⅺ. 根据本章第一百零四条第Ⅳ款或第Ⅸ款第（四）项的规定，资格声明被取消的有限合伙企业可以在取消的生效日期后向州务卿申请恢复资格。该申请必须说明：

（一）有限合伙企业的名称和注销的生效日期，如果在恢复时没有名称，则恢复资格声明所使用的名称；

（二）该有限合伙企业已经按照本章第一百零四条第Ⅰ款的要求获得并指定了一个新的注册代理人，以及该新注册代理人的名称和地址以及该

有限合伙企业在特拉华州的注册办事处地址。

根据本条第XI款的规定，恢复与取消的生效日期有关，并从取消的生效日期开始生效，而且该有限合伙企业作为有限责任有限合伙企业的地位继续保持，视为从未取消。

XII. 第十五章第一千零三条应适用于有限责任有限合伙企业，但第十五章第一千零三条第Ⅰ款第（二）项对第十五章第一百一十一条的提及，在本条中应被视为对本章第一百零四条的提及。

XIII. 第十五章第一千二百零七条第Ⅰ款第（一）项和第（三）项应适用于有限责任有限合伙企业。

XIV. 除本条第Ⅰ款、第Ⅱ款、第Ⅳ款、第Ⅵ款、第Ⅶ款、第XII款和第XIII的规定外，有限责任有限合伙企业应受本章管辖，包括但不限于本章第一千一百零五条。

XV. 尽管本章有相反的规定，在1999年12月31日根据先前法律注册具有有限责任合伙企业地位的有限合伙企业，从2000年1月1日起应具有本章规定的有限责任合伙企业地位，如果该有限合伙企业没有根据第十五章第一千零一条提交资格声明，该有限合伙企业根据该前身法律提交的最新申请或更新申请应构成根据本编第十五章第一千零一条提交的资格声明。

第二百一十五条　非美国实体的归化

Ⅰ. 在本编本章第二百零四条中，非美国实体是指外国有限合伙企业（根据一个州的法律形成的除外，包括外国有限责任有限合伙企业）公司、法定信托、商业信托、协会、房地产投资信托、普通法信托，或任何其他法人或非法人企业或实体，包括根据任何外国或其他司法管辖区的法律成立、形成、设立或以其他方式产生的普通合伙企业（包括有限责任合伙企业）或有限责任公司。

Ⅱ. 任何非美国实体可以通过遵守本条第Ⅶ款并根据本编本章第二百零六条在州务卿办公室备案，成为特拉华州的有限合伙企业：

（一）按照本章第二百零四条规定执行的有限合伙企业归化证书；

（二）符合本章第二百零一条的有限合伙企业证书，并按照本章第二百零四条的规定执行。

本条第Ⅱ款所要求的每份证书应同时提交给州务卿办公室，如果这些证书没有按照本章第二百零六条第Ⅱ款的规定在提交时生效，那么每份证书应按照本章第二百零六条第Ⅱ款规定相同的生效日期或时间。

Ⅲ．有限合伙企业归化证书应说明：

（一）非美国实体首次形成、成立、创建或以其他方式产生的日期和管辖权。

（二）在提交有限合伙企业归化证书之前非美国实体的名称。

（三）按照本条第Ⅱ款规定提交的有限合伙企业证书中规定的有限合伙企业的名称。

（四）如果归化为有限合伙企业不在提交有限合伙企业归化证书和有限合伙企业证书时生效，则在未来的生效日期或时间生效（应是一个确定的日期或时间）。

（五）在提交有限合伙企业归化证书之前，构成该非美国实体的所在地、国籍或主要营业地或中央行政机构的管辖区，或根据适用法律与之相当的任何其他管辖区；

（六）归化已按管理非美国实体内部事务及其业务行为的文件、文书、协议或其他书面材料（视情况而定）规定的方式或酌情按适用的非特拉华州法律批准。

Ⅳ．在向州务卿办公室提交有限合伙企业归化证书和有限合伙企业证书时，或在有限合伙企业归化证书和有限合伙企业证书的未来生效日期或时间，该非美国实体应在特拉华州归化为有限合伙企业，此后该有限合伙企业应受本章所有规定的约束。但尽管有本章第二百零一条的规定，该有限合伙企业的存在应被视为从该非美国实体在其首次成立、注册、创建或以其他方式产生的司法管辖区开始存在的日期。

Ⅴ．任何非美国实体在特拉华州成为有限合伙企业，不应视为影响该非美国实体在特拉华州成为有限合伙企业之前的任何义务或责任，也不影响任何人为此承担的个人责任。

Ⅵ．提交有限合伙企业归化证书不应影响对非美国实体适用的法律选择，但从归化的生效日期或时间开始，特拉华州的法律，包括本章的规定，应适用于非美国实体，其程度与非美国实体在该日成立为有限合伙企业一样。

Ⅶ. 在向州务卿办公室提交有限合伙企业归化证书之前，归化应按管理非美国实体内部事务和开展业务的文件、文书、协议或其他书面材料（视情况而定）或适用的非特拉华州法律规定的方式批准，合伙协议应按批准归化所需的相同授权批准。但在任何情况下，这种批准应包括在归化生效日期或时间是有限合伙企业的普通合伙人的人员的批准。

Ⅷ. 当任何归化根据本条生效时，就特拉华州的法律而言，被归化的非美国实体的所有权利、特权和权力，以及所有不动产、个人财产和混合财产，所有欠该非美国实体的债务，以及属于该非美国实体的所有其他事物和诉讼理由，应继续归属于该非美国实体被归化的国内有限合伙企业（以及该非美国实体。如果该非美国实体继续存在于紧接归化之前的外国司法管辖区，则也属于该非美国实体），并且是该国内有限合伙企业的财产（如果该非美国实体继续存在于紧接归化之前的外国司法管辖区，则也属于该非美国实体），通过契约或其他方式归属于该非美国实体的任何不动产的所有权，不得因本章而恢复或受到任何损害。但债权人的所有权利和对该非美国实体的任何财产的所有留置权应不受损害，已归化的非美国实体的所有债务、负债和义务应继续附属于该非美国实体已归化的国内有限合伙企业（也附属于该非美国实体。如果并且只要该非美国实体在归化之前继续存在于外国司法管辖区），并且可以对其强制执行，其程度与上述债务、责任和义务最初是由其作为国内有限合伙企业产生或签订的一样。非美国实体的权利、特权、权力和财产利益，以及非美国实体的债务、责任和义务，不应因归化的结果而被视为已转移到该非美国实体为特拉华州法律的目的而归入国内有限合伙企业。

Ⅸ. 当一个非美国实体根据本条规定成为有限合伙企业时，就特拉华州法律的目的而言，该有限合伙企业应被视为与归化的非美国实体是同一个实体，而且归化应构成归化的非美国实体以国内有限合伙企业的形式继续存在。除非另有约定，就特拉华州法律的所有目的而言，归化的非美国实体不应要求清算其事务或支付其债务和分配其资产，而且归化不应视为构成该非美国实体的解散。如果在归化后，被归化为有限合伙企业的非美国实体继续在其归化前所在的外国或其他外国司法管辖区存在，则就特拉华州法律的所有目的而言，该有限合伙企业和该非美国实体应构成一个根据特拉华州法律和该外国或其他外国司法管辖区法律形成、注册、创建或以其他方式产生（如适用）并存在的单一实体。

Ⅹ．在根据本协议进行归化时，将被归化为国内有限合伙企业的非美国实体的权利或证券，或其权益，可交换或转换为该国内有限合伙企业的现金、财产、权利或证券，或其权益，或除此之外，或作为替代，可交换或转换为另一国内有限合伙企业或其他实体的现金、财产、权利或证券，或其权益，可保持未偿还状态或可被取消。

第二百一十六条　国内有限合伙企业的转移或延续

Ⅰ．在遵守本条规定的情况下，任何有限合伙企业可以转移到任何司法管辖区，或在任何州以外的地方归化或继续存在，并且在这方面，可以选择在特拉华州继续作为有限合伙企业存在。

Ⅱ．如果合伙协议规定了授权本条第Ⅰ款所述的转移、归化和延续的方式，则应按合伙协议的规定进行。如果合伙协议没有指定授权本条第Ⅰ款所述的转移、归化和延续的方式，也没有禁止这种转移、归化和延续，则应按照合伙协议中规定的授权的方式来授权转移、归化和延续，因为该有限合伙企业是兼并和合并的组成方。如果合伙协议没有规定授权本条第Ⅰ款所述的转移、归化和延续的方式，或涉及有限合伙企业作为组成方的兼并或合并的方式，并且没有禁止这种转移、归化和延续，则该转移、归化和延续应得到以下人员的批准：

（1）所有普通合伙人，和

（2）拥有所有有限合伙人拥有的国内有限合伙企业利润的当时百分比或其他权益的百分之五十以上的有限合伙人。

如果本条第Ⅰ款所述的转让或归化或延续应按照本条第Ⅱ款的规定进行授权，如果该有限合伙企业作为特拉华州的有限合伙企业的存在将停止，则应按照本章第二百零四条的规定执行转让证书和国内延续证书，并在州务卿办公室备案。转让证书或转让和归化继续存在的证书应说明：

（一）有限合伙企业的名称，如果已经变更，则为其最初提交的有限合伙证书的名称；

（二）向州务卿提交其原始有限合伙证书的日期；

（三）该有限合伙企业将被转移到哪个司法管辖区，或在哪个司法管辖区归化或延续，以及因该有限合伙企业被转移到该外国司法管辖区，或在该外国司法管辖区归化或延续而形成、注册、创建或以其他方式产生的实体或商业形式的名称。

（四）如果不是在提交转移证书或转移和国内延续证书时生效，则转移到本条第Ⅱ款第（三）项规定的管辖区或国内延续的未来生效日期或时间（应是确定的日期或时间）。

（五）有限合伙企业的转移、归化或延续已按照本条的规定得到批准；

（六）在转让证书的情况下：

（1）有限合伙企业作为特拉华州有限合伙企业的存在应在转移证书生效时停止；

（2）有限合伙企业同意在特拉华州的任何行动、诉讼或程序中，可向其送达程序，以执行其作为特拉华州有限合伙企业时产生的任何义务，并且不可撤销地指定州务卿为其代理人，接受任何此类行动、诉讼或程序的送达；

（七）本条第Ⅱ款第（六）项提及的程序副本由州务卿邮寄给它的地址（未经有限合伙企业注册代理人的书面同意，该地址不得为该有限合伙企业的注册代理人的地址，该同意应与转让证书一起提交）。根据本条第Ⅱ款第（六）项的规定，可以通过电子传输的方式向州务卿送达程序，但只能按照州务卿的规定。州务卿被授权发布其认为必要或适当的有关此类送达的规则和条例。在根据本条款向州务卿送达时，应适用本章第九百一十一条第Ⅲ款规定的程序，但任何此类行动、诉讼或程序中的原告应向州务卿提供本款规定的地址以及原告可能选择提供的任何其他地址。以及州务卿要求的此类程序的副本，州务卿应按照本章第九百一十一条第Ⅲ款规定的程序，在原告提供的所有这些地址通知已经转移、归化或延续在特拉华州以外的有限合伙企业；

（八）如果是转移和归化延续的证书，在转移和归化延续的证书生效后，该有限合伙企业将继续作为特拉华州的有限合伙企业存在。除非合伙协议中另有规定，在2015年7月31日或之前向州务卿提交了原始有限合伙企业证书并生效的有限合伙企业，应继续受本条第Ⅲ款第（二）项的管辖，因为它在2015年7月31日是有效的。

Ⅲ. 一旦在州务卿办公室提交了转移证书，或在转让证书的未来生效日期或时间，并向州务卿支付了本章规定的所有费用，该有限合伙企业将不再作为特拉华州的有限合伙企业存在。经州务卿认证的转移证书副本应作为该有限合伙企业在特拉华州以外的转移、归化或延续的初步证明。由州务卿认证的转让和归化延续的证书副本，应是该有限合伙企业在另一个司法管辖区的转让或归化延续以及在特拉华州作为有限合伙企业延续的初步证明。

Ⅳ. 根据本条规定，有限合伙企业在特拉华州外的转移、归化或延续，以及根据转移证书停止作为特拉华州有限合伙企业的存在，不应视为影响该有限合伙企业在这种转移、归化或延续之前产生的任何义务或责任，或任何人在这种转移、归化或延续之前产生的个人责任，也不应视为影响该有限合伙企业在这种转移、归化或延续之前产生的事项方面的适用法律选择。除非另有约定，根据本条规定，有限合伙企业在特拉华州外的转移、归化或延续，不应要求该有限合伙企业根据本章第八百零三条的规定清算其事务，或根据本章第八百零四条的规定支付其债务和分配其资产，也不应被视为构成该有限合伙企业的解体。

Ⅴ. 如果一个有限合伙企业提交了转移和归化延续的证书，在转移和归化延续的证书生效后，该有限合伙企业应继续作为特拉华州的有限合伙企业而存在，特拉华州的法律，包括本章的规定，应适用于该有限合伙企业，其范围与在此之前相同。只要有限合伙企业在提交转让和国内延续证书后仍作为特拉华州的有限合伙企业存在，该持续的国内有限合伙企业以及因有限合伙企业转移到外国或其他司法管辖区或其国内或延续而形成、注册、创建或以其他方式产生的实体或业务形式，就特拉华州所有法律的立法目的而言，构成一个依据特拉华州法律以及该外国或其他外国司法管辖区的法律形成、注册、创建或以其他方式产生并存在的单一实体。

Ⅵ. 在根据本条Ⅰ款将国内有限合伙企业转移到另一个司法管辖区或在另一个司法管辖区继续存在的情况下，该有限合伙企业的权利或证券或利益可以交换或转移为现金、财产、权利或证券或利益，因为该转移或归化或继续存在的结果，该有限合伙企业将在该其他司法管辖区以实体或商业形式存在，或者除此之外或作为替代，可以交换为或转换为另一实体或商业形式的现金、财产、权利或证券，或其权益，可以仍未偿付在或被取消。

Ⅶ. 当一个有限合伙企业根据本条规定在特拉华州外转移、归化或延续时，就特拉华州法律的所有目的而言，被转移、归化或延续的实体或业务形式应被视为与该有限合伙企业是同一实体，并应构成该有限合伙企业以被转移、归化或延续的实体或业务形式的存在的延续。当有限合伙企业在特拉华州外的任何转移、归化或延续根据本条规定生效时，就特拉华州法律的所有目的而言，已转移、归化或延续的有限合伙企业的所有权利、特权和权力，所有不动产、个人财产和混合财产，所有欠该有限合伙企业的债务，以及属于该有限合伙企业的所有其他事物和诉讼理由，应继续归属于已转移、归化或延续的实体或商业形式（以及已转移的有限合伙，如果该有限合伙企业作为国内有限合伙企业继续存在，则该有限合伙企业仍然归属于被转移、归化或延续的有限合伙企业），通过契约或其他方式归属于该有限合伙企业的任何不动产的所有权不应由于本章的原因而恢复或以任何方式受到削弱。但债权人的所有权利和对该有限合伙企业的任何财产的所有留置权应不受损害，已转移、归化或延续的有限合伙企业的所有债务、责任和义务应继续附属于已转移、归化或延续的实体或商业形式（以及已转换的有限合伙企业。如果并且只要该有限合伙企业继续作为国内有限合伙企业存在），并且可以对其强制执行，其程度与上述债务、责任和义务最初是由其作为被转移、归化或延续的实体或企业形式而产生或签订的一样。对于特拉华州法律而言，已经转移、归化或延续的有限合伙企业的权利、特权、权力和财产利益，以及该有限合伙企业的债务、责任和义务，不应由于在特拉华州之外的转移、归化或延续而被视为已经转移到被转移、归化或延续的实体或商业形式。

Ⅷ. 合伙协议可以规定，国内有限合伙企业不具有本条规定的转移、归化或延续的权力。

第二百一十七条　某些实体转换为有限合伙企业

Ⅰ. 在本条和本章第二百零四条中，其他实体是指公司、法定信托、商业信托、协会、房地产投资信托、普通法信托，或任何其他注册或未注册的企业或实体，包括普通合伙（包括有限责任合伙）或外国有限合伙（包括外国有限责任合伙）或有限责任公司。

Ⅱ. 任何其他实体都可以通过遵守本条第Ⅷ款的规定，并根据本章第二百零六条的规定在州务卿办公室备案，转换为国内有限合伙企业（包括有限责任有限合伙）。

（一）按照本章第二百零四条规定执行的转换为有限合伙企业的证书。

（二）符合本章第二百零一条的有限合伙企业证书，并按照本章第二百零四条的规定执行；

（三）在转换为有限责任有限合伙企业的情况下，根据第十五章第一千零一条第Ⅲ款的规定，提供资格声明。

本条第Ⅱ款所要求的每份证书（以及适用的声明）应同时提交给州务卿办公室，如果这些证书（以及适用的声明）没有按照本章第二百零六条第Ⅱ款的规定在提交后生效，那么每份此类证书（以及适用的声明）应按照本章第二百零六条第Ⅱ款的规定规定相同的生效日期或时间。

Ⅲ．转换为有限合伙企业的证书应说明：

（一）另一实体首次创建、成立、形成或以其他方式产生的日期和管辖区，如果它已经改变，则在其转换为国内有限合伙企业之前的管辖区；

（二）在提交转换为有限合伙企业的证书之前，其他实体的名称和实体类型；

（三）按照本条第Ⅱ款规定提交的有限合伙企业证书中所载的有限合伙企业的名称；

（四）如果转换为有限合伙企业不在提交转换为有限合伙企业的证书和有限合伙企业的证书时生效，则转换为有限合伙企业的未来生效日期或时间（应是一个确定的日期或时间）。

Ⅳ．在向州务卿办公室提交转换为有限合伙企业的证书、有限合伙企业的证书和资格声明（如适用）后，或在转换为有限合伙企业的证书、有限合伙企业的证书和资格声明（如适用）的未来生效日期或时间，另一实体应转换为国内有限合伙企业（包括有限责任有限合伙。如果适用的话），并且该有限合伙企业此后应遵守本章的所有规定，但尽管有本章第二百零一条的规定，该有限合伙企业的存在应被视为在其他实体首次创建、形成、注册或以其他方式产生的管辖区开始存在的日期。

Ⅴ．任何其他实体转换为国内有限合伙企业（包括有限责任有限合伙企业），不应视为影响其他实体在转换为国内有限合伙企业之前产生的任何义务或责任，或任何人在这种转换之前产生的个人责任。

Ⅵ．当任何转换根据本条生效时，就特拉华州法律的所有目的而言，已转换的其他实体的所有权利、特权和权力，以及所有不动产、个人财产和混合财产，所有欠该其他实体的债务，以及属于该其他实体的所有其他事物和诉讼理由。应继续归属于该其他实体已转换的国内有限合伙企业，并应成为该国内有限合伙企业的财产，通过契约或其他方式归属于该其他实体的任何不动产的所有权不得因本章的原因而恢复或以任何方式受到破坏。但债权人的所有权利和对该其他实体的任何财产的所有留置权应不受影响，已转换的其他实体的所有债务、负债和责任应继续附属于该其他实体已转换的国内有限合伙企业，并可对其强制执行，其程度与上述债务、负债和责任最初是由其作为国内有限合伙企业产生或订立的相同。另一实体的权利、特权、权力和财产利益，以及另一实体的债务、负债和义务，不应视为因转换而转移到该另一实体所转换的国内有限合伙公司，以达到特拉华州法律的任何目的。

Ⅶ. 除非另有约定，就特拉华州法律的所有目的而言，转换的其他实体不需要清算其事务或支付其债务和分配其资产，而且转换不应视为构成该其他实体的解散。当一个其他实体根据本条规定被转换为有限合伙企业时，就特拉华州的法律而言，该有限合伙企业应被视为与转换的其他实体是同一个实体，并且该转换应构成转换的其他实体以国内有限合伙企业的形式继续存在下去。

Ⅷ. 在向州务卿办公室提交转换为有限合伙企业的证书之前，应按管理另一实体内部事务及其业务行为的文件、文书、协议或其他书面材料（视情况而定）或适用法律规定的方式批准转换，合伙协议应按批准转换所需的相同授权批准；但在任何情况下，这种批准应包括在转换生效日期或时间为有限合伙企业的普通合伙人的任何人员的批准。

Ⅸ. 在根据本协议进行转换时，将被转换为国内有限合伙企业的其他实体的权利或证券，或其权益，可以交换或转换为该国内有限合伙企业的现金、财产、权利或证券，或其权益，或者，除此之外或作为替代，可以交换或转换为另一个国内有限合伙企业或其他实体的现金、财产、权利或证券，或其权益，可以保持未偿还状态或可以被取消。

Ⅹ. 本条的规定不应解释为限制通过合伙协议或其他协议中规定的任何其他方式或法律允许的其他方式，包括通过修订合伙协议或其他协议，将其他实体的管辖法律或住所变更为特拉华州。

第二百一十八条　有限合伙人、普通合伙人、合伙权益或资产的系列

Ⅰ.合伙协议可以建立或规定建立一个或多个指定系列的有限合伙人、普通合伙人、合伙权益或资产。任何这样的系列可以对有限合伙企业的特定财产、义务或与特定财产、义务相关的利润和损失有单独的权力、权利或义务，任何这样的系列可以有一个单独的商业目的或投资目标。本条第Ⅱ款或本章第二百二十一条的任何规定都不得解释为限制合同自由原则对不属于受保护系列或注册系列的系列的适用。除根据本章第二百二十二条、二百二十三条和二百二十四条外，一个系列不得根据本编的任何条款或本州的任何其他法规进行合并、转换或兼并。

Ⅱ.根据下句建立的系列是受保护的系列。尽管本章或其他适用法律有相反的规定，如果合伙协议建立或规定建立一个或多个系列，并且在为任何此类系列保持的记录中，与此类系列相关的资产与有限合伙企业的其他资产或其任何其他系列的资产分开核算，并且如果合伙协议有此规定，且在有限合伙企业证书中规定了本款所提及的系列债务限制的通知，那么，与该系列有关的债务、负债、义务和费用，只能针对该系列的资产或与该系列有关的普通合伙人，而不是针对整个有限合伙企业的资产来执行。除非合伙协议中另有规定，否则与一般有限合伙企业或其任何其他系列有关的债务、责任、义务和费用，均不得对该系列的资产或与该系列有关的、不属于一般有限合伙企业的普通合伙人或与其他系列有关的普通合伙人（视情况而定）的普通合伙人执行。（A）限制受保护系列或代表受保护系列的有限合伙企业或与受保护系列有关的普通合伙人在合伙协议或其他方面同意，与一般有限合伙企业或其任何其他系列有关的任何或全部债务、负债、义务和费用的发生、订约或其他存在，应可针对该系列的资产或与该系列有关的该普通合伙人强制执行。（B）限制有限合伙企业在合伙协议中或以其他方式约定，与受保护系列有关的任何或全部债务、负债、义务和发生的费用、订约或以其他方式存在，应可针对有限合伙企业的一般资产强制执行。（C）限制有限合伙企业的普通合伙人在合伙协议中或以其他方式约定，任何或所有因受保护系列而产生、订约或以其他方式存在的债务、负债、义务和费用应可针对该普通合伙人的资产强制执行。合伙协议在提及系列时不需要使用"受保护"一词，也不需要提及本条。

与受保护系列相关的资产可以直接或间接持有，包括以该系列的名义、以有限合伙公司的名义、通过代理人或其他方式。为受保护系列保存的记录，如果能合理地识别其资产，包括通过具体的清单、类别、类型、数量、计算或分配公式或程序（包括任何资产的百分比或份额），或通过任何其他方法，而这些资产的身份是可以客观确定的，将被视为将与该系列有关的资产与该有限合伙企业的其他资产或其任何其他系列分开核算。在有限合伙企业证书中关于本款所提及的受保护系列债务限制的通知，就本款的所有目的而言，无论该有限合伙企业在有限合伙企业证书中包含此类通知时是否已建立任何受保护系列，而且不要求：（A）在此类通知中提及该有限合伙企业的任何具体受保护系列。（B）该通知在提及系列时使用"受保护"一词或包括对本条的提及。包含受保护系列债务限制通知的有限合伙证书在州务卿办公室存档的事实，应构成受保护系列债务限制的通知。在本章中，提及受保护系列的资产包括与该系列有关的资产，提及与受保护系列有关的资产包括该系列的资产，提及受保护系列的有限合伙人或普通合伙人包括与该系列有关的有限合伙人或普通合伙人，提及与受保护系列有关的有限合伙人或普通合伙人包括该系列的有限合伙人或普通合伙人。以下内容应适用于受保护系列：

（一）受建立或规定建立一个或多个系列的合伙协议管辖的有限合伙企业，应至少有一名一般合伙企业的普通合伙人和至少一名与每个受保护系列有关的普通合伙人。如果合伙协议没有指定某个受保护系列的普通合伙人，那么一般来说，有限合伙公司的每个普通合伙人应被视为与该系列相关的普通合伙人。如果合伙协议没有指定有限合伙企业的普通合伙人，那么不与受保护系列或注册系列相关的有限合伙企业的每个普通合伙人应被视为有限合伙企业的普通合伙人，但如果没有该普通合伙人，那么有限合伙企业的每个普通合伙人应被视为有限合伙企业的普通合伙人。根据本章规定，有限合伙企业的普通合伙人和与受保护系列相关的普通合伙人是有限合伙企业的普通合伙人。根据本章规定，一般的有限合伙企业的有限合伙人和与受保护系列相关的有限合伙人是有限合伙企业的有限合伙人。同一个人可以是该有限合伙企业的普通合伙人，并与任何或所有受保护的系列有关联。同一个人可以是该有限合伙企业的普通合伙人，并与任何或所有受保护的系列相关联。

（二）受保护的系列可以开展任何合法的业务、目的或活动，无论是否以营利为目的，但第八编第一百二十六条中定义的银行业务除外。除非合伙协议中另有规定，受保护系列应具有以自己的名义签订合同、持有资产（包括不动产、个人财产和无形财产）的所有权、授予留置权和担保权益、起诉和被起诉的权力和能力。

（三）受保护系列的有限合伙人不对该系列的义务负责，除非该有限合伙人也是该系列的普通合伙人，或者除了行使该系列有限合伙人的权利和权力外，该有限合伙人还参与了该系列业务的控制。如果受保护系列的有限合伙人参与控制该系列的业务，该有限合伙人只对与该系列进行交易的人负责，因为根据该有限合伙人的行为，有理由相信该有限合伙人是该系列的普通合伙人。尽管有前句的规定，根据合伙协议或其他协议，受保护系列的有限合伙人可以同意对一个或多个受保护系列的任何或全部债务、义务和责任承担个人义务。

（四）有限合伙人可以拥有或行使本章第三百零三条所允许的任何权利和权力，或以一个或多个身份行事或尝试行事，对于有限合伙企业和任何系列，不参与控制有限合伙企业的业务或本章第三百零三条第Ⅰ款所指的任何系列。合伙协议可规定与受保护系列相关的普通合伙人或有限合伙人的类别或群体，具有合伙协议可能规定的相对权力、权利和义务，并可规定今后以合伙协议规定的方式设立与该系列相关的其他普通合伙人或有限合伙人的类别或群体，具有可能不时确定的相对权力、权利和义务，包括优先于与该系列相关的现有普通合伙人或有限合伙人类别和群体的权力、权利和义务。合伙协议可规定采取某种行动，包括修订合伙协议，而无须任何普通合伙人或有限合伙人或普通合伙人或有限合伙人的类别或群体的投票或批准，包括根据合伙协议的规定创建一个以前没有流通的受保护系列合伙权益的类别或群体的行动。合伙协议可以规定，任何有限合伙人或与受保护系列相关的类别或群体的有限合伙人不享有投票权。

（五）合伙协议可以授予所有或某些已确定的普通合伙人或有限合伙人，或与受保护系列相关的普通合伙人或有限合伙人的特定类别或群体，就任何事项单独或与该系列相关的所有或任何类别或群体投票的权利。与受保护系列相关的普通合伙人或有限合伙人的投票权可以按人均、数量、财务利益、类别、群体或任何其他基础进行。

（六）本编本章第六百零三条应适用于与该有限合伙人有关联的任何受保护系列。除非合伙协议中另有规定，本款或合伙协议中任何导致受保护系列的有限合伙人停止与该系列相关联的事件，其本身不应导致该有限合伙人停止与任何其他系列相关联或成为有限合伙企业的一般有限合伙人或导致受保护系列的终止，无论该有限合伙人是否是与该系列相关联的最后的有限合伙人。受保护系列的有限合伙人在发生以下任何一种情况时，应停止成为与该系列有关的有限合伙人，并有权行使与该系列有关的有限合伙人的任何权利或权力：

1. 有限合伙人根据本章第六百零三条的规定退出该系列；

2. 除非合伙协议中另有规定，有限合伙人转让他/她在该系列中的所有合伙权益。

（七）本章第六百零二条应适用于普通合伙人与之相关的任何受保护系列。受保护系列的普通合伙人应停止成为与该系列有关的普通合伙人，并在该系列的普通合伙人退出事件中，有权行使与该系列有关的任何权利或权力。除非合伙协议中另有规定，以下任何一个事件或合伙协议中导致受保护系列的普通合伙人不再与该系列有联系的事件，其本身不应导致该普通合伙人不再与任何其他系列有联系或不再是有限合伙企业的一般合伙人。

1. 普通合伙人根据本编本章第六百零二条的规定退出该系列；

2. 普通合伙人转让与该系列有关的所有普通合伙人的合伙权益。

（八）尽管有本章第六百零六条的规定，但在遵守本条第Ⅱ款第（九）项和第（十一）项的前提下，除非合伙协议中另有规定，在受保护系列的合伙人有权接受与该系列有关的分配时，该合伙人具有该系列债权人的地位，并有权获得与分配有关的所有补救措施。合伙协议可规定对受保护系列的分配和分红设立一个记录日期。

（九）尽管有本章第六百零七条第Ⅰ款的规定，有限合伙企业可以对受保护的系列进行分配。只要在分配时有限合伙企业不得对受保护系列的合伙人进行分配，在分配生效后，该系列的所有债务，除了因合伙人对该系列的合伙权益而产生的债务和债权人对该系列的特定财产的追索权的债务外。超过与该系列有关的资产的公允价值，但受制于债权人追索权有限的债务的该系列财产的公允价值应包括在与该系列有关的资产中，仅以该财产的公允价值超过该债务为限。就前一句而言，"分配"一词不应包括构成对现在或过去服务的合理补偿的金额，或在正常业务过程中根据善意的退休计划或其他福利计划支付的合理款项。受保护系列的有限合伙人如果在违反本款规定的情况下接受分配，并且在分配时知道该分配违反了本款规定，应向该系列负责分配的金额。受保护系列的有限合伙人，如果收到了违反本款规定的分配，并且在分配时不知道该分配违反了本款规定，则不应对该分配的金额负责。根据本章第七分章第六节第三条的规定，本款适用于根据本款对受保护系列的任何分配，本款不影响有限合伙人根据协议或其他适用法律对分配金额的任何义务或责任。

（十）在遵守本章第八百零一条的前提下，除非合伙协议另有规定，受保护的系列可以被终止，其事务可以清算，而不会导致有限合伙公司的解散。受保护系列的终止不应影响本款规定的对该系列的责任限制。受保护的系列被终止，其事务应在有限合伙企业根据本章第八百零一条解散时或在以下情况首次发生时被清算：

1. 在合伙协议中规定的时间。
2. 在合伙协议中规定的事件发生时。
3. 除非合伙协议中另有规定，经
（1）与该系列有关的所有普通合伙人，和
（2）与该系列有关有限合伙人投票或同意，这些合伙人拥有该系列所有有限合伙人当时的百分比或其他利润的三分之二以上。
4. 与该系列相关的普通合伙人退出的事件，除非当时至少有一个与该系列相关的其他普通合伙人，并且合伙协议允许与该系列相关的剩余普通合伙人继续开展该系列的业务，并且该合伙人也这样做了。但该系列不因任何退出事件而终止，也无须因任何退出事件而清算，如果
（1）在退出后九十天内或合伙协议规定的其他期限内，或者（A）如果合伙协议有规定，与该系列相关的剩余合伙人拥有的合伙协议中规定的该系列利润的当时百分比或其他权益同意或投票，继续该系列的业务并任命，自退出日期起生效。（B）如果合伙协议中没有规定同意或投票继续经营该系列有限合伙企业并为该系列指定一个或多个普通合伙人的权利，那么与该系列有关的其余合伙人所拥有的该系列利润中50%以上的当前百分比或其他权益，同意或投票继续经营该系列并指定。

(2) 该系列的业务根据合伙协议中规定的继续权继续进行，并在必要或需要的情况下，任命一名或多名与该系列有关的普通合伙人，从退出日期起生效。

5. 根据本条第Ⅱ款第（十二）项规定终止这种系列。

除非合伙协议中另有规定，在 2015 年 7 月 31 日或之前向州务卿提交了有限合伙证书原件并生效的有限合伙企业，应继续受本条、第（十）项第 3 目（2）和本条第（十）项第 4 目（2）的约束，并于 2015 年 7 月 31 日生效。［除了"书面形式"应从本条第（十）项第 4 目（2）中删除］。

（十一）尽管有本章第八百零三条第Ⅰ款的规定，除非合伙协议中另有规定，与受保护系列相关的普通合伙人，如果没有错误地终止该系列，或如果没有，与该系列相关的有限合伙人或与该系列相关的有限合伙人认可的人，在这两种情况下，由拥有该系列所有有限合伙人拥有的当时的利润百分比或其他权益的 50% 以上的有限合伙人，可以结束该系列的事务。但是，衡平法院在有理由的情况下，可以根据与该系列有关的任何合伙人、合伙人的个人代表或受让人的申请，对受保护系列的事务进行清算，并可就此指定清算托管人。清算受保护系列事务的人可以以有限合伙公司的名义，并为和代表有限合伙公司和该系列采取本章第八百零三条第Ⅱ款所允许的与该系列有关的所有行动。清算受保护系列事务的人，应按照本章第八百零四条的规定，对该系列的索赔和义务作出规定，并分配该系列的资产，该条应适用于受保护系列的清算和资产分配。根据本款采取的行动不应影响有限合伙人的责任，也不应将责任强加给清算托管人。除非合伙协议中另有规定，在 2015 年 7 月 31 日或之前向州务卿提交了有限合伙原始证书并生效的有限合伙企业，应继续受 2015 年 7 月 31 日生效的本款第一句话的约束。

（十二）在与受保护系列相关的合伙人提出申请或为其提出申请时，衡平法院可在按照合伙协议继续开展会导致该系列业务在合理情况下无法可行时，下令终止该系列。

（十三）就特拉华州法律的所有目的而言，"受保护系列"是一个协会，无论该系列的合伙人数量是多少。

Ⅲ. 如果按照本章第九百零二条的规定在特拉华州注册经营的外国有限合伙企业受合伙协议的约束，该协议建立或规定建立指定系列的有限合伙人、普通合伙人、合伙权益或资产，对外国有限合伙企业的特定财产或义务或与特定财产或义务相关的利润和损失具有独立的权力、权利或义务，则应在注册为外国有限合伙企业的申请中如此说明这一事实。此外，外国有限合伙企业应在该申请中说明，与某一特定系列有关的债务、责任和义务（如果有）是否只能针对该系列的资产或与该系列有关的普通合伙人强制执行，而不能针对外国有限合伙企业的一般资产、其任何其他系列或与该系列无关的普通合伙人。以及，与该外国有限合伙企业或其任何其他系列有关的任何债务、负债、义务和费用，是否可针对该系列的资产或与该系列相关的普通合伙人（不属于该外国有限合伙企业的普通合伙人或与其他系列相关的普通合伙人，视情况而定）执行。

第二百一十九条 对有限合伙企业转换的批准

Ⅰ. 在遵守本条规定的情况下，国内有限合伙企业可以转换为公司、法定信托、商业信托、协会、房地产投资信托、普通法信托或任何其他注册或非法人企业或实体，包括普通合伙企业（包括有限责任合伙企业）、外国有限合伙企业（包括外国有限责任合伙企业）或有限责任公司。

Ⅱ. 如果合伙协议规定了授权转换有限合伙企业的方式，则应按合伙协议的规定授权转换。如果合伙协议没有规定授权转换有限合伙企业的方式，也没有禁止转换有限合伙企业，则应按照合伙协议中规定的授权兼并或合并的方式来授权转换，该兼并或合并涉及有限合伙企业作为兼并或合并的组成方。如果合伙协议没有规定授权转换有限合伙企业或涉及有限合伙企业作为组成方的兼并或合并的方式，也没有禁止转换有限合伙企业，则转换应通过以下方式授权：

（一）所有普通合伙人，以及

（二）拥有所有有限合伙人所拥有的国内有限合伙企业当时的利润百分比或其他权益的50%以上的有限合伙人。

除非合伙协议中另有规定，在2015年7月31日或之前向州务卿提交了原始有限合伙证书并生效的有限合伙企业，应继续受2015年7月31日生效的本条第二款的约束。

Ⅲ. 除非另有约定，根据本条规定，国内有限合伙企业转换为另一实体或商业形式，不应要求该有限合伙企业根据本章第八百零三条的规定清算其事务，或根据本章第八百零四条的规定支付其债务和分配其资产，并且该转换不应构成该有限合伙企业的解体。当一个有限合伙企业根据本条规定转换为另一个实体或商业形式时，就特拉华州法律的所有目的而言，其他实体或商业形式应被视为与转换的有限合伙企业是同一个实体，并且转换应构成该有限合伙企业以该其他实体或商业形式的形式继续存在下去。

Ⅳ. 在根据本条规定将国内有限合伙企业转换为另一实体或商业形式时，被转换的国内有限合伙企业的权利或证券或利益可以交换或转换为现金、财产、权利或证券或国内有限合伙企业被转换为的实体或商业形式的利益，或者除此之外或作为替代，可以交换或转换为现金、财产、权利或证券或另一实体或商业形式的利益，可能仍未偿付或可能被取消。

Ⅴ. 如果一个有限合伙企业根据本条规定转换为根据特拉华州以外的司法管辖区的法律组织、形成或创建的另一个实体或商业形式，应根据本编本章第二百零四条执行的转换为非特拉华州实体的证书，并根据本章第二百零六条在州务卿办公室备案。转为非特拉华州实体的证书应说明：

（一）有限合伙企业的名称，如果已经变更，则为其最初提交的有限合伙证书的名称；

（二）向州务卿提交其有限合伙企业原始证书的日期；

（三）有限合伙企业应转换为的实体或商业形式在哪个司法管辖区组织、形成或创建，以及该实体或商业形式的名称；

（四）如果转换不是在提交转换为非特拉华州实体的证书时生效，则转换的未来生效日期或时间（应是一个确定的日期或时间）；

（五）该转换已按照本条规定获得批准；

（六）有限合伙企业同意在特拉华州的任何行动、诉讼或程序中，可向其送达诉讼文件，以强制执行该有限合伙企业在作为特拉华州的有限合伙企业时产生的任何义务，并且不可撤销地指定州务卿为其代理人，接受任何此类行动、诉讼或程序中的诉讼文件；

（七）本条第Ⅴ款第（六）项提到的程序副本由州务卿邮寄给它的地址。根据本条第Ⅴ款第（六）项的规定，可以通过电子传输的方式向州务卿送达程序，但只能按照州务卿的规定。州务卿被授权发布其认为必要或适当的关于此类服务的规则和条例。在根据本条款向州务卿送达时，应适用本章第九百一十一条第Ⅲ款第三条规定的程序，但任何此类行动、诉讼或程序中的原告应向州务卿提供本段规定的地址以及原告可能选择提供的任何其他地址。州务卿应按照本章第九百一十一条第Ⅲ款规定的程序，按照原告提供的所有这些地址，通知已经转换出特拉华州的有限合伙企业，同时提供该程序的副本。

Ⅵ. 在向州务卿办公室提交转换为非特拉华州实体的证书后，或在转换为非特拉华州实体的证书的未来生效日期或时间，以及向州务卿支付本章规定的所有费用后，该有限合伙企业将不再作为特拉华州的有限合伙企业存在。经州务卿认证的转换为非特拉华州实体的证书副本应是该有限合伙企业转换为特拉华州以外的表面证据。

Ⅶ. 根据本条规定，有限合伙企业从特拉华州转换出来，并由此根据转换为非特拉华州实体的证书停止其作为特拉华州有限合伙企业的存在，不应视为影响该有限合伙企业在这种转换之前产生的任何义务或责任，或任何人在这种转换之前产生的个人责任，也不应视为影响该有限合伙企业在这种转换之前产生的事项方面的适用法律选择。

Ⅷ. 当任何转换根据本条规定生效时，就特拉华州法律而言，已转换的有限合伙企业的所有权利、特权和权力，以及所有不动产、个人财产和混合财产，所有欠该有限合伙企业的债务，以及属于该有限合伙企业的所有其他事项和诉讼理由，应继续归属于该有限合伙企业所转换的其他实体或商业形式，并应成为该其他实体或商业形式的财产，通过契约或其他方式归属于该有限合伙企业的任何不动产的所有权不得因本章而恢复或以任何方式受到损害。但债权人的所有权利和对该有限合伙企业任何财产的所有留置权应不受影响，已转换的有限合伙企业的所有债务、负债和责任应继续附属于该有限合伙企业已转换的其他实体或商业形式，并可对其强制执行，其程度与上述债务、负债和责任最初是由其作为该其他实体或商业形式而产生或订立的相同。已转换的有限合伙企业的权利、特权、权力和财产利益，以及该有限合伙企业的债务、责任和义务，不应因转换而被视为已转移到该有限合伙企业所转换的其他实体或商业形式，以达到特拉华州法律的任何目的。

Ⅸ. 合伙协议可以规定，国内有限合伙企业不得拥有本条规定的转换权力。

第二百二十条　有限合伙企业的分立

Ⅰ. 在本章第二百零三条、第三百零一条和第一千二百零三条中使用：

（一）分立的合伙企业是指按照本条规定的方式进行分割的国内有限合伙企业。

（二）分立是指根据本条规定，将分立的合伙企业分立成两个或多个国内有限合伙企业。

（三）分立联系人是指与任何分立有关的特拉华州居民的自然人。在这种分立中的任何分立合伙企业、任何其他国内有限合伙企业或本编本章的二百一十一条中定义的其他商业实体，根据特拉华州的法律形成或组织，该分立联系人应自分立生效之日起保存分立计划的副本六年，并应遵守本条第Ⅶ款第（三）项。

（四）分立合伙企业是指分立后尚存的合伙企业（如果有），以及分立后产生的合伙企业。

（五）组织文件指国内有限合伙企业的有限合伙证书和合伙协议。

（六）结果合伙企业是指由于分立而形成的国内有限合伙。

（七）存续的合伙企业是指在分立后留存的分立合伙企业。

Ⅱ. 根据分立计划，任何国内有限合伙企业可以按照本条规定的方式，被分立成两个或更多的国内有限合伙企业。根据本条规定对国内有限合伙企业进行分立，并在适用的情况下，根据分立证书停止分立的合伙企业的存在，不应视为影响任何人（包括分立的合伙企业的任何普通合伙人）在该分立之前产生的个人责任，也不应视为影响分立的合伙企业在该分立之前产生的任何义务或债务的有效性或可执行性。但是，分立的合伙企业的义务和责任应分配给并归属于该分立的合伙企业，并且是有效的和可执行的义务，这些义务和责任已根据本条第Ⅻ款的规定，根据分立计划分配给这些合伙企业。在分割中产生的每个合伙企业都应按照本章和本条第Ⅸ款的要求组建。

Ⅲ. 如果分立合伙企业的合伙协议规定了采用分立计划的方式，应按合伙协议的规定。如果分立合伙企业的合伙协议没有规定采用分立计划的方式，也没有禁止分立有限合伙企业，则分立计划的采用方式应与合伙协议中规定的授权有限合伙企业作为兼并或合并的组成方进行兼并或合并的方式相同。如果分立合伙企业的合伙协议没有规定采用分立计划或授权涉及该有限合伙企业作为组成方进行兼并或合并的方式，也没有禁止分割该有限合伙企业，则应通过批准授权采用分立计划：

（一）由分立的合伙企业的所有普通合伙人；以及

（二）拥有该分立合伙企业利润的当时百分比或其他权益的50%以上的有限合伙人。

在任何情况下，分立计划的通过应要求在分立生效的日期或时间时仍是分立合伙企业的普通合伙人的人的批准。尽管有事先批准，但分立计划可以根据分割计划中的终止或修正条款进行终止或修正。

Ⅳ. 除非分立计划中另有规定，根据本条对国内有限合伙企业的分立不应要求该有限合伙企业根据本章第八百零三条清算其事务，或根据本章第八百零四条支付其债务和分配其资产，而且该分立不应构成该有限合伙企业的解散。

Ⅴ. 在根据本条进行分立时，分立的合伙企业的权利或证券或利益可以交换或转换为现金、财产、权利或证券，或幸存的合伙企业或任何产生的合伙企业的利益，或者，除此之外或作为替代，可以交换或转换为现金、财产、权利或证券，或不属于分立合伙企业的任何其他商业实体的利益，或者可以被取消或保持未完成（如果分立的合伙企业是一个幸存的合作企业）。

Ⅵ. 根据本条第Ⅲ款通过的分立计划：

（一）如果分立的合伙企业在分立中是幸存的合伙企业，可对其合伙协议进行任何修正；

（二）如果分立的合伙企业是存续的合伙企业，可以为其通过新的合伙协议；

（三）应为每个由此产生的合伙关系通过一份合伙关系协议。

对合伙协议的任何修订或为分割的合伙企业采用新的合伙协议（如果它是分立中存续的合伙企业），或根据前述句子为每个产生的合伙企业采用合伙协议，应在分立的有效时间或日期生效。对合伙协议的任何修订或为分立的合伙企业采用新的合伙协议，如果它是分立中幸存的合伙企业，应具有效力，尽管分立的合伙企业的合伙协议中有任何关于修订或采用新的合伙协议的规定，但根据其条款适用于修订合伙协议或采用新的合伙协议的规定除外，在这两种情况下，与分立、兼并或合并有关。

Ⅶ. 如果国内有限合伙企业根据本条规定进行分立，分立的合伙企业应通过分立计划，其中应规定：

（一）分立的条款和条件，包括：

1. 将分立合伙企业的合伙权益转换或交换为任何分立合伙企业的合伙权益或其他证券或义务，或转换为任何其他商业实体或国内有限合伙的现金、财产或权利、证券或义务，或非分立合伙企业的权益，或分立合伙企业的合伙权益应保持未决或被取消，或上述的任何组合；及

2. 分立合伙企业的资产、财产、权利、系列、债务、负债和义务在分割合伙企业之间的分配。

（二）所产生的每个合伙企业的名称，如果分立的合伙企业将在分割后继续存续，则为存续合伙企业的名称；

（三）分立联系人的姓名和工作地址，该联系人应保管分立计划的副本。分立联系人，或任何继任的分立联系人，应在分立生效后的六年内任职。在这六年期间，部门联系人应在收到分立联络人的书面请求后三十天内，免费向分立合伙企业的任何债权人提供该债权人的债权根据分立计划被分配到的分立合伙企业的名称和营业地址；以及

（四）分立合伙企业决定纳入其中的任何其他事项。

Ⅷ. 如果国内有限合伙企业根据本条规定进行分立，分立的合伙企业应根据本章第二百零四条的规定，向州务卿办公室提交一份由分立合伙企业的至少一名普通合伙人代表该分立合伙企业签署的分立证书，并根据本编本章第二百零四条的规定，为每个产生的合伙企业提交一份符合本章第二百零一条的有限合伙企业证书，由该产生合伙企业的所有普通合伙人签署。分立证书应说明：

（一）分立合伙企业的名称，如果变更，还包括最初提交有限合伙企业证书的名称，以及分立合伙企业是否为存续合伙企业；

（二）分立合伙企业向州务卿提交有限合伙企业原始证书的日期；

（三）每个分立合伙企业的名称；

（四）本条第Ⅶ款第（三）项要求的部门联系人的姓名和业务地址；

（五）如果分立不在提交分立证书时生效，则为未来生效日期或时间（应是一个确定的日期或时间）；

（六）分立已按照本条规定获得批准；

（七）分立计划在其中规定的该分立合伙企业的营业地点存档，并应说明其地址；

（八）分立计划的副本将由其中规定的分立合伙企业应要求免费提供给分立合伙企业的任何合伙人；

（九）分立合伙企业决定纳入其中的任何其他信息。

IX. 本条第VIII款所要求的分立证书和每个产生的合伙企业的有限合伙证书应同时提交给州务卿办公室，如果这些证书没有按照本章第二分章第六节第二条的规定在提交时生效，那么每个此类证书应按照本章第二百零六条第II款规定相同的生效日期或时间。在分立生效的同时，所产生的每个合伙企业的合伙协议也应生效。

X. 对于不属于存续合伙企业的分立合伙企业，分立证书应作为注销证书使用。

XI. 合伙协议可以规定，国内有限合伙企业不得拥有本条规定的分立权力。

XII. 国内有限合伙企业的分立生效后：

（一）分立的合伙企业应被分立为分立计划中指定的不同的、独立的结果合伙企业，如果分立的合伙企业不是存续的合伙企业，分立的合伙企业应停止存在。

（二）为了特拉华州法律的所有目的，分立合伙企业的所有权利、特权和权力、所有财产，包括不动产、个人财产和混合财产，以及无论以何种理由欠下的所有债务，以及属于它的所有其他事物和其他诉讼理由，无须进一步行动，应按分立计划中规定的方式、基础和效果分配给适用的分立合伙企业并归其所有，分配给任何分立合伙企业并归其所有的任何不动产或其中的权益不得因分立而恢复或受到任何损害。

（三）每个分立的合伙企业在分立证书生效后，应作为一个独立的国内有限合伙企业对分立的合伙企业的债务、负债和义务负责，这些债务、负债和义务是根据分割计划，以本条第VII款第（一）项规定的方式和基础分立给该分立的合伙企业。

（四）分立的合伙企业的每项债务、责任和义务，无须采取进一步行动，即应分配给分立计划中指定的、有此类债务、责任和义务的分立合伙企业，并成为其债务、责任和义务，其方式、基础和效果如分立计划中规定的那样，其他分立合伙企业不应为此负责，只要分立计划根据适用法律不构成欺诈性转让。分立合伙企业任何财产上的所有留置权应不受影响，分立合伙企业的所有债务、责任和义务应继续附属于分立计划中已分配到的分立合伙企业，并可对该分立合伙企业强制执行，其程度与上述债务、责任和义务最初是由其以国内有限合伙企业的身份产生或订立的相同。

（五）如果有管辖权的法院认定，根据分立计划向分立的合伙企业分配的任何资产、债务、责任和义务构成欺诈性转移，尽管分立计划中进行了分配，但每个分立的合伙企业应就这种欺诈性转移承担连带责任；但是，分立的有效性和效力不会因此受到影响。

（六）未被分立计划分配的分立合伙企业的债务和负债应是所有分立合伙企业的共同和个别债务和负债。

（七）分立计划没有必要列出分立合伙企业将分配给分立合伙企业的每一项资产、财产、权利、系列、债务、负债或责任，只要通过任何方法合理地确定所分配的资产、财产、权利、系列、债务、负债或责任，而这些资产、财产、权利、系列、债务、负债或责任的身份可以客观确定。

（八）根据分立计划分配给分立合伙企业的分立合伙企业的权利、特权、权力和财产利益，以及根据分立计划分配给该分立合伙企业的分立合伙企业的债务、负债和义务，应继续归属于每个该分割合伙企业，并且不应由于分立的结果而被视为在特拉华州法律的任何方面已经转让或转移给该分立合伙。

（九）任何针对分立的合伙企业的未决诉讼或程序，可以继续针对尚存的合伙企业，就像没有发生分立一样，但要遵守本条第XII款第（四）项的规定，并针对与该诉讼或程序有关的资产、财产、权利、系列、债务、责任或义务根据分立计划被分配给的任何结果合伙企业，增加或取代该结果合伙企业作为诉讼或程序的一方。任何针对分立的合伙企业的普通合伙人的未决诉讼或程序，可以继续针对该普通合伙人，就像没有发生分立一样，以及针对与该诉讼或程序相关的资产、财产、权利、系列、债务、责任或义务是根据分立计划分配的任何结果合伙企业的普通合伙人，增加或替代该普通合伙人作为诉讼或程序的一方。

XIII. 在适用本章关于分配的规定时，就本章而言，在分立中对财产或债务的直接或间接划分不被视为一种分配。

ⅩⅣ．本条的规定不应解释为限制通过合伙协议、其他协议中规定的任何其他方式、本章允许的其他方式或法律允许的其他方式来完成分立。

ⅩⅤ．所有在2019年8月1日或之后成立的有限合伙企业，应受本条约束。所有在2019年8月1日之前成立的有限合伙企业，应受本条约束；但如果分立的合伙企业是2019年8月1日之前签订的任何书面合同、契约或其他协议的一方，根据其条款，限制、条件或禁止分立的合伙企业与另一方完成兼并或合并，或分立的合伙企业向另一方转让资产，那么这种限制、条件或禁止应视为适用于分立，如同兼并、合并或转让资产（如适用）。

第二百二十一条　有限合伙人、普通合伙人、合伙权益或资产的注册系列

Ⅰ．如果合伙协议规定建立或形成一个或多个系列，那么可以通过遵守本条来形成注册系列。合伙协议在引用系列时不需要使用"注册"一词，也不需要提及本条，在合伙协议中引用注册系列，包括由受保护系列转换为注册系列而产生的注册系列，可以继续引用本章第二百一十八条，该引用应被视为对该注册系列的引用。注册系列是通过在州务卿办公室提交注册系列证书而形成的。

Ⅱ．本条第Ⅲ款中提及的注册系列债务限制通知应载于有限合伙企业的有限合伙企业证书。有限合伙企业证书中关于本条第Ⅲ款所提及的注册系列债务限制的通知，就本款的所有目的而言，应是充分的，无论该有限合伙企业在有限合伙企业证书中包含该通知时是否已形成任何注册系列，并且不应要求

（1）在该通知中提及该有限合伙企业的任何特定注册系列；

（2）此类通知在提及系列时使用"注册"一词或包括对本条的提及；

（3）如果有限合伙企业的证书中提到了本编本章第二百一十八条，则应予以修订。在拥有一个或多个注册系列的有限合伙企业的有限合伙证书中，对本编本章第二百一十八条的任何提及应被视为对该注册系列的提及。

载有前述系列债务限制通知的有限合伙企业证书在州务卿办公室存档

的事实，应构成对注册系列债务限制的通知。

Ⅲ. 尽管本章或其他适用法律有任何相反的规定，如果为一个注册系列保持的记录将与该系列相关的资产与有限合伙企业或其任何其他系列的其他资产分开核算，那么与该系列相关的债务、负债、义务和费用，只能针对该系列的资产或与该系列相关的普通合伙人执行，而不能针对有限合伙企业的一般资产。除非合伙协议中另有规定，否则与一般有限合伙企业或其任何其他系列有关的债务、负债、义务和费用，均不得针对该系列的资产或与该系列有关的、不属于一般有限合伙企业的普通合伙人或与其他系列有关的普通合伙人（视情况而定）的普通合伙人执行。前面的句子以及合伙协议、有限合伙企业证书或注册系列证书中的任何规定，均不得：

（一）受建立或规定建立一个或多个系列的合伙协议管辖的有限合伙企业，应至少有一名一般合伙企业的普通合伙人和至少一名与每个注册系列有关的普通合伙人。如果合伙协议没有指定某个注册系列的普通合伙人，那么一般来说，有限合伙公司的每个普通合伙人应被视为与该系列相关的普通合伙人。如果合伙协议没有指定有限合伙企业的普通合伙人，那么不与某一注册系列或受保护系列相关的有限合伙企业的每个普通合伙人应被视为有限合伙企业的普通合伙人，但如果没有这样的普通合伙人，那么有限合伙企业的每个普通合伙人应被视为有限合伙企业的普通合伙人。根据本章规定，有限合伙企业的普通合伙人和与注册系列相关的普通合伙人都是该有限合伙企业的普通合伙人。根据本章规定，一般的有限合伙企业的有限合伙人和与注册系列相关的有限合伙人是该有限合伙企业的有限合伙人。同一个人可以是该有限合伙企业的普通合伙人，也可以与任何或所有注册系列相关联。同一人可以是该有限合伙企业的一般有限合伙人，并与任何或所有的注册系列相关联。

（二）注册系列可以开展任何合法的业务、目的或活动，无论是否以营利为目的，但第八编第一百二十六条中定义的银行业务除外。除非合伙协议中另有规定，否则注册系列应具有权力和能力，以自己的名义签订合同，持有资产（包括不动产、个人和无形财产）的所有权，授予留置权和担保权益，以及起诉和被起诉。

（三）注册系列的有限合伙人不对该系列的义务负责，除非该有限合伙人也是该系列的普通合伙人，或者除了行使该系列有限合伙人的权利和权力外，该有限合伙人还参与了该系列业务的控制。如果一个注册系列的有限合伙人参与控制该系列的业务，该有限合伙人只对与该系列进行交易的人负责，因为根据该有限合伙人的行为，有理由相信该有限合伙人是该系列的普通合伙人。尽管有前句的规定，根据合伙协议或其他协议，一个注册系列的有限合伙人可以同意对一个或多个注册系列的任何或全部债务、义务和责任承担个人责任。

（四）有限合伙人可以拥有或行使任何权利和权力，或以本章第三百零三条所允许的一种或多种身份行事或尝试行事，对于有限合伙企业和任何系列，不参与控制有限合伙企业的业务或本章第三百零三条第Ⅰ款所指的任何系列。合伙协议可规定与注册系列相关的普通合伙人或有限合伙人的类别或群体，具有合伙协议可能规定的相对权力、权利和义务，并可规定未来以合伙协议规定的方式创建与该系列相关的额外普通合伙人或有限合伙人的类别或群体，具有可能不时建立的相对权力、权利和义务，包括优先于与该系列相关的现有普通合伙人或有限合伙人类别和群体的权力、权利和义务。合伙协议可规定采取某种行动，包括修订合伙协议，而无须任何普通合伙人或有限合伙人或普通合伙人或有限合伙人的类别或群体的投票或批准，包括根据合伙协议的规定创建一个以前未发行的注册系列合伙权益的类别或群体的行动。合伙协议可以规定，任何有限合伙人或与注册系列相关的类别或群体的有限合伙人不享有投票权。

（五）合伙协议可授予所有或某些已确定的普通合伙人或有限合伙人，或与某一注册系列相关的特定类别或有限合伙人，就任何事项单独或与该系列相关的所有或任何类别的普通合伙人或有限合伙人一起投票的权利。与注册系列相关的普通合伙人或有限合伙人的投票权可以按人均、数量、经济利益、类别、群体或任何其他基础进行。

（六）本章第六百零三条应适用于与该有限合伙人有关联的任何注册系列的有限合伙人。除非合伙协议中另有规定，本条或合伙协议中任何导致注册系列的有限合伙人停止与该系列相关联的事件，其本身不应导致该有限合伙人停止与任何其他系列相关联或成为有限合伙企业的一般有限合伙人，或导致注册系列的解散，无论该有限合伙人是否是与该系列相关联的最后的有限合伙人。一个注册系列的有限合伙人在发生以下任何一种情况时，应停止成为与该系列有关的有限合伙人，并有权行使与该系列有关的有限合伙人的任何权利或权力。

1. 有限合伙人根据本章第六百零三条的规定退出该系列；

2. 除非合伙协议中另有规定，有限合伙人转让他/她在该系列中的所有合伙权益。

（七）本章第六百零二条应适用于普通合伙人与之相关的任何注册系列的普通合伙人。一个注册系列的普通合伙人应停止成为与该系列有关的普通合伙人，并在该系列的普通合伙人退出的事件中有权行使与该系列有关的任何权利或权力。除非在合伙协议中另有规定，以下任何一个事件或合伙协议中的任何一个事件导致注册系列的普通合伙人停止与该系列的联系，其本身不应导致该普通合伙人停止与任何其他系列的关联或成为有限合伙公司的一般合伙人：

1. 普通合伙人根据本章第六百零二条的规定退出该系列；

2. 普通合伙人转让与该系列有关的所有普通合伙人的合伙权益。

（八）尽管有本章第六百零六条的规定，但在遵守本条第Ⅲ款的第（九）项和第（十一）项的前提下，除非合伙协议中另有规定，在注册系列的合伙人有权接受与该系列有关的分配时，该合伙人具有该系列债权人的地位，并有权获得与该分配有关的所有补救措施。合伙协议可以规定建立一个有关注册系列分配和分发的记录日期。

（九）尽管有本章第六百零七条的第Ⅰ款的规定，有限合伙公司可以对注册系列进行分配。只要在分配时，有限合伙公司不得对注册系列的合伙人进行分配。在分配生效后，该系列的所有负债（不包括因其在该系列的合伙权益而对合伙人的负债和债权人对该系列的特定财产的追索权有限的负债）超过与该系列相关的资产的公允价值，但该系列财产的公允价值如受制于债权人追索权有限的负债，应仅以该财产的公允价值超过该负债为限计入与该系列相关的资产。就前一句而言，"分配"一词不应包括构成对现在或过去服务的合理补偿的金额，或在正常业务过程中根据真实的退休计划或其他福利计划支付的合理款项。一个注册系列的有限合伙人，如果在违反本款规定的情况下接受分配，并且在分配时知道该分配违反了本款规定，则应向该系列负责分配的金额。一个注册系列的有限合伙人，如果收到了违反本款的分配，并且在分配时不知道该分配违反了本款，则不应承担分配金额的责任。根据有本章第六百零七条第Ⅲ款的规定，本款适用于根据本款对注册系列进行的任何分配，不应影响有限合伙人根据协议或其他适用法律对分配金额的任何义务或责任。

（十）在遵守本章第八百零一条的前提下，除非合伙协议另有规定，注册系列可以在不导致有限合伙企业解散的情况下解散并清算其事务。注册系列的解散不应影响本款规定的该系列的债务限制。在根据本章第八百零一条规定解散有限合伙企业时，或在以下情况首次发生时，注册系列被解散，其事务应被清算：

1. 在合伙协议中规定的时间；
2. 在合伙协议中规定的事件发生时；
3. 除非合伙协议中另有规定，经
（1）与该系列有关的所有普通合伙人，和
（2）与该系列有关的有限合伙人的投票或同意，他们拥有与该系列有关的所有有限合伙人所拥有的该系列当时的利润百分比或其他权益的三分之二以上。

4. 与该系列有关的普通合伙人退出的事件，除非当时至少还有一个与该系列有关的普通合伙人，而且合伙协议允许与该系列有关的剩余普通合伙人继续经营该系列的业务，并且该合伙人也这样做了。但该系列不因任何退出事件而解散，也不需要因任何退出事件而清算，如果

（1）在退出后的九十天内或合伙协议中规定的其他期限内，要么（A）如果合伙协议有规定，与该系列有关的其余合伙人所拥有的合伙协议中规定的该系列利润的当时百分比或其他权益，同意或投票继续该系列的业务，并在必要或需要时为该系列指定一个或多个额外的普通合伙人，从退出日期起生效；要么（B）如果合伙协议中没有规定同意或投票继续经营该系列有限合伙企业并为该系列指定一个或多个普通合伙人的权利，那么与该系列有关的其余合伙人所拥有的该系列利润的当时百分比或其他权益的50%以上，同意或投票继续经营该系列，并在必要或需要时为该系列指定一个或多个普通合伙人，自退出之日起生效。或者

（2）根据合伙协议中规定的继续经营权，继续经营该系列的业务，并在必要或需要的情况下，任命一名或多名与该系列有关的普通合伙人，从退出之日生效。

5. 根据本条第Ⅲ款第（十二）项解散此类系列。

（十一）尽管有本章第八百零三条的规定，除非合伙协议中另有规定，与注册系列相关的普通合伙人，如果没有错误地解散该系列；或如果没有与该系列相关的有限合伙人，或与该系列相关的有限合伙人认可的人，在这两种情况下，拥有该系列所有有限合伙人拥有的当时百分比或其他利益50%以上的有限合伙人，可以清算该系列的事务。但是，衡平法院在有理由的情况下，可以根据与该系列有关的任何合伙人、合伙人的个人代表或受让人的申请，对注册系列的事务进行清算，并可就此任命清算托管人。清算注册系列事务的人可以以有限合伙公司的名义，为并代表有限合伙公司和该系列采取本章第八百零三条第Ⅱ款所允许的与该系列有关的所有行动。清算注册系列事务的人，应按照本章第八百零四条的规定，对该系列的债权和义务作出规定，并分配该系列的资产，该条应适用于注册系列的清算和资产分配。根据本款规定采取的行动不应影响有限合伙人的责任，也不应将责任强加给清算托管人。

（十二）在与注册系列有关的合伙人提出申请或为其提出申请时，衡平法院可在按照合伙协议继续开展该系列的业务无法合理可行的情况下，下令解散该系列。

（十三）就特拉华州法律的所有目的而言，注册系列是一个协会，无论该系列的合伙人数量如何。

Ⅳ. 为了形成有限合伙企业的注册系列，必须按照本款规定提交注册系列证书：

（一）一份注册系列的证书。

1. 应规定：

（1）有限合伙公司的名称；

（2）注册系列的名称；

（3）注册系列的每个普通合伙人的姓名和业务、住所或通信地址。

2. 可包括该注册系列的合伙人决定列入的任何其他事项。

（二）注册系列证书应根据本章第二百零四条的规定执行，并应根据本编第二百零六条的规定在州务卿办公室备案。除非注册系列证书中规定了一个较晚的生效日期或时间（应是一个确定的日期或时间），否则注册系列证书应自该备案的有效时间起生效。注册系列证书不是对有限合伙企业的有限合伙证书的修订。在州务卿办公室提交注册系列证书后，就没有必要根据本编第三十一章提交任何其他文件。

（三）注册系列证书的修订是通过向州务卿办公室提交其修订证书来进行的。注册系列证书的修订证书应载明：

1. 有限合伙公司的名称；

2. 注册系列的名称；

3. 对注册系列证书的修正。

（四）一个注册系列的普通合伙人如果意识到就该注册系列提交的注册系列证书中的任何陈述在作出时是虚假的，或者其中描述的任何事项发生了变化，使该注册系列证书在任何重大方面是虚假的或不符合本条第Ⅴ款第（一）项的规定，应立即修改该注册系列的证书。

（五）尽管有本条第Ⅳ款第（四）项的要求，在以下任何事件发生后的九十天内，该注册系列的普通合伙人应提交对注册系列证书的修正，以反映该事件的发生情况：

1. 接纳新的普通合伙人加入该注册系列；

2. 该注册系列的普通合伙人的退出；

3. 注册系列名称的改变。

（六）注册系列的证书可以在任何时候为任何适当的目的进行修改。

（七）除非本章另有规定，或除非注册系列证书的修订证书中规定了一个较晚的生效日期或时间（应是一个确定的日期或时间），注册系列证书的修订证书应在其提交给州务卿时生效。

（八）符合以下情形时，注册系列的证书应被注销：注册系列的证书中指定的有限合伙公司的有限合伙证书被注销时；在提交注册系列的注销证书时；在注册系列注销证书的未来生效日期或时间；符合本章第一千一百一十条第二款的规定；在提交注册系列的合并证书时（如果注册系列不是合并中续存或产生的注册系列）；在注册系列的合并证书的未来生效日期或时间（如果注册系列不是合并中续存或产生的注册系列）；在提交注册系列转换为受保护系列的证书时，在注册系列转换为受保护系列的证书的未来生效日期或时间。注册系列证书的注销证书可以在任何时间提交，并应提交到州务卿办公室，以便在注册系列证书被提交后，解散注册系列并完成清算后，完成对该注册系列证书的注销。登记系列证书注销证明应当载明：

1. 有限合伙企业的名称；

2. 注册系列的名称；

3. 注册系列证书的提交日期；

4. 如果不在提交注销证书时生效，则注销的未来生效日期或时间（应是确定的日期或时间）；

5. 提交注销注册系列证书的人确定的任何其他信息。

（九）在一个注册系列的解散或完成清算之前提交给州务卿办公室的注册系列证书的注销证书，可以通过向州务卿办公室提交根据本章第二百一十三条对该注册系列证书的注销证书的更正，作为一个错误执行的注册系列证书的注销证书进行更正。

（十）如果一个注册系列的证书被注销，或者该有限合伙企业不再具有良好的信誉，州务卿将不颁发有关该注册系列的良好信誉证书。

V. 每个注册系列的名称，如其注册系列证书中所规定的：

（一）应以有限合伙企业的名称开头，包括本章第一百零二条要求的任何单词、缩写或名称。

（二）可能包含有限合伙人或普通合伙人的名字；

（三）必须使其在州务卿办公室的记录中与任何根据特拉华州法律保留、注册、形成或组织的公司、合伙企业、有限合伙企业、法定信托、有限责任公司、有限责任公司的注册系列或有限合伙企业的注册系列的名称相区别，或有资格在特拉华州经营或注册为外国公司、外国有限合伙企业、外国法定信托、外国合伙企业或外国有限责任公司。但是，一个注册系列可以用任何名称注册，而该名称不能使其在州务卿办公室的记录中与下列公司的记录中的名称相区别：任何国内或国外公司、合伙企业、法定信托、有限责任公司、有限责任公司的注册系列、有限合伙公司的注册系列；外国有限合伙企业根据特拉华州的法律保留、注册、形成或组织，并得到其他公司、合伙企业、法定信托、有限责任公司、注册系列的有限责任公司、注册系列的有限合伙企业的书面同意；或外国有限合伙。书面同意应提交给州务卿。

（四）可包含以下词语：公司、协会、俱乐部、基金会、基金、研究所、协会、联盟、企业联合组织、有限公司、公共利益或信托（或类似的缩写）；

（五）不得包含"银行"一词或其任何变体，除非是向本州银行专员报告并受其监督的银行或银行或储蓄协会的子公司（这些术语在《联邦存款保险法》（经修订）美国法典第十二编第一千八百一十三条中定义），或受《1956年银行控股公司法》（经修订）美国法典第十二编第一千八百四十一条及以下条款监管的有限合伙人的名字，或经修订的《住宅所有者贷款法》，美国法典第十二编第一千四百六十一条等。在明显不涉及银行业务或在其他方面可能误导公众对有限合伙企业或注册系列的业务性质，或导致可能对公众或由国务院公司处确定的本州利益造成损害的滥用模式和做法的情况下，本节不得解释为阻止"银行"一词或其任何变体的使用。

第二百二十二条 批准国内有限合伙企业的受保护系列转换为该国内有限合伙企业的注册系列

Ⅰ．通过遵守本条并根据本编本章第二百零六条在州务卿办公室备案，国内有限合伙企业的受保护系列可以转换为该国内有限合伙企业的注册系列：

（一）根据本章第二百零四条执行的受保护系列转换为注册系列的证书；

（二）根据本章第二百零四条规定执行的注册系列证书。

本条所要求的每份证书应同时提交给州务卿办公室，如果这些证书没有按照本章第二百零六条第Ⅱ款的规定在提交时生效，那么每份证书应按照本章第二百零六条第Ⅱ款的要求规定相同的生效日期或时间。

除根据本章第二百二十二条的规定外，现有系列不得成为注册系列。

Ⅱ．如果合伙协议规定了授权将该有限合伙企业的受保护系列转换为该有限合伙企业的注册系列的方式，则应按合伙协议的规定进行授权。如果合伙协议没有规定授权将该有限合伙企业的受保护系列转换为该有限合伙企业的注册系列的方式，并且没有禁止将受保护系列转换为注册系列，则该转换应通过批准授权：

（一）由与该受保护系列有关的所有普通合伙人；以及

（二）由拥有与该系列相关的所有有限合伙人所拥有的该受保护系列利润的当时百分比或其他权益的50%以上的有限合伙人所拥有。

在任何情况下，将有限合伙企业的受保护系列转换为该有限合伙企业的注册系列，也应得到在该转换生效日期或时间是与该注册系列有关的普通合伙人的任何人的批准。

Ⅲ．除非另有约定，根据本条规定，有限合伙企业的受保护系列转换为该有限合伙企业的注册系列，不应要求该有限合伙企业或该有限合伙企业的受保护系列根据本编本章第八百零三条或本章第二百一十八条清算其事务或根据本章第八百零三条或本章第二百一十八条支付其债务和分配其资产，并且有限合伙企业的受保护系列转换为该有限合伙企业的注册系列不应构成该有限合伙企业的解散或该受保护系列的终止。当一个有限合伙企业的受保护系列根据本条转换为该有限合伙企业的注册系列时，就特拉华州法律的所有目的而言，注册系列应被视为与转换的受保护系列相同的系列，并且该转换应构成受保护系列以该注册系列的形式存在的延续。

Ⅳ．根据本条规定，在将有限合伙企业的受保护系列转换为该有限合伙企业的注册系列时，被转换的受保护系列的权利或证券或利益可以交换或转换为现金、财产、权利或证券或被转换的受保护系列的利益，或者除此之外或作为替代，可以交换或转换为现金、财产、权利或证券或任何其他商业实体的利益，可能仍未偿付或可能被取消。

Ⅴ．如果受保护系列按照本条规定转换为注册系列，应按照本章第二百零四条的规定在州务卿办公室提交一份受保护系列转换为注册系列的证书。受保护系列转换为注册系列的证书应说明：

（一）有限合伙企业的名称，如果已经变更，则为其最初提交的有限合伙证书的名称；

（二）受保护系列的名称，如果已经改变，则为最初建立的受保护系列的名称；

（三）根据本条第Ⅰ款提交的注册系列证书中所列的注册系列的名称；

（四）有限合伙企业的有限合伙证书原件在州务卿处备案的日期；

（五）受保护系列成立的日期；

（六）如果转换不是在提交受保护系列转换为注册系列的证书时生效，则转换的未来生效日期或时间（应是一个确定的日期或时间）；

（七）该转换已按照本条规定获得批准。

Ⅵ．经州务卿认证的受保护系列转换为注册系列的证书副本应作为该受保护系列转换为该有限合伙企业的注册系列的初步证据。

Ⅶ. 当任何转换根据本条规定生效时，就特拉华州的法律而言，已转换的受保护系列的所有权利、特权和权力，以及所有不动产、个人财产和混合财产，以及属于该受保护系列的所有债务，以及所有其他事物和诉讼事由，应继续归属于该受保护系列转换的注册系列，并应成为该注册系列的财产，通过契约或其他方式归属于该受保护系列的任何不动产的所有权不应由于本章的原因而恢复或以任何方式受到损害。但债权人的所有权利和对该受保护系列的任何财产的所有留置权应不受损害，已转换的受保护系列的所有债务、负债和责任应继续附属于该受保护系列所转换的注册系列，并可对其强制执行，其程度与上述债务、负债和责任最初是由其作为该注册系列而产生或签订的相同。就特拉华州法律而言，已转换的受保护系列的权利、特权、权力和财产利益，以及该受保护系列的债务、责任和义务，不应因转换而被视为已转移到该有限合伙公司的该受保护系列所转换的注册系列中。

Ⅷ. 合伙协议可以规定，有限合伙企业的受保护系列无权转换为本条规定的该有限合伙企业的注册系列。

第二百二十三条　批准国内有限合伙企业的注册系列转换为该国内有限合伙企业的保护系列

Ⅰ. 在遵守本条规定的情况下，国内有限合伙企业的注册系列可以转换为该国内有限合伙企业的受保护系列。除非根据本条规定，现有的注册系列不得成为受保护的系列。

Ⅱ. 如果合伙协议规定了授权将该有限合伙企业的注册系列转换为该有限合伙企业的受保护系列的方式，则应按照合伙协议的规定授权将注册系列转换为受保护系列。如果合伙协议没有规定授权将该有限合伙企业的注册系列转换为该有限合伙企业的受保护系列的方式，并且没有禁止将注册系列转换为受保护系列，则该转换应通过批准授权：

（一）由与该注册系列相关的所有普通合伙人；以及

（二）由拥有与该保护系列相关的所有有限合伙人所拥有的该注册系列利润的当时百分比或其他权益的50%以上的有限合伙人。

在任何情况下，将有限合伙企业的注册系列转换为该有限合伙企业的受保护系列，也应得到在该转换生效日期或时间是与该受保护系列相关的普通合伙人的批准。

Ⅲ. 除非另有约定，根据本条规定，有限合伙企业的注册系列转换为该有限合伙企业的受保护系列，不应要求该有限合伙企业或该有限合伙企业的注册系列根据本章第八百零三条或第二百二十一条清算其事务或根据本章第八百零四条或第二百二十一条支付其债务和分配其资产，并且有限合伙企业的注册系列转换为该有限合伙企业的受保护系列不应构成该有限合伙企业或该注册系列的解散。当一个有限合伙企业的注册系列根据本条规定转换为该有限合伙企业的受保护系列时，就特拉华州法律的所有目的而言，受保护系列应被视为与转换的注册系列相同的系列，并且该转换应构成注册系列以该受保护系列的形式继续存在下去。

Ⅳ. 根据本条规定，在将有限合伙企业的注册系列转换为该有限合伙企业的受保护系列时，被转换的注册系列的权利或证券或权益可以交换或转换为现金、财产、权利或证券或注册系列被转换为的受保护系列的权益，或者，除此之外或作为替代，可以交换或转换为现金、财产、权利或证券或任何其他商业实体的权益，可能仍未偿付或可能被取消。

Ⅴ. 如果根据本条规定，注册系列应转换为受保护系列，则应根据本章第二百零四条执行的注册系列转换为受保护系列的证书，并根据本章第二百零六条在州务卿办公室备案。注册系列转换为受保护系列的证书应说明：

（一）有限合伙企业的名称，如果已经变更，则为其最初提交的有限合伙证书的名称；

（二）有限合伙企业的有限合伙企业证书原件向州务卿提交的日期；

（三）注册系列的名称，如果它已被改变，其注册系列证书最初提交的名称；

（四）其注册系列的原始证书向州务卿提交的日期；

（五）如果转换不是在提交注册系列转换为受保护系列的证书时生效，则转换的未来生效日期或时间（应是一个确定的日期或时间）；

（六）该转换已按照本条规定获得批准。

Ⅵ. 经州务卿认证的注册系列转换为受保护系列的证书副本，应作为该注册系列转换为该有限合伙企业的受保护系列的初步证据。

Ⅶ. 当任何转换根据本条规定生效时，就特拉华州的法律而言，已转换的注册系列的所有权利、特权和权力，以及所有不动产、个人财产和混合财产，以及该注册系列的所有债务，以及属于该注册系列的所有其他事物和诉讼事由，应继续归属于该注册系列所转换的受保护系列，并应成为该受保护系列的财产，通过契约或其他方式归属于该注册系列的任何不动产的所有权不应由于本章的原因而恢复或受到任何损害。但债权人的所有权利和对该注册系列的任何财产的所有留置权应不受损害，已转换的注册系列的所有债务、负债和责任应继续附属于该注册系列所转换的受保护系列，并可对其强制执行，其程度与上述债务、负债和责任最初是由其作为该受保护系列而产生或订立的相同。就特拉华州法律而言，已转换的注册系列的权利、特权、权力和财产利益，以及该注册系列的债务、负债和义务，不应视为因转换的结果而转移到该有限合伙企业的该注册系列所转换的受保护系列中。

Ⅷ. 合伙协议可以规定，有限合伙企业的注册系列无权转换为本条规定的该有限合伙企业的保护系列。

第二百二十四条　注册系列的兼并和合并

Ⅰ. 根据兼并或合并协议，一个或多个注册系列可与同一有限合伙企业的一个或多个其他注册系列合并，或与之整合，协议中规定的注册系列为存续或产生的注册系列。除非合伙协议中另有规定，兼并或合并协议应被批准：

（一）由与每个此类注册系列相关的所有普通合伙人；以及

（二）由拥有与该系列相关的所有有限合伙人所拥有的每个此类注册系列利润的当时百分比或其他权益的50%以上的有限合伙人。

在本协议项下的兼并或合并中，作为兼并或合并的组成方的注册系列的权利或证券，或其利益可以交换或转换为存续或产生的注册系列的现金、财产、权利或证券，或其利益，或者，除此之外，或作为替代，可以交换或转换为现金、财产、权利或证券，或其利益，而该国内有限合伙人或其他商业实体在兼并或合并中不是存续或产生的注册系列，可以保持未偿还状态或可以被取消。尽管有事先的批准，兼并或合并协议仍可根据兼并或合并协议中的终止或修正条款进行终止或修正。

Ⅱ. 如果一个注册系列根据本条规定进行合并，在合并中存续或产生的注册系列应在州务卿办公室提交一份根据本章第二百零四条执行的注册系列兼并或合并证书。注册系列的兼并或合并证书应说明：

（一）将要合并的每个注册系列的名称以及组成该注册系列的有限合伙企业的名称。

（二）兼并或合并的协议已被批准，并由将要合并的每个注册系列或其代表执行。

（三）存续或产生的注册系列的名称。

（四）如果有的话，对存续的注册系列的证书进行修改，以改变存续的注册系列的名称，这也是合并所希望达到的效果。

（五）如果兼并或合并不在提交注册系列的兼并或合并证书时生效，则为未来的生效日期或时间（应是确定的日期或时间）。

（六）兼并或合并协议在存续或产生的注册系列或形成该注册系列的有限合伙企业的营业地点存档，并应说明其地址；以及

（七）兼并或合并协议的副本将由存续的或产生的注册系列在提出要求时免费提供给任何注册系列的任何合作伙伴，该系列将被兼并或合并。

Ⅲ. 除非在注册系列的合并证书中规定了未来的生效日期或时间，否则根据本条规定的兼并或合并应在注册系列的兼并或合并证书提交给州务卿办公室后生效。

Ⅳ. 注册系列的兼并或合并证书应作为注销注册系列的证书，该注册系列在兼并或合并中不是幸存的或产生的注册系列。根据本条第Ⅱ款第（四）项规定的任何修正的注册系列的兼并或合并证书，应被视为对存续的注册系列的注册系列证书的修正案，并且不需要根据本章第二百二十一条对该兼并或合并证书中规定的修正案采取进一步行动来修正存续的注册系列的注册系列证书。当本条要求提交注册系列的兼并或合并证书时，如果提交了包含本条要求在该兼并或合并证书中列出的信息的兼并或合并协议，则该要求应被视为满足。

Ⅴ. 根据本条第Ⅰ款批准的兼并或合并协议可对仅与作为兼并或合并组成方的注册系列有关的合伙协议进行任何修正。

根据前述句子对合伙协议作出的仅与作为合并组成方的注册系列有关的任何修正，应在兼并或合并的有效时间或日期生效，并应在合伙协议中有关修正合伙协议的任何规定下生效，但根据其条款适用于与兼并或合

有关的合伙协议修正的规定除外。本款的规定不应解释为限制通过合伙协议或其他协议规定的任何其他方式或法律允许的方式完成合并或本文提及的任何事项，包括与兼并或合并的任何组成注册系列（包括为完成兼并或合并而成立的注册系列）有关的合伙协议应是存续或产生的注册系列的合伙协议。

Ⅵ．当任何兼并或合并根据本条生效时，就特拉华州的法律而言，已兼并或合并的每个注册系列的所有权利、特权和权力，以及所有不动产、个人财产和混合财产，以及上述任何注册系列的所有债务，以及属于每个注册系列的所有其他事项和诉讼理由。应归属于存续的或由此产生的注册系列，此后应成为存续的或由此产生的注册系列的财产，就像它们属于已合并的每个注册系列一样，而且根据特拉华州的法律，通过契约或其他方式归属于任何这些注册系列的任何不动产的所有权，不得因本章而恢复或在任何方面受到损害。但债权人的所有权利和对上述任何注册系列的任何财产的所有留置权应得到保留，不受损害，而且上述每个注册系列的所有债务、责任和义务，如果已经兼并或合并，今后应附加到存续或产生的注册系列，并可对其强制执行，其程度与上述债务、责任和义务是由其产生或签订的一样。除非另有约定，有限合伙企业的注册系列的兼并或合并，包括在兼并或合并中不是存续或产生的注册系列的注册系列，不应要求该注册系列根据本章第二百二十一条的规定清算其事务，或根据本编本章第二百二十一条的规定支付其债务和分配其资产。

Ⅶ．合伙协议可以规定，该有限合伙企业的注册系列不具有本条规定的兼并或合并的权力。

第Ⅲ分章　有限合伙人

第三百零一条　成为有限合伙人

Ⅰ．就有限合伙的成立而言，在以下情况发生时，某人被接纳为有限合伙的有限合伙人：

（一）有限合伙企业的形成；或

（二）合伙协议中规定的和遵守合伙协议的时间，如果合伙协议没有规定，则在有限合伙公司的记录中反映出此人的入伙情况时，或按合伙协议的其他规定。

Ⅱ. 有限合伙企业成立后，一个人被接纳为该有限合伙企业的有限合伙人：

（一）对于不是合伙权益受让人的人，包括直接从有限合伙企业获得合伙权益的人和未获得有限合伙企业的合伙权益而被接纳为有限合伙企业的有限合伙人的人，在合伙协议规定的时间和遵守合伙协议的情况下，或者如果合伙协议没有规定，经所有合伙人同意或按合伙协议的其他规定。

（二）如果是合伙权益的受让人，如本章第七百零四条第Ⅰ款的规定。

（三）如果一个人被接纳为根据本编本章第二百二十一条第Ⅱ款批准的兼并或合并后的有限合伙企业的合伙人，按照兼并或合并后的有限合伙企业的合伙协议或计划的规定，如果有不一致的地方，应以兼并或合并计划的条款为准。如果一个人根据兼并或合并被接纳为有限合伙企业的合伙人，而该有限合伙企业在兼并或合并中不是存续或产生的有限合伙企业，则以该有限合伙企业的合伙协议规定为准；或

（四）如果一个人根据本章第二百二十条批准的分立，被接纳为分立合伙企业的合伙人，按照该分立合伙企业的合伙协议或分立计划的规定，如果有任何不一致的地方，应以分割计划的条款为准；如果一个人根据分立被接纳为有限合伙企业的合伙人，而该有限合伙企业不是分立中的分立合伙企业，按照该有限合伙企业的合作协议的规定。

Ⅲ. 根据本章第二百一十五条的规定，将非美国实体（本编第二百一十五条所定义）归化为特拉华州的有限合伙企业，或根据本章第二百一十七条的规定，将其他实体（本编本章第二百一十七条所定义）转换为国内有限合伙企业，按照合伙协议的规定，某人被接纳为该有限合伙企业的有限合伙人。

Ⅳ. 一个人可以作为有限合伙企业的有限合伙人加入该有限合伙企业，并可以获得该有限合伙企业的合伙权益，而无须向该有限合伙企业出资或有义务出资。除非合伙协议中另有规定，一个人可以作为有限合伙企业的有限合伙人加入该有限合伙企业，而无须获得该有限合伙企业的合伙权益。除非合伙协议中另有规定，某人可被接纳为某一有限合伙企业的唯一有限合伙人，而无须向该有限合伙企业出资或有义务出资，也无须获得该有限合伙企业的合伙权益。

Ⅴ. 除非合伙协议或其他协议中另有规定，否则有限合伙人不得有优先认购任何额外发行的合伙权益或有限合伙企业中的其他权益的权利。

第三百零二条　类别和投票

Ⅰ. 合伙协议可规定有限合伙人的类别或群体具有合伙协议可能规定的相对权力、权利和义务，并可规定今后以合伙协议规定的方式设立额外的有限合伙人类别或群体，其相对权力、权利和义务可能不时地被确定，包括优先于现有有限合伙人类别和群体的权力、权利和义务。

合伙协议可以规定采取某种行动，包括对合伙协议的修订，而不需要任何有限合伙人或类别或群体的投票或批准，包括根据合伙协议的规定创建一个以前没有流通的类别或群体的合伙权益的行动。

Ⅱ. 在遵守本章第三百零三条的前提下，合伙协议可以授予所有或某些已确定的有限合伙人或特定类别或群体的有限合伙人对任何事项单独或与所有或任何类别或群体的有限合伙人或普通合伙人一起投票的权利。有限合伙人的投票权可以按人均、数量、财务利益、类别、团体或任何其他基础进行。

Ⅲ. 合伙协议可以规定有关有限合伙人对任何事项进行投票的会议的时间、地点或目的的通知，放弃此类通知，在没有会议的情况下通过同意采取行动，确定记录日期，法定人数要求，亲自或通过代理人投票，或与行使此类投票权有关的其他事项。

Ⅳ. 根据本章第三百零三条允许授予有限合伙人的任何权利或权力，包括投票权，应被视为本条所允许。

Ⅴ. 除非合伙协议中另有规定，有限合伙人会议可以通过电话会议或其他通信设备举行，所有参加会议的人都能听到彼此的声音，根据本款规定参加会议的人应构成亲自出席会议。除非合伙协议中另有规定，对于任何需要由有限合伙人表决、同意或批准的事项，如果通过电子传输或法律允许的任何其他方式，由拥有不少于在所有有权投票的有限合伙人出席并投票的会议上授权或采取该行动所需最低票数的有限合伙人书面同意或批准，则有限合伙人可以不召开会议，不事先通知，也不进行表决。除非合伙协议中另有规定，如果作为有限合伙人同意任何事项的人（无论当时是否为有限合伙人）规定该同意将在未来某个时间（包括在某一事件发生时确定的时间）生效，那么只要此人当时是有限合伙人，就应被视为在该未来时间作为有限合伙人表示同意。除非合伙协议中另有规定，在任何需要由有限合伙人投票的事项上，有限合伙人可以亲自投票或委托投票，这种委托可以通过书面形式、电子传输方式或适用法律允许的其他方式授予。除非合伙协议中另有规定，由有限合伙人或被授权代表有限合伙人行事的一人或多人通过电子传输方式传送的同意书，就本款而言，应被视为书面和签署。

Ⅵ. 如果合伙协议规定了修改的方式，包括要求非合伙协议一方的人批准或满足条件，则只能以这种方式或法律允许的其他方式进行修改，包括本章第二百一十一条第Ⅶ款所允许的方式（但任何人的批准可被此人放弃，并且任何此类条件可被旨在为其利益而设的所有人放弃此类条件）。如果合伙协议没有规定修改的方式，经所有合伙人批准或法律允许的其他方式，包括本章第二百一十一条第Ⅶ款允许的方式，可以修改合伙协议。有限合伙人和任何类别或群体的有限合伙人仅有权对本章具体规定的事项、协议（包括合伙协议）具体规定的事项以及普通合伙人可酌情决定寻求有限合伙人或类别或群体的有限合伙人投票的任何事项进行投票，如果对该事项的投票不违反合伙协议或普通合伙人或有限合伙公司为一方的其他协议。有限合伙人和任何类别或群体的有限合伙人没有其他投票权。合伙协议可规定任何有限合伙人或任何类别或群体的有限合伙人没有投票权。除非合伙协议中另有规定，超级多数修正条款仅适用于合伙协议中明确包含的条款。在本条中，超级多数修正条款是指合伙协议中规定的任何修正条款，要求对合伙协议的某项条款进行修正时，必须以不低于根据该条款采取行动所需的投票或同意来通过。

第三百零三条 对第三方的责任

Ⅰ. 除非有限合伙人同时也是普通合伙人，或者除了行使有限合伙人的权利和权力外，还参与了企业的控制，否则他/她不对有限合伙企业的义务负责。然而，如果该有限合伙人确实参与了企业的控制，他/她只对与该有限合伙企业进行交易的人负责，因为根据该有限合伙人的行为，他们有理由相信该有限合伙人是普通合伙人。

Ⅱ. 有限合伙人不因拥有或（无论该有限合伙人是否拥有权利或权

力）行使或试图行使下列一项或多项权利或权力，或拥有或（无论该有限合伙人是否拥有权利或权力）以下列一项或多项身份行事或试图行事而构成本条第Ⅰ款意义上的企业控制。

（一）成为有限合伙企业或普通合伙人的独立承包商或与之进行交易，包括成为其承包商，或成为其代理人或雇员，或成为公司普通合伙人的高级职员、董事、股东或利益持有人，或成为作为有限合伙企业普通合伙人的合伙企业的合伙人或利益持有人，或成为受托人、管理人，遗产或信托的受托人、管理人、监护人、受托人、受益人或利益持有人，或商业信托或法定信托的受托人、高级职员、顾问、股东、受益人、受益权人或利益持有人，或有限责任公司的成员、经理、代理人、雇员或利益持有人。

（二）就任何事项，（包括有限合伙企业的业务）与普通合伙人或任何其他人协商或提供建议，或就任何事项（包括有限合伙企业的业务）采取或促使普通合伙人或任何其他人采取或不采取任何行动，包括通过提议、批准、同意或不批准、投票或其他方式。

（三）作为有限合伙企业或普通合伙人的担保人、保证人或背书人，担保或承担有限合伙企业或普通合伙人的一项或多项义务，向有限合伙企业或普通合伙人借款，向有限合伙企业或普通合伙人贷款，或为有限合伙企业或普通合伙人提供抵押。

（四）召集、要求、出席或参加合伙人或有限合伙人的会议。

（五）根据本编本章第八百零三条，对有限合伙企业进行清算。

（六）采取法律要求或允许的任何行动，以提起、追求或解决或以其他方式终止对有限合伙公司的衍生诉讼。

（七）在有限合伙企业或有限合伙人或合伙人的委员会中任职，或任命、选举或以其他方式参与选择代表或其他人员在此类委员会中任职，并直接或通过此类代表或其他人员担任此类委员会的成员。

（八）采取或促使采取及不采取任何行动，包括通过投票或其他方式提议、批准、同意或不同意下列一个或多个事项：

1. 有限合伙企业的解散和清算，或选择继续有限合伙企业或选择继续有限合伙企业的业务。

2. 出售、交换、租赁、抵押、转让、质押或其他转让，或授予有限合伙企业的任何资产或资产的担保权益。

3. 有限合伙企业的债务的产生、续期、再融资或支付或其他债务的解除。

4. 业务性质的改变。

5. 接纳、移除或保留普通合伙人。

6. 接纳、移除或保留有限合伙人。

7. 涉及实际或潜在利益冲突的交易或其他事项。

8. 对合伙协议或有限合伙证书的修正。

9. 有限合伙企业的兼并或合并。

10. 对于根据《1940年投资公司法》（修订版《美国法典》第十五编第八十条第Ⅰ款（一）项及以下内容）为投资公司的有限合伙企业，《1940年投资公司法》（修订版）或证券交易委员会的规则和条例所要求的任何事项，需要由投资公司的实际权益持有人批准，包括选举投资公司的董事或托管人，批准或终止投资咨询或承销合同以及批准审计师。

11. 对任何合伙人或其他人员的赔偿。

12. 作出或要求作出与捐款有关的其他决定。

13. 直接或间接地对有限合伙企业的投资，包括对不动产、个人财产或混合财产的投资，或作出与之相关或有关的其他决定。

14. 有限合伙企业或普通合伙人的独立承包商、代理人或雇员，或公司普通合伙人的高级职员、董事或股东，或作为普通合伙人的合伙企业的合伙人，或作为普通合伙人的遗产或信托的受托人、管理人、遗嘱执行人、保管人或其他受托人或受益人的提名、任命、选举或其他方式的选择或罢免。作为普通合伙人的遗产或信托的受托人、管理人、遗嘱执行人、保管人或其他受托人或受益人；作为普通合伙人的商业信托或法定信托的受托人、官员、顾问、股东或受益人；作为普通合伙人的有限责任公司的成员或经理；作为普通合伙人的任何个人（无论是国内还是国外）的管理机构成员或受托人。或

15. 合伙协议或任何其他协议或书面中所述的其他事项。

（九）在有限合伙企业的董事会或委员会中任职，向其咨询或提供建议，成为其高管、董事、股东、合伙人、成员、经理、受托人、代理人或雇员，或成为该有限合伙企业拥有权益的任何人或为其提供管理、咨询、顾问、托管或其他服务或产品的任何人，或与该有限合伙企业或其普通合

伙人有业务或其他关系的任何人的受托人或承包商；或

（十）根据本章授予或允许有限合伙人的任何权利或权力，以及本条中没有具体列举的权利或权力。

Ⅲ. 本条第Ⅱ款的列举并不意味着有限合伙人拥有或行使任何其他权力，或拥有或以其他身份行事，构成其对有限合伙企业业务控制的参与。

Ⅳ. 一个有限合伙人并不因为该有限合伙人的名字全部或部分包含在有限合伙企业的名称中而参与本条第Ⅰ款意义上的业务控制。

Ⅴ. 本条并不创造有限合伙人的权利或权力。这种权利和权力只能通过有限合伙证书、合伙协议或任何其他协议或书面形式，或本章的其他章节创建。

Ⅵ. 有限合伙人不参与本条第Ⅰ款意义上的业务控制，无论有限合伙人拥有的性质、程度、范围、数量或频率如何，无论该有限合伙人是否拥有该权利或权力，该有限合伙人均不得参与本条第Ⅰ款意义上的业务控制，或以本条所允许的一种或多种身份行事或试图行事。

第三百零四条　错误地认为自己是有限合伙人的人

Ⅰ. 除本条第Ⅱ款的规定外，向合伙企业出资并错误但善意地认为自己已成为该合伙企业的有限合伙人的人，不是该合伙企业的普通合伙人，也不因出资、接受该合伙企业的分配或行使有限合伙人的任何权利而受其义务约束，如果在确定错误后的合理时间内：

（一）如果是希望成为有限合伙人的人，他/她会促成一份适当的证书的签署和存档；或

（二）如果一个人希望退出合伙企业，此人需要采取必要的行动退出。

Ⅱ. 在本条第Ⅰ款所述情况下出资的人，作为普通合伙人对在本条第Ⅰ款所述事件发生之前与该合伙企业进行交易的任何第三方负有责任：

（一）如果此人知道或应该知道没有提交证书，或证书不准确地提到此人是普通合伙人；

（二）如果第三方在交易时实际善意地相信此人是普通合伙人，合理地依赖这种信念行事，并合理地依赖此人的信用向合伙企业提供信贷。

第三百零五条　信息的获取和保密、记录

Ⅰ．每个有限合伙人，无论是亲自还是通过律师或其他代理人，都有权根据合伙协议中规定的由普通合伙人制定的合理标准（包括关于提供哪些信息和文件、在什么时间和地点以及由谁承担费用的标准），在提出合理要求的情况下不时地从普通合伙人那里获得与该有限合伙人的利益合理相关的任何信息。

（一）关于有限合伙企业的业务状况和财务状况的真实而全面的信息；

（二）在可以获得后，立即提供有限合伙企业每年的联邦、州和地方所得税申报表的副本；

（三）每个合伙人的姓名和最后已知的商业、住宅或通信地址的最新清单；

（四）任何书面合伙协议和有限合伙证书及其所有修正案的副本，以及执行合伙协议和任何证书及其所有修正案所依据的任何书面授权书的执行副本；

（五）关于现金数额的真实和完整的信息，以及关于每个合伙人贡献的任何其他财产或服务的商定价值的描述和声明，以及每个合伙人同意在未来贡献的价值，以及每个人成为合伙人的日期；和

（六）关于有限合伙企业事务的其他公正合理的信息。

Ⅱ．普通合伙人有权在其认为合理的时间内对有限合伙人保密，任何普通合伙人有理由认为属于商业秘密性质的信息，或其他普通合伙人真诚地认为披露这些信息不符合有限合伙企业的最佳利益或可能损害有限合伙企业或其业务的信息，或法律或与第三方的协议要求有限合伙企业保密的信息。

Ⅲ．有限合伙企业可以用纸质以外的形式保存其记录，包括在任何信息存储设备、方法或一个或多个电子网络或数据库（包括一个或多个分布式电子网络或数据库）上，或通过这些方式，或以这些记录的形式，如果这种形式能够在合理时间内转换为纸质形式。

Ⅳ．根据本条规定提出的任何要求均应以书面形式提出，并应说明该要求的目的。在每种情况下，如果律师或其他代理人是寻求获得本条第Ⅰ款所述信息的权利的人，该要求应附有授权书或其他书面材料，授权律师

或其他代理人代表该有限合伙人行事。

Ⅴ. 任何强制执行本条所产生的权利的诉讼都应在衡平法院提起。如果普通合伙人拒绝允许有限合伙人或代表该有限合伙人的律师或其他代理人从普通合伙人那里获得本条第Ⅰ款所述的信息，或在提出要求后的5个工作日内（或合伙协议规定的更短或更长的时间，但不超过30个工作日）没有对该要求作出答复，该有限合伙人可以向衡平法院申请命令，强制披露该信息。衡平法院在此被赋予专属管辖权，以确定寻求此类信息的人是否有权获得所寻求的信息。大法官可以立即命令普通合伙人允许有限合伙人获取本条第Ⅰ款所述的信息，并从中制作副本或摘要，或者大法官可以立即命令普通合伙人向有限合伙人提供本条第Ⅰ款所述的信息，条件是有限合伙人首先向有限合伙企业支付获取和提供此类信息的合理费用，以及大法官认为适当的其他条件。当有限合伙人寻求获得本条第Ⅰ款所述的信息时，该有限合伙人应首先确定：

（一）有限合伙人已经遵守了本条关于要求获得此类信息的形式和方式的规定；以及

（二）有限合伙人所寻求的信息与该有限合伙人作为有限合伙人的利益有合理关系。

衡平法院可以酌情规定任何与获取信息有关的限制或条件，或给予衡平法院认为公正和适当的其他或进一步的救济。大法官可以命令将书籍、文件和记录、相关的摘录或经正式认证的副本带到特拉华州，并按照命令规定的条款和条件在特拉华州保存。

Ⅵ. 有限合伙人按本条规定获取信息的权利，可在原始合伙协议中或在随后由所有合伙人批准或通过的任何修正案中加以限制，或遵守合伙协议的任何适用要求。本款的规定不应解释为限制对有限合伙人通过本章允许的任何其他方式获取信息的权利进行限制。

Ⅶ. 有限合伙企业应保持一份最新记录，以确定每个合伙人的姓名和最后已知的业务、住所或邮寄地址。

第三百零六条　对有限合伙人违反合伙协议的补救措施

合伙协议可以规定：

（一）有限合伙人未按照或未遵守合伙协议的条款和条件，应受到特

定的惩罚或特定的后果；以及

（二）在合伙协议中规定的时间或发生的事件中，有限合伙人应受到特定的惩罚或特定的后果。这种特定的处罚或特定的后果可以包括并采取本章第五百零二条第Ⅲ款规定的任何处罚或后果的形式。

第Ⅳ分章　普通合伙人

第四百零一条　成为普通合伙人

Ⅰ. 一个人可以作为有限合伙企业的普通合伙人加入该有限合伙企业，并可以获得该有限合伙企业的合伙权益，而无须向该有限合伙企业出资或有义务出资。除非合伙协议中另有规定，一个人可以作为有限合伙企业的普通合伙人加入该有限合伙企业，而无须获得该有限合伙企业的合伙权益。除非合伙协议中另有规定，某人可被接纳为某一有限合伙企业的唯一普通合伙人，而无须向该有限合伙企业出资或有义务出资，也无须获得该有限合伙企业的合伙人权益。本款规定不影响本章第四百零三条第Ⅱ款的第一句话。

Ⅱ. 在有限合伙企业的初始有限合伙证书提交后，除非合伙协议中另有规定，只有在每个合伙人同意的情况下才能接纳更多的普通合伙人。

Ⅲ. 除非合伙协议或其他协议中另有规定，普通合伙人不得有优先认购任何额外发行的合伙权益或有限合伙企业的另一权益的权利。

第四百零二条　退出事件

Ⅰ. 在发生以下任何事件时，一个人就不再是有限合伙企业的普通合伙人。

（一）普通合伙人按照本编本章第六百零二条的规定退出有限合伙；

（二）按照本章第七百零二条的规定，普通合伙人不再是该有限合伙企业的普通合伙人；

（三）根据合伙协议，普通合伙人被解除普通合伙人的身份；

（四）除非合伙协议中另有规定，或经所有合伙人同意，普通合伙人：

1. 为债权人的利益进行转让；

2. 在破产中提出自愿申请；

3. 被判定为破产或无力偿债，或在任何破产或无力偿债程序中对其发出了救济令；

4. 根据任何法规、法律或条例，为自己寻求任何重组、安排、组成、重新调整、清算、解散或类似的救济而提出申请或答复；

5. 提交回复或其他诉状，对在此类性质的诉讼中针对他/她提出的申诉的重大指控，予以承认或拒绝提出抗辩；

6. 寻求、同意或默许对普通合伙人或其全部或大部分财产的受托人、接管人或清算人的任命。

（五）除非合伙协议中另有规定，或经所有合伙人同意，在根据任何法规、法律或条例针对普通合伙人寻求重组、安排、组成、重新调整、清算、解散或类似救济的任何程序开始后一百二十天，该程序尚未被驳回。或者在未经普通合伙人同意或默许而任命普通合伙人或其全部或大部分财产的受托人、接管人或清算人后九十天内，该任命未被撤销或中止，或者在任何此类中止期满后九十天内，该任命未被撤销。

（六）在普通合伙人是自然人的情况下：

1. 普通合伙人的死亡；

2. 有管辖权的法院裁定普通合伙人无能力管理其个人或财产的记录。

（七）对于因身为信托受托人而担任普通合伙人的普通合伙人来说，信托的终止（但不仅仅是更换新的受托人）。

（八）如果普通合伙人是一个独立的合伙企业，独立合伙企业的解散和开始清算。

（九）如果普通合伙人是一家公司，则需要提交该公司的解散证书或类似文件，或撤销其章程，以及在向该公司发出撤销通知后九十天内没有恢复其章程的日期。

（十）除非合伙协议中另有规定，或经所有合伙人同意，在普通合伙人为遗产的情况下，受托人对遗产在有限合伙企业中的全部权益进行分配。

（十一）在普通合伙人是有限责任公司的情况下，有限责任公司的解散和开始清算；

（十二）如果普通合伙人不是个人、合伙企业、有限责任公司、公司、信托或遗产，那么普通合伙人的终止。

II. 普通合伙人如果发生随着规定时间的推移而成为本条第I款第

(四)项或第(五)项规定的退出事件,应在退出事件发生之日起三十天内通知其他每个普通合伙人,或者在没有其他普通合伙人的情况下,通知每个有限合伙人。

第四百零三条 一般权力和责任

Ⅰ.除本章或合伙协议的规定外,有限合伙公司的普通合伙人拥有与受1999年7月11日生效的《特拉华州统一合伙法》管辖的合伙公司的合伙人相同的权利和权力,并受其限制。

Ⅱ.除本章规定外,有限合伙企业的普通合伙人在受1999年7月11日生效的《特拉华州统一合伙企业法》管辖的合伙企业中,对合伙企业和其他合伙人以外的人具有合伙人的责任。除本章或合伙协议的规定外,有限合伙企业的普通合伙人对合伙企业和其他合伙人具有受1999年7月11日生效的特拉华州统一合伙法管辖的合伙企业合伙人的责任。

Ⅲ.除非合伙协议中另有规定,有限合伙企业的普通合伙人有权力和权限将普通合伙人管理和控制有限合伙企业业务和事务的任何或全部权力、权利和职责委托给其他一人或多人。任何此类授权可以是对普通合伙人或有限合伙企业的代理人、高级职员和雇员的授权,也可以是通过与其他人签订的管理协议或其他协议或其他方式对其他人的授权。除非合伙企业协议中另有规定,有限合伙企业的普通合伙人的这种授权如果说明是不可撤销的,则为不可撤销。除非合伙协议中另有规定,有限合伙企业的普通合伙人的这种授权不应导致该普通合伙人不再是该有限合伙企业的普通合伙人,也不应导致任何此类权力、权利和职责被委托给的人成为该有限合伙企业的普通合伙人。本章的其他规定不得解释为限制普通合伙人将其管理和控制有限合伙企业的业务和事务的任何或全部权力、权利和职责下放的权力和权限。

Ⅳ.有限合伙企业的普通合伙人的判决债权人不得对普通合伙人的资产征收执行费,以执行基于对有限合伙企业的索赔的判决,除非:

(一)基于同一索赔的判决已经针对该有限合伙企业获得,并且该判决的执行令状已经全部或部分被退回,没有得到满足;

(二)该有限合伙企业是一个破产的债务人;

(三)普通合伙人已经同意债权人不需要用尽有限合伙企业的资产;

（四）法院允许判决债权人对普通合伙人的资产征收执行费，其依据是发现被执行的有限合伙企业的资产明显不足以履行判决，用尽有限合伙企业的资产会造成过重的负担，或者允许执行费是法院公平权力的适当行使；

（五）法律或合同规定普通合伙人的责任与有限合伙的存在无关。

第四百零四条　普通合伙人的出资

有限合伙企业的普通合伙人可以向该有限合伙企业出资，并以普通合伙人的身份分享该有限合伙企业的利润、亏损以及分配。普通合伙人也可以作为有限合伙人向有限合伙企业出资并分享利润、损失和分配。既是普通合伙人又是有限合伙人的人，拥有普通合伙人的权利和权力，并受制于限制和责任，除合伙协议规定外，还拥有有限合伙人的权利和权力，并受制于限制，但以其作为有限合伙人参与合伙企业为限。

第四百零五条　类别和投票

Ⅰ. 合伙协议可规定普通合伙人的类别或群体，具有合伙协议可能规定的相对权力、权利和义务，并可规定今后以合伙协议规定的方式设立额外的普通合伙人类别或群体，具有可能不时确定的相对权力、权利和义务，包括优先于现有普通合伙人类别和群体的权力、权利和义务。

合伙协议可规定采取某种行动，包括修订合伙协议，而无须任何普通合伙人或普通合伙人的类别或群体的投票或批准，包括根据合伙协议的规定创建一个以前没有流通的合伙权益类别或群体的行动。

Ⅱ. 合伙协议可以授予所有或某些已确定的普通合伙人或特定类别或群体的普通合伙人对任何事项单独或与所有或任何类别或群体的有限合伙人或普通合伙人一起投票的权利。普通合伙人的投票权可以按人均、数量、经济利益、类别、集团或任何其他基础进行。

Ⅲ. 合伙协议可以规定有关任何普通合伙人对任何事项进行投票的任何会议的时间、地点或目的的通知，放弃任何此类通知，在没有会议的情况下通过同意采取行动，确定记录日期，法定人数要求，亲自或通过代理投票，或与行使任何此类投票权有关的任何其他事项。

Ⅳ. 除非合伙协议中另有规定，普通合伙人的会议可以通过电话会议或其他通信设备举行，所有参加会议的人都能听到对方的声音，根据本款规定参加会议的人应构成亲自出席会议。除非合伙协议中另有规定，对于任何需由普通合伙人表决、同意或批准的事项，如果拥有不少于在所有有权投票的普通合伙人出席并投票的会议上授权或采取该行动所需的最低票数的普通合伙人以书面形式、通过电子传输或法律允许的任何其他方式表示同意或批准，则普通合伙人可以不举行会议，不事先通知，也不进行表决。除非合伙协议中另有规定，如果作为普通合伙人同意任何事项的人（无论当时是否为普通合伙人）规定，该同意将在未来的某个时间（包括在某一事件发生时确定的时间）生效，那么只要此人当时是普通合伙人，就应被视为在该未来时间作为普通合伙人同意了。除非合伙协议中另有规定，在任何需要由普通合伙人投票的事项上，普通合伙人可以亲自投票或委托投票，这种委托可以通过书面形式、电子传输方式或适用法律允许的其他方式授予。除非合伙协议中另有规定，由普通合伙人或被授权代表普通合伙人行事的一人或多人通过电子传输方式传送的同意书，应被视为是书面的，并为本条第Ⅳ款的目的而签署。

第四百零六条　对普通合伙人违反合伙协议的补救措施

合伙协议可规定：

（一）普通合伙人未按照或遵守合伙协议的条款和条件，应受到特定的惩罚或特定的后果，以及

（二）在合伙协议中规定的时间或发生事件时，普通合伙人应受到特定的惩罚或特定的后果。这种特定的惩罚或特定的后果可以包括并采取本章第五百零二条第Ⅲ款中规定的任何惩罚或后果的形式。

第四百零七条　对有限合伙人、清算托管人和普通合伙人的报告和信息的依赖

Ⅰ.有限合伙企业的有限合伙人或清算受托人在真诚地依赖有限合伙企业的记录和有限合伙企业的普通合伙人、有限合伙企业的高级职员或雇员、另一清算受托人、或有限合伙企业的委员会、有限合伙人或合伙人、或任何其他人就其合理地认为属于该其他人的专业或专家能力范围的事项所提供的信息、意见、报告或陈述时，应受到充分保护。包括有关有限合

伙企业的资产、负债、利润或损失的价值和数额，或足以支付有限合伙企业的索赔和义务或为支付这些索赔和义务作出合理规定的资产或储备金或合同、协议或其他承诺的价值和数额，或与可适当支付给合伙人或债权人的资产的存在和数额有关的任何其他事实的信息、意见、报告或陈述。

Ⅱ. 有限责任有限合伙企业的普通合伙人应受到充分的保护，可以善意地依赖该有限合伙企业的记录，以及由该有限合伙企业的另一普通合伙人、该有限合伙企业的管理人员或雇员、清算托管人、或该有限合伙企业的委员会、有限合伙人或合伙人，或由任何其他人就该普通合伙人合理地认为属于该其他人的专业或专家能力范围的事项提供的信息、意见、报告或陈述。包括有关有限合伙企业的资产、负债、利润或损失的价值和数额，或足以支付有限合伙企业的索赔和义务或为支付这些索赔和义务作出合理规定的资产或储备金或合同、协议或其他承诺的价值和数额，或任何其他与可适当支付给合伙人或债权人的资产的存在和数额有关的事实的信息、意见、报告或陈述。

Ⅲ. 不属于有限责任有限合伙企业的普通合伙人，在善意依赖有限合伙企业的记录和有限合伙企业的另一普通合伙人、有限合伙企业的管理人员或雇员、清算托管人或有限合伙企业的委员会、有限合伙人或合伙人提供的信息、意见、报告或陈述时，应受到充分保护，免于对有限合伙企业、其合伙人或其他受合伙协议约束的人承担责任。或由任何其他人士就该普通合伙人合理地认为属于此人士的专业或专家能力范围内的事项提供的信息、意见、报告或陈述，包括关于有限合伙企业的资产、负债、利润或损失的价值和数额，或足以支付有限合伙企业的索赔和义务或为支付此类索赔和义务作出合理规定的资产或储备或合同、协议或其他承诺的价值和数额，或与可适当支付给合伙人或债权人的资产的存在和数额有关的任何其他事实。

第Ⅴ分章　财务

第五百零一条　出资的形式

合伙人的出资可以是现金、财产或提供服务，也可以是本票、以现金或财产出资或提供服务的义务。

第五百零二条　出资的责任

Ⅰ.（一）除合伙协议规定外，合伙人有义务向有限合伙企业履行承诺，以现金或财产出资或提供服务，即使该合伙人因死亡、残疾或任何其他原因而无法履行。如果一个合伙人没有按规定出资或提供服务，他/她有义务根据有限合伙公司的选择给付现金，其数额相当于尚未出资的约定价值（在有限合伙公司的记录中列明）的那部分。

（二）上述选择权是对有限合伙公司根据合伙协议或适用法律对该合伙人可能拥有的任何其他权利，包括具体执行的权利的补充，而不是替代。

Ⅱ.（一）除合伙协议另有规定外，合伙人对违反本章规定支付或分配的款项或其他财产的出资或返还义务，须经全体合伙人同意，方可妥协。尽管有妥协，有限合伙企业的债权人在签订合伙协议或对其进行修改后（在任何一种情况下都反映了该义务），以及在为反映妥协而对其进行修正之前，可以强制执行原始义务，只要在提供信贷时，债权人合理地依赖合伙人的出资或回报义务。

（二）合伙人向有限合伙企业出资或返还金钱或其他财产的有条件义务不能被强制执行，除非该义务的条件对该合伙人来说已经满足或放弃。有条件的义务包括在有限合伙企业或普通合伙人在催缴时间之前酌情催缴时应支付的出资。

Ⅲ.合伙协议可以规定，任何合伙人如果没有作出他/她有义务作出的任何出资，其利益应因这种失败受到特定的惩罚或者特定后果。这种惩罚或后果的形式可以是减少或取消违约合伙人在有限合伙企业中的利益比例，使合伙企业的利益从属于非违约合伙人的利益，强制出售其合伙权益，没收该合伙权益，由其他合伙人支付履行其承诺所需的金额，通过评估或公式确定合伙权益的价值，并以该价值赎回或出售合伙权益，或其他惩罚或后果。

第五百零三条　利润和损失的分配

有限合伙企业的利润和亏损应按照合伙协议规定的方式在各合伙人之间，以及在各类别或群体的合伙人之间分配。如果合伙协议没有规定，则利润和亏损应根据每个合伙人的出资的商定价值（如有限合伙企业记录中所述）进行分配，只要这些出资已被有限合伙企业收到且未被退回。

第五百零四条　现金和资产等的分配

有限合伙企业的现金或其他资产的分配，应按照合伙协议规定的方式在合伙人之间，以及在合伙人的类别或群体之间分配。如果合伙协议没有这样规定，则应根据每个合伙人的出资的商定价值（如有限合伙企业的记录中所述）进行分配，只要这些出资已被有限合伙企业收到且未被退还。

第五百零五条　不提供高利贷的辩护

有限合伙企业的合伙人对有限合伙企业或有限合伙企业的合伙人，根据合伙协议或单独的协议或书面材料产生的义务，以及证明合伙人任何此类义务的票据、文书或其他书面材料，均不得以高利贷为由进行辩护，而且任何合伙人不得在任何诉讼中就任何此类义务提出高利贷辩护。

第Ⅵ分章　分配和退出

第六百零一条　临时分配

除本章规定外，在合伙协议规定的范围、时间或事件发生时，合伙人有权在退出有限合伙企业前以及在其解散和清算前从有限合伙企业中获得分配款。

第六百零二条　普通合伙人的退出和普通合伙人的合伙权益的转让

Ⅰ．普通合伙人可以在合伙协议中规定的时间或发生事件时，按照合伙协议的规定退出有限合伙。合伙协议可以规定，普通合伙人无权退出有限合伙企业的普通合伙人身份。尽管合伙协议规定普通合伙人无权退出有限合伙企业的普通合伙人身份，但普通合伙人可在任何时候向其他合伙人发出书面通知，退出有限合伙企业。如果普通合伙人的退出违反了合伙协议，除了适用法律规定的任何补救措施外，有限合伙公司可以向退出的普通合伙人追讨违反合伙协议的损失，并从原本可分配给退出的普通合伙人的金额中抵消损失。

Ⅱ. 尽管本章有任何相反的规定，合伙协议可以规定，在有限合伙企业解散和清算之前，普通合伙人不得转让该有限合伙企业的合伙权益。

第六百零三条　有限合伙人的退出

有限合伙人只能在合伙协议中规定的时间或发生事件时，按照合伙协议的规定退出有限合伙企业。尽管适用法律有相反的规定，除非合伙协议另有规定，有限合伙人不得在有限合伙企业解散和清算前退出该企业。尽管适用法律有相反的规定，合伙协议可以规定，在有限合伙企业解散和清算之前，不得转让合伙权益。

除非合伙协议中另有规定，在1996年7月31日或之前向州务卿提交有限合伙证书原件并生效的有限合伙企业，应继续受1996年7月31日生效的本条约束。

第六百零四条　退出时的分配

除本章规定外，在退出时，任何退出的合伙人有权获得该合伙人根据合伙协议有权获得的任何分配。如果合伙协议中没有其他规定，该合伙人有权在退出后的合理时间内，根据该合伙人分享有限合伙企业分配的权利，获得该合伙人在退出之日在有限合伙企业中的合伙权益的公允价值。

第六百零五条　实物分配

除合伙协议规定外，合伙人无论其出资的性质如何，都无权要求和接受有限合伙企业以现金以外的任何形式的分配。除合伙协议规定外，不得强迫合伙人接受来自有限合伙企业的任何实物资产的分配，只要该资产的分配比例超过该合伙人在有限合伙企业中分享分配的比例。除非在合伙协议中规定，合伙人可以被迫接受来自有限合伙企业的任何实物资产的分配，只要所分配的资产百分比等于该资产的百分比，而该百分比等于该合伙人分享有限合伙企业的分配的百分比。

第六百零六条　分配的权利

Ⅰ. 根据本章第六百零七条和第八百零四条的规定，除非合伙协议中另有规定，在合伙人有权接受分配时，他/她具有有限合伙企业的债权人的地位，并有权获得与分配有关的所有补救措施。

Ⅱ．合伙协议可以规定对有限合伙企业的拨款和分配设立一个记录日期。

第六百零七条　对分配的限制

Ⅰ．有限合伙企业向合伙人进行分配时，如果分配生效后，有限合伙企业除因合伙人的合伙利益而对合伙人承担的责任和债权人的追索权限于有限合伙企业特定财产的责任以外的所有责任超过有限合伙企业资产的价值，则有限合伙企业不得向合伙人进行分配。但债权人追索权有限的负有责任的财产的公允价值，仅在该财产的公允价值超过该责任的范围内，才应列入有限合伙企业的资产。就本条第Ⅰ款而言，"分配"一词不应包括构成对现在或过去服务的合理补偿的金额，或在正常业务过程中根据善意的退休计划或其他福利计划支付的合理款项。

Ⅱ．违反本条第Ⅰ款的规定接受分配的有限合伙人，如果在分配时知道该分配违反了本条第Ⅰ款的规定，应向有限合伙公司承担分配金额的责任。违反本条第Ⅰ款的规定接受分配的有限合伙人，如果在分配时不知道该分配违反了本条第一条的规定，则不应对该分配的金额负责。根据本条第Ⅲ款的规定，本款不应影响有限合伙人根据协议或其他适用法律对分配金额的任何义务或责任。

Ⅲ．除非另有约定，从有限合伙企业获得分配的有限合伙人，在自分配之日起三年期满后，不得根据本章或其他适用法律对分配的金额承担责任。

第六百零八条　返还出资后的责任

被1988年9月1日的特拉华州法典第三百一十六章第五十六条废除。

第Ⅶ分章　合伙企业权益的转让

第七百零一条　合伙利益的性质

合伙权益是个人财产。合伙人对特定的有限合伙企业财产没有权益。

第七百零二条 合伙企业权益的转让

Ⅰ. 除非合伙协议中另有规定：

（一）合伙企业的权益可以全部或部分转让；

（二）合伙权益的转让并不解散有限合伙，也不使受让人有权成为合伙人或行使合伙人的任何权利或权力；

（三）合伙企业权益的转让使受让人有权分享此类利润和损失，接受此类分配，并接受转让人有权获得的此类收入分配、收益、损失、扣除或信贷或类似项目，但以转让为限；以及

（四）合伙人在转让其所有的合伙权益时，不再是合伙人，也无权行使合伙人的任何权利或权力。除非合伙协议中另有规定，对某一合伙人的任何或全部合伙权益进行质押或授予担保权益、留置权或其他抵押权，不应导致该合伙人不再是合伙人或无权行使合伙人的任何权利或权力。

Ⅱ. 除非合伙协议中另有规定，合伙人在有限合伙企业中的权益可由该有限合伙企业颁发的合伙权益证书来证明。合伙协议可以规定此类证书所代表的任何合伙权益的转让或转移，并对此类证书作出其他规定。有限合伙企业无权发行无记名形式的合伙权益证书。

Ⅲ. 除非合伙协议中另有规定，且在协议规定的范围内，在合伙权益的受让人成为合伙人之前，受让人不应仅因转让而承担合伙人的责任。

Ⅳ. 除非合伙协议中另有规定，有限合伙企业可以通过购买、赎回或其他方式，获得任何合伙权益或合伙人在有限合伙企业中的其他权益。除非合伙协议中另有规定，有限合伙企业如此获得的任何此类权益应被视为取消。

第七百零三条 合伙人的合伙权益受扣押偿债令的约束

Ⅰ. 根据合伙人或合伙人受让人的判决债权人的申请，有管辖权的法院可以对判决债务人的合伙权益进行抵押，以履行判决。在这样的抵押范围内，判决债权人只有权获得判决债务人在其他情况下有权就该合伙权益获得的任何分配。

Ⅱ. 扣押偿债令构成对判决债务人的合伙权益的留置权。

Ⅲ. 本章并不剥夺合伙人或合伙人的受让人根据豁免法对判决债务人

的合伙权益的权利。

Ⅳ. 发出扣押偿债令是唯一的补救措施，合伙人或合伙人的受让人的判决债权人可以通过判决债务人的合伙权益来履行判决，而扣押、清算、赎回或其他法律或衡平法的补救措施对判决债权人来说是不适用的。

Ⅴ. 合伙人的债权人或合伙人的受让人无权取得对有限合伙企业财产的占有，或以其他方式对其行使法律或衡平法的补救措施。

Ⅵ. 衡平法院应有权审理和决定与任何此类抵押令有关的任何事项。

第七百零四条 受让人成为有限合伙人的权利

Ⅰ. 合伙权益的受让人，包括普通合伙人的受让人，成为有限合伙人：

（一）按照合伙协议的规定；

（二）除非合伙协议中另有规定，经全体合伙人投票或同意。

Ⅱ. 已成为有限合伙人的受让人，在所受让的范围内，拥有合伙协议和本章规定的有限合伙人的权利和权力，并受到限制和承担责任。尽管有上述规定，除非合伙协议中另有规定，成为有限合伙人的受让人对其转让人按照本章第五百零二条的规定进行出资的义务负有责任，但不应对转让人在本章第六分章下的义务负责。然而，受让人没有义务承担负债，包括转让人根据本章第五百零二条的规定负有的出资义务。这些负债在受让人成为有限合伙人时并不为人所知，也无法从合伙协议中知晓。

Ⅲ. 无论合伙权益的受让人是否成为有限合伙人，根据本章第五分章和第六分章的规定，转让人都不能免除对有限合伙的责任。

第七百零五条 已故或无行为能力的合伙人的遗产的权力

如果身为个人的合伙人死亡，或有管辖权的法院裁定该合伙人无能力管理其人身或财产，则该合伙人的个人代表可行使该合伙人的所有权利，以清算该合伙人的遗产或管理该合伙人的财产，包括受让人根据合伙协议成为有限合伙人的任何权力。如果一个合伙人是公司、信托或其他实体，并被解散或终止，该合伙人的权力可由其个人代表行使。

第Ⅷ分章 解散

第八百零一条 非司法解散

有限合伙企业在下列第一种情况发生时即告解散，其事务应予清算：

（一）合伙协议中规定的时间已至，但如果合伙协议中没有规定这样的时间，那么该有限合伙企业应永久存在。

（二）除非合伙协议中另有规定，经

1. 所有普通合伙人，和

2. 拥有所有有限合伙人所拥有的有限合伙企业当时的利润百分比或其他权益的三分之二以上的有限合伙人投票或同意。

（三）如果一名普通合伙人退出，除非当时还有至少一名其他普通合伙人，而且合伙协议允许剩下的普通合伙人继续经营有限合伙企业的业务，且该合伙人也继续经营了，但在以下情况下，有限合伙企业不因任何退出事件而解散，也不需要清算：

1. 在退出后的九十天内或合伙协议规定的其他期限内（A）如果合伙协议有规定，剩余合伙人所拥有的合伙协议中规定的有限合伙企业利润中当时的百分比或其他权益，同意或投票决定继续开展有限合伙企业的业务，并在必要或需要时任命一名或多名普通合伙人（自前述普通合伙人退出之日生效）。（B）如果合伙协议中没有规定同意或投票继续经营该有限合伙企业并任命一名或多名普通合伙人的权利，那么剩余合伙人拥有的该有限合伙企业当时的利润百分比或其他权益的50%以上同意或投票继续经营该有限合伙企业并任命。或

2. 根据合伙协议中规定的继续经营权，继续经营该有限合伙企业，并在必要或需要的情况下，任命一名或多名普通合伙人（自前述普通合伙人退出之日起生效）。

（四）没有有限合伙人，但在以下情况下，有限合伙企业不解散，也不需要清算：

1. 除非合伙协议另有规定，在导致最后剩下的有限合伙人不再是有限合伙人的事件发生后的九十天内或合伙协议规定的其他期限内，最后剩下的有限合伙人的个人代表和所有普通合伙人同意或投票同意继续经营该有限合伙企业，并接纳该有限合伙人的个人代表或其代理人或被指定人加入

该有限合伙企业作为有限合伙人，自导致最后剩下的有限合伙人不再是有限合伙人的事件发生时起生效。但合伙协议可以规定，普通合伙人或最后剩下的有限合伙人的个人代表有义务同意继续开展有限合伙企业的业务，并同意接纳该有限合伙人的个人代表或其被提名人或被指定人加入有限合伙企业作为有限合伙人，自导致最后一个有限合伙人不再是有限合伙人的事件发生时起生效；或

2. 按照合伙协议规定的方式，在导致最后剩下的有限合伙人不再是有限合伙人的事件发生后的九十天内或合伙协议规定的其他期限内，根据合伙协议中专门规定在有限合伙企业不再有剩余的有限合伙人后接纳有限合伙人加入有限合伙企业的条款，接纳有限合伙人加入。

（五）在合伙协议中规定的事件发生时；或

（六）根据本章第八百零二条的规定作出司法解散的判决。

除非合伙协议中另有规定，在 2015 年 7 月 31 日或之前向州务卿提交有限合伙证书原件并生效的有限合伙企业，应继续受于 2015 年 7 月 31 日生效的本条第（二）项第 2 目和本条第（三）项第 1 目的（B）的规定管辖（但本条第（三）项第 1 目的（B）中的"书面"应予删除）。

第八百零二条　司法解散

在合伙人提出申请或为其提出申请的情况下，衡平法院可以在按照合伙协议开展业务无法合理可行的情况下，宣布解散有限合伙企业。

第八百零三条　清算

Ⅰ. 除非合伙协议中另有规定，未错误地解散有限合伙企业的普通合伙人，如果没有，则由有限合伙人，或由有限合伙人认可的人，在这两种情况下，由拥有所有有限合伙人拥有的有限合伙企业当时的利润百分比或其他权益的 50% 以上的有限合伙人，可以清算有限合伙企业的事务。但衡平法院在有理由的情况下，可以根据任何合伙人、合伙人的个人代表或受让人的申请，对有限合伙企业的事务进行清算，并可以就此任命清算托管人。除非合伙协议中另有规定，在 2015 年 7 月 31 日或之前向州务卿提交了有限合伙原始证书并生效的有限合伙企业，应继续受 2015 年 7 月 31 日生效的本款的管辖。

Ⅱ. 有限合伙企业解散后,在按照本编本章第二百零三条的规定提交注销证书之前,清算有限合伙企业事务的人可以以有限合伙企业的名义,为其并代表其起诉和辩护,无论是民事、刑事或行政诉讼,逐步解决和结束有限合伙企业的业务,处置和转让有限合伙企业的财产,解除或合理安排有限合伙企业的债务,并向合伙人分配有限合伙企业的任何剩余资产,所有这些都不影响有限合伙人的责任,也不要求清算托管人承担普通合伙人的责任。

第八百零四条　资产的分配

Ⅰ. 有限合伙企业清算时,其资产应按以下方式分配:

(一)向债权人,包括身为债权人的合伙人,在法律允许的范围内,清偿有限合伙企业的债务(无论是通过付款还是为付款作出合理的规定),但已作出合理规定的债务以及根据本章第六百零一条或第六百零四条规定向合伙人和前合伙人分配的债务除外。

(二)除非合伙协议中另有规定,向合伙人和前合伙人承担本章第六百零一条或第六百零四条规定的分配责任;以及

(三)除非合伙协议中另有规定,否则首先向合伙人退还他们的出资,其次就他们的合伙权益,按合伙人分担的比例进行分配。

Ⅱ. 一个已经解散的有限合伙企业:

(一)应支付或作出合理的准备,以支付有限合伙所知的所有债务或义务,包括存在不确定性、有条件的或未到期的合同债权。

(二)应作出合理可能足以补偿针对有限合伙企业的任何索赔的规定,该索赔是有限合伙企业作为一方当事人的未决诉讼、起诉或程序的主体。

(三)应作出合理的规定,以便为尚未为有限合伙企业所知或尚未出现但根据有限合伙企业已知的事实,在解散日期后十年内可能出现或为有限合伙企业所知的索赔提供赔偿。

如果有足够的资产,这些债权和债务应得到全额支付,任何此类支付规定应得到全额支付。如果资产不足,这些债权和债务应根据其优先权予以支付或规定,在同等优先权的债权中,应在可用于支付的资产范围内按比例支付。除非合伙协议中另有规定,任何剩余的资产应按本章的规定分配。任何清算有限合伙企业事务的清算受托人,如果遵守了本条的规定,

不应因为此人在清算有限合伙企业的行动而对被解散的有限合伙企业的索赔人承担个人责任。

Ⅲ．违反本条第Ⅰ款规定接受分配的有限合伙人，如果在分配时知道该分配违反了本条第Ⅰ款的规定，应向该有限合伙企业承担分配金额的责任。就前一句而言，"分配"一词不应包括构成对现在或过去服务的合理补偿的金额，或在正常业务过程中根据真实的退休计划或其他福利计划所支付的合理款项。违反本条第Ⅰ款规定接受分配的有限合伙人，如果在分配时不知道该分配违反了本条第Ⅰ款规定，则不应对该分配的金额负责。根据本条第Ⅳ款的规定，本款不应影响有限合伙人根据协议或其他适用法律对分配金额的任何义务或责任。

Ⅳ．除非另有约定，从本条适用的有限合伙企业获得分配的有限合伙人，在自分配之日起三年期满后，根据本章或其他适用法律，对分配的金额不负任何责任。

Ⅴ．本条第六百零七条不适用于本条所适用的分配。

第八百零五条　有限合伙企业的受托人或接管人；任命；权力；职责

当根据本章成立的有限合伙企业的有限合伙证书应根据本章第二百零三条的规定提交注销证书而被注销时，衡平法院可在任何时候根据该有限合伙企业的债权人或合伙人，或其他有充分理由的人的申请，任命该有限合伙企业的一个或多个普通合伙人为受托人，或任命一个或多个人作为该有限合伙企业的接管人，以掌管有限合伙企业的财产，收取有限合伙企业的债务和财产，有权以有限合伙企业的名义或以其他方式起诉和辩护所有可能对上述目的有必要或适当的诉讼，并在其下任命一名或多名代理人，以及采取所有其他可能由有限合伙企业采取的行动，如果存在，可能对最终解决有限合伙企业的未完成的业务有必要。只要衡平法院认为对上述目的有必要，受托人或接管人的权力就可以持续下去。

第八百零六条　解散的撤销

如果合伙协议规定了可以撤销解散的方式，则可以该方式撤销，除非合伙协议禁止撤销解散，则尽管发生了本章第八百零一条第（一）项、第（二）项、第（三）项、第（四）项或第（五）项规定的情形，有限合伙不得解散，其事务不得结束，前提是在向州务卿提交撤销证书之前，有限合伙的业务继续，自下列事件发生之日起生效：

（一）如果是经合伙人或其他人员投票或同意的解散，根据这种投票或同意（以及根据合伙协议需要其批准才能撤销本段所设想的解散的任何合伙人或其他人员的批准）。

（二）在根据本章第八分章第八百零一条第（一）项或第（五）项规定解散的情况下（不包括经合伙人或其他人员投票或同意的解散，普通合伙人退出的事件或导致最后剩下的有限合伙人不再是有限合伙人的事件的发生），根据合伙协议的条款，需要进行投票或同意，以修改合伙协议中实现该解散的条款（以及根据合伙协议需要其批准撤销本段设想的解散的任何合伙人或其他人士的批准）。和

（三）在因普通合伙人退出事件或发生导致最后剩下的有限合伙人不再是有限合伙人的事件而解散的情况下，根据以下投票或同意：

1. 所有剩余的普通合伙人；以及

2. 拥有超过当时所有有限合伙人所拥有的有限合伙企业利润三分之二以或其他权益的有限合伙人，或者如果没有剩余的有限合伙人，则为该有限合伙企业最后剩余的有限合伙人的个人代表或有限合伙人在该有限合伙企业中所有合伙权益的受让人（以及根据合伙协议需要其批准以撤销本段所设想的解散的任何合伙人或其他人士的批准）。

如果根据本条第（三）项撤销解散，并且没有剩余的有限合伙企业的普通合伙人，则应由拥有该有限合伙企业所有有限合伙人所拥有的当时的百分比或其他利益的三分之二以上的有限合伙企业的有限合伙人投票或同意，任命一名或多名普通合伙人，自最后一名剩余普通合伙人退出之日起生效。如果解散是根据本条第（三）项撤销的，并且没有剩余的有限合伙企业的普通合伙人，则应由拥有该有限合伙企业所有有限合伙人所拥有的当时的百分比或其他利益的三分之二以上的有限合伙企业的有限合伙人投票或同意，任命一名或多名普通合伙人，自最后一名剩余普通合伙人退出之日起生效。如果根据本条第（三）项撤销解散，且该有限合伙企业没有剩余的有限合伙人，则该个人代表或该受让人（如适用）的被提名人或被指定人应被任命为有限合伙人，自导致最后剩余的有限合伙人不再是有限合伙人的事件发生时起生效，由剩余的普通合伙人和该个人代表或该受让

人（如适用）投票或同意。如果根据本条第（三）项撤销解散，并且没有剩余的有限合伙企业的普通合伙人，也没有剩余的有限合伙企业的有限合伙人，则应任命一名或多名普通合伙人，从最后剩余的普通合伙人退出之日起生效。而该个人代表或该受让人（如适用）的被提名人或被指定人应被任命为有限合伙人，自导致最后剩下的有限合伙人不再是有限合伙人的事件发生时起生效，在每种情况下，由该个人代表或该受让人（如适用）投票或同意。本条的规定不应解释为限制通过法律允许的其他方式完成撤销解散的工作。

第XI分章　外国有限合伙企业

第九百零一条　管理的法律

Ⅰ. 受特拉华州宪法的约束：

（一）外国有限合伙企业所依据的州、地区、属地或其他司法管辖区或国家的法律对其组织和内部事务以及其有限合伙人的责任进行管理；以及

（二）外国有限合伙企业不得因这些法律与特拉华州法律之间的任何差异而被拒绝注册。

Ⅱ. 外国有限合伙企业应受本章第一百零六条的约束。

第九百零二条　要求注册申请

在特拉华州开展业务之前，外国有限合伙企业应向州务卿申请注册。为了进行注册，外国有限合伙企业应向州务卿提交：

（一）由普通合伙人签署的要求注册为外国有限合伙企业的申请书的副本，列出：

1. 外国有限合伙企业的名称，如有不同，则为其拟在特拉华州注册和开展业务的名称。

2. 组织的州、地区、属地或其他司法管辖区或国家，其组织日期以及普通合伙人的声明，即截至申报之日，该外国有限合伙企业作为有限合伙企业在其组织的司法管辖区的法律下有效存在；

3. 拟在特拉华州开展或促进的业务或目的的性质；

4. 本章第九百零四条第Ⅱ款要求保持的注册办事处的地址和注册代理人的姓名和地址，用于送达程序；

5. 一份声明，说明在本章第九百一十条第Ⅱ款规定的情况下，州务卿被指定为外国有限合伙企业的送达代理人；

6. 每个普通合伙人的姓名和商业、居住或通信地址；以及

7. 外国有限合伙企业首次在特拉华州开展或打算开展业务的日期。

（二）由其成立的司法管辖区的授权官员出具的截至不早于申请日期前六个月的证书，证明其存在。如果该证书为外语，则应附上经翻译者宣誓的翻译件。

（三）应支付本章第一千一百零七条第Ⅰ款第（六）项规定的费用。

第九百零三条　签发注册

Ⅰ.如果州务卿认为注册申请符合法律规定，并且已经支付了所有必要的费用，州务卿应：

（一）通过在申请书原件上批注"已提交"字样以及提交日期和时间，证明该申请已在秘书办公室提交。在没有实际欺诈的情况下，这一背书对申请的日期和时间具有决定性意义。

（二）对认可的申请进行归档和索引；

Ⅱ.州务卿应准备并向提出申请的人或此人的代表返还一份已签署的申请书原件的副本，并以类似的方式予以认可，并证明该副本是已签署的申请书原件的真实副本。

Ⅲ.向州务卿提交申请后，就没有必要根据本编第三十一章提交任何其他文件。

第九百零四条　名称、注册办事处、注册代理人

Ⅰ.外国有限合伙企业可以用任何包括"有限合伙"或缩写"L.P."或代号"LP"的名称（无论该名称是否为其在组织管辖区注册的名称）向州务卿注册，并且可以由国内有限合伙企业注册。外国有限合伙企业可以用任何名称进行注册，但该名称不能使其在州务卿办公室的记录中与任何国内或国外的公司、合伙企业、法定信托、有限责任公司、有限合伙企业、注册系列的有限责任公司或注册系列的有限合伙企业的记录中的名称

相区别。根据特拉华州公司法律，经其他公司、合伙企业、法定信托有限责任公司、有限合伙企业、有限责任公司注册系列的书面同意而成立或组织，该书面同意应提交州务卿。

Ⅱ. 每个外国有限合伙企业应在特拉华州拥有并保持：

（一）注册办事处，可以但不一定是其在特拉华州的营业场所；以及

（二）负责向有限合伙企业送达诉讼文书的注册代理人，其办公地点与该注册办事处相同，该代理人可以是以下任何一种：

1. 居住在特拉华州的个人。

2. 国内有限责任公司、国内公司、国内合伙企业（无论是普通的（包括有限责任合伙）还是有限的（包括有限责任合伙）），或国内法定信托，或

3. 外国公司、外国有限责任合伙企业、外国有限合伙企业（包括外国有限责任合伙企业）（不包括外国有限合伙企业本身）、外国有限责任公司或外国法定信托。

Ⅲ. 注册代理人可以将其作为注册代理人的外国有限合伙企业的注册办公室地址变更为特拉华州的另一个地址，只要支付本章第一千一百零七条第Ⅰ款第（七）项规定的费用，并向州务卿提交一份由该注册代理人签署的证书。阐明该注册代理人维持其作为注册代理人的每个外国有限合伙企业的注册办事处的地址，并进一步证明每个此类注册办事处将在某一天变更到的新地址，以及该注册代理此后将在其作为注册代理的每个外国有限合伙企业的新地址维持注册办事处。在提交该证书后，在法律授权的地址进一步改变之前，该代理人作为注册代理人的每个外国有限合伙企业在特拉华州的注册办事处应位于证书中提供的注册代理人的新地址。如果作为外国有限合伙企业的注册代理的任何人改变了姓名，该注册代理应向州务卿提交一份由该注册代理执行的证书，列明该注册代理的新名称，该注册代理改变前的名称，以及该注册代理为其注册的每个外国有限合伙企业维持注册办公室的地址，并应支付本章第一千一百零七条第Ⅰ款第（七）项规定的费用。任何作为外国有限合伙企业注册代理的人因以下原因而改变名称：

1. 注册代理与另一个人合并或并入另一个人，并通过法律运作继承其资产和负债，

2. 注册代理转换为另一个人，或

3. 注册代理的分立，其中一个已确定的结果人根据分立计划继承与注册代理业务有关的所有资产和负债，如分立证书中规定的，就本条而言，应视为名称变更。

根据本条规定提交的证书应被视为对每个受影响的外国有限合伙企业的申请的修订，每个外国有限合伙企业不需要根据本章第九百零五条采取任何进一步行动来修订其申请。任何根据本条规定提交证书的注册代理人应在提交后立即将任何此类证书的副本交付给受影响的每个外国有限合伙企业。

Ⅳ. 一个或多个外国有限合伙企业的注册代理可以通过支付本章第一千一百零七条第Ⅰ款第（七）项规定的费用，并向州务卿提交一份证书，从而辞职并指定继任注册代理人。该证书应附有每个受影响的外国有限合伙企业的声明，批准并同意这种注册代理人的变更。一经提交，继任的注册代理人应成为已批准该替换的外国有限合伙企业的注册代理人，继任注册代理人的地址，如该证书中所述，应成为每个外国有限合伙企业在特拉华州的注册办事处地址。这种辞职证书的提交应被视为对每个受影响的外国有限合伙企业的申请的修订，每个外国有限合伙企业不需要根据本编本章第九百零五条采取任何进一步行动来修订其申请。

Ⅴ. 外国有限合伙企业的注册代理，包括根据本章第一千一百零九条第Ⅶ款已停止在特拉华州注册为外国有限合伙企业的外国有限合伙企业，可通过支付本编本章第一千一百零七条第Ⅰ款第（七）项规定的费用并向州务卿提交一份辞职证书，在不指定继任注册代理人的情况下辞职，但这种辞职应在证书提交后三十天才生效。该证书应包含一项声明，即在提交证书前至少三十天，已通过邮寄或递送该外国有限合伙企业的注册代理人最后所知的地址，向该外国有限合伙企业发出书面辞职通知，并应列明该通知的日期。证书应包括根据本章第一百零四条第Ⅶ款提供给注册代理人的有关外国有限合伙企业通讯联络人的最后信息。这些关于通讯联络人的信息不应视为公开信息。根据本款规定提交的证书必须采用州务卿规定的格式。在收到其注册代理辞职的通知后，该注册代理人所代表的外国有限合伙企业应获得并指定一个新的注册代理人，以取代如此辞职的注册代理人的位置。如果该外国有限合伙企业未能在注册代理人提交辞职证明后的三十天期限内获得并指定一个新的注册代理人，该外国有限合伙企业将不被允许在特拉华州开展业务，其注册将被注销。在注册代理人的辞职按本条规定生效后，如果没有在上述时间和方式内获得并指定新的注册代理人，那么针对已辞职的注册代理人所代表的每个外国有限合伙企业的法律程序，此后应根据本章第九百一十一条向州务卿提供服务。

第九百零五条　对申请的修正

如果外国有限合伙企业的注册申请中的任何陈述在作出时是虚假的，或者任何安排或其他描述的事实发生了变化，使申请在任何方面都是虚假的，外国有限合伙企业应立即向州务卿办公室提交一份由普通合伙人签署的证书，以纠正该陈述，同时缴纳本章第一千一百零七条第Ⅰ款第（六）项规定的费用。

第九百零六条　注销登记

外国有限合伙企业可以通过向州务卿提交由普通合伙人签署的注销证书以及本章第一千一百零七条第Ⅰ款第（六）项规定的费用来注销其登记。根据本章第一百零四条第Ⅸ款第（四）项、本章第九百零四条第Ⅴ款、本章第一千一百零九条第Ⅶ款的规定，应注销外国有限合伙企业的登记。注销并不会终止州务卿接受外国有限合伙企业就在特拉华州开展业务引起的诉讼事由的诉讼服务的权力。

第九百零七条　未经注册而开展业务

Ⅰ. 在特拉华州开展业务的外国有限合伙企业，在特拉华州注册并向特拉华州支付其未注册而在特拉华州开展业务的年份或部分年份的所有费用和罚金之前，不得在特拉华州提起任何诉讼、诉讼或程序。

Ⅱ. 外国有限合伙企业未能在特拉华州注册并不影响：

（一）外国有限合伙企业的任何合同或行为的有效性。

（二）合同的任何其他当事方对合同提起任何诉讼、控告或程序的权利；或

（三）阻止外国有限合伙企业在特拉华州的任何法院为任何行动、诉讼或程序辩护。

Ⅲ. 外国有限合伙企业的有限合伙人不会仅仅因为该外国有限合伙企业在特拉华州未经注册就开展业务而作为该外国有限合伙企业的普通合伙人承担责任。

Ⅳ. 任何在特拉华州做生意的外国有限合伙企业，如果没有首先注册，应被处以罚款，并应就外国有限合伙企业没有在特拉华州注册的每一年或部分时间向州务卿支付 200 美元。

第九百零八条　外国有限合伙企业在没有资格的情况下开展业务；禁令

如果任何外国有限合伙企业没有根据本章的规定进行注册，或者该外国有限合伙企业根据本章第九百零三条的规定在虚假或误导性陈述的基础上获得了州务卿的证书，衡平法院应有权禁止该外国有限合伙企业或其任何代理在特拉华州开展任何业务。总检察长应根据自己的动议或适当当事方的关系，为此目的在该外国有限合伙企业正在或已经开展业务的任何县进行投诉。

第九百零九条　执行；责任

本章第二百零四条第Ⅳ款和第二百零七条应适用于外国有限合伙企业，将其视为是国内有限合伙企业。

第九百一十条　对注册的外国有限合伙企业的送达程序

Ⅰ. 对任何外国有限合伙企业的法律程序的送达，应亲自将副本送达外国有限合伙企业在特拉华州的任何管理人、一般代理人或一般合伙人，或外国有限合伙企业在特拉华州的注册代理人，或将其留在任何此类管理人或一般代理人、一般合伙人或注册代理人（如果注册代理是个人）在特拉华州的住宅或通常的居住地，或在特拉华州的注册办事处或其他营业地点。如果注册代理人是一家在特拉华州的公司，可以通过向公司注册代理的总裁、副总裁、秘书、助理秘书或任何董事送达副本的方式，向其送达法律程序。通过将副本留在高级职员、管理人员、普通合伙人或注册代理人的住所或通常住所，或外国有限合伙企业在特拉华州的注册办公室或其他营业地点的方式送达的服务，必须在程序返回日期之前至少六日送达，并在有成年人在场的情况下，送达程序的官员应当在回执中明确说明送达方式。可立即退回的程序必须亲自交给高级职员、管理人员、普通合伙人或注册代理人。

Ⅱ. 如果负责送达法律程序的官员无法通过适当的努力以本条第Ⅰ款规定的任何方式送达程序，则应合法地向州务卿送达针对该外国有限合伙企业的程序，而且就所有意图和目的而言，这种送达应与以本条第Ⅰ款规定的任何方式进行送达一样有效。根据本条规定，可以通过电子传输的方式向州务卿送达程序，但只能按照州务卿的规定。州务卿被授权发布州务卿认为必要或适当的有关此类送达的规则和条例。如果按照本款规定通过州务卿进行送达，州务卿应立即以信函的形式通知外国有限合伙企业，地址为州务卿存档的有关该外国有限合伙企业的普通合伙人地址，如果没有该地址，则为其最后的注册办事处。此信应通过邮件还是快递服务发送，其中包括邮寄或存放在快递公司的记录以及由收件人签名证明的交付记录。此信应包括一份诉讼程序的副本和根据本款规定送达给州务卿的任何其他文件。在这种情况下，原告有责任将诉讼程序和任何其他文件一式两份送达，通知州务卿正在根据本条进行送达，并向州务卿支付50美元，供特拉华州使用，如果原告胜诉，该金额应作为诉讼费用的一部分进行征税。州务卿应保持一份按字母顺序排列的送达记录，列明原告和被告的姓名、诉讼程序的名称、备审案件编号和性质，以及根据本款规定进行送达的事实、送达的返回日期和送达的日期和时间。州务卿保留这些信息的时间不应超过自从收到诉讼文件后的五年。

第九百一十一条　对未注册的外国有限合伙企业的送达程序

Ⅰ. 任何在特拉华州开展业务的外国有限合伙企业，如果没有根据本章第九百零二条进行登记，则应被视为已指定并构成特拉华州的州务卿代理该企业，在特拉华州的任何州或联邦法院对其提起的任何民事诉讼、诉讼或程序中接受法律程序的代理人，这些法律程序是由其在特拉华州的任何业务引起或产生的。该外国有限合伙企业在特拉华州开展业务应表明该外国有限合伙企业同意，任何这样的程序在送达时应具有相同的法律效力和有效性，如同在特拉华州内亲自送达授权的普通合伙人或代理人。根据本款规定，可以通过电子传输的方式向州务卿送达程序，但只能按照州务卿的规定。州务卿被授权发布其认为必要或适当的关于此类服务的规则和条例。

Ⅱ. 当本条中使用做生意、从事交易或在本州开展业务等表述时，它们应指在特拉华州进行任何商业活动的过程或做法，包括在不限制上述的一般性的情况下，在特拉华州招揽生意或订单。

Ⅲ. 如果按照本条第一条的规定向州务卿送达，州务卿应立即以信件的形式通知该外国有限合伙企业，其地址为该行动、诉讼或程序中原告提供给州务卿的地址。此信应通过邮件或快递服务发送，其中包括邮寄或存放在快递公司的记录以及由收件人签名证明的交付记录。此信应附上诉讼程序的副本以及送达州务卿的任何其他文件。在这种情况下，原告有责任将诉讼程序和任何其他文件一式两份送达，通知州务卿正在根据本款进行送达，并向州务卿支付50美元供特拉华州使用，如果原告在诉讼中获胜，该金额应作为诉讼费用的一部分进行征税。州务卿应保持一份按字母顺序排列的记录，列明原告和被告的姓名、诉讼程序的名称、备审案件编号和性质，以及送达州务卿的日期和时间。州务卿保留这些信息的时间不应超过从收到诉讼文件后的五年。

第九百一十二条 不构成营业的活动

Ⅰ. 外国有限合伙企业在特拉华州的活动，就本章而言，不构成经营活动，包括：

（一）维持、辩护或解决一项诉讼或程序；

（二）召开合伙人会议或进行有关其内部事务的其他活动；

（三）持有银行账户；

（四）为有限合伙企业自身证券的转让、交换或登记保留办公室或机构，或为这些证券保留受托人或托管人；

（五）通过独立承包商进行销售；

（六）招揽或获得订单，无论是通过邮件还是通过雇员或代理人或其他方式，如果订单需要在特拉华州以外的地方接受才成为合同；

（七）通过在特拉华州外完成的合同进行销售，并通过合同同意向特拉华州交付机械、工厂或设备，这些设备在特拉华州内的建造、安装需要技术工程师或熟练雇员的监督，提供一般无法提供的服务，并且作为销售合同的一部分，同意在建造、安装时向卖家提供这种服务，并且只提供这种服务；

（八）作为借款人或贷款人，在有或没有财产抵押或其他担保权益的情况下，创造或获得债务；

（九）收取债务或取消抵押贷款或其他为债务作担保的财产的担保权益，并持有、保护和维护如此获得的财产；

（十）进行一项独立的交易，而不是类似交易过程中的一项；

（十一）在州际商业中开展业务；以及

（十二）在特拉华州作为一家保险公司开展业务。

Ⅱ. 一个人不应仅仅因为是国内有限合伙企业或外国有限合伙企业的合伙人而被视为在特拉华州开展业务。

Ⅲ. 本条不适用于确定外国有限合伙企业是否受到特拉华州任何其他法律的送达、征税或监管。

第X分章 派生诉讼

第一千零一条 提起诉讼的权利

如果有权提起诉讼的普通合伙人拒绝提起诉讼，或者促使这些普通合伙人提起诉讼的努力不可能成功，那么有限合伙人或合伙权益的受让人可以在衡平法院上以有限合伙企业的权利提起诉讼，以获得有利于自己的判决。

第一千零二条 适格原告

在派生诉讼中，原告在提起诉讼时必须是合伙人或合伙权益的受让人，并且：

（一）在原告投诉的交易发生时；或

（二）原告作为合伙人或合伙权益受让人的身份已经通过法律运作或根据合伙协议的条款从交易时是合伙人或合伙权益受让人的人转移到原告身上。

第一千零三条　投诉

在派生诉讼中，申诉应具体说明原告为确保普通合伙人发起诉讼所做的努力（如果有），或未做努力的原因。

第一千零四条　费用

如果派生诉讼因任何此类诉讼的判决、妥协或和解而全部或部分胜诉，法院可从此类诉讼的追偿中或从有限合伙企业中判给原告合理费用，包括合理律师费用。

第XI分章　其他

第一千一百零一条　本章和合伙协议的解释和适用

Ⅰ. 本章应如此适用和解释，以实现其一般目的，即在颁布本章的州之间统一有关本章主题的法律。

Ⅱ. 应严格解释减损普通法的成文规则不适用于本章。

Ⅲ. 本章的政策是使合同自由原则和合伙协议的可执行性得到最大程度的落实。

Ⅳ. 如果在法律上或衡平法上，合伙人或其他人对有限合伙企业或其他合伙人或其他受合伙协议约束的人负有责任（包括受托责任），合伙人或其他人的责任可以通过合伙协议的规定来扩大或限制或取消；但合伙协议不得取消默示的诚信和公平交易的合同契约。

Ⅴ. 除非合伙协议中另有规定，合伙人或其他人不因其善意依赖合伙协议的规定，而对有限合伙企业、其他合伙人或其他受合伙协议约束的人承担违反信托义务的责任。

Ⅵ. 合伙协议可规定限制或消除合伙人或其他人对有限合伙企业、其他合伙人或其他受合伙协议约束的人违反合同和违反职责（包括信托职责）的任何和所有责任；但合伙协议不得限制或消除构成恶意违反默示的诚信和公平交易合同契约的任何作为或不作为的责任。

Ⅶ. 第九章第四百零六条和第四百零八条不适用于有限合伙中的任何权益，包括根据合伙协议或本章产生的所有权力、权利和利益。本条款优先于第九章第四百零六条和第四百零八条。

Ⅷ. 根据本章的一项规定有效采取的行动，不应仅仅因为它与根据本章的其他一些规定可以采取的行动相同或相似，但未能满足该其他规定的一个或多个要求而被视为无效。

Ⅸ. 规定适用特拉华州法律的合伙协议应根据其条款受特拉华州法律管辖和解释。

第一千一百零二条　短标题

本章可被称为特拉华州修订的统一有限合伙企业法。

第一千一百零三条　可分割性

如果本章的任何规定或其对任何人或情况的适用被认为是无效的，那么这种无效性并不影响本章的其他规定或适用，这些规定或适用可以在没有无效规定或适用的情况下生效，为此，本章的规定是可以分割的。

第一千一百零四条　生效日期和延长生效日期

Ⅰ. 所有在1983年1月1日或之后成立的有限合伙企业，即"生效日期"，都应受本章管辖。

Ⅱ. 除本条第Ⅴ款和第Ⅵ款的规定外，所有在1973年7月1日或之后，以及在生效日期之前，根据本编第十七章（在此废除）成立的有限合伙企业，应继续受该章管辖，直到1985年1月1日，"延长生效日期"，届时这些有限合伙企业应受本章管辖。

Ⅲ. 除本条第Ⅴ款规定外，1973年7月1日之前成立的有限合伙企业应继续受本编第十七章的管辖，该章在通过本编第十七章之前有效，并在此废除，但该有限合伙企业不得续约，除非根据本章。

Ⅳ. 除本条第Ⅴ款的规定外，本编关于外国有限合伙企业的第九章在延长的生效日期前不生效。

Ⅴ. 任何在生效日期前成立的有限合伙企业，以及任何外国有限合伙企业，可以在延长的生效日期前选择受本章的约束，向州务卿提交符合本章规定的有限合伙企业证书或外国有限合伙企业注册申请，或提交可使其有限合伙企业证书符合本章规定的修订证书，并明确说明其选择受此约束。

Ⅵ. 对于 1973 年 7 月 1 日或之后，以及生效日期之前成立的有限合伙企业来说：

（一）在延长的生效日期和之后，该有限合伙企业不需要向州务卿提交修订证书，以使其有限合伙企业的证书符合本章的规定，直到发生本章规定的需要提交修订证书的事件。

（二）本章第五百零一条和第五百零二条应仅适用于生效日期后的出资和分配；以及

（三）本章第七分章第七百零四条应仅适用于生效日期后进行的转让。

第一千一百零五条　本章中没有规定的情况

在本章没有规定的任何情况下，应适用 1999 年 7 月 11 日生效的特拉华州统一合伙法以及法律和衡平法的规则，包括商人法。

第一千一百零六条　以前的法律

除本章第一千一百零四条规定的内容外，[原] 第十七章特此废除。

第一千一百零七条　费用

Ⅰ. 根据本章要求提交的任何文件，在支付本条规定的适用费用之前，均不生效。以下费用应支付给州务卿并由其收取，供特拉华州使用：

（一）在收到根据本章第一百零三条第Ⅱ款提交的姓名保留申请、保留续期申请或保留转让或取消通知时，应缴纳 75 美元的费用。

（二）在收到根据本章第一百零四条第Ⅱ款提交的证书时，需缴纳金额为 200 美元的费用，在收到根据章本章第一百零四条第Ⅲ款提交的证书时，需缴纳金额为 200 美元的费用，在收到根据本章第一百零四条第Ⅳ款提交的证书时，需缴纳金额为 2 美元的每个有限合伙企业的注册代理人通过该证书辞职的费用。

（三）在收到本章第二百一十五条规定的有限合伙企业国内化证书、本章第二百一十六条规定的转让证书或转让和国内延续证书、本章第二百一十七条规定的转换为有限合伙企业的证书、本章第二百一十九条规定的转换为非特拉华州实体的证书、本章第二百零一条规定的有限合伙企业的证书后进行存档。本章第二百二十一条规定的注册系列证书,本章第二百零二条或第二百二十一条第Ⅳ款第(三)项的修订证书,〔除非本条第Ⅰ款第(十一)项另有规定〕本章第二百零三条或第二百二十一条第Ⅳ款第(八)项规定的注销证书,本章第二百一十一条规定的合并证书或所有权与合并证书,本章第二百一十条规定的重述的有限合伙人证书或重述注册系列证书。根据本章第二百零六条第Ⅲ款规定的未来生效日期或时间的证书修正证书,根据本章第二百零六条第Ⅲ款规定的未来生效日期或时间的证书终止证书,根据本章第二百一十三条规定的更正证书,根据本章第二百二十条规定的分割证书,根据本章第二百二十二条规定的保护系列转换为注册系列的证书。根据本章第二百二十三条,注册系列转换为受保护系列的证书,根据本章第二百二十四条,注册系列的合并或整合证书,或根据本编本章第一千一百一十一条或第一千一百一十二条的恢复证书,费用为 200 美元,如果是根据本章第二百零三条的注销证书,注销证书中提到的每个注册系列的有限合伙企业,费用为 50 美元。

(四)对于本章规定的任何文件副本的认证,每份认证副本的费用为 50 美元。此外,在州务卿提供待认证文件副本的情况下,每页应支付 2 美元的费用。

(五)州务卿可以发放存档文书的影印件或电子图像副本,以及未存档的文书、文件和其他文件,对于所有未经州务卿认证的此类影印件或电子图像副本,第一页应支付 10 美元的费用,每增加一页应支付 2 美元。尽管特拉华州的《信息自由法》(第二十九编第一百章)或其他法律规定允许获取公共记录,但州务卿应根据要求只发放公共记录的影印件或电子图像副本,以换取本条所述的费用,在任何情况下不得要求州务卿提供此类公共记录的副本(或获得副本的途径)的复印件或电子图像副本(包括但不限于文书、文件和其他文件的数字副本、数据库或其他信息),以换取本条或第二十九编第两千三百一十八条所述的与档案号相关的每项记录的费用。

(六)在收到本章第九百零二条规定的外国有限合伙企业的注册申请、本章第九百零五条规定的证书或本章第九百零六条规定的注销证书后,应缴纳 200 美元的费用。

(七)在收到根据本章第九百零四条第Ⅲ款提交的证书时,需缴纳 200

美元的费用；在收到根据本章第九百零四条第Ⅳ款提交的证书时，需缴纳200美元的费用；在收到根据本章第九百零四条第Ⅴ款提交的证书时，需缴纳每个外国有限合伙企业的费用，其注册代理人已通过该证书辞职。

（八）对于任何存档文件的预审，需缴纳250美元的费用。

（九）对于准备和提供记录搜索的书面报告，收费不超过100美元。

（十）对于签发任何州务卿的证书，包括但不限于有关有限合伙企业或其注册系列的良好信誉证书，除本条第Ⅰ款第（四）项规定的副本证明外，应支付50美元的费用，但对于签发任何州务卿的证书，其中回顾了有限合伙企业向州务卿提交的所有文件或任何注册系列的所有文件，或列出有限合伙企业形成的所有注册系列，每份证书应支付175美元的费用。对于通过州务卿的在线服务签发任何证书，每份证书应支付不超过175美元的费用。

（十一）对于接收、存档和（或）索引任何证书、宣誓书、协议或本章规定的任何其他文件，如果没有明确规定不同的费用，则收费金额为100美元。对于有限合伙企业或外国有限合伙企业提交的任何文书，如果只是改变注册办事处或注册代理人，并特别注明为只改变注册办事处或注册代理人的修订证书，则收费金额为50美元。

（十二）州务卿可自行决定对收到的用于支付任何费用的支票因资金不足或因止付令而被退回的情况收取60美元的费用。

Ⅱ. 除了根据本条第Ⅰ款收取的费用外，还应收取并支付给州务卿以下费用：

（一）对于本条第Ⅰ款所述的所有服务，如果要求在提出请求的当天30分钟内完成，额外的金额最多为7500美元；对于本条第Ⅰ款所述的所有服务，如果要求在提出请求的当天1小时内完成，额外的金额最多为1000美元；对于本条第Ⅰ款所述的所有服务，如果要求在提出请求的当天2小时内完成，额外的金额为500美元。

（二）对于本条第Ⅰ款所述的所有服务，如果要求在提出请求的当天完成，则需额外支付不超过300美元的款项；以及

（三）对于本条第Ⅰ款所述的所有服务，如果要求在提出请求后的24小时内完成，则需额外支付最多150美元的费用。

州务卿应制定（并可不时修订）根据本款规定应支付的具体费用表。

Ⅲ. 州务卿可自行决定允许按其认为适当的条款为本条规定的费用提供贷款。

Ⅳ. 州务卿应从从本条规定的费用中收取的收入中保留一笔足以在任何时候提供至少 500 美元，但不超过 1500 美元的资金，州务卿可以从这笔资金中退还根据本条规定支付的任何费用，但其数额不得超过本条规定的费用。这些资金应存放在一个金融机构，该机构是特拉华州资金的合法存管机构，由州务卿负责保管，并可根据州务卿的命令进行支付。

Ⅴ. 除本条规定外，州务卿的费用应按第二十九编第两千三百一十五条的规定执行。

第一千一百零八条　特拉华州保留修改或废除本章的权力

本章的所有规定都可以随时修改或废除，合伙人的所有权利都受此保留。除非本章有明确的相反规定，本章的所有修正案应适用于有限合伙企业和合伙人，无论在任何此类修正案颁布之时是否存在这样的情况。

第一千一百零九条　国内有限合伙企业、国外有限合伙企业和注册系列的年度税

Ⅰ. 每个国内有限合伙企业和每个在特拉华州注册的外国有限合伙企业应支付年度税，金额为 300 美元，供特拉华州使用。国内有限合伙企业的每个注册系列应支付或代表其支付年度税，供特拉华州使用，金额为每个注册系列 75 美元。

Ⅱ. 国内有限合伙企业的年度税款应在公历年结束后的 6 月 1 日或在注销有限合伙企业证书时支付。注册系列的年度税款应在公历年度结束后的 6 月 1 日或注册系列证书注销时缴纳。外国有限合伙企业的年度税款应在公历年结束后的 6 月 1 日或注册证书注销时缴纳。州务卿应接收年度税款，并将所有收取的税款上缴特拉华州财政部。如果年度税款在本条第Ⅳ款规定的到期日后仍未支付，则应按每月或部分时间支付利息，利率为 1.5%，直到完全支付为止。

Ⅲ. 州务卿应在每年 6 月 1 日前至少六十天，向每个国内有限合伙企业及其每个注册系列，以及每个需要遵守本条规定的外国有限合伙企业邮寄一份年度报表，由其在特拉华州的注册代理人保管，以便根据本条规定

支付税款。

Ⅳ. 如果任何国内有限合伙企业、注册系列或国外有限合伙企业忽视、拒绝或未能在任何一年的 6 月 1 日或之前支付根据本条款应支付的年度税款，该国内有限合伙企业或国外有限合伙企业应支付 200 美元的金额，该注册系列应支付 50 美元的金额，通过将该金额加入年度税款来收回，并且该额外金额应成为税款的一部分，应以相同方式收取，并受到相同的处罚。

Ⅴ. 如果任何国内有限合伙企业、注册系列或国外有限合伙企业未能在本条规定的时间内缴纳年度税款，以及如果负责任何国内有限合伙企业或国外有限合伙企业注册办事处的代理人（可向其送达针对该国内有限合伙企业或其任何受保护系列或注册系列或国外有限合伙企业的程序）死亡、辞职、拒绝作为、离开特拉华州或无法找到适当的努力，该违约应该是合法的，在违约持续的情况下，对该国内有限合伙企业或任何受保护的系列或其注册系列或外国有限合伙企业的程序送达州务卿。对于国内有限合伙企业或其任何受保护的系列或注册系列，以及对于外国有限合伙企业，向州务卿送达此类文件的方式和效果应符合本编本章第一百零五条的规定，并且在所有方面都应受上述条款的约束。

Ⅵ. 年度税是国内有限合伙企业、注册系列或外国有限合伙企业对特拉华州的债务，在该债务拖欠一个月后可依法提起诉讼。在破产的情况下，该税款也应是一种优先债务。

Ⅶ. 忽视、拒绝或未能支付到期的年度税款的国内有限合伙企业不再具有国内有限合伙企业的良好信誉，其所有注册系列也不再具有良好信誉。忽视、拒绝或未能支付到期的年度税款的注册系列不再具有注册系列的良好信誉。忽视、拒绝或未能支付年度税款的外国有限合伙企业应停止在特拉华州注册为外国有限合伙企业。

Ⅷ. 因有限合伙企业、注册系列或外国有限合伙企业未能支付年度税款而不再具有良好信誉的国内有限合伙企业或注册系列，或因该国内有限合伙企业、注册系列或外国有限合伙企业忽视、拒绝或未能支付年度税款而停止注册的外国有限合伙企业，在支付年度税款及所有罚金和利息后，应恢复并拥有国内有限合伙企业或注册系列的良好信誉或在特拉华州注册的外国有限合伙的地位。

Ⅸ. 任何国内有限合伙企业、注册系列或国外有限合伙企业根据本章规定应缴纳的年度税款在应缴税款后三个月内仍未缴纳时，总检察长可以以特拉华州的名义向衡平法院提出申请，并提前五天通知该国内有限合伙企业。该通知可按法院指示的方式送达，要求禁止该国内有限合伙企业、注册系列或国外有限合伙企业在特拉华州或其他地方进行任何业务交易，直到支付年度税款、所有罚款和利息以及申请费用（由法院确定）。如果有适当的情况，衡平法院可以批准该禁令，在批准和送达禁令后，该国内有限合伙企业、注册系列或国外有限合伙企业此后不得进行任何业务，直到禁令被解除。

Ⅹ. 由于有限合伙企业忽视、拒绝或未能支付年度税款而不再具有良好信誉的国内有限合伙企业，仍应是根据本章成立的国内有限合伙企业，其每个注册系列仍应是根据本章成立的注册系列，其每个受保护系列仍应是根据本章成立的受保护系列。因注册系列忽视、拒绝或未能支付年度税款而不再具有良好声誉的注册系列，仍为根据本章成立的注册系列。如果任何国内有限合伙企业、注册系列或国外有限合伙企业忽视、拒绝或未能支付年度税款，州务卿不应接受本章要求或允许提交的任何证书（当没有指定继任注册代理人时，注册代理人的辞职证书除外）的存档。除非该国内有限合伙企业、注册系列或国外有限合伙企业恢复到国内有限合伙企业或注册系列的良好状态，或在特拉华州正式注册的国外有限合伙企业，否则不得对该国内有限合伙企业、注册系列或国外有限合伙企业颁发任何良好信誉的证书。

Ⅺ. 由于国内有限合伙企业、注册系列或外国有限合伙企业的疏忽而不再具有良好信誉的国内有限合伙企业（及其每个受保护系列和注册系列）、不再具有良好信誉的注册系列或不再在特拉华州注册的外国有限合伙企业，在该国内有限合伙企业、注册系列或外国有限合伙企业恢复到国内有限合伙企业、注册系列或外国有限合伙企业的良好地位或在特拉华州正式注册之前，不得在特拉华州的任何法院提起任何行动、诉讼或程序。该国内有限合伙企业（或其任何受保护系列或注册系列）、注册系列或外国有限合伙企业的任何继承人或受让人不得在特拉华州的任何法院就任何权利提起诉讼、诉讼或程序。在国内有限合伙企业或注册系列不再具有良好信誉后，该国内有限合伙企业（或其任何受保护系列或注册系列）或注册系列的业务交易所产生的任何权利、索赔或要求，或在该国内有限合伙企业、注册系列或外国有限合伙企业，或任何收购其全部或大部分资产的人，已支付当时到期和应付的任何年度税，以及相关的罚款和利息前，该国内有限合伙企业或注册系列或外国有限合伙企业的任何继承人或受让人不得在特拉华州的任何法院提起诉讼。

Ⅻ. 国内有限合伙企业、注册系列或国外有限合伙企业忽视、拒绝或未能支付年度税款，不应损害该国内有限合伙企业或其任何受保护系列或注册系列或国外有限合伙企业的任何合同、契约、抵押、担保权益、留置权或行为的有效性，也不妨碍该国内有限合伙企业或其任何受保护系列或注册系列或国外有限合伙企业在特拉华州的任何法院为任何行动、诉讼或程序辩护。

ⅩⅢ. 国内有限合伙企业、注册系列或国外有限合伙企业的有限合伙人不应仅仅因为该国内有限合伙企业、注册系列或国外有限合伙企业的疏忽、拒绝或未能支付年度税款，或因为该国内有限合伙企业、注册系列或国外有限合伙企业不再具有良好信誉或正式注册，而作为该国内有限合伙企业、注册系列或国外有限合伙企业的普通合伙人承担责任。国内有限合伙企业的受保护系列或注册系列，不应仅仅因为该国内有限合伙企业或其他系列忽视、拒绝或未能支付年度税款，或因为该国内有限合伙企业或其他系列不再具有良好信誉而对该国内有限合伙企业或其他系列的债务、义务或责任负责。

第一千一百一十条　因未支付年度税款而注销有限合伙企业的证书或注册系列的证书

Ⅰ. 如果国内有限合伙企业根据本编本章第一千一百零九条规定应缴纳的国内有限合伙企业的年度税款在到期之日起三年内没有支付，则应取消该国内有限合伙企业的有限合伙证书，该取消在到期日的第三个周年日生效。

Ⅱ. 如果本章第一千一百零九条规定的年度税款在到期之日起三年内没有支付，注册系列证书将被注销，这种注销将在该到期日的第三个周年日生效。

Ⅲ. 根据本条第Ⅰ款或第Ⅱ款的规定，在该公历年的6月1日，其有限合伙企业证书或注册系列证书被注销的国内有限合伙企业和注册系列的名单应在州务卿办公室存档。在每个公历年的10月31日或之前，州务卿应在互联网或类似媒体上公布该名单，为期1周，并应在特拉华州至少1份普遍发行的报纸上公布该名单的网站或其他地址。

第一千一百一十一条　恢复国内有限合伙企业

Ⅰ. 根据本章第一百零四条第Ⅳ款或Ⅸ款第（四）项，或本章第一千一百一十条第Ⅰ款规定被注销的国内有限合伙企业，可通过向州务卿办公室提交恢复证书，同时支付本章第一千一百零七条第Ⅰ款第（三）项规定的费用，并支付本章第一千一百零九条规定的年度税金以及注销其有限合伙企业证书时应支付的所有罚款和利息来恢复。恢复证书应载明：

（一）有限合伙企业在其有限合伙企业证书被注销时的名称，如果在恢复时没有这样的名称，则以该有限合伙企业的名称进行恢复；

（二）有限合伙企业的有限合伙证书原件的提交日期；

（三）有限合伙企业在特拉华州的注册办事处的地址，以及有限合伙企业在特拉华州的注册代理人的姓名和地址；

（四）一份声明，说明恢复证书是由有限合伙企业的一个或多个普通合伙人提交的，他们被授权执行和提交恢复证书以恢复该有限合伙企业；以及

（五）执行恢复证书的一个或多个普通合伙人决定纳入其中的任何其他事项。

Ⅱ. 恢复证书应被视为对该有限合伙企业的有限合伙证书的修订，并且该有限合伙企业不需要根据本章第二百零二条就恢复证书中所列事项采取任何进一步行动来修订其有限合伙证书。

Ⅲ. 在提交恢复证书后，有限合伙企业及其所有已形成的注册系列，以及其注册系列证书在有限合伙企业证书被取消前尚未被取消的，应被恢复，并具有与根据本章第一百零四条第Ⅳ款、第Ⅸ款第（四）项，或本章第一千一百一十条第Ⅰ款未被注销的有限合伙企业证书相同的效力和效果。这种恢复应使该有限合伙企业、其合伙人、雇员和代理人在其有限合伙企业证书根据本章第一百零四条第Ⅳ款、第Ⅸ款第（四）项，或本章第一千一百一十条第Ⅰ款被注销期间所签订、作出和履行的所有合同、行

为、事项和事情有效，具有相同的效力和作用，并在所有意图和目的上与有限合伙企业证书保持完全有效。所有不动产和个人财产，以及所有权利和利益，在其有限合伙企业的证书根据本章第一百零四条第Ⅳ款、第Ⅸ款第（四）项，或本章第一千一百一十条第Ⅰ款被注销时属于该有限合伙企业，或者在其有限合伙企业的证书根据本章第一百零四条第Ⅳ款、第Ⅸ款第（四）项，或本章第一千一百一十条第Ⅰ款被注销后由该有限合伙企业获得。并且在恢复之前没有被处置，在恢复后应归属于该有限合伙企业，如同该有限合伙企业在根据本章第一百零四条第Ⅳ款、第Ⅸ款第（四）项，或本章第一千一百一十条第Ⅰ款，注销其有限合伙证书时和之后（视情况而定）所持有的资产。恢复后，该有限合伙企业及其合伙人对其合伙人、雇员和代理人以该有限合伙企业的名义和代表该有限合伙企业作出的所有合同、行为、事项和事情的责任，与该有限合伙企业及其合伙人在该有限合伙企业的有限合伙证书一直保持完全有效的情况下的责任相同。

第一千一百一十二条　注册系列的恢复

Ⅰ. 根据本章第一千一百一十条第Ⅱ款，注册系列证书被注销的注册系列可以通过在州务卿办公室提交注册系列恢复证书，同时支付本章第一千一百零七条第Ⅰ款第（三）项规定的费用，并支付本章第一千一百零九条规定的年税以及注册系列证书被注销时的所有罚款和利息而恢复。注册系列的恢复证书应规定：

（一）有限合伙企业在注册系列证书被注销时的名称，如果该名称已经改变，则为注册系列恢复时的有限合伙企业的名称；

（二）注册系列证书被注销时的注册系列名称，如果在恢复时没有该名称，则注册系列将以何种名称恢复；

（三）注册系列原始证书的提交日期；

（四）一份声明，说明注册系列的恢复证书是由与注册系列有关的一个或多个普通合伙人提交的，他们被授权执行和提交这种恢复证书，以恢复注册系列的存在；以及

（五）执行注册系列恢复证书的人决定包括在其中的任何其他事项。

Ⅱ. 注册系列的恢复证书应被视为对注册系列证书的修正，并且不需要根据本章第二百二十一条第Ⅳ款第（三）项就该恢复证书中所列的事项

采取进一步行动来修正其注册系列证书。

Ⅲ．在提交注册系列的恢复证书后，注册系列的复兴应具有相同的效力和效果，如同其注册系列的证书没有根据本章第一千一百一十条第Ⅱ款被取消。这种恢复应使注册系列、其合伙人、雇员和代理人在其注册系列证书根据本章第一千一百一十条第Ⅱ款被注销期间所做的所有合同、行为、事项和事情生效，具有相同的效力和作用，并对所有意图和目的而言，如同注册系列证书仍然完全有效。所有不动产和个人财产，以及所有权利和利益，在其注册系列证书根据本章第一千一百一十条第Ⅱ款被注销时属于注册系列，或在其注册系列证书根据本章第一千一百一十条第Ⅱ款被注销后由注册系列获得。而在其恢复之前未被处置的，应在其恢复后完全归属于注册系列，如同其在根据本章第一千一百一十条第Ⅱ款注销其注册系列证书时及之后（视情况而定）所持有的一样。在其恢复后，注册系列及其合伙人对其合伙人、雇员和代理人以注册系列的名义和代表其作出的所有合同、行为、事项和事情的责任，与注册系列及其合伙人在其注册系列证书一直保持完全有效的情况下所应承担的责任相同。

第Ⅻ分章　法定共益有限合伙企业

第一千二百零一条　适用于法定共益有限合伙企业的法律；如何形成

本分章适用于所有法定共益有限合伙企业，如本章第一千二百零二条所定义。如果一个有限合伙企业按照本章规定的方式选择成为本章规定的法定共益有限合伙企业，它应在各方面受本章规定的约束，若本章提出了额外的或不同的要求，在这种情况下应遵守本章的要求。合伙协议不得改变本章第一千一百零一条或本章任何其他规定。

第一千二百零二条　法定共益有限合伙企业的定义；有限合伙证书和合伙协议的内容

Ⅰ．法定共益有限合伙企业是指根据本章规定成立并遵守本章规定的营利性有限合伙企业，其目的是产生一项或多项公共利益，并以负责任和可持续的方式经营。为此，法定共益有限合伙企业的管理方式应兼顾合伙人的金钱利益、受有限合伙企业行为影响的人的最佳利益以及其有限合伙企业证书中规定的公共利益或公共利益。法定共益有限合伙企业应在其有限合伙企业证书的编中说明其为法定共益有限合伙企业，并应在其有限合伙企业证书中规定一个或多个由该有限合伙企业推动的具体公共利益。法定共益有限合伙企业的合伙协议不得包含任何与本分章不一致的条款。

Ⅱ. 公共利益是指对一类或多类人、实体、社区或利益（不包括作为合伙人身份的合伙人）的积极影响（或减少消极影响），包括但不限于艺术、慈善、文化、经济、教育、环境、文学、医学、宗教、科学或技术性质的影响。公共利益条款是指本分章所考虑的合伙协议的条款。

第一千二百零三条　一些修正和合并；票数要求

［已被废除］

第一千二百零四条　普通合伙人或其他人员的职责

Ⅰ. 普通合伙人或其他有权管理或指导法定共益有限合伙企业的业务和事务的人，应以平衡合伙人的金钱利益、受有限合伙企业行为影响的人的最佳利益，以及其有限合伙企业证书中规定的具体共益或公共利益的方式，管理或指导法定共益有限合伙企业的业务和事务。除非合伙协议中另有规定，任何普通合伙人或其他有权管理或指导法定共益有限合伙企业业务和事务的人，都不应对未能按照本款规定管理或指导法定共益有限合伙企业的业务和事务而承担任何金钱上的损失。

Ⅱ. 法定共益有限合伙企业的普通合伙人或任何其他有权管理或指导法定共益有限合伙企业业务和事务的人，不得因共益条款或本章第一千二百零二条第Ⅰ款的规定，因其在有限合伙企业证书中规定的共益或公共利益中的任何利益，或因受有限合伙企业行为影响的任何利益，而对任何人承担任何责任。对于涉及本条第Ⅰ款平衡要求的决定，如果此人的决定是知情的、无利害关系的，并且不是普通的、健全的判断力的人都会批准的，那么将被视为满足此人对有限合伙人和有限合伙企业的受托责任。

第一千二百零五条　定期报表和第三方认证

法定共益有限合伙企业应至少每两年向其有限合伙人提供一份声明，说明该有限合伙企业对其有限合伙企业证书中规定的共益或公共利益的促进情况，以及受该有限合伙企业行为严重影响的人的最佳利益。该声明应包括：

（一）为促进这种公共利益或公共利益和利益而制定的目标。

（二）为衡量有限合伙企业在促进这种公共利益或公共利益和利益方面的进展而采取的标准。

（三）基于这些标准的客观事实信息，即有限合伙企业在实现促进这种公共利益或公共利益的目标方面的成功；以及

（四）对有限合伙企业在实现目标和促进这种公共利益或公共利益和利益方面的成功评估。

第一千二百零六条　派生诉讼

法定共益有限合伙企业的有限合伙人或法法定共益有限合伙企业的合伙权益的受让人，在提起该派生诉讼之日，单独或集体拥有该有限合伙企业当时的百分比或其他利益的至少2%，或在有限合伙企业的合伙权益在全国证券交易所上市的情况下，该百分比或市场价值至少为200万美元的合伙权益，两者中较低者可提起派生诉讼以执行本章第一千二百零四条第Ⅰ款规定的要求。

第一千二百零七条　对其他有限合伙企业没有影响

本分章不应影响适用于非法定共益有限合伙企业的法规或法律规则。

第一千二百零八条　以其他方式完成

本分章的规定不应解释为限制以法律允许的任何其他方式来完成为公共利益（包括被指定为共益性有限合伙企业的有限合伙企业）而成立或经营的非法定共益有限合伙企业。

第三编

其他立法模式

南非合作社法（2005）[*]

郭笑多　译
刘丽莎　一校
金锦萍　二校

本法规定：
合作社的成立和登记；
合作社咨询委员会的设立；
合作社的清算；
1981 年第 91 号法的废止；
以及其他相关事项。

序言

承认：
合作社秉承自助、自立、自负责任、民主、平等和承担社会责任之价值；
可行、自治、自立、自我维持的合作社运动在南非共和国的经济和社会发展，尤其是提供就业、提升收入、促进黑人经济广泛发展以及消除贫困方面发挥主要作用；
可行且可持续的经济企业在数量和种类上的增长有利于南非经济的发展；
政府承诺为合作社的发展和繁荣提供法律保护；且

---

[*] Available at：https：//www.gov.za/documents/co-operatives-act

为了：

确保南非承认和执行国际合作社原则；

允许合作社登记，并获得独立于其成员的法律地位；和

向发展中的合作社，尤其是女性和黑人所有的合作社提供针对性援助。

南非共和国议会**特此制定**本法：——

目录

第一章 定义、目的和适用

1. 定义与解释
2. 本法目的
3. 遵循合作社原则
4. 合作社的形式和种类
5. 适用

第二章 登记、章程、合作社权力，登记机关及企业保存的记录

第 I 部分 设立和名称

6. 申请登记设立合作社
7. 合作社的登记
8. 登记的效力
9. 设立前合同
10. 合作社名称
11. 登记机关关于更名的指令
12. 对"合作社"一词的违法使用

第 II 部分 章程和合作社的功能

13. 合作社章程
14. 对所有合作社的规定
15. 关于要求成员持有股份的合作社的规定

16. 关于中级合作社和高级合作社的规定

17. 无效的后果

18. 章程的修改

19. 合作社的职能

第Ⅲ部分　登记处和合作社持有的记录

20. 合作社的登记处

21. 合作社持有的记录

22. 信息公开

第三章　合作社成员资格

23. 成员的责任

24. 成员资格的撤销

25. 成员资格的转让，成员贷款和股份

26. 登记机关在合作社成员减少时的权力

第四章　合作社大会

27. 决策结构

28. 合作社大会

29. 合作社年会

30. 会议代表

31. 合作社年会会议记录

第五章　合作社的管理

32. 董事会

33. 董事的任命

34. 董事会及其决议

35. 董事会会议记录

36. 董事会可授权董事、委员会或经理

37. 利益披露

38. 禁止接受佣金、报酬或奖励的情况

39. 与董事有关的申报

第六章　资本结构

40. 合作社资本
41. 成员股份
42. 成员股份证书或贷款证书的发放
43. 成员基金
44. 分配比例
45. 禁止和允许的贷款和担保
46. 成员公积金

第七章　合作社的审计

47. 审计
48. 通过审计报告和财务报表
49. 不得从事审计工作的人员
50. 审计员的任命
51. 审计员的免职
52. 审计员参加会议
53. 信息权
54. 对错误的通知
55. 豁免

第八章　合并、分立、变更和转让

56. 合并
57. 批准合并
58. 合作社合并登记的效力
59. 合作社的分立
60. 批准分立
61. 合作社分立登记的效力
62. 合作社变更为任何其他形式的法人
63. 转让
64. 债权人保护

65. 合并、分立、变更和转让情况下的财产登记
66. 公司申请变更为合作社
67. 申请的审查
68. 企业注册为合作社的效力
69. 公司作出第六十六条第（三）款项下承诺时的特别规定
70. 登记机关向公司登记机关发出通知

第九章　合作社清算和注销登记

71. 清算的形式
72. 根据法院命令清算
73. 根据部长命令清算
74. 对清算中的合作社提出请求的准许和证明
75. 分配账户
76. 付款账户

第十章　司法管理

77. 合作社可能会被置于司法管理下的情况

第十一章　行政管理

78. 合作社登记机关
79. 登记机关签章
80. 登记机关保管的合作社登记文件
81. 提交登记机关
82. 文件审查
83. 法规可规定记录的形式
84. 登记机关的调查

第十二章　合作社咨询委员会

85. 设立合作社咨询委员会
86. 咨询委员会功能
87. 咨询委员会委员

88. 委员会委员任期和服务条件

89. 咨询委员会会议

90. 公开听证会

91. 向议会负责

第十三章　其他规定

92. 违法行为

93. 向部长上诉

94. 排除

95. 法规

96. 部长授权

97. 临时规定

98. 法律的废止和保留

99. 简称和生效

附录一　特定合作社的特别规定

第Ⅰ部分　住房合作社

第Ⅱ部分　工人合作社

第Ⅲ部分　金融服务合作社

第Ⅳ部分　农业合作社

附录二　第九十八条废止的法律

第一章　定义、目的和适用

第一条　定义与解释

Ⅰ. 除另有规定外，本法下列术语的含义为：

（一）咨询委员会，是指根据本法第八十五条成立的合作社咨询委员会；

（二）审计员，是指根据《公共会计和审计法》（1991年第80号法案）注册，并于该法所规定的事务所执业的个人，或其他由法规授权于合作社担任审计工作的个人；

（三）农业合作社，是指生产、加工或销售农业产品，并向其成员供应农业投入和服务的合作社；

（四）消费者合作社，是指向成员和非成员生产和分配货物或商品，并向其成员提供服务的合作社；

（五）合作社，是指为实现共同经济利益和社会需要及目的而自愿结成的自主社团。该社团共同所有，民主控制，根据合作社原则组织和运行。

（六）丧葬合作社，是指向其成员和受扶养人提供包括丧葬保险和其他服务等在内的丧葬利益的合作社；

（七）合作社原则，是指以国际合作社联盟通过的原则为代表的，国际公认的合作社原则；

（八）主管部门，是指贸易和工业部；

（九）副登记员，是指由部长任命的，协助登记员履行其职能的个人；

（十）行政长官，是指贸易和工业部行政长官；

（十一）金融服务合作社，是指主要目的是向其成员提供金融服务的初级合作社，和向初级合作社提供金融服务的中级合作社；

（十二）大会，是指合作社成员会议，根据会议内容可包括年会，特别会议，或区域性会议；

（十三）住房合作社，是指向其成员提供住房的初级合作社，以及向初级住房合作社提供技术领域服务的中级合作社；

（十四）销售和供应合作社，是指参与成员的生产投入供应，产品销售或加工过程的合作社，也包括农业销售和供应合作社；

（十五）成员贷款，是指成员向合作社提供的贷款；

（十六）成员股份，是指合发行给合作社成员的股份，而该股份是作为其成员有资格要求的。

（十七）部长，是指贸易和工业部部长；

（十八）名义价值，是指股份的票面价值；

（十九）一般决议，经大会到场成员过半数通过的决议；

（二十）分配比例，是指特定期间内，成员与合作社进行的交易所产生的价值占同一期间内所有成员与合作社进行的交易所产生的总价值的比例；

（二十一）规定，是指法规的规定；

（二十二）初级合作社，是指由不少于五名自然人组成的，目的为向其成员提供就业或服务，并促进社群发展的合作社；

（二十三）登记机关：是指合作社的登记员；

（二十四）公积，是指留存于公积金中的盈余部分，该部分在合作社成员间不可分；

（二十五）公积金，是指根据第四十六条设立的基金；

（二十六）中级合作社，是指由两个及以上初级合作社形成的，向其成员提供（包括法人）不同领域服务的合作社；

（二十七）服务合作社，是指涉及住房、医疗健康、儿童保育、交通、通信和其他服务的合作社；

（二十八）股份，包括成员股份和合作社可能发放的额外股份；

（二十九）社会合作社，是指向其成员提供社会服务的非盈利合作社，具体可包括向老人、儿童和病人提供的社会服务；

（三十）特别决议，是指经大会到场成员三分之二以上，或合作社章程中明确规定的绝对多数通过的决议；

（三十一）盈余，是指一个财务年度中，合作社经营所产生的财务上的盈余；

（三十二）监督委员会，是指初级合作社章程规定的，对董事会行使监督权的委员会；

（三十三）高级合作社，是指由中级合作社构成的合作社，其目的在于代表其成员支持和与国家机关、私人部门及利害关系人等进行沟通，高级合作社也有可能指最高级的合作社；

（三十四）本法，包括本法任何条款及附件；

（三十五）工人合作社，是指主要目的为向其成员提供就业的初级合作社，或向初级工人合作社提供服务的中级合作社；

Ⅱ. 本法的解释应有助于实现本法目的，并应有助于促进和发展本法第三条所指称的合作社原则。

第二条 本法目的

本法目的为：

（一）依据合作社原则，促进合作社可持续发展，从而提升正式经济中企业的数量和多样性；

（二）鼓励认同自立、自助之价值的，以及在民主决策的企业中共同工作的个人和团体根据本法登记注册合作社；

（三）使登记注册的合作社获得独立于其成员的法律地位；

（四）促进黑人群体，尤其是乡村地区、女性、残疾和青年黑人在合作社的形成和管理中的平等并提升其参与度；

（五）建立法律框架，将合作社作为一种特定的法律实体进行保护；

（六）推动建立针对新兴合作社，尤其是由黑人、女性、青年、残疾人或乡村地区人口组成的合作社的支持性项目，该支持性项目应有利于促进平等，提升成员的参与度；

（七）确保所有国家部门机构都根据本法规定的统一规则和标准参与合作社发展支持项目的设计和执行，国家部门包括但不限于库拉金融有限公司（Khula）①、国家振兴基金（NEF）、国家生产力研究所（NPI）、小企业发展部（SEDA）、工业发展公司（IDC）②、南非质量研究所（SAQI）、南非标准局（SABS）、科学和工业研究委员会（CSIR）③、公共投资公司（PIC）④、南非发展银行（DBSA）、南非地方政府协会（SALGA）和教育培训部（SETA's）。

（八）确保包括运输部门在内的各政府部门均设计和执行合作社支持措施，且上述措施须遵守统一的规则和标准框架，该框架应能够反映公平、平等、透明、经济、效率、责任和合法性原则。

（九）通过主管部门在各政府各领域间形成有效的合作和报告机制。

---

① 译者注：南非贸易和工业部于1996年设立的一家国有企业，设立目的为促进中小企业融资。

② 译者注：依据《工业发展企业法》（1940年第22号法）于1940年设立的国有企业。

③ 译者注：1945年由议会设立的组织，目前由高等教育科学和创新部部长代表议会控制。

④ 译者注：南非国有私产管理公司，依据2004年《公共投资公司法》于2005年设立，其股东代表为财政部部长。

第三条 遵守合作社原则

Ⅰ. 根据本法目的,遵循合作社原则是指:

(一)合作社成员包括能够使用合作社服务,并能够接受合作社成员义务者;

(二)初级合作社中,成员一人一票;

(三)在可行的范围内,合作社成员根据合作社要求出资;

(四)根据成员出资情况所支付的收益不得超过合作社章程所规定的比例上限;

(五)应提取不少于5%的盈余作为盈余公积留存于公积金内,该部分在合作社成员间不可分;

(六)向成员和雇员提供教育和培训。

Ⅱ. 尽管第Ⅰ款第(一)项已有规定,但合作社章程可在符合以下条件时限制成员资格:

(一)与合作社章程中规定的合作社经营范围有合理联系,涉及合作社向其潜在成员提供服务的商业能力;

(二)不构成不合理歧视。

Ⅲ. 中级和高级合作社可规定其成员拥有超过一票的投票权,但中级合作社的成员不得拥有超过所有票数15%的投票权。

第四条 合作社的形式和种类

Ⅰ. 本法对以下三种形式合作社的登记作出规定:

(一)初级合作社;

(二)中级合作社;

(三)高级合作社。

Ⅱ. 合作社的种类和数量没有限制,可根据本法注册登记的合作社包括但不限于:

(一)住房合作社;

(二)工人合作社;

(三)社会合作社;

(四)农业合作社;

（五）金融服务合作社；

（六）消费者合作社；

（七）销售和供应合作社；

（八）服务合作社。

第五条 适用

Ⅰ. 本法适用于所有根据本法注册登记的合作社。

Ⅱ. 本法不适用于未被登记为本法下合作社的最高级合作社组织，但可适用于以最高级合作社组织为设立目的的高级合作社。

第二章 登记、章程、合作社权力，登记机关及企业保存的记录

第Ⅰ部分 设立和名称

第六条 申请登记设立合作社

Ⅰ. 登记注册的合作社须：

（一）初级合作社应不少于五人；

（二）中级合作社应由二个及以上初级合作社构成；

（三）高级合作社应由二个及以上中级合作社构成。

Ⅱ. 根据本条第Ⅰ款提交给登记机关的申请应符合法规规定的形式，提交申请时须同时提交：

（一）经发起成员签名的合作社章程；

（二）发起成员名单；

（三）董事名单；

（四）法规规定的费用，或已缴证明。

Ⅲ. 在根据本条第Ⅰ款提交申请前，须至少举办一场利害关系人会议，会议上须：

（一）通过设立中的合作社章程；

（二）选举首位董事。

第七条 合作社的登记

若合作社满足下列条件，登记机关须为合作社进行登记，并签发载有

登记编号的登记证书：

（一）该申请符合本法规定；

（二）合作社章程符合本法规定，并符合本法第三条所涉合作社原则；

（三）设立中的合作社名称符合本法第十条规定。

第八条　登记的效力

Ⅰ．自登记证书所载注册登记之日起，合作社成为法人。

Ⅱ．若合作社满足以下条件，主管部门为合作社提供必要支持：

（一）合作社已根据本法进行登记；

（二）符合本法第三条规定的合作社原则；

（三）由黑人群体、女性、青年、残疾人、乡村人口构成，促进平等，并鼓励其成员提高参与度。

第九条　设立前合同

Ⅰ．合作社登记前，以设立中的合作社名义，或代表设立中的合作社签订的书面合同，对签订合同的个人具有法律约束力，合同另有约定的除外。

Ⅱ．在登记后一个月内，合作社可经大会通过一般决议批准本条第Ⅰ款所规定的合同。

Ⅲ．若合作社根据本条批准这一合同，则：

（一）该合同对合作社具有法律约束力；

（二）签订合同的个人不再受该合同约束。

Ⅳ．若合作社未批准该合同，签订该合同的个人继续受该合同约束，合同另有约定的除外。

第十条　合作社名称

Ⅰ．设立中合作社的名称不得：

（一）与已经设立的合作社相同或相似，不得产生混淆；

（二）使用伤风败俗、已被禁止或意图欺骗及其他具有误导性的名称。

Ⅱ．合作社名称应：

（一）在名称中包含"合作社（co-operative）"或其缩写（co-op）；

（二）在名称末尾使用"有限责任（limited）"或其缩写（Ltd.），合作社章程未限制其成员责任的除外。

Ⅲ. 中级合作社的名称中须包含"中级合作社"，高级合作社的名称中须包含"高级合作社"。

Ⅳ. 合作社须在其所有合同、发票、协商文件、信件、指令和商业场合中以清晰可辨认的方式注明其名称。

Ⅴ. 中级合作社或高级合作社须在本条第（四）款所列的所有文件中注明其为中级合作社或高级合作社。

Ⅵ. 若中级合作社或高级合作社的名称表明其经营范围限制，合作社不得在未修改其名称的情况下通过修改章程取消此类限制。

第十一条　登记机关关于更名的指令

Ⅰ. 若合作社名称违反本法第十条规定的，登记机关可以要求合作社更名。

Ⅱ. 若合作社在收到登记机关根据本条第Ⅰ款发出的指令六十日内不进行更名，则：

（一）登记机关可发出修正证明废除该合作社的名称，并重新分配新名称；

（二）自修正证明发出之日起，章程所载合作社名称视为修正证明所分配的新名称。

Ⅲ. 登记机关根据本条第Ⅱ款对合作社名称进行修正的，须在过半数合作社成员居住的地区内，公众普遍可以获取的出版物上进行公告。

第十二条　对"合作社"一词的违法使用

非根据本法登记为合作社者的下列行为属于犯罪：

（一）自称从事已经登记的合作社业务；

（二）使用或授权在名称中使用"合作社（co-operative）"或其缩写（co-op），"有限合作社（co-operative limited）"或其缩写"（co-operative ltd，co-op ltd）"。

第Ⅱ部分　章程和合作社的功能

第十三条　合作社章程

Ⅰ. 根据本法登记的合作社，其章程应符合本法第十四条规定。

Ⅱ. 要求成员持有股份的合作社，其章程应符合本法第十四条、第十五条的规定。

Ⅲ. 中级合作社和高级合作社的章程应满足本法第十四条、第十六条的规定。

Ⅳ. 除本法第十四条第Ⅱ款外，合作社可规定任何不违反本法的内容。

Ⅴ. 部长可在政府公报上公布合作社章程范本。

第十四条　对所有合作社的规定

Ⅰ. 合作社章程中应包括：

（一）合作社名称；

（二）该合作社为初级合作社、中级合作社或高级合作社；

（三）合作社的主要目的；

（四）对合作社经营范围的描述及限制；

（五）规定在所有合作社会议中成员一人一票，中级合作社和高级合作社除外；

（六）应提前发出召开大会通知的最短期间；

（七）董事任期，以及是否允许董事连任，一届任期不得超过四年；

（八）合作社董事在合作经营中的权力和限制；

（九）在符合本法第三条第Ⅱ款的情况下，对合作社成员资格之要求作出规定；

（十）在符合本法第二十三条的情况下，对撤销合作社成员资格之要求作出规定，包括发出撤销通知的期间、股份的偿付以及任何成员资格撤销后特定期间内的成员责任等；

（十一）可对第三条第Ⅰ款第（五）项转入公积金的盈余公积的使用方式作出规定；

（十二）合作社解散后资产分配方式的规定；

（十三）合作社的财务年度；

（十四）申请成为合作社成员的程序，该程序应符合合作社原则；

（十五）对成员权利和义务的规定；

（十六）对成员资格转让、成员贷款和成员股份的规定；

（十七）终止成员资格的条件和程序；

（十八）暂停成员资格的条件和程序；

（十九）对决策结构的规定，成员应以民主和参与性的方式参与决策程序；

（二十）对年会和特别大会的规定，包括上述会议如何召集，提前发出通知的必要期间，主席的选举和决议草案的提出等，上述规定应确保决策民主性；

（二十一）对提前发出召开大会通知的必要期间的规定，并应规定召开大会的条件和程序；

（二十二）对搁置或通过决议的规定；

（二十三）对大会法定人数的规定，法定人数应当足以体现成员对合作社的控制权和决策权；

（二十四）对投票方式的规定；

（二十五）提出和通过可替代会议的决议的条件；

（二十六）召集大会的条件和程序；

（二十七）对任命董事的规定，仅合作社成员可被任命为董事；

（二十八）对无在任董事之情况和补选董事的方式的规定，补选方式应能够保证对合作社成员负有民主责任；

（二十九）任命主席、副主席、执行主席的条件和程序；

（三十）董事会授权董事、委员会或经理行使其职能的条件；

（三十一）对未转入公积金之盈余的使用方法的规定；

Ⅱ．合作社章程可包括：

（一）合作社的进一步目标；

（二）在符合本法规定的情况下，非合作社成员可以参与的业务量；

（三）当成员处在不同区域时，如何举行区域大会和代表会议的规定；

（四）对成员任命代理人，代表该成员参加大会和在大会上投票，以及邮寄选票的规定，代理人不得超过所有有权投票成员的20%，章程另有规定的除外，但章程所规定比例应低于20%；

（五）对愿为合作社提供帮助，但不希望成为合作社关联成员的规定；

（六）对监督委员会构成方式的规定；

（七）董事会授权董事、委员会或经理的条件；

（八）对董事会任命总经理或执行经理之规则的规定；

（九）对在符合章程和本法规定的情况下，制定举行会议或其他程序性事项之规则的规定；

（十）对解决成员间或成员与合作社之间争议的规定。

第十五条　关于要求成员持有股份的合作社的规定

若成员申请成为，或被接受为合作社成员时，被要求持有合作社股份，则合作社章程中须包括：

（一）发放给每个成员的最小股份份额；

（二）股份的票面价值；

（三）发放股份时是否需要全部付清，以及应当支付的情况；

（四）向成员额外发放股份的情况；

（五）合作社成员可以持有股本的最大比例，中级合作社或高级合作社除外；

（六）已发放给成员的股份可能被赎回的情况。

第十六条　关于中级合作社和高级合作社的规定

Ⅰ.中级合作社和高级合作社的章程应包括：

（一）中级合作社的主要目标须包括其向初级合作社成员所提供的服务领域；

（二）高级合作社的主要目标须包括代表其成员支持和与国家机关、私人部门和利害关系人等进行沟通；

（三）成员所拥有的票数相较于其成员中初级合作社或中级合作社数量所占的比例；

Ⅱ.中级合作社和高级合作社的章程可包括：

（一）中级合作社或高级合作社的进一步目标可包括不与其成员目标相背离，且为了成员的专有利益的任何活动；

（二）高级合作社的进一步目标可包括在某部门或某区域代表合作社

的利益，为成员教育或培训提供帮助，为促其成员获得外部金融服务而建立担保基金，以及为帮助其成员审计其经营活动而建立审计基金等。

第十七条　无效的后果

合作社章程：

（一）存在与本法规定不一致的部分的，则除该部分外的其他部分若符合本法规定的，其他部分继续有效；

（二）不会仅因未对本法认为其应规定的内容作出规定而无效。

第十八条　章程的修改

Ⅰ．合作社可根据特别决议修改其章程。

Ⅱ．在大会上修改章程的，发出召开大会的通知时，须同时发出章程的修改草案。

Ⅲ．修改后的章程自：

（一）登记机关登记之日起生效；或

（二）特别决议明确载明之日起生效。

Ⅳ．在满足以下条件时，登记机关应当对已按照规定格式提交的修改后章程进行登记：

（一）修改后的章程符合本法规定，并符合本法第三条规定的合作社原则；

（二）修改后的章程符合本条规定。

Ⅴ．若不满足本条第Ⅳ款规定，登记机关可以拒绝登记修改后的章程。

Ⅵ．登记机关拒绝登记修改后的章程的，应当书面提供拒绝登记的理由。

Ⅶ．章程的修改不得影响：

（一）合作社或其董事提起的，或对合作社或其董事提起的诉讼、主张或控告，且该诉讼、主张或控告正在进行中；或

（二）任何合作社或其董事作为当事方的民事、行政、调查或其他诉讼或程序。

第十九条 合作社的职能

Ⅰ. 为实现其目的，合作社可在符合章程、本法和其他法律规定的情况下进行任何必要的活动；

Ⅱ. 若合作社超出其职能范围行事，且合作社及授权此类行为的董事，或实施此类行为者知道合作社无权实施此类行为的，则属犯罪。

第Ⅲ部分 登记处和合作社持有的记录

第二十条 合作社的登记处

Ⅰ. 合作社应当在南非共和国境内设立登记处，章程应载明登记处地址。

Ⅱ. 合作社应当按照规定格式将登记处实际地址、电子地址、电话或传真号码通知登记机关。

Ⅲ. 若本条第Ⅱ款中所涉信息发生改变的，合作社必须按照规定形式在十五日内通知登记机关。

第二十一条 合作社持有的记录

Ⅰ. 合作社须在登记处内留存以下信息：

（一）合作社的章程及其规则，以及章程修正案（若有）；

（二）本法第三十一条所规定的大会的会议记录，会议记录应载于记录簿内；

（三）本法第三十五条所规定的董事会的会议记录，会议记录应载于记录簿内；

（四）成员名单，名单上应载明：

1. 成员的名字和住址；

2. 各成员获得成员资格的日期；

3. 成员资格终止的时间（若有）；

4. 须支付的成员费用，拥有的成员股份数，成员贷款的数量和金额；

（五）董事登记簿上应载明：

1. 姓名、住址、各董事身份证号码（包括已离任董事）；

2. 当选为董事的日期及离任日期；

3. 若董事现任或曾为其他合作社、公司或闭合公司成员或董事的，应载明该合作社、公司或闭合公司的名称和地址；

（六）根据本法第三十八条，列明董事在合同或其业务中所享有的利益；

（七）符合要求的会计记录，包括计算分配比例时所涉及的成员之间以及成员和合作社之间交易的会计记录等。

Ⅱ. 合作社对会计记录的保留应当：

（一）若合作社的主要目的包括与其成员进行交易的，会计记录须在当期会计年度结束后继续保留五年；

（二）若该会计记录是为其他合作社保留的，则该会计记录须在当期会计年度结束后继续保留三年。

Ⅲ. 登记机关可能就本条第Ⅰ款所规定信息的留存方式颁布指南，包括允许合作社以电子形式留存信息的指南等。

Ⅳ. 合作社或董事违反本条第Ⅰ款的，即属犯罪。

第二十二条 信息公开

Ⅰ. 在不违背本条第Ⅱ款的情况下，合作社成员可在合作社工作时间内调取第二十一条第Ⅰ款所规定的信息，并可在支付相关费用的情况下获取上述信息的复印件或信息摘要。

Ⅱ. 根据《促进信息公开法》（2000年第2号法），若有合理理由相信信息披露可能会对合作社造成不利影响的，董事会可在合理期限内拒绝提供与商业交易有关的信息。

Ⅲ. 若合作社章程对监督委员会的设立作出规定的，监督委员会应对董事会是否有权根据本条第Ⅱ款拒绝提供信息作出决定。

第三章 合作社成员资格

第二十三条 成员的责任

合作社成员的责任应限于其在该合作社内享有股份的票面价值中尚未支付的部分。

第二十四条　成员资格的撤销

Ⅰ．无论合作社章程是否规定，若合作社认为偿付股份会对合作社的财务状况造成不利影响的，合作社可能会推迟偿付，但不得晚于撤销成员资格的通知生效之日起两年。

Ⅱ．撤销成员资格不免除成员对合作社承担的债务或义务，也不解除成员与合作社之间的合同，合作社另行决定的除外。

第二十五条　成员资格的转让，成员贷款和股份

无论合作社章程是否有所规定，若合作社认为偿付成员股份，以及任何与成员信贷有关的金额，包括成员贷款及直到支付之日前所产生的利息等会对合作社的财务状况造成不利影响的，合作社可能会推迟偿付，但不得晚于合作社成员死亡之日起两年。

第二十六条　登记机关在合作社成员减少时的权力

Ⅰ．若合作社成员减少至法定人数以下，且六个月仍低于法定人数的：

（一）基于本法，该合作社将被视为注销；

（二）合作社必须根据第八章规定转为其他形式的法律实体，或根据第九章规定清算；

（三）合作社成员个人可能会对合作社后续活动所产生的损失或损害承担责任。

Ⅱ．若合作社根据本条第Ⅰ款第（二）项转为其他形式法律实体的，登记机关须在过半数合作社成员居住的地区内，公众普遍可以获取的出版物上进行公告。

第四章　合作社大会

第二十七条　决策结构

Ⅰ．合作社章程规定的决策机构应符合本条规定。

Ⅱ．合作社的最高决策机构为成员大会。

Ⅲ．董事会应：

（一）对大会负责；

（二）合作社章程设立了监督委员会的，在大会闭会时，董事会对监督委员会负责。

第二十八条　合作社大会

Ⅰ. 在符合本法和合作社章程的情况下，合作社成员可通过电话、电子方式或其他通信工具参与会议，该工具应能确保参会者在会议期间能够相互充分交流。

Ⅱ. 以本条第Ⅰ款方式参会的，视为到场。

第二十九条　合作社年会

Ⅰ. 合作社应：
（一）在登记后18个月内召开第一次年会；
（二）在上一个财务年度结束后六个月内召开后续年会。

Ⅱ. 年会应：
（一）根据本法第五十条任命审计员；
（二）通过董事会上一财务年度对合作社事务的报告；
（三）通过上一财务年度的财务报表和审计报告；
（四）选举董事；
（五）合作社章程有规定的，选举监督委员会；
（六）决定合作社未来经营事项。

第三十条　会议代表

有权在合作社会议上投票的法人可通过其授权的自然人行使投票权。

第三十一条　合作社年会会议记录

Ⅰ. 会议主席应：
（一）以一种南非共和国官方语言保存年会会议记录；
（二）根据本法第二十一条在合作社登记处留存会议记录。

Ⅱ. 所有年会会议记录应：
（一）经成员要求，向成员提供；
（二）提交下一届年会批准通过。

Ⅲ. 若没有相反证据证明，则经主席签字的任何大会会议记录，或根据章程通过的决议都是对投票结果或决议的证明。

第五章　合作社的管理

第三十二条　董事会

Ⅰ. 合作社事务应由董事会管理，董事会人数由合作社章程规定。

Ⅱ. 董事会应根据本法和合作社章程行使其职权，履行其义务。

Ⅲ. 合作社章程对董事任期有规定的，经选举的董事的任期如其规定，章程所规定的董事任期不得超过四年。

第三十三条　董事的任命

Ⅰ. 对董事的任命应当符合章程规定。

Ⅱ. 下列人员不得担任董事：

（一）精神不健全者；

（二）破产后尚未恢复者；

Ⅲ. 曾在南非共和国或其他国家和地区犯盗窃、诈骗、伪造、伪证或其他涉及在合作社或其他类型企业实体的设立或管理中实施不诚信行为之罪行者。

第三十四条　董事会及其决议

Ⅰ. 合作社董事会会议的日期、时间和地点应：

（一）由董事会或董事长决定；或

（二）任意两名董事决定。

Ⅱ. 除章程另有规定外：

（一）召开董事会的法定人数为董事会总人数过半数；

（二）董事会决议须经会议到场人数过半数通过；

（三）出现平票的，董事长或行使董事长职务者，在审议表决后根据情况投出决定票。

Ⅲ. 在判断董事会召开是否满足本条第Ⅱ款所规定的法定人数时，通过电话、电子方式或其他通信工具参与会议的董事被视为到场，合作社章程另有规定的除外。

Ⅳ. 若董事会通过的决议，或董事会授权的行为在其通过或授权时，是经过半数有资格担任董事者通过或授权的，则不会仅因为董事会中存在空缺，或存在不满足董事资格者而归于无效。

Ⅴ. 若书面决议经所有有权在董事会上对该决议进行投票的董事签名的，该决议与经董事会通过者同等有效，章程另有规定的除外。

第三十五条　董事会会议记录

Ⅰ. 董事会应：

（一）以南非共和国官方语言中的一种进行会议记录；且

（二）将会议记录留存于本法第二十一条所规定的合作社登记处内。

Ⅱ. 董事会会议记录应载明与会董事。

Ⅲ. 所有董事会会议记录应：

（一）在会议结束后尽快发送给董事；且

（二）提交下一次董事会会议批准通过。

Ⅳ. 以书面形式经所有董事签名的决议：

（一）构成董事会的决定；且

（二）应根据本法第二十一条第Ⅰ款，记录于记录簿内。

Ⅴ. 经董事长，或担任董事长职务者签字的任何会议记录将在法庭上被用于证明会议上所发生的事项。

第三十六条　董事会授权董事、委员会或经理行使职权

Ⅰ. 合作社的章程应对董事会授权董事、委员会或经理行使职权的情况作出规定。

Ⅱ. 本条第Ⅰ款所规定的授权不妨碍董事会继续行使该职权。

Ⅲ. 本法第三十四条可视具体情况适用于本条第Ⅰ款涉及的董事、委员会或经理。

第三十七条　利益披露

Ⅰ. 合作社的董事或经理必须书面向合作社披露：

（一）其与合作社签订的重大合同（material contract），或发生的交易，或可能签订的重大合同，或可能发生的交易中任何利益的性质和内容。

（二）有关该利益的重大变化。

Ⅱ. 若合作社成员与合作社签订或按照习惯签订的合同，或发生的或按照习惯发生的交易为成员一般都可签订或发生的合同或交易，本条不要求披露该合同或交易中所涉的利益。

Ⅲ. 所有披露都应被记录于董事会会议记录中。

Ⅳ. 本条所规定的披露，应：

（一）在所涉合同或交易首次被提出的第一次董事会上进行披露；

（二）若在本条第Ⅳ款第（一）项所规定的董事会上，董事或经理尚不存在应披露的利益，则利益披露应当发生在董事或经理产生该利益后的首次董事会上；

（三）若董事或经理的利益发生重大变化的，应在该变化产生后的首次董事会上披露该变化；

（四）若董事或经理在合同订立或交易产生后获得利益的，利益披露应发生在董事或经理获得该利益的首次董事会上；

（五）若董事或经理在成为董事或经理前，在合同订立或交易中享有利益的，则应在成为董事或经理后的首次董事会上进行披露；或

（六）若该合同或交易发生在日常经营过程中，且无须经董事批准的，则董事或经理应在知道该合同或交易后尽快进行披露。

Ⅴ. 若进行披露者并非董事会成员，则应向董事会提交书面披露。

Ⅵ. 董事会应根据本法第二十一条记录董事或经理在合同或业务中的利益，包括根据本条所进行的所有披露中的全部细节。

Ⅶ. 违反本条第Ⅰ款的董事或经理，将被免职。

第三十八条 禁止接受佣金、报酬或奖励的情况

Ⅰ. 董事或经理不得接受与合作社存在交易，或与该交易存在联系的任何人所提供的佣金、报酬或奖励，除非该佣金、报酬或奖励发生于董事或雇员的日常经营或执业过程中，且董事或雇员已向合作社披露该利益。

Ⅱ. 董事或雇员违反本条第Ⅰ款的，即属犯罪。

第三十九条 与董事有关的申报

Ⅰ. 合作社应：

（一）在任命董事或经理后三十日内，以书面形式通知登记机关该董事或经理的全名、住址和身份号码；

（二）董事住址发生变化的，变化发生之日起三十日内以书面形式通知登记机关；

（三）董事离任的，离任之日起三十日内以书面形式通知登记机关。

Ⅱ. 董事住址发生变化的，应在变化发生之日起三十日内通知合作社。

Ⅲ. 合作社违反本条第Ⅰ款，或董事违反本条第Ⅱ款的，即属犯罪。

第六章　资本结构

第四十条　合作社资本

成员出资可构成：

（一）入社费用；

（二）成员会费或会员费；

（三）成员股份或额外股份的对价；

（四）成员贷款；及

（五）成员基金。

第四十一条　成员股份

Ⅰ. 合作社章程可规定向成员发放股份；

Ⅱ. 所有成员须始终持有章程规定的最小股份份额；

Ⅲ. 章程可规定向成员发放额外股份；

Ⅳ. 所发放股份的种类和顺序应相同；

Ⅴ. 仅向已付清对价的全部或部分股份支付股息；

Ⅵ. 满足本法第二十五条及章程规定的成员股份转让有效。

第四十二条　成员股份证书或成员贷款证书的发放

Ⅰ. 除章程另有规定外，证书应载明：

（一）向成员发放的股份；及

（二）成员所提供的贷款。

Ⅱ. 根据本条第Ⅰ款所发放的证书正面应载明：

（一）合作社名称；

（二）合作社遵守本法；

（三）所发放对象的姓名或名称；及

（四）本证书代表合作社所发放的股份及其份额数，或成员贷款及其金额。

Ⅲ．若章程未要求发放证书，则合作社应根据成员的要求发放：

（一）载明成员所享有股份份额数的说明；

（二）载明成员所提供贷款金额数的说明。

第四十三条　成员基金

Ⅰ．合作社章程可规定设立一个或多个成员基金，合作社成员可就下列事项享有债权：

（一）成员对基金的出资额；

（二）任何为未来支付而预留的款项：

1. 股息；

2. 按比例分配给成员的收益；

3. 股本减少后应支付给成员的金额；及

（三）任何被推迟的，应支付给成员的款项。

Ⅱ．成员基金中涉及成员债权的金额：

（一）可能被用于任何章程允许的目的，但不得用于冲抵损失；

（二）应按照章程所规定的方式和时间向成员支付；

（三）可能包括按章程所规定利率计算的利息；及

（四）可在到期日冲抵成员对合作社所欠债务。

Ⅲ．合作社根据本条所为之行为，不会仅因为合作社管理成员基金而被视为从事《银行法》（1990 年第 94 号法）所禁止的行为。

第四十四条　分配比例

Ⅰ．对未根据本法第三条第Ⅰ款第（五）项转成公积的盈余，合作社可将其部分分配给成员，向成员支付，或将其转为成员债权。将该部分进行分配的，应根据特定期间内成员和合作社所发生的的交易，按照交易价值比例进行。

Ⅱ．为实现本条第Ⅰ款的目的，董事会在认定每一财务年度成员与合作社交易金额时，应考虑：

（一）合作社购买、出售、管理、销售或处理之物品的数量、质量种类和价值；

（二）合作社代表成员提供，或合作社向会员提供的服务；及成员代表合作社提供，或成员向合作社提供的服务。

Ⅲ. 章程可以规定一个财务年度中董事会所认定的成员分配比例中的部分或全部应被用于为成员购买其合作社股份。

Ⅳ. 若存在本条第Ⅲ款所涉规定的，章程还应规定：

（一）通知成员已购买，或将购买的股份份额；

（二）发放或转让股份的方式；及

（三）向成员发放或递交股份证书（若有）的方式。

第四十五条　禁止和允许的贷款和担保

Ⅰ. 合作社可以向以下人员以贷款或担保方式提供财务帮助：

（一）若向其贷款属日常经营过程一部分的，可以在日常经营过程中向其贷款或提供担保；

（二）任何人因代表合作社而发生或将发生支出的，可就该支出向任何人提供贷款或担保；

（三）合作社或其成员的雇员：

1. 用于帮助或使其能够为自己使用而购买或建造住所；或

2. 根据受托人持有合作社或其成员的股份的计划而提供；和

（四）若所有合作社成员均可按照实质相同的条件获得贷款或担保的，则合作社可向成员提供该贷款或担保。

Ⅱ. 若有直接或间接的合理理由相信存在以下情况的，合作社不能根据本条第Ⅰ款提供贷款或担保：

（一）提供贷款或担保后，合作社无力在到期之日支付的；

（二）提供贷款或担保后，合作社资产的可变现价值少于其债务、股本和公积的总和的。

Ⅲ. 在认定本条第Ⅱ款第（二）项所称资产的可变现价值时，应排除任何以贷款形式，及以抵押和质押资产方式提供担保的财务帮助金额。

第四十六条　成员公积金

Ⅰ. 合作社必须设立公积金，且每一财务年度应当提取至少5%盈余作为公积，公积金在成员之间不可分。

Ⅱ. 合作社只能根据章程规定的方式使用本条第Ⅰ款所规定的公积金。

Ⅲ. 登记机关通过经审计的财务年报对合作社公积金进行监督。

第七章　合作社的审计

第四十七条　审计

Ⅰ. 每一财务年度均应对合作社事务进行审计，以：

（一）确保财务报表符合通行会计惯例；

（二）证明合作社已根据本法和章程规定留存符合要求的记录；

（三）全面报告合作社的资产和设施是否被正确管理，且合作社的经营行为是否符合合作社原则；

（四）报告合作社章程要求审计员作出报告的任何其他事项。

Ⅱ. 无法承担年度审计费用的合作社，可根据本法第五十五条向登记机关书面申请豁免。

第四十八条　通过审计报告和财务报表

Ⅰ. 合作社可在年会前向其成员提供财务报表。

Ⅱ. 年会应审议通过审计员的报告和财务报表。

Ⅲ. 董事会主席，或在通过审计员报告和财务报表的会议上上行使该职责者，应在审计员报告和财务报表签名以证明该报表或报告已经通过。

Ⅳ. 合作社不得发行、公开或传播财务报表，除非：

（一）已根据本条第Ⅱ款经年会通过和签名；且

（二）同时附上审计报告。

Ⅴ. 审计报告和财务报表通过至少二十一天后，应可在合作社登记处获取以备查阅。

Ⅵ. 董事会应：

（一）在审计报告和财务报表通过后十五日内，向登记机关提交一份审计报告和财务报表副本；

（二）因任何原因年会未通过审计报告和财务报表的，应在十五日内向登记机关通知未通过的理由，以及合作社的处理方案。

第四十九条　不得从事审计工作的人员

以下人员不得担任合作社审计员：

（一）在合作社及其关联机构、附属机构或董事或高级管理人员的业务中存在个人或重大利益的；

（二）存在任何构成会计实务中的利益冲突情况的。

第五十条　审计员的任命

Ⅰ．成员对审计员的任命应：

（一）根据本条第六条第Ⅲ款，在利害关系人大会上任命审计员，任期至第一次年会止；且

（二）在每一年会上任命审计员，任期至下届年会闭会止。

Ⅱ．除本条第Ⅰ款规定外，若未在任何会议上任命审计员的，现任审计员继续担任职务，直至任命下一任审计员。

Ⅲ．若合作社未根据本条第Ⅰ款、第Ⅱ款任命审计员的，登记机关可批准合作社董事会所提名的人员，对一个财务年度的账簿进行审计。

Ⅳ．向根据本条第Ⅲ款任命的审计员所支付的费用须经登记机关批准。

Ⅴ．合作社审计员死亡、退休、根据第五十一条免职，或根据南非共和国法律被撤销担任审计员资格时任期终止。

Ⅵ．审计员的辞职自合作社收到书面辞职书之日，或辞职书中明确载明之日起生效，以两者中较晚者为准。

第五十一条　审计员的免职

Ⅰ．成员可通过一般决议罢免审计员。

Ⅱ．应审计员的免职而产生的空缺应：

（一）在罢免审计员的会议上重新任命审计员；或

（二）若会议上未新任命审计员的，应在空缺产生三十日内由董事会任命新任审计员，且须经登记机关批准。

Ⅲ．根据本条第Ⅱ款任命的审计员在前任审计员剩余任期内任职。

第五十二条 审计员参加会议

Ⅰ. 合作社的审计员有权：

（一）若会议将讨论审计员的报告，该审计员有权收到该年会的通知；

（二）参与这样的会议，而由合作社承担费用；

（三）就与审计员职责相关的问题在会议上发言。

Ⅱ. 董事或合作社成员可以在合作社承担费用的情况下，要求审计员或前任审计员参加年会并就与审计员职责相关的事项回答问题，但须在会议开始前十日内书面通知该审计员或前任审计员。

Ⅲ. 根据本条第Ⅱ款发出通知的董事或成员须同时向合作社发出通知副本。

第五十三条 信息权

Ⅰ. 经审计员的要求，合作社的成员、董事、雇员、代理人或受托人应就合作社或其附属机构向审计员提供审计员认为审计所必需的信息、解释和文件获取权。

Ⅱ. 经审计员的要求，董事应从任何合作社的现任或前任董事、雇员、代理人或受托人处，获取该人员应能合理提供的信息和解释，该信息和解释为审计员认为对审计所必需。

第五十四条 对错误的通知

Ⅰ. 董事或雇员发现审计员或前任审计员所报告的财务报表中存在错误和误报的，须立即通知审计员。

Ⅱ. 审计员或前任审计员收到错误通知，或以任何其他任何方式知道其所报告的财务报表中存在错误和误报的，应向董事会作出相应通知。

Ⅲ. 审计员或前任审计员根据本条第Ⅱ款就财务报表中的错误和误报通知董事会的，董事会应：

（一）准备和发放修改后的财务报表；或

（二）向成员和登记机关通知错误或误报。

第五十五条　豁免

Ⅰ. 根据本法第四十七条第Ⅱ款，以及本条第Ⅱ款和第Ⅲ款，登记机关可以部分豁免合作社在本章下的义务，但应满足以下条件：

（一）年度审计的费用对合作社的财务可持续性造成实质性影响；

（二）合作社已按照规定留存财务记录，能够准备财务年报；且

（三）根据合作社的规模和种类，成员利益已得到恰当保护。

Ⅱ. 根据本条第Ⅰ款发生豁免的，登记机关应要求合作社：

（一）在超过一年，但不超过三年的期间内进行审计；或

（二）由审计员以外的，有恰当资格的人员进行审计。

Ⅲ. 经本条第Ⅰ款豁免的董事会仍应准备财务年报，并提交年会，且应在年会通过财务报表后的十五日内向登记机关提交其副本。

Ⅳ. 若年会没有通过本条第Ⅱ款所规定的财务报表的，董事会应参照本法第四十八条第Ⅵ款第（二）项进行处理。

Ⅴ. 登记机关可根据本法目的和宗旨，就本条所规定的豁免设定条件。

第八章　合并、分立、变更和转让

第五十六条　合并

Ⅰ. 两个及以上合作社可书面同意合并，通过合并形成的合作社应符合本法所规定的登记合作社的要求。

Ⅱ. 本条第Ⅰ款所涉的合并协议必须规定合并条款及合并方式，具体包括：

（一）合并后合作社的章程；

（二）各合作社的股份转为合并后合作社成员股份，或其他形式证券（若有）的方式；

（三）若合并前合作社的成员股份部分或全部未被转为合并后合作社成员股份或其他形式证券的，未转部分的持有者在合并后合作社股份之外所应收到的，或代替股份应收到的金额；

（四）成员在合作社成员基金中享有利益的，在合并后合作社的成员基金中继续享有利益；

（五）因合作社合并而产生的盈余或损失的处理；

（六）合并后合作社各董事的名称和住址。

第五十七条　批准合并

Ⅰ. 合并前各合作社的董事会应向各合作社大会提交合并协议。

Ⅱ. 上述会议通知中应附上合并协议副本或摘要。

Ⅲ. 合并协议应经合并前各合作社特别决议通过。

Ⅳ. 合并协议批准后，合并后合作社的章程须提交登记机关批准，同时还应提交合并后合作社登记处的通知和合并后合作社董事会的通知，并支付法规规定的费用。

Ⅴ. 根据本条第Ⅳ款提交章程时，须同时提交合并前各合作社董事会的声明，说明各合作社按照其章程批准该合并，且各合作社有合理理由相信：

（一）合并后合作社有能力在其债务到期时清偿；

（二）合并后合作社资产的可变现价值不低于其负债、股本和公积之和；且

（三）债权人利益将根据本法第六十四条受到保护。

Ⅵ. 在满足下列条件时，登记机关应当根据合并后合作社的名称发放登记证书：

（一）合并前各合作社已遵守本法及其章程所有相关规定；且

（二）合并后合作社的名称和章程符合本法规定。

Ⅶ. 为实现本条第Ⅵ款的目的，登记机关可以本条第Ⅴ款所规定的章程和声明为依据。

第五十八条　合作社合并登记的效力

自登记证书记载之日起：

（一）各合作社的合并及合并后的合作社有效；

（二）注销合并前合作社的登记；

（三）合并前合作社的成员成为合并后合作社的成员；且

（四）合并前合作社的资产、权利、负债和义务成为合并后合作社的的资产、权利、负债和义务。

第五十九条 合作社的分立

Ⅰ．合作社可以分立为两个或更多合作社，但各合作社应符合本法所规定的登记合作社的要求。

Ⅱ．本条第Ⅰ款所涉的分立协议必须规定分立条款及分立方式，具体包括：

（一）分立后各合作社的章程；

（二）成员中将成为分立后合作社之成员者；

（三）合作社的资产、权利、负债和义务分割给分立后各合作社的方式；

（四）分立后各合作社的业务及其经营领域或部门；

（五）分立后合作社各董事的名称和住址。

第六十条 批准分立

Ⅰ．董事会应在大会上提交分立协议。

Ⅱ．本条第Ⅰ款所涉会议通知中应附上分立协议副本或摘要。

Ⅲ．分立协议应经特别决议通过。

Ⅳ．合作社成员批准分立后，分立后各合作社的章程应提交登记机关批准，同时还应提交分立后合作社登记处的通知和分立后合作社董事会的通知。

Ⅴ．提交登记机关批准时还应提交：

（一）分立前合作社董事会的声明，说明董事会按照章程规定批准该分立；

（二）分立后各合作社董事会的声明，说明其有理由相信：

1．分立后各合作社有能力在其债务到期时清偿；

2．分立后各合作社资产的可变现价值高于其负债、股本和公积之和；且

3．债权人利益将根据本法第六十四条受到保护。

Ⅵ．在满足下列条件时，登记机关应当根据分立后各合作社的名称发放登记证书：

（一）分立前合作社根据本法及其章程所有相关规定批准分立；且

（二）分立后各合作社的章程符合本法规定。

第六十一条　合作社分立登记的效力
自分立前合作社最后一次登记之日起：
（一）注销分立前合作社的登记；
（二）分立前合作社的成员根据分立协议成为分立后合作社的成员；且
（三）分立前合作社的资产、权利、负债和义务根据分立协议被分为分立后各合作社的资产、权利、负债和义务。

第六十二条　合作社变更为任何其他形式的法人
Ⅰ．合作社可申请：
（一）根据可适用法变更为任何形式的法人或非法人团体；并
（二）注销合作社登记。
Ⅱ．本条第Ⅰ款的申请须经董事会向大会提出提案，详述变更理由及变更条款。
Ⅲ．在相关大会的通知中，应附上本条第Ⅱ款所涉提案的副本，该提案须经特别决议通过。
Ⅳ．在提交本条第Ⅰ款所规定的申请时，须同时提交合作社董事的声明，证明：
（一）符合本法及合作社章程的相关规定；
（二）债权人利益将根据本法第六十四条受到保护。
Ⅴ．登记机关可要求董事会就本条第Ⅳ款所规定的声明中所包含的任何事项提交登记机关所要求的的证明。
Ⅵ．若登记机关确定合作社遵守本法的，登记机关应：
（一）注销合作社登记；且
（二）将合作社名称从登记簿上移除。
Ⅶ．自合作社登记注销之日起：
（一）合作社终止；
（二）合作社的资产、权利、负债和义务归属于变更后的法人或非法人团体，但该法人或非法人团体应根据章程能够拥有独立于其成员的财

产；且

（三）若合作社变更为公司的，所有合作社成员成为该公司的股东。

第六十三条 转让

Ⅰ．合作社可申请通过双边协议将其资产、权利、负债和义务转让给其他合作社。

Ⅱ．若要进行本条第Ⅰ款所规定的转让，应在讨论该转让的大会通知中向各相关合作社成员附上转让协议的副件或摘要，及转让的理由。

Ⅲ．本条第Ⅰ款所规定的转让应经各相关合作社特别决议批准。

Ⅳ．提交本条第Ⅰ款所规定的申请时，应同时提交各合作社董事会的声明，证明：

（一）符合本法和各合作社章程的相关规定；

（二）债权人利益将根据本法第六十四条受到保护。

Ⅴ．登记机关可要求董事会就本条第Ⅳ款所规定的声明中所包含的任何事项提交登记机关所要求的的证明。

Ⅵ．若合作社已遵守本法和各相关合作社章程中的相关规定的，登记机关应批准本条第Ⅰ款所规定的申请。

第六十四条 债权人保护

只有在满足下列条件时，登记机关才可对本章所规定的任何合并、分立、变更或转让进行登记：

（一）提前至少三个月通知已知债权人本部分所涉提案，该债权人应享有超过1000兰特的债权，或其债权数额应超过部长可能随时规定的金额；

（二）在合并、分立、变更和转让生效前，已经或将要清偿所有要求清偿到期债权的债权人，债权金额不作要求；

（三）任何债权人都不会因为合并、分立、变更和转让而受到损害。

第六十五条 合并、分立、变更和转让情况下的财产登记

Ⅰ．任何因本章而归于合作社或法人的财产或权利应被转让给该合作社或法人（视情况而定）的，不收取转让税、印花税或其他费用。

Ⅱ．提交合并、分立、变更或转让证书（视情况而定）后，登记机关应在相关登记簿、产权证书或该登记机关办事处或该登记员面前的任何其他文件上背书并记录相关条目，并将财产或权利登记在相关合作社或法人团体名下。

第六十六条　公司申请变更为合作社

Ⅰ．若公司希望根据合作社原则行事，并在大会上通过决议，授权公司变更为特定种类和形式的合作社的，可以按照规定形式向登记机关申请变更。

Ⅱ．提交本条第Ⅰ款所涉申请时须同时提交：

（一）在本条第Ⅰ款所涉大会上担任主席者所作的宣誓声明，表明：

1. 会议通过决议，授权公司变更为特定种类和形式的合作社；

2. 会议是专门为商议这一决议而召集的；且

3. 主席确定已向公司成员发出符合要求的会议通知；

（二）决议副本以及对变更理由的陈述；

（三）该公司依法登记为公司的证明；

（四）两份经公证的公司章程副本；

（五）两份根据本法所拟的新章程或使公司章程符合本法要求的修正案的副本；

（六）公司最新的审计后财务年报的公证副本；

（七）一份包含公司所有股东全名和住址，其所拥有的的股份数量及类别，及其职业（若申请将公司变更为合作社的）的附表。

（八）一份包含所有公司董事会成员全名和住址的附表；

（九）一份列明公司在其他任何公司所享有利益之详情和范围的附表；

（十）法规规定的申请费。

Ⅲ．代替本条第Ⅱ款第（五）项所涉文件，公司可向登记机关提供书面承诺，承诺公司将在变更为合作社一年内，将其章程替换为本法所规定的章程，或以其他方式修改其章程，使其符合本法的规定。

第六十七条　申请的审查

Ⅰ．提交本法第六十六条所涉申请时，须同时提交登记机关所要求的的任何其他文件。

Ⅱ. 根据本条第Ⅰ款的规定，登记机关须审查向其提交的申请，确定该申请是否符合本法规定，同时还应审查以下事项是否符合本法要求：

（一）公司变更为合作社的申请；

（二）合作社的成立；和

（三）公司的章程，

在充分考虑其修正案提案或新章程草案的情况下，若登记机关认为与申请一同提交的修正案提案或章程草案不违背本法，该登记机关应批准申请，若登记机关认为不符合本法规定，该登记机关可附条件批准或驳回申请。

Ⅲ. 若登记机关批准或附条件批准申请的，登记机关应确保：

（一）公司的名称和其他详细信息已记载于合作社登记簿上；

（二）经修改的公司章程或新的合作社章程（视情况而定）已经无条件或附条件登记，并且已经签发两份证书，证明公司已根据本法登记为合作社，且已经按照本法规定提交经修改的公司章程或新的合作社章程（视情况而定）。

Ⅳ. 上述两份证书中，一份应送达申请人，另一份应被留存于登记机关处。同时还应向申请人送达经修改的公司章程或新的合作社章程副本（视情况而定）。

第六十八条　企业注册为合作社的效力

自根据本条第六十七条第Ⅲ款第（一）项将合作社载于登记簿之日起：

（一）公司变更为合作社；

（二）公司不再存续；

（三）若未规定新章程的，公司章程被视为合作社章程；

（四）公司变更之日起，公司股东成为合作社成员；

（五）公司所有的资产、权利、负债和义务归于合作社；且

（六）根据本法，合作社章程或公司章程（视情况而定），对合作社以及所有在章程上签名的成员具有同等约束力。

第六十九条　公司作出第六十六条第Ⅲ款项下承诺时的特别规定

Ⅰ. 根据第六十六条第Ⅲ款向登记机关作出承诺后从公司变更为合作社的，应在合作社设立之日起一年内修改其公司章程，或将公司章程变更为合作社章程，以使其符合本法规定。

Ⅱ. 本条第Ⅰ款所称的合作社若违反了第六十六条第Ⅲ款的，将仍被视为公司。

Ⅲ. 登记机关应从登记簿上删除未遵守本条第Ⅰ款的合作社的名称和具体信息。

第七十条　登记机关向公司登记机关发出通知

登记机关应向《公司法》（1973年第61号法）第七章所提到公司登记机关发出通知，说明公司根据本法变更为合作社，以及任何本法第六十九条第Ⅱ款所规定的违约行为。

第九章　合作社清算和注销登记

第七十一条　清算的形式

Ⅰ. 清算合作社的，须经至少75%以上成员通过特别决议。

Ⅱ. 下列情况下，合作社必须清算：

（一）法院根据本法第七十二条作出命令的；

（二）部长根据本法第七十三条作出命令的

第七十二条　根据法院命令清算

Ⅰ. 下列情况下，经利害关系人的申请，法院可命令合作社清算：

（一）合作社无法清偿其债务的；

（二）无合理可能性认为该合作社能够清偿其债务或成为可存续的合作社的；

（三）清算合作社是正当且公平的。

Ⅱ. 法院在审查本条第Ⅰ款所涉申请时可：

（一）无条件或附条件地推迟庭审程序；

（二）在批准或拒绝申请前，采取恰当的临时措施或作出其他命令。

第七十三条　根据部长命令清算

Ⅰ. 如果部长有理由相信合作社存在以下情况的，可根据登记机关的建议，命令该合作社清算或注销：

（一）以欺诈手段登记的；

（二）为使特定事项发生而成立，或规定了特定存续期间，且该事项已经发生，或该期间已经到期；

（三）连续两年未发生交易；且

（四）未根据本法或其章程行事。

Ⅱ. 根据本条第Ⅰ款作出命令前，部长应给予相关合作社申辩的权利。

第七十四条　对清算中的合作社提出请求的准许和证明

Ⅰ. 对清算中的合作社提出请求的，应向清算组提交誓言，对成员基金提出请求的除外：

（一）明确所请求的金额，并提交所有证明文件；

（二）按照规定载明所有与请求有关的具体信息。

Ⅱ. 本条第一款所涉的请求应：

（一）在任命清算组的通知公布后九十日内提出；

（二）经登记机关同意，可以延长三十日。

Ⅲ. 清算组可：

（一）承认或拒绝合作社对本条第Ⅰ款所涉请求承担责任；

（二）承认合作社对上述请求中的任何一部分承担责任。

Ⅳ. 对清算组根据本条第Ⅲ款所做决定不服的，可在收到决定通知后三十日内向登记机关提起上诉。

Ⅴ. 登记机关在审查上诉理由及清算组的决定理由后，确认或撤销该决定，若登记机关撤销该决定的，应命令清算组承认该请求，或在登记机关确认的范围内承认该请求。

Ⅵ. 成员不希望其对成员基金的请求继续的，应书面通知清算组。

Ⅶ. 本条不妨碍债权人在任何法院证明其债权。

第七十五条　分配账户

Ⅰ. 在清偿所有受法律保护的，及根据本条规定可被证明的请求后有剩余款项的，应为该剩余款项设立分配账户。

Ⅱ. 本条第Ⅰ款所规定的剩余款项应首先用于向合作社成员偿付合作社的实收股本。

Ⅲ. 若剩余款项不足以偿付实收股本的，则应按照各成员实缴股本占合作社所有实收股本的比例向成员分配剩余款项。

Ⅳ. 若实收股本少于剩余款项的，清偿所有实收股本后的剩余款项应在满足本条第Ⅶ款的情况下分配给合作社成员：

（一）若合作社的主要目标包括与成员进行交易的，则应根据分配比例分配剩余款项；且

（二）若要分配给任何其他合作社的，则应根据合作社章程进行分配。

Ⅴ. 本条第Ⅳ款第（一）项所涉分配比例的计算期间应根据下列两者中孰短者确定：

（一）合作社章程中所规定的期间，但不得少于五年；

（二）合作社已经存续的期间。

Ⅵ. 为实现本条第Ⅳ款和第Ⅴ款的规定：

（一）前合作社成员在本条第Ⅴ款所规定的期间内产生的交易价值在满足下列条件时，可以计入本条第Ⅳ款所涉有权进行分配的成员所进行的交易之价值中：

1. 在成员死亡，或不再具有成员资格后的九十日内，经该前成员或已故成员的执行人或代理人书面同意的；且

2. 合作社章程有规定的。

（二）根据本法规定分立后登记的合作社，视为从分立前合作社登记之日起存续。

（三）根据本法规定合并后登记的合作社，视为从最后合并的合作社登记之日起存续。

（四）确认成员分配额时，本款第（二）项和第（三）项所涉合作社成员在恰当期间内所产生的交易价值应被计算在内。

Ⅶ. 若合作社章程规定合作社清算时产生的剩余款项应向特定人支付，

或应用于特定目的的，本条第Ⅳ款所规定的账户余额应首先用于章程所规定的用途。

第七十六条 付款账户

Ⅰ. 应设立付款账户，用于收回有义务付款者所支付的款项。

Ⅱ. 针对不同的付款者，付款账户应表明：

（一）付款者有义务付款的理由；

（二）付款者应支付的金额；

（三）付款者应向付款账户中支付的金额，以及在第二个或后续付款账户的情况下，付款者在之前的付款账户中所支付的款项。

第十章 司法管理

第七十七条 合作社可能会被置于司法管理下的情况

Ⅰ. 在以下情况下，法院可对合作社作出司法管理令：

（一）合作社因管理不善或其他原因而无法清偿其债务或可能无法实现其义务的；

（二）合作社因管理不善或其他原因而无法继续存续，或未成为可存续的合作社的；

（三）通过司法管理，该合作社有合理可能偿还其债务或实现其义务，或成为可存续的合作社的；且

（四）作出司法管理令是公正且公平的。

Ⅱ. 可向法院申请对合作社作出司法管理令者包括：

（一）合作社经特别决议批准后自愿申请的；

（二）利害关系人；

（三）部长根据登记机关的建议。

Ⅲ. 法院收到合作社清算申请后，若法院认为司法管理可以消除清算理由，使合作社可以继续存续，且作出司法管理令是公正且公平的，法院可以对合作社作出司法管理令。

第十一章　行政管理

第七十八条　合作社登记机关

Ⅰ. 部长：

（一）必须任命一名公职人员作为合作社登记员，该登记员有权行使本法赋予登记机关的权力，并履行本法规定的登记机关的职能。

（二）可任命副登记员协助登记员履行其职能，副登记员有权行使其可被授予的权力，副登记员的人数视部长认为必要的为定。

（三）在必要时，可随时在主管部门内指定其他人员协助登记员。

Ⅱ. 登记员可将根据本法授予其的任何权力，授予其他公职人员。

Ⅲ. 根据本条第Ⅱ款授予其他公职人员的权力不影响登记员对该权力的行使。

第七十九条　登记机关签章

Ⅰ. 部长应确定登记机关的公章，公章应加盖于合作社的登记证书，以及登记机关根据本法发放的，且根据本法规定或其他规定应加盖登记机关公章的其他任何文件上。

Ⅱ. 司法证据认定过程中，会关注登记机关是否加盖公章。

第八十条　登记机关保管的合作社登记文件

Ⅰ. 登记机关应当以法规规定的方式保存合作社登记簿，登记簿上应载明所有已登记合作社的具体信息。

Ⅱ. 合作社登记簿或其摘要或副本经登记员在其正面签名的，可作为登记簿中所载具体内容的证明。

Ⅲ. 若登记机关有理由相信本法第七十三条第Ⅰ款第（二）项和第（三）项中的任何一种情况存在的，登记机关可向该合作社发出书面通知，要求其书面声明该合作社仍在运营，并经至少两名董事签名。

Ⅳ. 若在收到本条第Ⅲ款所涉通知后三十日内未收到合作社声明的，登记机关可将该合作社从登记簿中删除。

Ⅴ. 若合作社因本法第二十六条第Ⅰ款第（一）项被视作注销登记，或因本条第Ⅳ款而被从登记簿中删除的，登记机关应在过半数合作社成员居住的地区内，公众普遍可以获取的出版物上对该合作社的名称进行公告。

第八十一条　提交登记机关

任何合作社应向登记机关提交的文件或信息，应以当时法规规定的形式和方式提交。

第八十二条　文件审查

Ⅰ. 在支付规定费用后，任何人可以书面形式向登记机关申请审查合作社根据本法规定向登记机关提供的文件，并可对该文件进行复印或摘录，但涉及合作社成员与合作社之间交易的报告除外。

Ⅱ. 登记机关在收到本条第Ⅰ款所涉申请后，必须向申请人提供其所要求的文件之副本，但涉及合作社成员与合作社之间交易的报告除外。

第八十三条　法规可规定记录的形式

登记机关应按照当时法规规定的形式、系统或设备留存记录。

第八十四条　登记机关的调查

Ⅰ. 登记机关有理由相信合作社未根据合作社原则行事，或违反本法规定的，可作出命令，对合作社的业务进行调查或检查。

Ⅱ. 经本条第Ⅰ款所规定的调查或检查后，登记机关对下列人员提出其认为恰当的建议：

（一）合作社；

（二）根据本法第七十三条向部长提出建议；

（三）有关检察机关。

第十二章　合作社咨询委员会

第八十五条　设立合作社咨询委员会

特此设立合作社咨询委员会。

第八十六条　咨询委员会功能

咨询委员会的功能是向部长提供一般性建议和在以下事项上提出建议：

（一）南非共和国的合作社发展政策；

（二）在可能影响合作社的事项上，对本法任何规定或其他任何法律的适用；

（三）对本法具有必要性之法规的公布；

（四）为合作社，尤其是由黑人、妇女、年轻人、残疾人或乡村地区人口构成的合作社所提供的，且能够促进公平和成员提升其参与度的支持性项目；

（五）合作社审计指南的制定；

（六）合作社、设立中合作社或合作社成员向咨询委员会提交的，与促进合作社发展有关的任何事项；及

（七）根据本法，部长应作出的任何决定。

第八十七条　咨询委员会委员

Ⅰ. 部长应任命不少于五名，且不多于十名能够代表南非共和国合作社利益者，担任咨询委员会委员。

Ⅱ. 在根据本条第Ⅰ款任命咨询委员会委员时，应考虑咨询委员会的需要：

（一）拥有适当的专业知识；且

（二）能够代表不同的相关选区，包括工会，商业及合作支持组织和学术界。

Ⅲ. 部长必须选任一名咨询委员会委员担任主席。

第八十八条　委员会委员任期和服务条件

Ⅰ. 部长必须确定：

（一）委员会委员的任期，任期不得超过三年；及

（二）任何其他本条没有规定的任命条件。

Ⅱ. 任期届满的咨询委员会委员有资格连任。

Ⅲ. 咨询委员会委员可书面辞职。

Ⅳ. 咨询委员会委员没有报酬，但经部长确认，财政部长同意，可报销其在履行职务过程中所产生的费用。

Ⅴ. 委员存在下列情况的，部长可以免除其委员职务：

（一）严重不当行为；

（二）永久丧失行为能力；

（三）从事可能损害咨询委员会声誉的任何活动。

第八十九条　咨询委员会会议

Ⅰ. 委员会可对委员会会议的举行和程序制定规则，但须经部长批准。

Ⅱ. 委员会会议须在主席根据规则确定的时间和地点召开。

Ⅲ. 咨询委员会委员对议会负责。

第九十条　公开听证会

咨询委员会可举行公开听证会，合作社或利害关系方可就本章所规定的咨询委员会可考虑的任何事项进行口头陈述。

第九十一条　向议会负责

根据宪法第三章所规定的原则，议会可要求所有提供合作社发展支持项目的国家部门及其机构向其报告上述项目之设计和执行的进展情况。

第十三章　其他规定

第九十二条　犯罪

Ⅰ. 根据《促进信息公开法》（2000 年第 2 号法），任何人披露其在履行本法规定的任何职能过程中所获得的信息即属犯罪，除非：

（一）该披露为执行本法所必须；

（二）该披露为司法所必须；或

（三）登记机关或任何其他人员有权知道该信息。

Ⅱ. 任何人明知却：

（一）制作或帮助制作本法所要求的，向登记机关或任何其他人提供的报告、申报、通知或其他文件中包含对重大事实的虚假陈述的；或

（二）未在本款第（一）项所述的，本法所要求的，应向登记机关或任何其他人提供的文件中说明重大事实的，即属犯罪。应处罚金或不超过二十四个月的有期徒刑，或并处罚金和上述有期徒刑。

Ⅲ. 违背或未遵守本法第十二条、第十九条、第二十一条、第三十八条和第三十九条的，也属犯罪。应处罚金或不超过二十四个月的有期徒刑，或并处罚金和上述有期徒刑。

第九十三条　向部长上诉

Ⅰ. 任何人可就登记机关的任何决定向部长上诉。

Ⅱ. 根据本条提出的上诉，应在收到登记机关决定后三十日内提交部长。

第九十四条　排除

若合作社的活动与其章程中的计划或安排有关，该计划或安排中所涉保险金的数额未被担保，且支付这一部分金额的义务被特别记于某一基金的贷方以应对相应请求的，不适用1998年《长期保险法》（1998年第52号法）的规定。

第九十五条　法规

Ⅰ. 部长可就以下事项制定法规：

（一）预先规定或决定根据本法留存、证明和复制文件，或登记机关提供任何服务时可能收取的费用；

（二）任何法规所规定费用的支付，包括支付费用的时间和方式，因延迟支付而收取或应付的额外费用，以及返还已支付费用的情况；

（三）本法所允许的豁免之标准；

（四）为实现本法第七章，合作社所应遵守的会计标准；

（五）对合作社具体形式和种类进行分类；

（六）具体形式和种类合作社的经营和管理；

（七）若本法有要求的，根据合作社成员人数或年营业额设立相关上下限，为实现不同的目的，上下限的设定可能不同；

（八）根据本法第九十七条所涉临时规定所产生或引起的事项；

（九）修改合作社章程的程序；

（十）合作社发展支持项目必须遵守的规范和标准；

（十一）合作社就其详细情况的变更通知登记机关的方式；

（十二）根据本法第三十七条第Ⅶ款罢免董事或经理的程序；和

（十三）对恰当实施本法有利或必要的任何事项。

Ⅱ．在咨询任何其他有关的部长及咨询委员会后，部长可就特定形式和种类的合作社的经营和管理中的任何事项制定法规。

第九十六条　部长授权

Ⅰ．部长可将本法授予其的任何权力授予登记机关或其他任何公职人员，但制定法规的权力除外。

Ⅱ．根据本条第Ⅰ款授予权力的，不影响部长行使该被授予的权力。

第九十七条　临时规定

Ⅰ．尽管1981年《合作社法》（1981年第91号法）已被废除，但根据本条，根据该法登记的合作社可以继续适用1981年《合作社法》经营，但该法中涉及下列内容的除外：

（一）合作社登记机关应被视作是根据本法第七十八条所任命的登记员；

（二）农业部部长应被视作本法所规定的贸易和工业部部长。

Ⅱ．本条第Ⅰ款所涉的合作社应在本法生效后三年内：

（一）在必要范围内修改其章程，使其符合本法要求；

（二）在根据情况进行修改后，按照本法第六条第Ⅱ款将章程提交登记机关。

Ⅲ．登记机关在收到本条第Ⅱ款第（二）项所规定的申请后，应：

（一）向合作社发放证书，证明其章程符合本法；

（二）向合作社发出指令，指出合作社不符合本法规定之处。

Ⅳ．根据本条第Ⅲ款第（二）项作出的指令可规定合作社须履行该指令的期限。

Ⅴ．登记机关可要求未履行本条第Ⅲ款第（二）项所规定的指令，或违反本条第Ⅱ款的合作社：

（一）根据本法第八章，变更为其他类型的法律实体；
（二）若合作社不变更的，根据本法第九章清算。

Ⅵ. 对于在本法生效前登记的合作社：
（一）自本条第Ⅲ款第（一）项所规定的证书发放之日起，适用本法；
（二）自本法生效之日起三年后，适用本法。

第九十八条　法律的废止和保留

Ⅰ. 根据本条第Ⅱ款的规定，本法废止附件二中所列法律。

Ⅱ. 被本条第Ⅰ款所废止的法律可完成的事项，以及根据本法规定可完成的事项，均被视为根据本法完成。

第九十九条　简称和生效

本法可称 2005 年《合作社法》，自总统在政府公报中宣布的日期起生效。

附录一　特定合作社的特别规定

第Ⅰ部分　住房合作社

第一条　附录的适用

本部分适用于必须遵循下列规定的住房合作社：
（一）本部分要求；
（二）本法中其他相关条款。

第二条　名称

住房合作社的名称应包含以下字样：
（一）"住房合作社（housing co-operative）"或其简称（housing co-op）；及
（二）有限责任（limited）或其简称（Ltd.）

第三条　住房合作社的章程

除本法其他要求外，住房合作社的章程必须包括以下条款：

（一）对于初级住房合作社：

1. 其主要目标是为其成员提供住房；

2. 根据使用协议和章程条款，只要住房合作社的成员仍具有成员资格，则有权使用合作社分配给其的房屋；

3. 根据合作社章程和本部分规定，成员资格终止时，成员使用合作社所有房屋的权利终止；

（二）就中级住房合作社而言，其主要目标是为初级住房合作社提供服务，和代表已有和设立中的住房合作社进行房屋开发；

（三）所有的住房合作社的章程必须对设立和维持充足的储备金和保险金作出规定，以保护合作社免收损失。

第四条　使用协议

Ⅰ. 使用协议的双方须为初级住房合作社及其各成员。

Ⅱ. 使用协议应规定成员使用房屋的条款和条件。

第五条　成员资格的终止

Ⅰ. 尽管本法已有规定，初级住房合作社的成员资格可不经特别协议而终止。若成员拖欠住房协议中规定的费用，且在收到支付欠款的通知后，合作社仍未在通知中载明的日期前收到该笔欠款的，该成员的成员资格将在该通知载明的日期自动终止。

Ⅱ. 根据本条第Ⅰ款终止成员资格的：

（一）无权就该终止提出上诉；

（二）只有付清其成员资格终止之日时拖欠的欠款，以及其他任何因在成员资格终止后仍使用房屋而产生的费用（若有）的，才可能重新获得成员资格。

Ⅲ. 若具有正当且充分的理由的，董事会可在本条第Ⅰ款的情况之外终止成员资格，但须满足以下条件：

（一）董事会向该成员发出合理通知，并在通知中载明终止其成员资格的理由；

（二）该成员有权在董事会作出决定前发表意见。

Ⅳ. 根据本条第Ⅲ款终止成员资格的，可以在合作社章程规定的期限内向大会提出上诉。

Ⅴ. 若董事会关于终止成员资格的决定，未被合作社成员在经正当程序召开的大会上推翻的，该决定得到确认。

Ⅵ. 为商议成员资格终止上诉事宜召开大会的，若到场者未到法定人数，董事会决定得到确认。

Ⅶ. 被合作社成员确认终止成员资格前，该成员有权在满足下列条件的情况下使用房屋：

（一）在章程所规定的期限内向成员提出上诉；且

（二）未欠付任何款项。

（八）合作社可通过合意取回丧失房屋使用权者所占有的房屋，或通过地方法院命令驱逐该人员。

（九）本条中的任何规定均不影响初级合作社董事会与中级住房合作社订立协议，由中级合作社就以下事项代表初级合作社进行管理：

（一）向成员收取款项；

（二）送达如本条第Ⅰ款所涉通知等的任何通知；及

（三）提起任何驱逐某人的诉讼。

第六条 排除

《共享房屋管理法》（*Share Block Control Act*）（1980年第59号法）不适用于经本法登记的住房合作社。

第二部分 工人合作社

第一条 本部分的适用

本部分适用于必须遵循下列规定的工人合作社：

（一）本部分要求；

（二）本法中其他相关条款。

第二条 名称

工人合作社的名称应包含以下字样：

（一）"工人合作社（worker co-operative）"或其简称（worker co-op）；及

（二）有限责任（limited）或其简称（Ltd.）

第三条 章程的要求

Ⅰ.除本法其他要求外，工人合作社的章程必须包括以下条款：

（一）成员资格是否仅限于为合作社工作的自然人；

（二）是否成员入社第一年的应缴出资额最多不超过其预计年薪的一半，计算应缴出资额时，包括入社费用，股份对价，或成员贷款形式等出资方式；

（三）合作社是否有权为雇用非成员，以及若有权雇用的，雇用非成员人数的上限，该上限以占成员人数百分比表示的，不应超过25%；

（四）申请获得成员资格是否适用试用期，若适用的，试用期不得超过两年；

（五）对任何盈余的分配程序，包括如下规定，即根据成员从合作社处获得的报酬，或成员向合作社提供的劳务，必须将不少于50%的盈余支付给成员；和

（六）终止成员资格的方式是否与本部分第四条相一致。

Ⅱ.工人合作社的章程可包括：

（一）如何在成员间分配工作；

（二）缺乏工作时解雇成员和暂停成员资格，以及对被解雇成员的召回；和

（三）对成员进行处分的程序。

第四条 终止成员资格

Ⅰ.尽管本法另有规定，工人合作社的章程可以授予董事会终止成员资格的权力，但应当具有正当理由。

Ⅱ.终止成员资格前，董事会须：

（一）通知该成员，其成员资格将被终止；

（二）如果成员有试用期的，应告知成员终止成员资格的理由，该理由必须与其履行其职责的行为或能力有关，或与合作社的经营要求有关；且

（三）给予成员表达意见的权利。

Ⅲ．董事会终止成员资格的，该成员有权在章程规定的期限内向大会提出上诉。

Ⅳ．若董事会关于终止成员资格的决定，未被合作社成员在经正当程序召开的大会上推翻的，该决定在上诉中得到确认。

Ⅴ．为商议成员资格终止上诉事宜召开大会的，若到场者未到法定人数，董事会决定得到确认。

第五条 解雇成员

Ⅰ．暂时解雇成员不导致成员资格的终止。

Ⅱ．成员被解雇，且两年未被合作社再次雇用的，董事会可根据章程终止该成员的成员资格。

Ⅲ．本条适用本部分第四条第Ⅱ款至第Ⅴ款的规定。

第六条 对劳工法的适用

Ⅰ．工人合作社的成员并非1995年《劳工关系法》（1995年第66号法）和1997年《基本劳动条件法》（1997年第75号法）所规定的雇员。

Ⅱ．尽管本条第Ⅰ款已有规定，但若成员为实现下列各法的目的而为合作社工作的，工人合作社仍被视为成员的雇主：

（一）1998年《技能发展法》（1998年第97号法）；

（二）1999年《技能发展征税法》（1999年第9号法）；

（三）1993年《职业健康和安全法》（1993年第85号法）；

（四）1993年《工伤和职业疾病赔偿法》（1993年第130号法）；

（五）2001年《失业保险法》（2001年第63号法）；

（六）2002年《失业保险费法》（2002年第4号法）。

第Ⅲ部分 金融服务合作社

第一条 本部分的适用

Ⅰ．本部分适用于必须遵循下列规定的金融服务合作社：

（一）本部分要求；

（二）本法中其他相关条款。

Ⅱ．金融服务合作社是指主要目标为向其成员提供金融服务的合作社，具体包括信用社，合作社银行，储蓄与信贷合作社或其他金融服务机构等。

第二条 章程的要求

Ⅰ．除本法其他要求外，金融服务合作社章程中必须明确规定合作社向成员提供的金融服务的确切性质，具体可能包括：

（一）为成员提供存储服务；

（二）向成员贷款；

（三）代表成员进行投资，但应遵守章程中对该性质投资所设定的限制，以及当时的法规；

（四）代表成员向包括法人团体之内的他人提供担保，承担的责任以该成员在合作社的存款为限；

（五）向成员提供长期或短期保险；

（六）向其成员提供医疗保险；

（七）向成员提供包括丧葬保险在内的丧葬服务；

（八）提供任何其他银行或金融服务。

第三条 保险法

向成员提供长期或短期保险的金融服务合作社，除根据本法进行登记外，还应根据1998年《长期保险法》（1998年第52号法）或1998年《短期保险法》（1998年第53法）进行登记。

第四条 医疗保障法

向成员提供医疗保险的金融服务合作社须根据1998年《医疗保障法》（1998年第131号法）进行登记。

第五条 互助会法

向成员提供丧葬保险的金融服务合作社无须按照1956年《互助会法》（1956年第25号法）进行登记。

第六条 设立金融服务合作社自律机构

Ⅰ. 在咨询银行登记机关，或长期或短期保险登记机关，或医疗制度登记机关（视情况而定）后，登记机关可对适用本部分的所有合作社或适用本部分的任何类别合作社作出指令，要求其加入某一中级合作社，并由该中级合作社作为其自律机构，并适用1990年《银行法》（1990年第94号法），1998年《长期保险法》（1998年第52号法），1998年《短期保险法》（1998年第53法），或1998年《医疗保障法》（1998年第131号法）中有关豁免的任何规定。

Ⅱ. 若适用本部分的合作社在合理期间内拒绝，或未能成为中级合作社成员的，登记机关有权注销该合作社的登记。本款所涉中级合作社应符合银行登记机关的要求，能够成为自律机构。

第七条 法规

在咨询银行登记机关，或长期或短期保险登记机关，或医疗制度登记机关（视情况而定）后，部长可对金融服务合作社的运营和管理，或任何类别的金融服务合作社制定法规。

第八条 定义

为实现本部分的目的，"金融服务"是指合作社可向其成员提供的任何金融或银行服务，可包括1998年《长期保险法》（1998年第52号法）或1998年《短期保险法》（1998年第53法）中规定的长期和短期保险，以及1998年《医疗保障法》（1998年第131号法）中规定的医疗保障事务以及丧葬服务。

第Ⅳ部分 农业合作社

第一条 本部分的适用

本部分适用于必须遵循下列规定的农业合作社：

（一）本部分要求：

（二）本法中其他相关条款。

第二条 名称

农业合作社的名称应包含以下字样：

（一）"农业合作社（agricultural co-operative）"或其简称（agricultural co-op）；及

（二）有限责任（limited）或其简称（Ltd.）。

第三条 农业合作社的目标

Ⅰ．初级农业合作社的主要目标是以下一种或多种：

（一）销售任何农产品或其他任何农产品衍生品；

（二）为本条第Ⅰ款的目的而获取和处置任何农产品或其他任何农产品衍生品；

（三）加工农产品或其任何衍生品，生产和处置最终产品或农产品或其任何衍生品；

（四）租赁、购买、生产、制造、出租、出售或供应农业所需的服务或物品；

（五）租赁、购买、获取、生产、制造、出租、出售或供应消费所需的任何物品；

（六）租赁、建造、安装、使用或提供与农业有关的设施；

（七）提供农业所必需和对农业有用的服务；

（八）提供其他任何服务，包括与购买、销售和租赁农业生产固定资产等有关的服务；

（九）种养或处置农作物，加工、生产或处置产品或物品；

（十）为农民提供与种养风险相关的保险业务。

Ⅱ．中级农业合作社的主要目标为：

（一）为初级合作社提供服务；

（二）从事与所有风险有关的保险业务；和

（三）设立和管理养老基金、公积金和医疗补助计划。

第四条 对生产信贷的担保

Ⅰ．若债务产生于以种养或农业为目的的任何交易，合作社对农民或其成员对其所负的所有债务保留所有权，具体内容包括：

燃料、备件、化肥、植物材料、农药、包装材料、牲畜、饲料、熏蒸、喷洒或清洁操作或维修服务、电力或生产预付款等。

Ⅱ. 若合作社向农民或其成员提供帮助的：

（一）根据南非共和国质押法所适用的原则，农民或成员生产或获得的产品视为已交付并质押给合作社；且

（二）农民或成员不得销售本款第（一）项所涉的产品，或在未获合作社书面同意的情况下，用该产品为第三方提供担保。

Ⅲ. 合作社应要求本条第Ⅱ款所涉农民或成员说明：

（一）被视为质押的农产品；

（二）生产被视为质押的农产品的土地；

（三）被视为质押的牲畜的确切位置；

（四）本款第（二）项和第（三）项所涉的产品和牲畜是否已被质押；

（五）若农民或成员是其他合作社成员的，该合作社的名称；和

（六）农民或成员对其他合作社和第三方负担债务的情况。

Ⅳ. 若合作社及其代表在检查时未找到产品的，农民或成员将被要求说明该产品的去向。

Ⅴ. 若成员或农民的产品或牲畜质押给一个以上合作社的：

（一）该产品和牲畜被视为在该成员或农民的债务限度内共同质押给了各合作社；

（二）无论产品和牲畜由何合作社所占有，合作社须按其请求之比例分配产品或牲畜所产生的收益；

（三）受影响的合作社须向其他受影响的合作社发出通知，披露其利益，并证明其请求。

Ⅵ. 若农民或成员为促使第三方行动而要求融资的：

（一）该第三方和农民或成员须要求合作社放弃其在农民或成员的产品上享有的上述质押权；且

（二）合作社一般不得拒绝该请求，除非农场中产品的估计价值不足以清偿合作社和第三方所享有的债务。

Ⅶ. 合作社同意根据本条第Ⅵ款放弃其权利的，第三方只能依据法院

命令执行，并就出售农产品或牲畜获得合作社的书面同意，向合作社支付其应获款项。

Ⅷ. 合作社认为本条第Ⅶ款所述执行过程中的销售行为会对其担保债权造成损害的，可拒绝同意该销售行为。

Ⅸ. （一）对产品的估计价值存在争议的，须要求该产品的保险人对其进行估值；

（二）保险人认定的价值具有终局性，对各方均有约束力；

（三）本款第（一）项所涉的要求和估值须在七个工作日内完成。

Ⅹ. 农民或成员可与其工人和家庭成员以适当方式使用本条所涉产品。

Ⅺ. 违反本条第Ⅱ款第（一）项或第Ⅲ款的，即属犯罪。

第五条　定义

为实现本部分的目的：

"农产品"是指从种养活动中产生的任何物品，以及从该物品的加工或生产过程中产生的任何产品。负责农业的部长可能随时通过政府公报的形式宣布物品为农产品。

附录二　第九十八条废止的法律

1981年合作社法（1981年第91号法）

新西兰1996年合作社公司法（2021）*

李子涵 译
陶溥 校

1896年第24号公共法案
批准日期 1996年6月4日
生效日期见第一条第Ⅱ款

本法旨在更新（改革）与合作社公司相关的法律，特别是

（一）重新定义合作社公司作为促进其股东在相互基础上开展业务的手段价值；以及

（二）对合作社公司的注册作出规定，并规范合作社公司与其股东之间的关系；以及

（三）对现有合作社公司的注册进行规范，现有的公司在根据《1993年公司法》重新注册为公司的同时可根据本法注册为合作社公司；以及

（四）修改《1993年公司法》对根据本法注册的合作社公司的适用性，并废除《1956年合作社公司法》和其他一些法律。

第一条 简称和生效

Ⅰ. 本法可被称为《1996年合作社公司法》。

Ⅱ. 除第四十九条第Ⅲ款和第五十条第Ⅳ款中所做的规定外，本法将于总督通过枢密院下达的指令上规定的日期生效。

Ⅲ. 本节下的命令为二级立法。

---

* Available at: https://www.legislation.govt.nz/act/public/1996/0024/latest/whole.html

第一条第Ⅱ款：1996年合作社公司法（除第四十九条、第五十条外）自1996年9月1日因1996年《合作社公司法生效令》（SR1996/211）生效。

第一条第Ⅲ款：2021年10月28日，由《2021年二级立法》（2021年第7号）第三节插入。

第Ⅰ节　解释

第二条　解释

Ⅰ. 除非上下文文本中另有规定，否则，本法中所称"公司"与《1993年公司法》第二条中的含义相同，合作社公司是指：

（一）一个公司，其主要活动是合作社活动，且该公司在其章程中写明其进行的是合作社活动，且交易股东所持有的表决权不少于总表决权的60%。

（二）一个公司：

1. 是第Ⅰ款提及的公司的子公司；并且

2. 其主要活动是合作社活动，并且该公司在其章程中写明其进行的是合伙活动。

Ⅱ. 就第Ⅰ款中"合作社公司"一词的定义而言：

（一）如果符合以下条件，一家公司成为另一家公司的子公司：

1. 该另一公司持有该公司不少于60%的股份，这些股份在该公司的会议上有表决权；或

2. 该公司是该另一家公司子公司的子公司

（二）如果一家公司是另一家公司的子公司，那么后者就是前者的控股股东。

Ⅲ. 就第Ⅱ款而言，《1993年公司法》第八条的规定应适用于确定一家公司是否为另一家公司的子公司。

Ⅳ. 任何在本法中没有定义，但在《1993年公司法》中被加以定义的

术语或表述，具有其在《1993 年公司法》中被赋予的含义。

第二条第Ⅰ款现有公司：于 2013 年 12 月 5 日被《2013 年公司法修正案》（2013 年第 111 号）第十四条废除。

第二条第Ⅰ款现有合伙企业：于 2013 年 12 月 5 日被《2013 年公司法修正案》（2013 年第 111 号）第十四条废除。

第三条　合作社活动的含义

Ⅰ. 在本法中，就公司而言，合作社活动，是指下列一项或多项活动：

（一）向该公司的股东供应或提供货物或服务，或二者兼有；

（二）向该公司的控股公司的股东供应或提供货物或服务，或二者兼有；

（三）加工或营销由其股东提供的货物或服务，或二者兼有；

（四）加工或营销由其控股公司的股东提供的商品或服务，或二者兼有；

（五）与该公司的股东进行任何其他商业交易；

（六）与其控股公司的股东进行任何其他商业交易；

（七）供应或提供附属于该公司或其控股公司所开展的第（一）项至第（六）项中所述的任何一项合伙活动的货物或服务（或二者兼有），或为此提供便利。

Ⅱ. 就第Ⅰ款而言，公司可以通过以下一种或多种方式开展合作社活动。

（一）直接展开合作社活动；

（二）通过该公司的子公司展开合作社活动；

（三）安排其他人以展开合作社活动。

第四条　交易性股东的含义

Ⅰ. 本法中，如果股东基于公司所进行的合作社活动的性质，进行了下列一项或多项工作，该股东是合作社公司的交易股东：

（一）向公司供应或提供货物或服务，或在停止向公司提供货物或服务后，公司董事合理地认为可以继续提供货物或服务；

（二）从公司购买或获得货物或服务，或在停止从公司购买或获得货

物或服务后,公司董事合理地认为可以继续提供货物或服务;

(三)与公司进行其他商业交易,或在停止与公司进行其他商业交易后,根据公司董事的合理意见,有可能继续进行交易。

(四)承担了第(一)项、第(二)项和第(三)项中任何一段所提及的行为的义务。

Ⅱ. 就本法而言,符合第二条第Ⅰ款第(二)项中对于合作社企业子公司定义的控股公司,为交易股东。

Ⅲ. 就本条而言,股东可以通过以下一种或多种方式与合作社公司一起开展合作社活动:

(一)直接开展活动;

(二)通过合作社公司的子公司;

(三)与合作社公司安排的另一个人展开该活动。

第五条 本法对王室的约束

本法对王室具有约束力。

第Ⅱ节 合作社公司

合作社公司的注册

第六条 合作社公司的注册

Ⅰ. 根据本法,要求将公司注册为合作社公司的申请必须送交或交付给注册官,并且必须是:

(一)以规定的形式;以及

(二)由得到公司明示或默示授权的人签署;以及

(三)附有每位董事的法定声明,说明董事认为该公司是本法意义上的合作社公司,并说明该意见的理由。

Ⅱ. 每个申请必须得到公司章程或公司股东特别决议的授权,如果申请是由特别决议授权的,该申请必须附有特别决议的副本。

Ⅲ. 在收到正确填写的合作社公司注册申请后,如果注册官确信该公司是一家合作社公司,就应当:

(一)根据本法将该公司注册为合作社公司;以及

（二）向该合伙企业颁发注册证书

Ⅳ. 如果注册官以不相信某公司是合作社公司为由，拒绝将该公司注册为合作社公司，则该注册官必须向该公司发出书面通知并说明拒绝的理由。

Ⅴ. 依据本条规定而颁发的证书是确凿的证据，能够证明：

（一）本法关于合作社公司注册的所有要求都在该合作社公司得到了遵守；以及

（二）自证书中所述的注册日期起，该公司即依本法注册成立。

第七条　根据《1993年公司法》和本法的同时注册

Ⅰ. 依据本法所述要求而递交的注册为合作社公司的申请可与依据《1993年公司法》第十二条所述要求而递交的注册为合作社公司的申请一起送交或交付给注册官。

Ⅱ. 根据第Ⅰ款提出的申请必须：

（一）以规定的形式申请；以及

（二）由根据《1993年公司法》第十二条在申请中被指定为公司董事的人员明示或默示授权的人签署；以及

（三）附上一份法定声明，该声明由申请中根据《1993年公司法》第十二条提名的每位董事作出，此声明应说明该董事认为公司在注册后将成为本法意义上的合作社公司，并说明该意见的理由。

Ⅲ. 每个申请都必须得到公司拟议章程的授权，或得到同意成为公司股东的人员的决议授权，上述人员持有的股份总额应不少于该公司总股份的75%，如果申请是由该决议授权的，申请必须附有该决议的副本。

Ⅳ. 在收到根据第Ⅰ款正确填报的合作社公司申请后，注册官如果确信该公司在注册后将成为合作社公司，则必须在该公司根据《1993年公司法》注册后：

（一）根据本法将该公司注册为合作社公司；以及

（二）向该合作社公司颁发注册证书

Ⅴ. 如果注册官以根据《1993年公司法》不能相信某公司能够成为合作社公司为由，拒绝将该公司注册为合作社公司，则该注册官必须向该公司发出书面通知并说明拒绝的理由。

Ⅵ. 依据本条规定而颁发的证书是确凿的证据，能够证明：

（一）本法关于合作社公司注册的所有要求都在该合作社公司得到了遵守；以及

（二）自证书中所述的注册日期起，该公司即依本法注册成立。

第八条 根据本法注册，并同时根据《1993年公司法》重新注册的现存合伙企业

［已废止］

第八条：于2013年12月5日被《2013年公司法修正案》（2013年第111号）第十四条所废止。

第九条 根据本法注册，并同时根据《1993年公司法》重新注册的现存公司

［已废止］

第九条：于2013年12月5日被《2013年公司法修正案》（2013年第111号）第十四条所废止。

第十条 合伙企业董事会的年度决议

Ⅰ. 根据本法注册的合伙企业董事会必须在不迟于以下时间内：

（一）根据《1993年公司法》第二百零八条（如果有）编制公司年度报告的日期；或

（二）公司资产负债表日后五个月的日期，以较早者为准，决定董事会是否认为公司在报告涉及或将涉及的整个会计期间（视情况而定）是一家合伙企业。

Ⅱ. 该决议必须完整地列出董事会意见的理由。

Ⅲ. 每位不对决议投赞成票的董事必须签署一份证明，说明其理由。

Ⅳ. 公司的董事会必须确保能够在公司的年度报告（如果有）和年度报表中附上一份声明，并说明：

（一）决议的日期和条款；以及

（二）没有对该决议投赞成票的任何董事的姓名以及该董事的理由。

Ⅴ. 如果公司的年度报表不符合第Ⅳ款的规定，注册官必须在收到该申报表后，在切实可行的范围内尽快向公司董事会发出书面通知，说明该申报表不符合规定。

Ⅵ. 公司董事会必须在收到第Ⅴ款规定的通知后三十个工作日内：

（一）如果董事会没有通过第Ⅰ款提及的决议，则通过该决议，并将符合第Ⅳ款第（一）项和第（二）项中规定的声明送交给注册官；或

（二）如果董事会通过了决议，但没有遵守第Ⅳ款第（一）项和第（二）项的规定，则应将符合这些规定的声明送交给注册官。

Ⅶ. 第Ⅱ款和Ⅲ款适用第Ⅵ款第（一）项中提到的决议。

Ⅷ. 每位董事在没有合理理由的情况下没有遵守第Ⅲ款的规定，即构成犯罪，一经定罪，可对其处以不超过5000美元的罚款。

Ⅸ. 如果公司的董事会没有遵守第Ⅵ款的规定，公司的每位董事都构成犯罪，一经定罪，可对每位董事处以不超过10000美元的罚款。

Ⅹ. 被指控犯有第Ⅸ款规定的罪行的董事，如果能证明以下情况，可以作为辩护理由：

（一）董事会采取了所有合理和适当的步骤，以确保第Ⅵ款的要求将得到遵守；或

（二）该董事采取了一切合理和适当的步骤来确保董事会遵守该款的要求；或

（三）在这种情况下，不能合理地期望该董事采取措施，以确保董事会遵守该款的要求。

第十条第Ⅰ款第（一）项：2014年4月1日由《2013年财务报告（对其他法案的修正）法》（2013年第102号）第126条修订。

第十条第Ⅰ款第（二）项：2014年4月1日由《2013年财务报告（其他法案修正案）法》（2013年第102号）第126条取代。

第十条第Ⅳ款：2014年4月1日，由《2013年财务报告（对其他法案的修订）法》（2013年第102号）第126条修订。

第十条第Ⅷ款：2013年7月1日，由2011年刑事诉讼法（2011年第81号）第413条修订。

第十条第Ⅸ款：2013年7月1日由2011年《刑事诉讼法》（2011年第81号）第413条修订。

第十一条　注册官可以取消注册

Ⅰ．除第Ⅱ款的规定外，在以下情况下，注册官可根据本法取消对公司的注册：

（一）注册官有合理的理由相信该公司不是或已不再是合作社公司；或

（二）公司的董事会没有遵守第十条第Ⅵ款的规定。

Ⅱ．注册官不得行使第Ⅰ款所赋予的权力，除非注册官：

（一）已向该公司发出不少于三十个工作日的书面通知，通知此注册官打算考虑是否行使该权力以及这样做的理由；以及

（二）对公司或公司的任何股东提出的任何陈述予以考虑。

Ⅲ．公司董事会在收到第Ⅱ款规定的通知后，必须立即向公司的每个股东发送该通知的副本。

对比：1956 年第 18 号第三条第Ⅴ款

第十二条　应公司要求取消注册

Ⅰ．公司可以根据本法向注册官申请取消公司的注册。

Ⅱ．每个申请都应当：

（一）以规定的形式；以及

（二）由得到公司明示或默示授权的人签署。

Ⅲ．每个申请必须由公司股东的特别决议授权，并且必须附有决议的副本。

Ⅳ．注册官必须在收到依据本条规定而规范填写的申请后不少于三十天，根据本法取消公司的注册。

第十三条　关于取消注册的规定

Ⅰ．根据本法取消公司注册的生效时间，为注册官在新西兰登记册上登记在本法下取消公司注册的备忘录之时。

Ⅱ．注册官在根据本法取消公司的注册后，必须立即向公司发出书面取消通知。

Ⅲ．除第Ⅳ款的规定外，根据本法取消公司的注册时：

（一）本法不再适用于该公司；以及

（二）公司中具有面值的股份不再具有面值，并被视为以相当于紧接公司注册取消前的股份面值的代价发行。

Ⅳ. 尽管根据本法取消了公司的注册资格，本法之规定应继续适用于交易股东交出本法规定的股份，如果：

（一）在取消登记之前，交易股东已经根据第二十条发出了关于让与股份的通知；或

（二）在取消注册之前，公司已经根据第二十一条通过了要求交易股东转让股份的决议。

第十四条 在公司名称中对于"合作社"一词的使用

Ⅰ. 根据《1993年公司法》，任何公司都不得以包含"合作社"一词的名称进行注册，除非该公司根据本法注册。

Ⅱ. 除第Ⅳ款的规定外，如果根据《1993年公司法》注册的公司根据第Ⅰ款的规定，无权继续以包括"合作社"一词的名称注册，注册官必须修改新西兰注册表，从公司名称中删除"合作社"一词，并为公司颁发记录其新名称的公司注册证书。

Ⅲ. 第Ⅱ款规定的公司名称的变更：

（一）从根据该款颁发的证书的日期起生效；以及

（二）不影响公司的权利和义务，也不影响公司的法律程序，在原名下可能对公司继续或开展的法律程序，也可以在新名下继续或开展。

Ⅳ. 如果注册官有正当的理由相信，如果公司名称根据第Ⅱ款进行了更改，该名称将不是根据《1993年公司法》第二十二条可以保留的名称，注册官可以根据该法第二十四条向公司发出通知，以改变其名称，该条的规定将相应适用。

Ⅴ. 在本条中，"合作社"一词的任何形式的缩略语亦包含在"合作社"范围内。

对比：1956年第18号第11款

股票票面价值

第十五条 股票可能有票面价值

Ⅰ. 尽管有《1993年公司法》第三十八条的规定，根据本法注册的公

司的股份可以有票面价值，不同类别的股份可以有不同的票面价值。

Ⅱ．根据本法注册的公司的股份或任何类别的股份的票面面值应在公司的章程中加以规定。

Ⅲ．经董事会事先批准，公司的章程可以通过以下方式进行修改：

（一）改变公司的股份或任何类别的股份的面值；或

（二）删除任何规定公司股份或任何类别股份的面值的条款。

Ⅳ．根据本法注册的公司的章程可以通过公司股东的普通决议，通过细分或合并有票面面值的股份来进行修改。

第十六条 发行具有票面价值的股票的对价

在根据本法注册的公司中，发行具有面值的股票或任何类别的股份的对价必须是股票或其他类别股份的票面面值。

第十七条 从储备金中发行票面价值的股票

Ⅰ．依据本法注册的公司，在下列情况下，可从公司的储备金中发行和支付全部或部分面值的股票：

（一）按照同一类别股东所持股份的比例向该类股东发行股份；或

（二）股份发行给同一类别的股东，发行比例参照这些股东与公司的交易量来计算。

Ⅱ．就第Ⅰ款第（二）项而言，可以参照股东在公司董事会确定的期间内与公司进行交易的体量、价值、数量，或公司从交易中获得的利润来发行股份。

第十八条 具有票面价值的股票的让与

Ⅰ．在符合本节和公司章程的前提下，根据本法注册的公司：

（一）可根据第二十条，接受股东所转让的其持有的公司所有或部分有票面价值的股份。

（二）根据第二十一条，可要求公司的某一股东转让该股东持有的所有或部分有票面价值的公司股份。

Ⅱ．被转让的股份可以从公司的资产中支付。

Ⅲ．公司不得：

（一）根据第二十条接受任何股份的转让；或

（二）根据第二十一条要求转让任何股份，除非公司的董事会已经决定，在转让股份后，公司将立即具备偿付能力。

Ⅳ. 投票赞成股份转让的董事必须签署一份证书，说明他们认为公司在退股后将立即具备偿付能力，并说明该意见的理由。

Ⅴ. 在决议通过后和股份转让前，如果董事会有正当理由不再相信公司在转让后将立即具备偿付能力，任何股份的转让将被视为未获授权的分配，1993年公司法第五十六条第Ⅲ款和第Ⅴ款的规定将被适用，并作出必要的修改。

Ⅵ. 每位董事如果没有遵守第Ⅳ款的规定，即为犯罪，一经定罪，可被处以不超过5000美元的罚款。

第十八条第Ⅵ款：2013年7月1日，由《2011年刑事诉讼法》（2011年第81号）第四百一十三条修订。

第十九条 《1993公司法》在股份转让中的适用

Ⅰ. 《1993年公司法》第五十二条第Ⅳ款应适用于根据本法转让有票面价值的股份的情况。

Ⅱ. 《1993年公司法》第五十六条应适用于根据本法转让有票面价值的股份，并作出必要的修改，如同转让股份是一种分配。

Ⅲ. 《1993年公司法》第五十八条至第六十七条和第六十八条至第七十五条（与公司收购其自身股份有关）不适用于根据本法转让具有票面价值的股份。

第二十条 依据股东意愿进行的股份转让

Ⅰ. 根据本法注册的公司的股东，如果不再是交易股东，可以通过书面通知，向公司转让其持有的公司所有或部分有票面价值的股份，但在符合第十八条的情况下，公司董事会可以决定是否接受被转让的股份。

Ⅱ. 根据本法注册的公司的已故股东的遗产代表人，如果不再是交易股东，可以通过书面通知，要求公司接受转让该公司所有或部分具有票面价值并包括在股东遗产中的股份，在任何这种情况下，根据第十八条，公司董事会必须在收到通知后六十个工作日内决定接受转让。

Ⅲ. 根据本法注册的公司的股东，如果：

（一）在接下来的五年之内，或公司董事会确定的，或公司章程中规定的其他期限内，不是交易股东；或

（二）已经处置或改变了股东的财产和其他资产的用途，导致股东没有能力继续作为交易股东：

股东可以通过书面通知，要求公司受让该股东所转让的其持有的所有或部分具有票面价值的公司股份，在任何这种情况下，受第十八条的限制，公司董事会必须在收到该通知后六十个工作日内，决定接受该交出的股份。

Ⅳ. 根据本条转让的股份，自公司董事会决议受让股权转让的日期起生效。

对比：1956 年第 18 号第七条

第二十一条　依据公司意愿进行的股份转让

Ⅰ. 在不违反第十八条的情况下，根据本法注册的公司可在其章程明确授权的情况下，要求公司的任何股东向公司转让该股东持有的具有面值的全部或任何股份，如果

（一）该股东不再是交易股东；或

（二）该股东在重大方面没有遵守公司与该股东之间的任何合同中有关与公司交易的要求；或

（三）公司章程允许董事会根据章程中规定的理由要求转让股份，而且

1. 股份的交出是基于章程中规定的理由；以及

2. 董事会已经决定，转让股份符合公司的最佳利益。

Ⅱ. 根据第Ⅰ款第（三）项第 2 目，作出的决议必须完整地列出董事会得出结论的理由。

Ⅲ. 对第Ⅰ款第（三）项第 2 目中要求的决议投赞成票的董事必须签署一份证书，说明股权转让符合公司的最佳利益，并可将其与第十八条要求的证书合并。

Ⅳ. 在遵守第十八条的前提下，根据本法注册的公司董事会可以在任何时候要求在刚刚过去的十二个月内没有交易的股东向公司转让该股东持

有的所有或部分具有价值的公司股份。

Ⅴ. 在遵守第十八条的前提下，如果公司章程允许，根据本法注册的公司的董事会可以在任何时候要求股东向公司转让其持有的面值超过章程规定的股东应持有的公司股份数量的所有或部分股份，并根据章程规定的前一段时期内，该股东与公司的交易情况具体确定。

Ⅵ. 根据本条规定转让股份，在向股东发出要求转让股份的书面通知的一个月后生效。

Ⅶ. 每位董事如果没有遵守第Ⅲ款的规定，即为犯罪，一经定罪，可处以不超过5000美元的罚款。

对比：1956年第18号第八条

第二十一条第Ⅶ款：2013年7月1日由《2011年刑事诉讼法》（2011年第81号）第四百一十三条修订。

第二十二条 转让股票的对价

Ⅰ. 转让根据本法注册的公司中具有票面价值的股份的对价应根据以下规则确定：

（一）对价应是转让生效之日股份的面值，如果低于股份的面值，则为股份的已缴款额。

（二）如果公司章程包括确定转让股份的对价的程序，那么，如果根据该程序确定的对价低于根据第Ⅰ款确定的对价，则转让股份的对价应是根据该程序确定的对价。

（三）尽管有第（一）项和第（二）项的规定，如果商定的数额低于根据第（一）项确定的对价，公司和股东可以就转让股份所需支付的对价达成协议。

Ⅱ. 如果根据本法注册的公司的章程包括确定交出公司股份的对价的程序，它还必须规定，如果公司或股东反对按照该程序确定的对价，可以按照《1908年仲裁法》通过仲裁来确定该问题。

Ⅲ. 尽管公司章程有规定，在根据公司章程所载任何程序确定转让公司股份的对价时，不需考虑：

（一）该股东是或可能成为另一合作社公司的交易股东；或

（二）任何其他因素或股东的个人情况。

Ⅳ. 股份转让的对价是公司欠股东的无担保债务，除非章程另有规定，否则应在转让生效之日支付。

第二十三条　股份转让的撤销

Ⅰ. 在不违反第二十四条至第二十六条的情况下，依据第二十条或第二十一条转让的股份，在转让后立即被视为撤销。

Ⅱ. 依据本条注销股份时：

（一）该股份所附的权利和特权到期；以及

（二）根据本法和《1993年公司法》，该股份可重新发行为有面值的股份，或在任何其他情况下，可根据《1993年公司法》重新发行。

对比：1993年第105号第六十六条第Ⅰ款、第Ⅲ款

第二十四条　合作社公司可以持有自己的股票

Ⅰ. 就本法和《2007年所得税法》而言，根据本法注册的公司中，根据第二十条或第二十一条转让的股份不应视为根据第二十三条被注销，如果：

（一）公司的章程明确允许公司持有自己的股份；以及

（二）公司董事会决议，有关股份不得因转让而被注销；以及

（三）转让的股份数量，与公司在转让时根据本条持有的同一类别的股份，合计不超过公司先前发行的该类别股份数量的20%，不包括先前根据第二十三条被视为注销的股份；以及

（四）股东仅基于下列理由，转让或被要求转让超过第（三）项所述的20%的25%的任何数量的股份：

1. 股东在公司和股东之间进行交易的能力；或

2. 公司与股东之间的交易水平；或

3. 与公司和股东之间的交易有关的任何合同的条款。

Ⅱ. 公司根据第二十条或第二十一条转让的股份，如果根据本条规定，不被视为注销，则应由公司本身持有。

Ⅲ. 公司根据第Ⅱ款自行持有的股份，可由公司董事会决议注销该股份；而该股份应在作出该决议时被视为已被注销。

对比：1993年第105号第六十七条之一；1994年第82号第三条

第二十四条第Ⅰ款：2008年4月1日由《2007年所得税法》（2007年第97号）ZA第二条第Ⅰ款修订（在2008—2009收入年度及以后生效），由《2007年所得税法》（2007年第97号）ZA第二条第Ⅰ款修订。

第二十五条　公司本身所持有的被转让股份的权利和义务被暂停

Ⅰ. 公司根据第二十四条持有的股份所附带的权利和义务，在公司持有该股份期间，不得由公司行使或针对公司行使。

Ⅱ. 在不限制第Ⅰ款的情况下，当公司根据第二十四条持有自己的股份时，公司不得：

（一）行使属于该股份的任何表决权；或

（二）进行或接受有关该股份的任何授权或应付的分配。

对比：1993年第105号第六十七条之二；1994年第82号第三条

第二十六条　重新发行公司自身持有的被转让股票

Ⅰ. 第十六条应适用于公司本身所持股份的转让，如同根据《1993年公司法》第四十二条或第四十四条发行的股份一样。

Ⅱ. 根据第Ⅰ款的规定，公司所持股份的转让本身不受本法、《1993年公司法》或公司章程中有关发行股份的任何规定的约束，除非公司章程明确适用这些规定。

Ⅲ. 在下列情况下，公司不得授权购买其自身所持股份，也不得承担转让此类股份的任何义务：

（一）公司已收到根据《1993年收购法》生效的《收购守则》提出的收购要约的书面通知；或

（二）如果是在证券交易所上市的股票，证券交易将公开发布收购要约，收购超过20%的上市股票。

对比：1993年第105号第六十七条之三；1994年第82号第三条

第二十六条第Ⅲ款：2014年12月1日由《2013年金融市场（废除和修正）法》（2013年第70号）第一百五十条取代。

第二十七条　根据《1993年公司法》收购和赎回股份不受影响

第十八条至第二十三条中没有任何内容限制或影响根据本法注册的公司根据《1993年公司法》收购或赎回股份。

没收股份

第二十八条　没收无法联系的股东的股份

Ⅰ．根据本法注册的公司可根据本条规定，没收本条所适用的公司的任何股东的股份。

Ⅱ．本条适用于根据第Ⅳ款规定的通知首次公布前不少于二年的时间内的股东：

（一）未居住在公司已知的最后居所；以及

（二）没有对公司的任何通信作出回应；以及

（三）没有代理人代表他/她行事；以及

（四）如果公司应付款项的支票已寄给他/她，或其他款项已到期应付，但他/她没有出示支票以收取款项或要求支付款项。

Ⅲ．在公司根据本条规定没收任何股份之前，公司必须：

（一）遵守第Ⅳ款的规定；以及

（二）采取其他合理的程序来寻找股东的下落。

Ⅳ．公司必须在一份在全国发行的都市报纸上发表声明，如果该报纸在公司开展业务的主要地区没有普遍发行，则必须在该地区发行的报纸上发表声明称：

（一）股东姓名；

（二）持股数量；

（三）缴付的股份金额。

（四）公司打算在通知中规定的日期（不早于通知首次公布后三个月的日期）后没收股东持有的股份，除非在该日期前，股东或其个人代表或代理人，或任何其他有合理理由证明其有权获得股份的人通知公司，该股份不应没收。

Ⅴ．如果没有人在第Ⅳ款第（四）项中规定的通知中指明的时间内向公司发出通知，公司董事会可以通过决议没收股份。

Ⅵ. 根据本条规定被没收的任何股份应被视为在决议通过之日被注销。

Ⅶ. 如果在股份根据本条规定被没收后的四年内，有人有合理的理由其是没收前股份的持有人，董事会必须向此人支付其在股份被没收之日根据第二十条规定向公司交出股份时有权得到的金额。

Ⅷ. 根据第Ⅶ款应支付的任何金额都不需要支付利息。

对比：1949 年第 22 号第 16 条

1993 年《公司法》的适用

标题：2014 年 12 月 1 日由《2013 年金融市场（废止和修正）法》（2013 年第 70 号）第一百五十条修订。

第二十九条 修改后的《1993 年公司法》的适用

《1993 年公司法》适用于根据本法注册的公司，但需进行以下修改：

（一）第四十三条第Ⅰ款和第四十七条第Ⅴ款中"十个工作日"，就任何有面值的股份发行而言，应解释为"二十个工作日"；

（二）如果按照公司的章程，向已经持有公司票面价值的股份的人发行股份，则第五十条不适用于发行具有票面价值的股份；

（三）就第五十五条第Ⅱ款第（二）项而言，交易的股东是同一类别的股东；

（四）第五十五条不适用于就商品或服务向交易股东提供的折扣，如果其他人在正常业务过程中就类似的商品或服务提供或可能提供的折扣；

（五）第九十五条不再适用；

（六）如果公司董事会根据第一百一十一条第Ⅱ款第（一）项同意公司购买具有票面价值的股份，或根据第一百一十一条第Ⅱ款第（二）项安排其他人士同意购买股份（视情况而定），但该协议或安排并非因公司章程的改变而取消了根据本法注册为合作公司的权力，则股份价格应根据本法第二十二条确定，第一百一十二条至第一百一十三条不适用；

（七）第一百四十条和第一百四十一条不适用于在正常经营过程中的交易或拟议的交易，这些交易在以下情况下进行：

1. 公司和作为交易股东或者作为交易股东的受托人的公司董事；或

2. 公司和公司的交易股东，以该股东的身份，是公司董事为其董事、高管或受托人的股东；

（八）第一百四十九条不适用于公司董事在正常业务过程中以公司交易股东的身份获得或处置根据本法注册的公司的股份；

（九）第一百七十五条不适用于本法所要求或授权的公司的任何作为或不作为；

（十）第二百零九条第Ⅰ款中提到的二十个工作日必须被理解为十个工作日；

（十一）除交易股东以外的其他股东向公司发出书面通知，表示希望根据第二百零九条获得公司的年度报告副本，该条中的"每个股东"必须解释为"每个交易股东"；

（十二）第二百一十六条第Ⅰ款应适用，即第（二）项被以下段落所替换：

"（二）在过去十年中以股东身份向所有股东或某一类别股份的所有持有人发出的书面信函的副本，包括年度报告、财务报表和集团财务报表；"

（十三）如果是根据本法第三部分注册的公司，第一百一十条应适用于本法第四十条的规定。

第二十九条第（一）项：2004年4月15日，由《2004年合作公司法修正案》（2004年第25号）第四条修订。

第二十九条第（六）项：2008年9月17日，由《2008年公司（少数股权收购权）修正案》（2008年第69号）第十二条第Ⅱ款修订。

第二十九条第（十）项：2007年6月18日，由《2006年公司法修正案（第2号）》（2006年第62号）第十七条代替。

第二十九条第（十一）：2007年6月18日，由《2006年第2号公司法修正案》（2006年第62号）第十七条取代。

第二十九条 之一修改《1978年证券法》的适用范围
（已废除）

第二十九条之一：于2014年12月1日被《2013年金融市场（废止和修正）法》（2013年第70号）第一百五十条废除。

第三十条　给股东的返还

Ⅰ．除非公司章程另有明确规定，根据本法注册的公司可以参照这些股东与公司的交易情况向其交易的股东提供返还，其形式包括：

（一）款项；或

（二）根据第三十一条发行的全部或部分替代付款的股份。

Ⅱ．就第Ⅰ款而言，返还可以参照股东与公司交易的数量、价值或数量，或公司从交易中获得的利润来计算。

Ⅲ．尽管有《1993年公司法》第三十六条第Ⅰ款第（二）项和第五十三条第Ⅱ款第（二）项的规定，第Ⅰ款适用的返还是一种分配，但公司可以给予返还。

第三十一条　代替返还的股票

公司董事会可向同意全部或部分接受股份发行的交易股东发行股份，以代替支付拟定的返还或拟定的未来返还，但前提是：

（一）已按相同的条款向同一类别的所有交易股东提供收取全部或部分股份的权利，以取代拟议的返还或拟议的未来返还的支付；以及

（二）向其提供权利的交易股东被给予合理的机会接受该权利；以及

（三）发行给每个交易股东的股份与发行给该类所有交易股东并同意接收股份的股份具有相同的条款和权利。

第三十二条　对《1993年公司法》第二百零九条至第二百零九条之二的豁免

Ⅰ．总督可不时通过枢密院令，并根据命令中规定的条款和条件，豁免根据本法注册的公司遵守《1993年公司法》第二百零九条至第二百零九条之二以及附表4第（九）项的规定。

Ⅱ．本节下的命令为二级立法。

第三十二条标题：2007年6月18日由《2006年公司法修正案（第2号）》（2006年第62号）第十七条修订。

第三十二条第2款：2007年6月18日由《2006年第2号公司法修正案》（2006年第62号）第十七条修订。

第三十二条第Ⅱ款：2021年10月28日由《2021年二级立法法》（2021年第7号）第三条插入。

第三十三条　股东的表决权

尽管有《1993年公司法》第三十六条的规定，除非公司章程另有明确规定，否则只有根据本法注册的公司的交易股东才有权对决议进行投票表决。

第Ⅲ节　适用于乳品合作社公司的特别规定

第三十四条　解释

在这一部分：

乳品合作社公司是指根据第三十五条注册为乳品合作社公司的合作社公司；就供应股东而言，分成收工指由该供应股东雇用的人员，而非服务合同项下的雇员，其从供应股东拥有或提供的乳品牛群中生产牛奶或乳固体；就乳品合作社公司而言，供应股东是指根据公司章程或者与公司签订的协议，向公司供应公司不时要求数量的牛奶或乳固体的交易股东；并包括已根据第四十四条转让股份的股份受益人。

第三十四条：1998年12月18日，由《1998年合作社公司修正法》（1998年第117号）第二条取代。

第三十五条　乳品合作社公司的注册

Ⅰ. 一家合作社公司，其在其章程中说明，其主要活动为下列活动的全部或部分可根据本节向注册官申请注册为合作制乳品公司：

（一）制造黄油、奶酪、干奶或酪蛋白，或由其股东提供给公司的牛奶或乳固体制成的任何其他产品；或

（二）出售如此供应的牛奶或乳固体；或

（三）收集、处理和分配如此供应的牛奶或奶油供人食用。

Ⅱ. 第六条的规定应适用于根据本条提出的申请，并作必要的修改。

第三十六条　根据《1993 年公司法》和本部分的同时注册

根据本部分要求注册为乳品合作社公司的申请，可与根据《1993 年公司法》第十二条要求注册公司的申请一起送交或交付给注册官，在这种情况下，本法第七条的规定应适用于该申请，并视需要进行修改。

第三十七条　现有合作社公司的同时注册

（已废除）

　　第三十七条：于 2013 年 12 月 5 日被《2013 年公司法修正案》（2013 年第 111 号）第十四条所废除。

第三十八条　现有公司的注册

（已废除）

　　第三十八条：于 2013 年 12 月 5 日被《2013 年公司法修正案》（2013 年第 111 号）第十四条所废除。

第三十九条　将要成为股东的供应商

Ⅰ. 根据第Ⅱ款的规定，乳品合作社公司的章程必须规定，任何人向公司供应乳制品是该人成为公司股东的不可撤销申请。

Ⅱ. 尽管有第Ⅰ款的规定，公司章程可授权公司董事会自行决定，无论是否应供应商的要求，接受该人的乳制品供应，而不要求该人成为供应股东。

Ⅲ. 除非合作社公司的章程符合本条规定，否则注册官不得根据本部分规定将该公司注册为乳品合作社公司。

Ⅳ. 在任何时候，根据本法本条注册的乳品合作社公司的章程不符合本条规定，注册官可以取消该公司在本条的注册。

Ⅴ. 第十一条第Ⅱ款、第Ⅲ款、第十三条和第十四条经必要的修改后，适用于根据本条取消公司注册的事宜。

第四十条　强制发行股票

Ⅰ. 在不违反第四十一条规定的情况下，根据本节注册的乳品合作社公司可以修改其章程，要求供应股东持有的公司股份数量超过在修改之日所需持有的股份数量。

Ⅱ．该变更对于下列情况具有约束力：

（一）适用于变更的供应股东；以及

（二）适用于每个在变更后成为供应股东的人。

对比：1949年第22号第八条第Ⅰ款、第Ⅳ款；1956年第19号第二条

第四十一条 新增股份的数量限制

根据第四十二条的规定，除变更发生之日所需持有的股份数量外，任何此类变更均不要求未投票赞成决议的供应股东在变更日期之前的5个财政年度内，就供应为股东在变更日期之前的财政年度向公司供应的奶制品数量相等的奶制品而言，持有股份数量超过该股东在变更日期之前的五个财政年度内的任何时间所需持有的最小股份数量的50%以上。

对比：1949年第22号第八条第Ⅰ款；1956年第19号第二条第Ⅰ款。

第四十二条 第四十一条的例外情况

第四十一条在下列情况下不适用：

（一）章程的变更要求每个供应股东除在变更日期所需持有的股份数量外，每名供应股东还应在变更日期之前的五个财政年度内的任何时候都必须持有的最小股份数量超过50%以上的股份数量，该股份数量与股东在上一财政年度向公司供应的奶制品数量；和

（二）修改公司章程的决议须经至少90%有权投票和表决该决议的股东的过半数通过。

对比：1949年第22号第8条第Ⅱ款、第Ⅲ款；1956年第19号第二条第Ⅱ款。

第四十三条 供应股东可以转让股份

Ⅰ．对第四十二条所述决议投反对票的供应股东可以向公司转让该股东持有的所有公司股份，在此情况下，根据第十八条的制定，公司董事会

必须决议接受交出的股份。

Ⅱ．股份的转让在公司董事会决议接受交出的日期生效。

Ⅲ．第二十二条至第二十六条适用于根据本条规定转让的股份。

对比：1949年第22号第八条第Ⅱ款；1956年第19号第二条第Ⅱ款。

第四十四条　向分成牧工转让股份

Ⅰ．根据本部分注册的乳品合作社公司的供应股东可以将该股东所持有的公司的任何股份以及部分或所有投票权转让给分成牧工。

Ⅱ．尽管公司的章程可能有明确的规定，第Ⅰ款仍然适用。

Ⅲ．尽管有第Ⅱ款的规定，公司章程可以要求或有权要求股东必须保留1股股份。

Ⅳ．转让须遵守公司章程中有关股份转让的条款和条件。

Ⅴ．如果根据本条规定转让股份：

（一）为了确定持股比例是否与供应相称，供应股东和被转让股份的分成牧工必须被视为一个人；以及

（二）根据公司章程中的条款和条件，接受这些股份转让的分成牧工是一个供应股东。

Ⅵ．然而，如果第Ⅳ款或第Ⅴ款中提到的条款和条件会妨碍第Ⅰ款的实施，则不适用。

第四十四条：2001年10月26日，由《2001年乳品产业重组法》（2001年第51号）第一百五十六第Ⅱ款取代。

第四十五条　对章程中合同条款的修改

如果根据本节注册的乳品合作社公司的章程包含或规定了公司与公司股东或任何集团或类别的股东成员之间的任何合同的条款和条件，则章程中对这些条款或条件的任何修改对这些股东或该集团或类别的成员（视情况而定）具有约束力。

对比：1949年第22号第八条第Ⅰ款；1956年第19号第二条第Ⅰ款。

第四十六条　第二节对合作乳品公司的适用性

Ⅰ．除本节外，第二节适用于根据本节注册的每个乳品合作社公司，

如同其是根据第Ⅱ节注册的合作社公司。

Ⅱ. 就第Ⅰ款而言，在第Ⅱ节中的"交易股东"，对于根据本节注册的乳品合作社公司而言，应理解为"供应股东"。

对比：1993 年第 105 号第三百七十条

第Ⅳ节　其他规定

上诉

第四十七条　对注册官的决定提出上诉

Ⅰ. 任何人如果对注册官根据本法作出的行为或决定感到不满，可在该行为或决定的通知日期后的十五个工作日内，或在法院允许的其他时间内，向高等法院提出上诉。

Ⅱ. 在听取上诉后，法院可批准注册官的行为或决定，或在法院认为合适的情况下给予指示或作出终止。

对比：1993 年第 105 号第三百七十条

条例

第四十八条　条例

Ⅰ. 总督可不时通过枢密院令制定条例：

（一）为本法的目的规定表格；而且这些条例可以要求：

1. 将特定的信息或文件列入或附在表格中；
2. 将由特定人员签署的表格。

（二）规定实施本法和适当管理所需的或预期的其他事项。

Ⅱ. 本条下的条例为二级立法。

第四十八条第Ⅱ款：2021 年 10 月 28 日由《2021 年二级立法法》（2021 年第 7 号）第 3 条插入。

废止

第四十九条　废止和撤销

Ⅰ. 附件 1 中所规定的法令在此被废止。

Ⅱ. 附件2中规定的法令也因此被撤销。

Ⅲ. 本条应于1997年6月30日结束时生效。

第五十条　保留

Ⅰ. 在本条中，《合作社公司法》指：

（一）1949年《乳品合作社公司法》；

（二）1956年《合作社公司法》；

（三）1960年《冷冻合作社公司法》；

（四）1978年《林业合作社公司法》。

Ⅱ. 尽管第四十九条第Ⅰ款废止了每部合作社公司法，但该法仍继续有效，并适用于以下情况：

（一）根据该法注册的合作社公司，如果在本条生效前根据《1993年公司重新注册法》提出重新注册的申请，但在本条生效时尚未重新注册，则应继续有效并适用，直到该公司重新注册。

（二）根据该法注册的合作社公司，在本条生效后，尚未根据《1993年公司重新注册法》重新注册或被视为重新注册，并应继续有效，适用于该公司，直到该公司根据该法重新注册或被视为重新注册。

Ⅲ. 尽管本法第四十九条第Ⅱ款撤销了根据《1956年合作社公司法》制定的每项枢密院令，但该规定对根据该法注册的每家合作社公司继续有效并适用，其程度与该法根据本条第Ⅱ款继续适用于该公司的范围相同。

Ⅳ. 本条应于1997年6月30日结束时生效。

对其他法令的修订

第五十一条　对其他法案的修订

附件3中规定的法规现按该表所示的方式进行修订。

附件1　被废除的法规（第四十九条第Ⅰ款）

1956年合作社公司法（1956年第18号）（《修订法规》第1卷，第545页）

1976年合作社公司法修正案（1976年第82号）（《修订法规》第1卷，第552页）

1977 年合作社公司法修正案（1977 年第 148 号）（《修订法规》第 1 卷，第 552 页）

1949 年乳品合作社公司法（1949 年第 22 号）（《修订法规》第 1 卷，第 554 页）

1950 年乳品合作社公司法修正案（1950 年第 45 号）（《修订法规》第 1 卷，第 608 页）

1951 年乳品合作社公司法修正案（1951 年第 30 号）（《修订法规》第 1 卷，第 609 页）

1956 年乳品合作社公司法修正案（1956 年第 19 号）（《修订法规》第 1 卷，第 609 页）

1959 年乳品合作社公司法修正案（1959 年第 56 号）（《修订法规》第 1 卷，第 611 页）

1963 年乳品合作社公司法修正案（1963 年第 81 号）（《修订法规》第 1 卷，第 611 页）

1970 年乳品合作社公司法修正案（1970 年第 140 号）（《修订法规》第 1 卷，第 611 页）

1973 年乳品合作社公司法修正案（1973 年第 54 号）（《修订法规》第 1 卷，第 612 页）

1976 年乳品合作社公司法修正案（1976 年第 83 号）（《修订法规》第 1 卷，第 612 页）

1978 年乳品合作社公司法修正案（1978 年第 31 号）（《修订法规》第 1 卷，第 613 页）

1978 年林业合作社公司法（1978 年第 78 号）（《修订法规》第 31 卷，第 187 页）

1960 年《合作社冷冻公司法》（1960 年第 103 号）（《修订法规》第 6 卷，第 81 页）

1976 年《冷冻合作社公司法修正案》（1976 年第 84 号）（《修订法规》第 6 卷，第 87 页）

附件 2　被撤销的命令（第四十九条第Ⅱ款）

1979 年空中服务合作社公司令（SR 1979/135）

1975年冷藏库合作社公司令（SR 1975/236）

1959年合作社公司令（SR 1959/181）

1960年合作社公司令（SR 1960/14）

1965年合作社公司令（SR 1965/160）

1966年合作社公司令（SR 1966/45）

1966年合作社公司令（第2号）1966（SR 1966/144）

1983年鹿类屠宰合作社公司令（SR 1983/50）

教育服务合作社公司令1990（SR 1990/158）

1993年能源合作社公司令（修订法规1993/148）

1979年化肥供应合作社公司令（修订法规1979/20）

1970年水果包装合作社公司令（修订法规1970/19）

1981年蜂蜜加工和销售合作社公司令（修订法规1981/237）

1976年肉类销售合作社公司令（修订法规1976/321）

1973年家禽加工合作社公司令（修订法规1973/202）

1969年牲畜饲养员合作社公司令（修订法规1969/147）

1983年茶叶加工和销售合作社公司令（修订法规1983/56）

废物回收合作社公司令1992（SR 1992/245）

1979年羊毛加工和销售合作社公司令（SR 1979/19）

附件3　被修订的法规（第五十一条）

1993年公司法修正案（1993年第108号）

修正案已纳入本法。

1956年合作社公司法（1956年第18号）（《修订法规》第1卷，第545页）

修正案已纳入本法。

1949年乳品合作社公司法（1949年第22号）（《修订法规》第1卷，第553页）

修正案已纳入本法。

1978年林业合作社公司法（1978年第78号）（《修订法规》第31卷，第187页）

修正案已纳入本法。

1960年冷冻合作社公司法（1960年第103号）（《修订法规》第6卷，第81页）

修正案已纳入本法。

1982年友好社会和信用合作社法（1982年第118号）

修正案已纳入本法。

1994年所得税法（1994年第164号）

修正案已纳入本法。

1908年产业和供应协会法（1908年第81号）（《修订法规》第7卷，第407页）

修正案已纳入本法。

1978年证法（1978年第103号）（《修订法规》第33卷，第587页）

修正案已纳入本法。

1994年税务审查机构法（1994年第165号）

修正案已纳入本法。

新加坡合作社法（2020）[*]

于蒙蒙　译
陶　溥　校

第Ⅰ节　初论

第一条　简称

本法可引称为《1979年合作社法》。

第二条　说明

Ⅰ. 在本法中，除非上下文另有要求——

"津贴"是指支付给社团管理委员会成员的报酬，以考虑其定期为社团提供的志愿服务；

"领导机构"是指为促进新加坡所有初级和二级社团的运作而成立的组织；

"助理注册官"是指根据第三条第Ⅰ款任命的合作社助理注册官；

"审计委员会"，就信用社团而言，指第三十六条所提及的信用社团的审计委员会；

"审计师"，就社团而言，指第三十三条第Ⅰ款或第三十六条第Ⅳ款第（二）项所提及的任何人；

"获授权人"，就某事项而言，是指获注册官书面授权就该事项代表注册官行事的人；

"法人团体"包括有限责任合伙企业；

---

[*] Available at: https://sso.agc.gov.sg/Act/CSA1979

"章程"是指社团在行使本法赋予的任何权力时制定的已注册的章程,包括已注册的对章程的修订;

"中央合作基金"指根据第七十一条设立的基金;

"管理委员会"是指负责管理该社团事务的社团的管理机构(无论名称如何);

"信用社"是指注册为信用社的社团;

"代表"是指——

(一)由代表会议代替成员大会的初级社团的一定数量的个体成员的代表;

(二)被任命出席并有权投票的机构成员的代表;或者

(三)本身是另一个社团的成员的社团的代表,在另一社团的大会中,该代表已被选举或任命出席,并根据该社团的章程有权投票;

"存款"是指从活期账户或存款账户收到的款项,包括认购资本,但不包括——

(一)根据分期付款协议支付,或与提供服务或保证有关的存款;和

(二)可能规定的其他存款;

"副注册官"指根据第三条第Ⅰ款任命的合作社副注册官;

"股利"是指按以下一项或两项的比例分配给社团成员的社团的净盈余的一部分:

(一)社团成员所持有的缴足股本;

(二)社团成员持有的认缴资本;

"电子形式"是指《2010年电子交易法》第二条第Ⅰ款所定义的电子记录形式;

"金融服务"是指接受存款、发放贷款或可能规定的其他金融性质的服务,但与《1966年保险法》所指的保险业务相关的除外;

"打印稿形式"是指人们无须使用任何其他设备即可阅读的纸质形式或类似形式;

"酬金"是指根据其服务分配给管理委员会的部分或全部成员的社团净盈余的一部分,其服务除此以外不会获得报酬;

"机构成员"是指社团或工会;

"关键雇员"是指无论是否为了获取报酬,担任以下任何职务或声称

以以下任何身份行事的个人；

（一）首席执行官（无论称为总经理或其他）；

（二）首席运营官；

（三）首席财务官；

（四）首席投资官；

（五）与第（一）项、第（二）项、第（三）项或第（四）项提及的任何任命类似的任命；

"有限责任合伙"与《2005年有限责任合伙法》第二条第Ⅰ款的含义相同；

"成员"包括参加社团注册申请的有合作社社员资格的个人或团体，以及依本法、规章、章程注册后获准入会的个人或机构；

"净盈余"是指根据第七十一条为中央合作基金和新加坡劳工基金会拨备后剩余的盈余部分；

"非信用社团"是指非信用社团的社团；

"高级职员"包括主席、副主席、董事、秘书、助理秘书、财务主管、助理财务主管、管理委员会成员、雇员、内部审计师、清算人员或根据本法案、规章或章程授权的其他人，就社团的业务发出指示或监督业务；

"普通股"是指根据第六十六条之一发行的普通股；

"母社团"是指拥有一个或多个子公司的社团；

"历史高级职员"，就本法规定的任何义务而言，是指在义务发生之前的任何时间曾是高级职员或履行高级职员职责的人；

"赞助返还"是指一个社团的净盈余的一部分，按其与产生该社团盈余的社团的业务量成比例分配给其成员；

"永久股"指根据第六十六条之二发行的永久股；

"初级社团"是指所有成员均为个人的社团，或具有第三十九条规定的成员资格的机构；

"拟成立的社团"是指寻求注册为社团的个人协会；

"公共审计师"是指根据《2004年审计师法》注册或被视为注册为公共审计师的人；

"注册"是指根据本法注册；

"注册官"是指根据第三条第Ⅰ款任命的合作社注册官，包括副注册官、助理注册官或根据第三条第Ⅰ款任命的公职人员,他们按照第三条第Ⅱ款获委派的副注册官、助理注册官或公职人员(视情况而定)行使职能、职责或权力;

"规章"是指根据第九十五条制定的规章;

"二级社团"是指所有注册成员仅有合作社或工会,或同时有合作社和工会的社团;

"股份"是指一个社团的股本或认缴资本的单位;

"新加坡劳工基金会"是指根据《1977年新加坡劳工基金会法》成立的新加坡劳工基金会;

"社团"是指根据本法案注册的合作社,包括初级社团、二级社团和领导机构;

"认缴资本"是指定期的强制性储蓄存款(由成员按照章程规定存入),旨在作为成员借款或担保的贷款的担保资金,除章程规定的特定用途、特定情形,或成员资格终止时外不得提取;

"子公司"就社团而言,是指由该社团控制的任何法人团体(包括另一个社团)或非法人团体;

"盈余"是指经审计的社团财务报表中显示的社团在计提折旧和坏账准备后的经济成果,但不包括在保险合作社中用于向投保人申报红利或留存保险基金部分的盈余;

"工会"是指根据《1940年工会法》注册的工会;

"书面指示"是指根据第九十三条第Ⅱ款发出的书面指示。

就本法而言,当且仅当该社团能够决定或管理法人团体或非法人团体的财务和经营政策时,该团体应被视为控制法人团体或非法人团体。

就本法而言,如果一个社团没有足够的资产来支付其负债,则该社团是资不抵债的。

在本法中,如果提及两个事件之间的天数,则该天数不包括这两个事件发生的那天。

第三条　委任注册官等

Ⅰ.部长可以任命一名合作社注册官、一名或多名合作社副注册官和合作社助理注册官,以及部长认为根据本法管理所需的其他公职人员。

Ⅱ. 合作社注册官可根据本法的规定和部长的任何一般或特别指示，将本法规定的注册官的任何职能、职责和权力委派给副注册官、助理注册官或根据第Ⅰ款任命的公职人员，但本款授予的授权除外。

Ⅲ. 注册官应有由部长批准的印章。

第Ⅱ节　社团的成立和注册

第四条　注册所需要的特征等

Ⅰ. 根据本法的规定，如果符合以下条件，拟成立的社团可以注册为社团：

（一）它的目标是根据合作原则促进其成员的经济利益；

（二）虽然它根据基本合作原则考虑其成员的经济利益，但它的目标是促进一般公众或任何部分公众的经济利益；或者

（三）其成立的目的是促进适用第（一）项和第（二）项之一或两者的社团的运作。

[3/2018]

Ⅱ. 每个社团必须拥有——

（一）第五节规定的组织和管理结构；或者

（二）提供以下两项内容的组织和管理结构——如果注册官在注册该社团时认为该社团有必要或可取，并应在该社团的章程中规定：

1. 作为管理机构的理事会；
2. 作为管理委员会的董事会。

[3/2018]

Ⅲ. 第五节的规定适用于具有第Ⅱ款第（二）项中的组织和管理结构的社团的董事会，正如它们适用于任何其他社团的管理委员会一样。

[3/2018]

第五条　注册条件

Ⅰ. 拟成立的社团不能注册为初级社团，除非它由至少5人组成，且每个人都符合第三十九条第Ⅰ款规定的成员资格。

[3/2018]

Ⅱ.拟成立的社团不能注册为二级社团,除非它由2个以上成员组成,每个成员都是社团或工会。

[3/2018]

第六条 社团名称

Ⅰ.任何社团的名称,在注册官看来都不能具有以下特征——

(一)可能会误导公众对该社团的真实性质或目的的认识;

(二)与其他社团的名称相同或非常相似,可能会欺骗、混淆公众或任一社团的成员;

(三)与任何法人团体的名称非常相似,可能会被误认为是该法人团体的名称或与之相关的名称;或者

(四)不受欢迎或令人反感。

[3/2018]

Ⅱ.每个社团应有——

(一)在名称的一部分,有"合作社(co-operative)"或"合作社(cooperative)"一词或者是马来文、中文或泰米尔语的相同词语;和

(二)在其名称的末尾,有"有限"一词或马来语、汉语或泰米尔语的相同词语。

[3/2018]

第七条 注册申请

Ⅰ.每份注册申请——

(一)必须以规定的方式连同规定的信息一并提交给注册官;和

(二)必须由以下人员签署(在本节中称为申请人):

1.在申请注册为拟成立的初级社团的情况下,由至少5人提出,每个人都符合第三十九条第Ⅰ款规定的成员资格;

2.在申请注册为拟成林的二级社团的情况下,由至少2人提出,每人均获得社团或工会的正式授权。

[3/2018]

Ⅱ.申请须附有——

(一)拟定的章程副本;

（二）由所有在场并愿意成为拟成立社团成员的人员签署的初步会议记录；和

（三）规定的可能费用。

第八条 注册前的要求

注册官可要求申请人提供他认为合适的有关拟成立社团的额外信息，包括——

（一）组建拟成立社团的经济或其他需要；

（二）关于拟成立社团活动可行性的声明；

（三）是否有足够的资金至成年拟成立的社团开始运作；

（四）是否有能够指导和管理拟成立社团的事务以及保存注册官可能要求的社团记录和账目的人员；和

（五）可能规定的其他信息。

第九条 注册

Ⅰ．注册官可以在以下情况下注册拟成立社团及其章程——

（一）拟成立社团已遵守本法案和规章的规定；

（二）拟成立社团的拟定章程不违反本法和规章；和

（三）拟成立社团的拟定章程足以为其适当的行政和管理作出规定。

[3/2018]

Ⅱ．就第Ⅰ款而言，注册官可以接受申请者为注册拟成立社团就第Ⅰ款第（一）项规定事项所作的说明，第（二）项和第（三）项可作为该事项的充足证据。

[3/2018]

Ⅲ．尽管有第Ⅰ款的规定，如果注册官不满意以下情况，可拒绝注册拟提供任何金融服务的拟成立社团及其章程——

（一）拟成立社团为其成员的利益而建立；

（二）拟成立社团的主要目标是提供金融服务；

（三）拟成立社团的拟定章程符合第三十九条第Ⅳ款中关于加入信用社团的标准；

（四）有足够的资金来启动和维持拟成立社团的运营；

（五）拟成立社团能够满足最低财务、审慎要求或其他规定的要求，无论是一般还是具体的；或

（六）考虑到拟任人员的声誉、品格、财务健全和可靠性，有可用的人员能够指导和管理拟成立社团的事务并保存拟成立社团的记录和账目。

[3/2018]

Ⅳ．注册官可以——

（一）注册任何拟成立社团及其章程，但须遵守他认为合适的注册条款和条件；和

（二）如果拟成立社团将提供任何金融服务，则将拟成立社团注册为信用社团以提供金融服务。

[3/2018]

Ⅴ．尽管本条有任何规定，但如果注册官信纳以下情况，则不得注册拟成立社团——

（一）拟成立的社团可能被用于非法目的或有损公共和平、福利或新加坡的秩序；或

（二）注册拟成立的社团会违反国家安全或利益。

[3/2018]

Ⅵ．如果注册官拒绝注册拟成立社团，注册官必须将这一事实告知申请人。

[3/2018]

Ⅶ．可在被拒绝之日起两个月内向部长对注册官拒绝注册拟成立社团一事提起申诉，部长的决定为最终决定。

[3/2018]

第九条之一 修改注册条款和条件

Ⅰ．注册官可随时修改根据第九条第Ⅳ款施加的社团注册条款和条件。

[3/2018]

Ⅱ．注册官必须在修改注册条款和条件之前，向有关社团发出——

（一）注册官打算这样做的书面通知；和

（二）有机会在通知规定的时间内（至少在通知送达日期十四天后）就不应修改条款和条件作出书面陈述。

[3/2018]

Ⅲ. 注册官必须以书面形式将注册官决定是否修改注册条款和条件通知社团。

[3/2018]

Ⅳ. 如果注册官决定修改注册条款和条件，第Ⅲ款中的书面通知必须指明修改条款和条件生效的日期（至少在通知日期后十四天）生效。

[3/2018]

Ⅴ. 对注册官修改注册条款和条件的决定感到不满的社团可以在决定后的十四天内或部长在任何特定情况下允许的更长期限内，以书面形式向部长提出申诉，其决定为最终决定。

[3/2018]

Ⅵ. 如果社团根据第Ⅴ款向部长提出申诉，除非该决定得到部长的确认，或者申诉被撤回或因任何原因被部长驳回，否则被申诉的决定不会生效。

[3/2018]

Ⅶ. 在本条中，"修改"就社团注册条款和条件而言，包括删除或更改和替换该条款或条件，以及添加注册条款或条件。

[3/2018]

第十条 注册证明

Ⅰ. 在社团注册时，注册官须以他认为合适的形式向社团发出注册通知，说明——

社团于通知中指明的日期开始登记在册；和

（二）如果该社团是信用社团，则该社团已注册为信用社团，以提供通知中指定的金融服务。

Ⅱ. 经社团申请并缴纳规定的费用后，注册官应向社团颁发注册证书。

Ⅲ. 由注册官签署并盖章的注册证书或其副本，即为证明其中提及的社团已正式注册的确凿证据，除非该社团的注册已被取消这一事实已得到证明。

第十条之一 注册员

Ⅰ. 注册官须以他认为合适的形式和方式保存和维持——

（一）社团注册簿；

（二）社团高级职员名册；和

（三）可能规定的其他注册簿。

[3/2018]

Ⅱ. 任何人在支付规定的费用后，可以——

（一）检查注册官可能决定的任何注册的部分，并从中获取摘录；

（二）检查提交给或存放于注册官处，由注册官确定并能获取其副本的文件；或

（三）从注册官处获取任何社团的注册证书副本。

Ⅲ. 注册簿内容的摘录或副本，如果注册官核证该摘录或副本是真实的，则该摘录或副本即为其中所述资料的初步证据。

Ⅳ. 提交给或留存于注册官的任何文件的摘录或副本，如经注册官证明其为真实的，则可在任何法律程序中被接纳为与原始文件同等有效的证据。

第Ⅲ节　社团的特权和义务

第十一条　社团成为法人团体

Ⅰ. 社团在注册后应成为以其注册名称的法人团体，永久延续，并有权持有动产和不动产、签订合同、起诉和被起诉，并做就章程目的而言有必要的所有事情。

[3/2018]

Ⅱ. 社团可以但不一定有公共印章。

[3/2018]

第十二条　不因某些不足而无效的社团行为

任何社团或任何管理委员会或任何高级职员的任何行为均不得仅因社团或管理委员会的章程或任命、选举一名高级职员的任何不足，或者该高级职员已被取消任职资格而被视为无效。

第十三条 联合的权力

Ⅰ. 社团可以成立二级社团和领导机构。

Ⅱ. 领导机构的职能如下：

（一）在社团的成立、组织和运作方面提供帮助和建议，使社团能够遵守本法和规章的规定；

（二）为合作教育和培训、供应、营销、银行、运输、会计、审计、咨询和其他社团可能需要的服务提供、组织和监督集中有效的服务；

（三）提升社团的善政标准；

（四）履行本法或规章赋予领导机构的其他职能或职责。

[3/2018]

第十四条 制定章程的权力

Ⅰ. 社团可以在获得注册官批准的情况下，为社团成立的目的制定任何必要或可取的规章。

Ⅱ. 每个社团的章程均应包括附表所述事项的条文。

第十五条 章程的修改和注册

Ⅰ. 社团可以根据本法修改其章程。

Ⅱ. 任何社团的章程或章程修正案在由注册官注册之前均无效。

Ⅲ. 任何对章程的修改不得登记，除非修改章程的决议由以下任一通过——

（一）不少于四分之三成员出席并在正式召集的成员大会上投票；或者

（二）如举行全民投票，则须获得不少于四分之三的选票，前提是选票已送交所有社团成员，且返回的选票数不少于成员总数的三分之一或500人，以较少者为标准，并在注册官的监督下检查和计算返回的选票。

Ⅳ. 每份经修订的章程的注册申请均须——

（一）由社团管理委员会主席和2名成员签署；

（二）包含注册官可能要求的信息；

（三）附有章程修正案和相关决议的副本，以及注册官可能要求的其

他文件；和

（四）附有可能规定的费用。

Ⅴ．注册官可以对章程或章程的修正案进行注册，前提是他认为该章程与本法和规章的规定不相抵触。

Ⅵ．如果注册官拒绝注册章程或章程修正案，他应以书面形式记录拒绝的理由，并将其决定告知社团。

Ⅶ．如果注册官拒绝注册章程或章程修正案，可在注册官将注册官根据第Ⅵ款作出的决定通知社团后两个月内向部长提出申诉，并且部长的决定为最终决定。

Ⅷ．注册官如注册章程或章程的修正案，他应将章程或其修正案的副本连同注册通知一起送交社团。

第十六条　约束成员的章程

Ⅰ．除第Ⅱ款另有规定外，社团的章程和章程的任何修正案在注册后须以相同的程度约束社团及其成员，犹如它们是由每位成员签署并包含每个成员自己和其代理人遵守所有章程规定的协议。

[3/2018]

Ⅱ．具有以下任何效果的社团章程修正案不约束任何在根据第十五条注册该修正案之前成为该社团成员的人，除非该成员以书面形式同意该修正案对其进行约束：

（一）该修正案要求该成员——

1. 取得或认购比该成员在根据第十五条注册该修正案之日前所持有的数量更多的股份；或者

2. 向该成员如此持有的股份支付超过该股份在该日期未支付的任何款项；

（二）该修正案（以任何其他方式）增加了该成员在任何时候为社团的股份、认购股本或贷款资本出资的责任；

（三）该修正案将导致或要求该成员（作为机构成员）的任何股份转换为永久股份。

[3/2018]

第十六条之一　非信用社团向信用社团的转变

Ⅰ. 非信用社团不得提供任何金融服务。

[3/2018]

Ⅱ. 打算提供任何金融服务的非信用社团必须以规定的方式向注册官申请，注册官须书面批准成为信用社团。

[3/2018]

Ⅲ. 非信用社团根据第Ⅱ款提出的每项申请均应附有可能规定的费用。

Ⅳ. 注册官可要求非信用团体向其提供其认为与申请有关的资料或文件。

Ⅴ. 如果注册官确信在非信用社团转变为信用社团时将满足以下所有要求，注册官可以给予书面批准：

（一）社团的主要目的是提供任何金融服务；

（二）提供金融服务符合社团成员的利益；

（三）社团的章程已是或根据第十五条进行修订后是符合第三十九条第Ⅳ款中的社团成员标准；

（四）有足够的资金供社团提供金融服务；

（五）社团能够满足一般或特别规定的最低财务、审慎要求或其他要求；

（六）有可用的高级职员，考虑到他们的资格、经验、声誉、性格、财务健全性和可靠性，能够——

1. 指导和管理社团提供的金融服务；和
2. 保存社团的记录和账目。

[3/2018]

Ⅵ. 注册官可在其认为合适的条款和条件下给予书面批准。

[3/2018]

Ⅶ. 如果注册官书面批准非信用社团成为信用社团，则注册官必须——

（一）以书面形式通知该社团其已被注册为信用社团，从通知中指明的日期开始提供通知中指定的金融服务；和

（二）修改社团注册簿以表明该社团已被注册为信用社团以提供该金

融服务。

[3/2018]

Ⅷ．获得书面批准成为信用社团的非信用社团——

（一）不得提供除金融服务外的任何新服务，自注册官可能确定的日期〔该日期可能是不同于第Ⅶ款第（一）项所述的日期〕；但

（二）可以无限期地继续提供该社团在紧挨该日期之前进行的任何服务（并非金融服务）。

[3/2018]

Ⅸ．非信用社团对注册官拒绝书面批准其成为信用社团的决定感到不满，可在决定作出之日后两个月内以书面形式向部长提出申诉，其决定为最终决定。

[3/2018]

Ⅹ．任何违反第Ⅰ款或第Ⅷ款第（一）项的非信用社团将构成犯罪，一经定罪，将被处以不超过50000美元的罚款，在持续犯罪的情况下，在定罪后继续犯罪的每一天或一天中的部分时间，再处以不超过5000美元的罚款。

[3/2018]

第十六条之二　对信用社团的控制

Ⅰ．未经注册官书面批准，任何信用社团不得提供或与任何人订立任何合伙、合资或其他安排以提供其已注册提供的一种或多种金融服务以外的任何金融服务。

Ⅱ．任何违反第Ⅰ款的信用社团将构成犯罪，一经定罪，可处以不超过50000美元的罚款，在持续犯罪的情况下，在定罪后继续犯罪的每一天或一天中的部分时间，再处以不超过5000美元的罚款。

第十六条之二（1）　从信用社团转为非信用社团的申请

Ⅰ．计划停止提供该社团开展的每项金融服务，并且不打算提供任何新的金融服务的信用社团，必须以规定的方式向注册官申请，经注册官书面批准转为非信用社团。

[3/2018]

Ⅱ. 根据第Ⅰ款提出的申请必须附有——

（一）规定的申请费（如果有）；

（二）注册官就该申请所要求的文件和资料。

[3/2018]

Ⅲ. 如果注册官认为信用社团向非信用社团转变时满足以下所有要求，注册官可以给予书面批准：

（一）社团的宗旨是提供任何金融服务以外的任何服务；

（二）第（一）项所述服务的提供符合社团成员的利益；

（三）社团有足够的资金来提供第（一）项所述的服务；

（四）有可用的高级职员能够——

1. 指导和管理由社团所提供的第（一）项所述的服务；和

2. 保存社团的记录和账目。

[3/2018]

Ⅳ. 除非信用社团成员大会上不少于75%的成员出席并投票通过由信用社团转变为非信用社团的决议，否则注册官不得给予书面批准。

[3/2018]

Ⅴ. 注册官可根据其认为合适的条款和条件授予书面批准。

[3/2018]

Ⅵ. 如果注册官书面批准信用社团成为非信用社团，注册官必须以书面形式通知该社团，自通知中指定的日期起，该社团作为信用社团的注册被取消。

[3/2018]

Ⅶ. 获得书面批准成为非信用社团的信用社团——

（一）从注册官可能确定的日期开始（该日期可能不同于第Ⅵ款提及的日期），必须停止做以下所有事情：

1. 向任何人提供任何新贷款；

2. 允许任何人获得新的信贷；

3. 收到任何人的任何新存款；和

（二）必须在社团作为信用社团的注册被取消之日的十二个月内或注册官在特定情况下可能决定的更短或更长的期限内，将该社团为信用社团期间按照第六十八条第Ⅱ款从社团中每一人所收取的存款（包括该存款的任何应计利息）归还给该人。

[3/2018]

Ⅷ. 成为非信用社团的社团可以在该社团是信用社团期间继续获得根据第六十七条提供的现存贷款和已有信贷的偿还。

[3/2018]

Ⅸ. 信用社团对注册官拒绝书面批准该信用社团成为非信用社团的决定感到不满，可在该决定作出之日后两个月内以书面形式向部长提出申诉，部长决定为最终决定。

[3/2018]

Ⅹ. 任何违反第Ⅶ款的社团均构成犯罪，一经定罪，将被处以不超过50000美元的罚款，在持续犯罪的情况下，在定罪后继续犯罪的每一天或一天中的部分时间，再处以不超过5000美元的罚款。

[3/2018]

第十六条之二（2）书面批准的条款和条件的修订

Ⅰ. 注册官可修订根据第十六条之一第Ⅴ款或第十六条之二（1）第Ⅲ款得到书面批准的条款和条件。

[3/2018]

Ⅱ. 注册官必须在修订根据第十六条之一第Ⅴ款或第十六条之二（1）第Ⅲ款得到书面批准的条款和条件之前，向有关社团发出——

（一）注册官打算这样做的书面通知；和

（二）有机会在通知规定的时间内（至少是通知送达社团之日起十四天）就为何不应修订条款或条件作出书面陈述。

[3/2018]

Ⅲ. 注册官必须以书面形式通知社团其是否决定对根据第十六条之一第Ⅴ款或第十六条之二（1）第Ⅲ款作出的得到书面批准的条款和条件进行修订。

[3/2018]

Ⅳ. 如注册官决定对根据第十六条之一第Ⅴ款或第十六条之二（1）第Ⅲ款得到书面批准的条款和条件作出修订，第Ⅲ款中的书面通知必须指明修订生效的日期（至少在批准日期后十四天通知）。

[3/2018]

Ⅴ. 对注册官根据第十六条之一第Ⅴ款或第十六条之二（1）第Ⅲ款得到书面批准的条款和条件的修订决定感到不满的社团可以在决定作出后14天内或在任何特定情况下部长所允许的更长期限内，以书面形式向部长提出申诉，部长的决定是最终决定。

[3/2018]

Ⅵ. 如果社团根据第Ⅴ款向部长提出申诉，除非被申诉的决定得到部长的确认，或者申诉被撤回或因任何原因被部长驳回，否则被申诉的决定不会生效。

[3/2018]

Ⅶ. 在本条中，就根据第十六条之一第Ⅴ款或第十六条之二（1）第Ⅲ款得到书面批准的条款和条件而言，"修订"包括删除或更改和替换该条款或条件，以及添加一个得到书面批准的条款或条件。

[3/2018]

第十六条之三　社团名称的变更

Ⅰ. 尽管有第六条和第十五条的全部规定，但当注册官确信社团已注册为这样一个名称（无论是由于疏忽还是其他原因，无论是在2008年10月20日之前、之时还是之后）——

（一）在第六条第Ⅰ款中被提及；或

（二）其使用已被《1998年商标法》授予的禁令所限制，

注册官可通过书面指示指示社团将其名称更改为根据书面可能指明的条款和条件可能被其批准的其他名称。

Ⅱ. 每个根据第Ⅰ款被指示更改名称的社团都应在书面指示中规定的时间内进行配合，除非该书面指示已被部长废止。

Ⅲ. 任何社团对注册官根据第Ⅰ款更改其名称的书面指示感到不满，可在书面指示发出后两个月内向部长提出申诉，部长的决定为最终决定。

[3/2018]

Ⅳ. 根据本法更改社团名称不应影响社团的身份、社团或其任何成员或过去的成员的任何权利或义务，并且任何可能由该社团以其原名继续或针对该社团提起的法律程序，均可由该社团以其新名称继续或针对其提起。

第十七条 社团的地址

Ⅰ.每个社团都应有一个根据本法注册的地址,所有通知和通信函件都应发送到该地址。

Ⅱ.注册官将根据以下内容注册社团的注册地址——

(一)在社团注册申请中被宣布为社团地址的地址;或

(二)如社团更改其地址,已根据第Ⅲ款通知注册官的新地址。

[3/2018]

Ⅲ.社团必须在更改地址后的三十天内,向注册官和该社团的每名非该社团成员的债权人通知该社团地址的任何更改。

[3/2018]

第十八条 社团名册及股份

Ⅰ.每个社团均应保存一份社团名册,如果社团向其成员发行股份,则应保存一份每个成员所持股份的股份登记册。

Ⅱ.社团向其机构成员发行永久股时,每个机构成员持有的永久股数量必须记录在社团的股份登记册中。

[3/2018]

Ⅲ.社团名册和股份登记册应是记载下列事项的初步证据:

(一)任何人的作为成员登记在册的日期;

(二)任何人不再是成员的日期;和

(三)成员员持有的股份数量。

第十九条 社团高级职员的有关资料

Ⅰ.注册官可发出书面指示,要求社团提供指示中指明的该社团的任何高级职员的相关详情,无论该高级职员是在2018年4月10日之前、当天或之后被任命或选出的。

[3/2018]

Ⅱ.社团必须在第Ⅰ款所指的指示所指明的期限内(不少于三十日)内,向注册官提供该指示所指明的每名高级职员的有关详情。

[3/2018]

Ⅲ．社团必须在根据第Ⅱ款提供的全部高级职员的任何相关详情的任何变更后三十天内，向注册官发出通知。

［3/2018］

Ⅳ．在本条中，"有关详情"就社团的高级职员而言，是指——

（一）该高级职员的姓名；

（二）该高级职员的职业；

（三）位于新加坡的住宅或商业地址——

1. 可以找到该高级职员；和

2. 注册官可与该高级职员通信；和

（四）注册官可通过书面指示要求该社团提供的任何其他有关高级职员的详细资料。

［3/2018］

第二十条　本法案、规章、章程和开放供查阅的成员名单的副本

每个社团都应在社团注册地址的所有合理时间中保存一份本法案、规章、章程和成员名单，供其成员免费查阅。

第二十一条　与成员的合同

Ⅰ．以处置由其成员的工作或工业生产或获得的任何物品作为其目标之一的社团，无论是手工业、农业、畜牧业、渔业或其他产品，可以在其章程中进行规定或可以以其他方式与其成员签订合同——

（一）生产任何此类物品的每个成员必须将其全部或任何特定数量、比例或类型的物品交给或通过社团进行处置；和

（二）根据本法的规定以及章程规定的方式证明或裁定违反章程或合同的成员应向社团支付根据章程中约定的或评估方式所确定的金额，作为违约赔偿金。

Ⅱ．社团制定的章程或根据本条订立的合同的效力不应仅因其构成限制贸易的合同而受到影响。

第二十二条　对成员的罚款

Ⅰ．章程可规定对其成员违反章程的行为处以罚款，但除非书面通知

已将处以罚款的理由送达该成员，并且该成员有机会发表其意见或以其他方式说明不应被处以罚款的理由，任何成员不得被处以此类罚款。

Ⅱ. 除非获得注册官的书面批准，否则不得处以超过 500 美元的罚款。

Ⅲ. 任何此类罚款均可由社团作为欠社团的债务追讨。

第二十三条　设立有利于社团的责任承担

Ⅰ. 在遵守任何其他关于债务优先权的成文法的情况下，如果一个社团——

（一）向成员或过去的成员提供工业工具、机械、制造或建筑材料、种子、肥料、动物、饲料或农具；

（二）向成员或过去的成员提供服务；或

（三）借钱给一个成员或过去的成员以使他能够购买这些东西或获得这些服务，该社团应首先归责于这些东西或具体情况对由工业或农业产品、动物或在金钱的帮助下生产的物品，但此处包含的任何内容均不得影响善意购买者或受让人的索赔。

Ⅱ. 一名成员或过去的成员就租金、股份、贷款或购买款项或任何其他权利或应付予该社团的款项，对于此类未偿要求或应付款项，均首先归责于他在该社团不动产的权益。

第二十四条　关于成员股份和权益的要价和抵销

就该成员、过去的成员或遗产对社团的债务而言，社团均归责于资本中的股份或权益，成员、过去的成员或已故成员的存款，成员、过去的成员、已故成员、已故成员遗产的股利或应退还的赞助，并且可以与已贷记或应付给成员、已故成员或已故成员的遗产的债务进行抵销。

第二十五条　股权或权益不受扣押或出售

除第二十四条另有规定外，成员在社团资本中的股份或权益不得根据法院的任何法令或命令就其所招致的债务或责任进行扣押或出售，并且其破产受让人或正式指定的接管人均无权获得该份额或权益，也无权要求该份额或权益。

第二十六条　成员死亡或丧失能力时的股份和权益转让

Ⅰ．在成员死亡时，社团可以将已故成员的股份或利益——

（一）转让给该成员根据第四十五条指定的人；

（二）如果没有如此指定的人，则由社团管理委员会认为是已故成员的法定遗产代理人的人；或

（三）如果第（一）项和第（二）项中提到的任何一个人不符合本法或社团章程规定的成员资格，则视情况而定，由被提名人或法定遗产代理人在已故成员死亡后六个月内指定的其他有资格的人。

[3/2018]

Ⅱ．社团可根据具体情况向该被提名人或法定遗产代理人支付该社团应付给已故成员的所有其他款项。

Ⅲ．如果社团管理委员会认为某人（作为成员或通过成员主张的人）缺乏管理个人财产和事务的能力，并且认为这样做是公正和权宜的，则社团可以支付或转移个人的股份、权益、或从社团中应付给个人的所有款项给管理委员会认为是代表个人收取款项的适当的人。

[3/2018]

Ⅳ．个人不能根据第Ⅲ款进行支付或转移，在其缺乏管理个人财产和事务的能力以及以下两项的情况下——

（一）一份有效的持久授权书授予受托人关于个人的财产和事务作出决定的权利（一般或为本法目的而言）；或

（二）被任命或被视为被任命代表个人就个人的财产和事务作出决定的代理人（一般而言或为本法的目的）。

[3/2018]

Ⅴ．第Ⅰ款中提到的成员或第Ⅲ款中提到的个人（作为成员或通过成员主张权利的人）的股份或权益的价值，除非章程另有规定，应以实际金额表示成员为获得股份或权益而支付的费用。

[3/2018]

Ⅵ．一个社团根据本条作出的所有转移和支付，对于另一个人向该社团提出的要求，都是有效的。

Ⅶ．在本条中——

（一）"代理人""受托人"和"持久授权书"与《2008年精神行为能力法》第二条第Ⅰ款具有相同的含义；和

（二）如果个人在某事项上缺乏《2008年精神行为能力法》第四条所指的能力，则认定该人在该事项上缺乏能力。

[3/2018]

第二十七条　未成年人拥有或代表的存款

Ⅰ．信用社团可以从未成年人那里或为了未成年人的利益接受存款，信用社团向他们支付存款可能到期的利息是合法的。

Ⅱ．未成年人的存款连同其所产生的利息，可以支付给该未成年人；代表未成年人缴纳的存款，连同由此产生的利息，可支付给该未成年人的监护人，供该未成年人使用。

Ⅲ．未成年人或监护人收到信用社团根据本条支付给他的款项，即足以免除信用社团对该款项的责任。

第二十八条　与未成年社团成员的合同

任何被正式接纳为社团成员的未成年人——

（1）不能阻碍其执行法律文书或本法、规章所给予的必要职责；和

（2）不应成为使其与社团订立的合同无效或被规避的原因，

针对未成年人与信用社团订立的合同，无论是作为当事人还是作为担保人，均可以根据法律对其强制执行而不管其未成年人身份。但本条不适用到学校合作社团。

第二十九条　社团登记簿中条目的证明

Ⅰ．在任何情况且与原始条目本身相同的范围内，在业务过程中定期保存的社团登记簿的副本，应作为任何民事或刑事法律程序中作为证明该条目及其记录的事项、交易和账户存在的初步证据。

Ⅱ．社团登记簿中的该等条目的副本应在副本底部以书面形式证明，声明它是该条目的真实副本，并且包含该条目的簿册仍由社团进行保管，且由社团主席和秘书长签署并注明日期。

Ⅲ．任何此类社团的任何高级职员均不得在该社团或该社团的清算人

未参与的任何法律程序中，被迫出示内容在第Ⅰ款规定之下的任何账簿，或者被迫作为证人出庭证明其中记录的事项、交易或账目，除非法院因特殊原因有此指示。

第三十条　已由 2008 年第 23 号法案废止。

第三十一条　已由 2018 年第 3 号法案废止。

第三十二条　提交会议记录、申报表和声明
每个社团都应向注册官提交会议记录以及注册官通过书面指示可能要求的信息、申报表和声明。

第三十二条之一　文件等，必须是英文
Ⅰ. 社团向注册官提供、提交或留存的每份文件必须是英文的，如果文件或其任何部分不是英文的，则附有该文件或部分的准确英文翻译。

[3/2018]

Ⅱ. 社团管理委员会必须确保第Ⅰ款所述翻译的准确性。

[3/2018]

Ⅲ. 如果社团根据本法要求保存的任何文件或文件的一部分不是英文的，社团管理委员会必须——

（一）以英文准确翻译该社团文件的全部或部分（视情况而定），且时间不迟于社团制作或收到文件后三十天内；和

（二）按照社团被要求保存文件原文的时间，将翻译与文件原文一起保存。

[3/2018]

Ⅳ. 在本条中，"文件"包括账户、账簿或记录。

[3/2018]

第三十二条之二　保存记录和文件等
Ⅰ. 每个社团必须保存或被安排保存与其章程、成员大会、成员资格、账目、财务状况、财务事务、其管理委员会会议有关的所有记录或文件，期限至

少为该记录或文件中的任何事项所关乎的最后一个财政年度结束后的五年。

[3/2018]

Ⅱ. 社团可以以打印稿或电子形式保存社团的任何记录或文件。

[3/2018]

Ⅲ. 社团必须确保以电子形式保存的任何记录或文件能够以打印稿形式复制。

[3/2018]

Ⅳ. 当社团以电子形式保存任何记录或文件时，社团必须采取合理的预防措施——

（一）确保妥善保存记录或文件；

（二）防止对记录或文件的任何篡改；和

（三）帮助发现任何伪造的记录或文件。

[3/2018]

第三十二条之三　有责任将特定进展等情况通知注册官

Ⅰ. 如果信用社团意识到第Ⅱ款规定的任何进展或情况，无论是在2018年4月10日之前、之时还是之后发生，信用社团必须立即以注册官指明的方式将该进展或情况通知注册官。

Ⅱ. 第Ⅰ款所述的进展和情况如下：

（1）可能导致该社团在2018年4月10日当日或之后的任何时间破产、无法履行其义务、暂停向其成员或债权人付款或根据第八十三条被清算的进展或情况；

[3/2018]

（二）在2018年4月10日当天或之后的任何时间，对或可能对以下一项或两项产生不利影响的发展或情况：

1. 社团所有或任何类别成员的利益；

2. 社团的声誉；

（三）在2018年4月10日当天或之后的任何时间，针对该社团，或针对该社团成员在与该社团或其事务有关的任何事项中的行为所提起的法律程序或决议。

[3/2018]

第三十三条　社团的审计

Ⅰ．每个社团应至少每年一次由公共审计师或注册官书面授权的人对其账簿和账目进行审计。

Ⅱ．一个人在下列情况下无资格成为或继续担任该社团的审计师——

（一）他对社团或其任何相关实体有未清债务；

（二）他是该社团的高级职员；

（三）他是该社团的高级职员的合伙人、雇主、雇员；或

（四）他是该社团某高级职员的雇员的合伙人或雇员。

Ⅲ．社团的审计师应有权——

（一）在任何合理的时间自由查阅与社团的金融交易直接或间接相关的所有会计和其他记录；

（二）要求拥有社团簿册、文件或财产的高级职员、代理人、雇员或成员出示与该社团的事务或属于该社团的任何财产有关的任何簿册或文件；

（三）要求任何高级职员、代理人、雇员或社团成员提供有关社团任何交易或其事务管理的任何信息；和

（四）制作会计和其他记录的副本或摘录，或在必要的期限内保存此类记录，以便对其进行检查。

Ⅳ．在本条中，"相关实体"就社团而言是指——

（一）社团的母社，或该母社的子公司；或

（二）社团的子公司。

第三十三条之一　社团的特别审计

Ⅰ．注册官或被授权的人可随时对可能涉及以下一项或多项事项的社团进行特别审计：

（一）社会治理；

（二）社团的运作；

（三）社团的财务状况；

（四）社团事务。

Ⅱ. 为进行特别审计，注册官或被授权的人可以行使第七十七条规定的所有或任何权力。

[3/2018]

第三十四条　年度报告、账目和财务报表

Ⅰ. 社团应尽快但不迟于每个财政年度结束后的六个月，向注册官提交一份关于其在该年度的活动的年度报告以及经审计的社团财务报表的副本和该年的审计报告。

Ⅱ. 社团的年度报告必须以注册官可能要求的形式提交，并以注册官要求的信息。

[3/2018]

Ⅲ. 社团应采取一切必要措施，确保其资金的所有支付均正确和得到适当授权，并对社团的资产、保管、支出保持适当的控制。

[3/2018]

Ⅳ. 社团必须——

（一）保存其交易和事务的会计和其他记录，以充分——

1. 解释社团的交易和财务状况；和

2. 能够不时编制真实、公允的财务报表以及财务报表所需的任何文件；

（二）使记录以能够方便和适当地对其进行审计的方式进行保存；和

（三）确保财务报表真实、公正地反映社团的财务状况和业绩。

[3/2018]

Ⅴ. 社团应在切实可行的范围内尽快但不迟于财政年度结束后的六个月，编制该年度的财务报表并将其提交给审计员，由审计员对其进行审计和报告。

Ⅵ. 尽管有第Ⅴ款的规定，注册官可应社团的申请，延长该款所述的六个月期限，如果他认为出于任何特殊原因合适的话。

Ⅶ. 除第Ⅸ款和第Ⅹ款另有规定外，社团的财务报表应符合——

（一）会计准则理事会根据会计准则第三节制定的适用于社团的会计准则法令；或

（二）由部长提出的以代替符合第（一）项中提及的会计准则的一项

或多项要求。

Ⅷ. 社团管理委员会必须在社团的经审计财务报表上附上该报告（如有），报告格式、方式、所包含信息均要符合注册官的要求。

[3/2018]

Ⅸ. 如果按照第Ⅶ款所述的任何会计准则或要求编制的财务报表不能真实、公允地反映社团在其报告期末的相关财务状况和业绩，为了能够真实和公平地反映社会的财务状况和业绩，则财务报表不必符合该会计准则的要求。

[3/2018]

Ⅹ. 如果不遵守第Ⅶ款所述的任何会计准则或要求，则财务报表中应包括——

（一）该社团的审计员声明，表明为使社团的财务状况和业绩得到真实和公平的反映，此种违规是必要的；

（二）违规的详情、原因及其影响（如果有）；和

（三）进一步的信息和解释，以真实和公正地反映社团的财务状况和业绩。

[3/2018]

Ⅺ. 任何社团未能遵守第Ⅶ款的规定，即构成犯罪，一经定罪，可处以不超过 50000 美元的罚款。

第三十五条　审计员的职责

Ⅰ. 审计员应检查和审计社团的账目和其他相关记录，如果审计员认为是正当的，他应立即提请注册官和社团注意检查和审计所披露的任何违规行为。

Ⅱ. 社团在财政年度结束后提交的财务报表，应当由审计员审计并报告。

Ⅲ. 审计员应报告——

（一）财务报表是否真实、公允地反映了社团的财务状况和业绩；和

（二）他认为应当报告的其他审计事项。

[3/2018]

Ⅳ. 审计师应在其报告中说明——

（一）是否保存了适当的会计和其他记录；和

（二）社团在本年度内的资金收支、投资及资产的取得、处置，是否均符合章程及本法、规章的规定。

Ⅴ. 审计员可在任何其他时间就审计执行中产生的任何事项向注册官和社团报告。

Ⅵ. 对社团账目的审计应当包括对逾期债务（如果有）的审查和报告，以及对社团资产和负债的评估和报告。

[3/2018]

Ⅶ. 注册官可以对审计员施加额外的职责，包括但不限于以下内容：

（一）有义务向注册官提交注册官认为必要的与其审计有关的额外信息；

（二）有责任扩大或加深其对社团交易和事务的审计范围；

（三）在任何特定情况下进行任何其他检查或构建任何程序的义务；

（四）有义务就第（二）项和第（三）项所指的任何事项向注册官提交报告，审计员应履行该职责。

Ⅷ. 社团应就注册官根据第Ⅶ款对审计员施加的一项或多项职责向审计员支付报酬，但须遵守注册官的书面指示。

Ⅸ. 如果社团的审计员在履行其审计员职责的过程中，有理由相信社团的任何高级职员或雇员正在或已经对社团犯下涉及欺诈或不诚实的罪行，并且——

（一）该罪行可处以不少于两年的监禁；和

（二）因实施此类犯罪而获得或可能获得的财产的价值不低于20000美元，审计员应立即将此事报告给注册官。

Ⅹ. 社团的高级职员无合法辩解而拒绝或未允许社团的审计员根据本条查阅由他保管或控制的社团的包括登记册在内的任何会计和其他记录，或未能在本条要求时提供任何资料或解释，或以其他方式阻碍、妨碍或延误审计员履行职责或行使其权力，即构成犯罪，一经定罪，应被处以不超过4000美元的罚款。

第三十六条　审计委员会

Ⅰ. 每个信用社团都应有一个审计委员会。

Ⅱ．信用社团的管理委员会必须任命一个审计委员会——

（一）由至少 3 个人（可以但不必是管理委员会的成员）组成，每个人都必须按照规定的方式独立于信用社；和

（二）至少有 1 名成员具备规定的资格、培训或经验。

[3/2018]

Ⅲ．审计委员会委员因辞职、死亡或其他原因不再担任委员，致使委员人数减少至 3 人以下的，信用社团的管理委员会应在该事件发生 3 个月内，任命可能需要的新成员，以满足最少 3 名成员的要求。

[3/2018]

Ⅳ．审计委员会的职能是——

（一）审查——

1. 与审计师一起审查审计计划；

2. 与审计员一起审查审计报告；

3. 信用社团高级职员对审计员提供的协助；

4. 审计程序的范围和结果；和

5. 信用社团的财务报表，如果信用社团是母社，则为由信用社团或母公司提交给审计委员会的合并财务报表，然后将其提交给信用社团或母社团的管理委员会成员；和

（二）提名一个或多个人为审计员，尽管章程或第三十三条第Ⅰ款有所规定，连同审计委员会和信用社团管理委员会可能同意的其他职能。

[3/2018]

Ⅴ．审计员有权出席审计委员会的任何会议并听取意见，并在审计委员会要求出席时出席。

Ⅵ．应审计员的要求，应就审计员认为应提请管理委员会成员或信用社团成员注意的事项召开审计委员会会议进行审议。

Ⅶ．每个审计委员会可以规范自己的程序，特别是会议的召集、会议的通知、投票和会议程序、记录的保存以及此类会议记录的保管、制作和检查。

第三十七条 已由 2018 年第 23 号法案废止

第Ⅳ节 成员的权利与义务

第三十八条 初始成员

签署拟成立社团的注册申请书的人、社团、工会应被视为已同意成为该社团的成员，就社团的注册而言，其应被加入社团成员名册。

第三十九条 成员资格

Ⅰ. 初级社团中的成员资格是——

（一）就个人而言，该个人——

1. 已年满16岁，或者，如果该社团是学校合作社，则已年满12岁；

2. 是新加坡公民或居住在新加坡；和

3. 符合本会章程规定的其他有关居住、就业、职业及其他事项的要求；和

（二）就机构而言，它是社团或工会。

[3/2018]

Ⅱ. 二级社团的成员资格仅限于已注册的合作社和工会。

Ⅲ. 领导机构的成员资格仅限于根据本法注册的初级和二级社团。

Ⅳ. 尽管有第Ⅰ款、第Ⅱ款、第Ⅲ款的规定，个人在信用社团中的成员资格应仅限于属于拥有预先存在的共同联系或利益共同体组成的成员领域的个人。

Ⅴ. 在确定是否符合第Ⅳ款规定的信用社团成员标准时，必须考虑——

（一）成员是否具有相同或相似的职业或专业，是否受雇于一个共同雇主，或受雇于同一商业领域或商业地区；

（二）成员是否在宗教、社会、合作社、劳工、教育或其他协会或组织中拥有共同成员资格；

（三）成员是否在界定的同一社区、地区或选区居住、工作或礼拜；和

（四）注册官认为需要考虑的其他相关事项。

Ⅵ. 第Ⅳ款不适用于在2008年10月20日之前是提供任何金融服务的

任何社团的成员，并在该日期之时或之后继续为信用社团提供此类金融服务的任何人，无论其是凭借《2008年合作社法（修正案）》附表第一段或其他。

[3/2018]

Ⅶ. 任何时候被发现与本条所述任何原因不符的成员被取消成员资格。

第四十条　成员在缴付到期款项前不得行使权利

任何社团成员不得行使成员的任何权利，除非他已根据本法或章程规定，就成员资格向社团支付了该等款项，或已获得该社团的股份或权益。

第四十一条　已由2008年第23号法案废止

第四十二条　成员投票

Ⅰ. 无论其持有多少股份，初级社团的每个成员在社团事务中只有一票，并且该投票应由其亲自行使，不得由代理人行使。

Ⅱ. 初级社团的每个机构成员均应拥有法律规定的票数和投票权。

Ⅲ. 在二级社团或领导机构中，每个成员应拥有二级社团或领导机构的章程所规定的尽可能多的投票权。

Ⅳ. 尽管有第Ⅰ款的规定，如果成员缺乏管理成员财产和事务的能力——

（一）如果成员已创建持久授权书，授权受托人就成员的财产和事务作出决定（一般而言或为本法的目的），该受托人可以代表该成员投票；或

（二）如果一个代理人已经被或被视为已被任命代表成员就成员的财产和事务（一般而言或为本法案的目的）作出决定，则该代理人可以代表该成员投票的成员。

[3/2018]

Ⅴ. 在第Ⅳ款中——

（一）"代理人""受托人"和"持久授权书"与《2008年精神行为能力法》第二条第Ⅰ款中的含义相同；和

（二）如果成员在该事项上缺乏《2008年精神行为能力法》第四条所

指的行为能力，则认定该成员在该事项上缺乏行为能力。

[3/2018]

第四十二条之一 账目报表

Ⅰ. 每个信用协团必须在每个财政年度结束后的六个月内向社团的每个成员提供一份账目报表（以由社团决定的打印稿或电子形式），其中包含该成员与该社团在该财政年度的每项财务交易的详情。

[3/2018]

Ⅱ. 此外，信用社团必须在收到成员请求后的规定期限内，向成员提供一份包含在收到成员请求之日之前的六个月内，该成员与社团之间每项交易的财务详情的账目报表（由社团决定的打印稿或电子形式）。

[3/2018]

第四十三条 持股限制

Ⅰ. 除第Ⅱ款规定外，成员不得持有超过20%的社团股本。

[3/2018]

Ⅱ. 如果注册官书面批准该社团向该成员发行超过20%的股本，则该成员可以持有该社团超过20%的股本。

[3/2018]

Ⅲ. 本条不适用于社团或工会的成员。

[3/2018]

第四十四条 股份或权益转让的限制

Ⅰ. 成员、过去的成员或已故成员在社团资本中的股份或权益的转让或要价，应符合第四十三条规定的最大持有量条件。

Ⅱ. 没有社团成员可以转让其持有的社团的任何股份、权益或其中的任何部分，除非——

（一）他持有该股份或权益不少于一年；和

（二）转让或要价有利于该社团、该社团的成员或申请已获该社团管理委员会接纳的个人或工会。

第四十五条　提名

Ⅰ．除第Ⅲ款另有规定外，社团成员可以在至少 2 名见证人在场的情况下以书面形式提名一个人，在该成员去世时，社团可以将股份或权益转让给该人。

[3/2009]

Ⅱ．每个社团均须备存一份所有被如此提名的人的登记册。

Ⅲ．如果社团是任何相关保单的保险人，而社团成员是该相关保单的保单所有人，则该成员无权享有以下权利，即在《2009 年保险法（修订）》第十一条生效日期之时或之后，根据第Ⅰ款提名任何人，当成员去世时，社团可以根据相关保单向其转让该成员在任何保单资金中的份额或权益。

[3/2009]

Ⅳ．在本条中——

"保单所有人"和"保单资金"与《1966 年保险法》附表一中的含义相同；

"相关保单"与《1966 年保险法》第四十九条第十一项的含义相同。

[3/2009]

第四十六条　以股份或担保为限之社员之责任

Ⅰ．尽管有章程的规定，社团的现有成员或过去的成员的责任应延伸至其持有或认购的任何股份的面值。

Ⅱ．如果社团章程规定成员的责任金额大于其持有或认购的任何股份的面值，则该成员的责任应扩大至该更大的数量。

第四十七条　过去的成员和已故成员的遗产对社会债务的责任

Ⅰ．过去的成员在第四十六条的限制范围内对社团债务所承担的责任不超过其停止作为社团成员之日起二年。

[3/2018]

Ⅱ．已故成员（不是第Ⅰ款适用的过去的成员）的遗产不对其去世二年后存在的社团债务承担责任。

[3/2018]

第四十八条 成员退出社团的权利

成员可以在符合条件的情况下退出社团，并向社团发出章程可能规定的通知，除非——

（一）在初级社团的情况下，通知不得超过一年；和

（二）对于二级社团或领导机构，通知不得超过二年。

第四十九条 开除成员

Ⅰ．有成员违反本法、规章或章程的任何规定，或存在以任何方式损害社团利益的行为，可召开有不少于三分之二成员出席并投票的成员大会将其开除。管理委员会应在会议召开前至少一周以书面通知该成员。

Ⅱ．社团可以在其章程中规定开除成员的不同程序，但此类章程应规定给予被开除成员陈述不应被开除理由的合理机会。

第Ⅴ节 社团的组织和管理

第五十条 成员大会

社团的最高权力属于成员大会，每个成员都有出席和投票的权利。

第五十一条 代表会议

Ⅰ．尽管有第五十条的规定，如果初级社团有超过3000名成员，则成员大会可以由代表会议代替，每个代表代表一定数量的个人成员。

Ⅱ．本法所有关于成员大会的规定，均应包括代表会议。

Ⅲ．作为社团成员的每个人都有资格被选举为代表。

Ⅳ．代表会议由从成员中选出的不少于20名代表组成。

Ⅴ．代理人不能代表投票选举代表。

Ⅵ．社团应制定章程，规定代表的产生方式、每位代表所代表的个人成员人数和代表的任期。

Ⅶ．注册官可应少于3000名成员的初级社团的申请，允许该社团以代表会议取代成员大会，如果是出于其认为合适的任何特殊原因。

第五十二条 第一次会议

Ⅰ. 除非注册官延长时间，每个社团应在收到注册通知后的三个月内举行第一次成员会议。

Ⅱ. 第一次会议的事务应包括选举任期至第一次年度成员大会并有资格连任的高级职员。

第五十三条 年度成员大会

Ⅰ. 每个社团必须在社团财政年度结束后的六个月内或注册官在特殊情况下所允许的更长期限内召开年度大会。

[3/2018]

Ⅱ. 每个社团——

（一）必须在其章程中规定由其管理委员会根据第Ⅰ款召集并在切实可行的情况下尽快召开的年度成员大会；和

（二）也可在其章程中规定其他成员大会。

[3/2018]

Ⅲ. 除非章程另有规定，否则每次成员大会的通知应至少在会议日期前15个完整工作日发送给每位成员和有权出席成员大会的每位代表。

Ⅳ. 通知应当载明审议事项和拟提出的决议，未经出席成员大会并参加表决的过半数成员同意，不得讨论其他事项。

[3/2018]

Ⅴ. 必须在会议召开之前至少十五个完整工作日或社团章程规定的更长期限内，向每位成员和每位有权出席大会的代表提供以下每份文件的副本——

（一）第三十四条第Ⅰ款中提到的社团年度报告、经审计的财务报表和审计报告，包括根据本法要求附在这些报告和报表上的所有文件；

（二）注册官认为必要并指示提供的其他文件。

[3/2018]

第五十四条 成员年度大会的职能

社团成员年度大会的职能是——

（一）审议和确认上届年度大会和任何其他中间大会的会议记录；

（二）审核审计员报告、管理委员会的报告以及注册官或其代表作出的任何报告；

（三）批准财务报表；

（四）根据本法和章程的规定，考虑并解决任何可利用净盈余的分配或投资方式；

（五）审议并通过对章程的任何修订；

（六）选举或罢免管理委员会成员；

（七）任命社团的审计员；

（八）考虑并确定社团可以借款的最高金额；和

（九）处理已向成员发出适当通知的任何社团的其他一般事务。

[3/2018]

第五十五条 临时成员大会

Ⅰ．社团管理委员会可以在任何时间召开社团临时成员大会，除非已经按照章程的规定，或视情况而定，在至少七个完整工作日之前，如果是对章程进行修改则为十五个完整的工作日之前已将会议和议程主题的通知通过书面形式发送给每位成员或代表。

Ⅱ．管理委员会在收到由至少20%或60名社团成员（以较少者为准）或代表签署的召开会议的请求后，必须召集社团的临时成员大会，并说明会议的目的。

Ⅲ．如果管理委员会在收到会议请求后一个月内未按照第Ⅱ款召集会议，提出请求的成员有权通过通知全体成员自行召集会议并说明会议的目的以及管理委员会未能召集会议的事实。

[3/2018]

Ⅳ．注册官或其代表可随时召集社团临时成员大会，也可指示会议应讨论的事项。

第五十六条 成员大会的法定人数

Ⅰ．除非有法定人数的成员或代表出席，否则不得在任何成员大会上处理任何事务。此类议事所需的法定人数应为所有有资格投票的成员或代表的20%或30人，以较少者为准。

Ⅱ.如果在规定的成员大会时间后30分钟内未达到法定人数，出席的成员或代表应构成法定人数，但——

（一）法定人数减少的成员大会无权修改章程；和

（二）会议通过的任何决议，除非有三分之二多数的已出席成员或代表的通过，否则无效。

第五十七条　在成员大会上投票

Ⅰ.根据本法或章程，提交给出席成员大会的成员或代表的问题应以多数票决定。

Ⅱ.在票数相等的情况下，该动议应被视为失败。

Ⅲ.主席无决定性投票权。

Ⅳ.选举或罢免高级职员时，以无记名投票方式进行。

Ⅴ.本法或章程规定，决议由出席成员大会并投票的成员不少于规定多数通过，成员包括根据章程规定享有不同表决权的个人和机构，如果有不少于成员支配总票数的规定多数投赞成该决议，则该决议应被视为通过。

第五十八条　成员大会的会议记录

Ⅰ.社团管理委员会必须——

（一）在每次社团大会举行日期后六十天内批准社团的会议记录；和

（二）在社团的任何成员大会的会议记录已在社团的年度大会上审议和确认后，在该年度大会召开之日后三十天内将这些会议记录记入会议记录簿。

[3/2018]

Ⅱ.成员大会的会议记录必须包含——

（一）出席会议的成员和代表人数；

（二）主持会议的主席姓名；

（三）会议开始和结束的时间；和

（四）会议上作出的所有决议和决定。

[3/2018]

Ⅲ．每次会议的会议记录应被宣读，如果在下次会议前已被传阅、已被此次会议的主席和秘书确认或在修订后签署，应被视为已宣读，签署后即为会议记录中所包含所有内容的证据。

第五十九条　社团管理委员会的章程

Ⅰ．每个社团都应有一个管理委员会，由不少于 5 人且不多于 30 人（每个人不必是社团成员）组成，管理委员会的成员必须——

（一）包括主席、秘书和财务主管，由管理委员会成员在他们之间或由社团成员在成员大会上选出；和

（二）如果该社团是信用社团，则至少包括按规定方式独立于信用社团的大多数个人。

［3/2018］

Ⅱ．不得在成员大会上通过单一决议选举 2 名或更多个人为管理委员会成员的动议，除非该决议已先获得成员大会的同意且不存在任何反对票。

［3/2018］

Ⅲ．违反第Ⅱ款的动议而通过的决议无效，无论其动议当时是否遭到反对。

Ⅳ．如果违反第Ⅱ款的动议的决议获得通过，则不适用在未再次选举的情况下自动重新选举社团管理委员会退休成员的规定。

［3/2018］

Ⅴ．就本条而言，批准个人选举或提名个人参选的动议必须被视为个人选举动议。

Ⅵ．当社团管理委员会任命个人为社团的全职首席执行官时——

（一）秘书或财务主管的全部或任何职责，或两者兼有，可委托给首席执行官官；和

（二）如果秘书或财务主管或两者兼有的职责都被如此委派，则尽管有第Ⅰ款第（一）项的规定，该社团仍可在不选举秘书或财务主管或两者的情况下运作。

［3/2018］

Ⅶ．秘书和财务主管的职位可以由同一个人担任，但不能由其他高级

职员担任。

[3/2018]

Ⅷ. 主席、秘书、财务主管和首席执行官的职责应按照本法、规章和章程的规定。

[3/2018]

Ⅸ. 根据本法和规章——

（一）提名候选人参加社团管理委员会成员的选举；和

（二）社团管理委员会成员的选举、任命、任期、停职或罢免，应按照社团章程的规定。

Ⅹ. 社团管理委员会任期内，管理委员会出现空缺的，管理委员会可以增选一名成员，如果成员人数低于5人，则必须增选1个人（不必是社团的成员）在管理委员会任职，直到社团的下一次成员大会。

[3/2018]

Ⅺ. 除第Ⅰ款另有规定外，社团的章程可规定社团管理委员会在任何时间，无论该委员会是否有空缺，最多任命2个人（每人不必是社团的成员）在委员会中任职，直到社团的下一次成员大会。

[3/2018]

Ⅻ. 如果根据第Ⅺ款所述的章程任命个人加入社团管理委员会，则该任命必须得到委员会所有现有成员的多数同意。

[3/2018]

第五十九条之一 注册官可委任个人加入管理委员会

Ⅰ. 注册官可在公报上发布命令，在任何时候，无论社团管理委员会是否有空缺，最多任命2人（每人不必是社团成员）在管理委员会任职，直至社团的下一次成员大会为止。

[3/2018]

Ⅱ. 在根据第Ⅰ款行使任何权力之前，注册官必须——

（一）给社团管理委员会一个说明注册官不应当如此行使权力的原因的合理的机会；和

（二）考虑管理委员会的陈述（如果有）。

[3/2018]

Ⅲ. 根据第Ⅰ款被任命在社团管理委员会任职的个人的津贴必须从社团的资金中支付。

[3/2018]

Ⅳ. 如果注册官根据第Ⅰ款行使注册官的权力，任命个人在社团管理委员会任职，注册官可通过公报命令执行以下一项或多项操作：

（一）根据注册官指定的条款和条件更改或撤销该任命；

（二）进一步行使注册官根据第Ⅰ款任命另一人的权力；

（三）增加、更改或撤销注册官为该任命指定的任何条款或条件。

[3/2018]

Ⅴ. 在根据第Ⅳ款行使任何权力之前，注册官必须——

（一）给予受影响的个人说明注册官不应如此行使权力的原因的合理的机会；和

（二）考虑该个人的陈述（如果有）。

[3/2018]

Ⅵ. 如果对根据第Ⅰ款或第Ⅳ款作出的注册官的任何命令感到不满的人可以在该命令在公报上公布之日起两个月内向部长提出书面申诉，部长的决定是最终决定。

[3/2018]

Ⅶ. 除非部长在任何特定情况下另有指示——

（一）根据第Ⅵ款对注册官的命令提出的申诉不影响该命令的实施或执行；和

（二）必须遵守该命令，直至部长将其中止。

[3/2018]

Ⅷ. 根据第Ⅰ款指定的任何个人，如果本着善意和合理的谨慎行事，在执行或据称执行本法案时做了或不做任何事情，不承担任何个人责任。

[3/2018]

第五十九条之二 为规定的社团委任的高级职员

Ⅰ. 规章可能要求一个社团或一类社团——

（一）任命一名首席执行官（无论是否被称为总经理或其他）；

（二）任命一名首席运营官；

（三）任命一名首席财务官，或为履行首席财务官的职能而聘请一名由社团选定并经注册官书面批准的人；和

（四）任命一名首席投资官。

[3/2018]

Ⅱ. 规章可规定第Ⅰ款第（一）项、第（二）项、第（三）项或第（四）项中任命的职位的要求（例如资格、培训和经验），包括不同社团、不同类别社团的不同的任命要求。

[3/2018]

第六十条　管理委员会成员或关键雇员的资格

Ⅰ. 个人没有资格成为社团管理委员会的成员，不能成为信用社团的主要雇员，或继续担任社团管理委员会的成员或信用社团的主要雇员——

（一）如果他低于——

1. 12岁，在学校合作社的情况下；或

2. 18岁，在任何其他情况下；

（二）除非获得注册官的书面批准，否则他不是——

1. 新加坡公民；或

2. 根据第Ⅱ款，居住在新加坡；

（三）如果他是未获解除破产的破产人（无论他是被新加坡法院或具有破产管辖权的外国法院裁定破产）；

（四）如果他被判犯有本法令下的罪行；

（五）如果他作为社团的雇员被解雇；或

（六）除非获得注册官的书面批准，否则如果他之前已根据第九十四条第Ⅰ款或第九十四条之一第Ⅰ款被注册官从任何社团的管理委员会中除名，或被注册官停职。

[3/2018]

Ⅱ. 就第Ⅰ款第（二）项第2目而言，注册官可通过书面指示，规定有资格成为任何社团、任何类别社团管理委员会成员的新加坡居民个人的数量或比例，视情况而定。

[3/2018]

Ⅲ. 如果个人在新加坡或其他地方被判定犯有任何涉及欺诈或不诚实

的罪行（不属于本法规定的罪行），在以下期间，他将没有资格成为或继续担任非信用社团管理委员会成员，除非获得有关注册官的书面批准：

（一）他因该罪行被判处监禁，由他被定罪当日起至他获释后五年；或

（二）如他未就该罪行被判处监禁，自定罪之日起为期五年，或经高等法院普通庭许可的较短期限。

[3/2018；40/2019]

[2021 年第 25 号法案 2022 年 4 月 1 日生效]

Ⅳ. 在个人被认定涉及欺诈或不诚实的任何罪行（不属于本法规定的罪行）的情况下，无论是否在新加坡或其他地方，其没有资格成为或继续担任信用社团的主要雇员或信用社团管理委员会的成员，除非获得注册官的书面批准。

[3/2018]

Ⅴ. 如果规章要求社团任命首席执行官、首席运营官、首席财务官或首席投资官——

（一）除非获得注册官的书面批准，否则个人没有资格成为或继续担任首席执行官、首席运营官、首席财务官或首席投资官（视情况而定），如果其不符合第五十九条之二对该职位的规定；和

（二）社团不会因个人不符合担任或继续担任首席执行官、首席运营官、首席财务官、首席投资官（视情况而定）的资格而终止社团与个人之间的服务合约而承担任何违约责任。

[3/2018]

Ⅵ. 尽管有第Ⅴ款的规定，但在自 2019 年 11 月 1 日起的三年内，该款不适用于——

（一）符合以下情况的首席执行官、首席运营官、首席财务官或首席投资官——

1. 在 2019 年 11 月 1 日前由社团任命；和

2. 在 2019 年 11 月 1 日不久前担任该职位；或

（二）首席执行官、首席运营官、首席财务官或首席投资官符合以下情况的社团——

1. 在 2019 年 11 月 1 日前由社团任命；和

2. 在 2019 年 11 月 1 日不久前担任该职位。

[3/2018]

Ⅶ. 除有注册官的书面批准外，如果个人未能在规章规定的时间内完成规定的培训或遵守此类其他要求，则其没有资格再次当选或被指派为信用社团的管理委员会成员。

[3/2018]

第六十一条　管理委员会的职能

Ⅰ. 管理委员会应在所有主管公共当局面前代表社团，并在与第三方的所有交易和业务中代表社团，有权提起或抗辩以社团名义或针对社团提起的诉讼，一般来说，指导和监督社团的业务和财产，并应行使所有必要的权力，以确保能够充分和适当地监管和管理社团事务，但保留给成员大会的权力和股东大会或章程规定的任何限制除外。

Ⅱ. 在不限制第Ⅰ款的一般性的情况下，管理委员会的职能是——

（一）审议、批准或拒绝加入社团的申请；

（二）要求并定期审查社团雇员的报告，这些报告将披露社团的真实状况、运作和财务状况；

（三）任命次级委员会；

（四）让成员了解社团的进步，鼓励成员的兴趣和主人翁意识；

（五）向社团年度成员大会提交上一财政年度社团活动的年度报告，连同经审计的社团财务报表和该年度的审计报告，以及注册官指示的其他文件；

（六）根据本法和章程，准备并向社团的年度成员大会提交上一财政年度产生的任何净盈余的分配建议；

（七）向年度成员大会报告管理委员会在上一财政年度的工作，并提出其认为必要的建议，以维持或改善社团向其成员提供的服务；和

（八）考虑并立即对注册官、审计委员会或审计员报告的事项采取行动。

[3/2018]

Ⅲ. 管理委员会在履行职责时的所有程序均应保存完整和正确的记录，记录应可供注册官和审计员查阅。

Ⅳ. 管理委员会可按其认为合适的条款及条件委任首席执行官来监管及管理社团事务, 并可聘用委员会认为有必要协助首席执行官履行职责的其他人士。

[3/2018]

第六十二条 管理委员会会议

Ⅰ. 管理委员会应根据社团业务的需要经常开会, 在任何情况下不得少于每三个月一次。

Ⅱ. 管理委员会会议的法定人数应为其成员人数的一半。

Ⅲ. 决定应以简单多数票作出, 主席无决定性投票权。

Ⅳ. 管理委员会每次会议的会议记录必须在会议召开之日后六十天内由秘书记录在会议记录簿中, 并应包括:

(一) 出席会议的人数和姓名;

(二) 会议主席的姓名; 和

(三) 已完成的业务和作出的决定的简要记录, 包括每项决定是一致通过还是多数票通过。

[3/2018]

第六十三条 社团管理委员会成员的责任

Ⅰ. 社团管理委员会的成员应始终诚实行事, 并在履行其职责时尽职尽责。

Ⅱ. 除第Ⅲ款另有规定外, 社团管理委员会成员在行使权力或履行其成员职责时, 可依赖编制或提供的报告、报表、财务数据和其他信息, 以及由以下任何人提供的专业或专家建议:

(一) 成员有合理理由相信在有关事项上可靠且有能力的社团雇员;

(二) 成员有合理理由认为属于其专业或专家能力范围内的事项有关的专业顾问或专家;

(三) 任何其他成员, 或该成员未曾任职的任何委员会, 当与该其他成员或委员会指定权限内的事项有关时。

Ⅲ. 第Ⅱ款适用于社团管理委员会的成员, 当且仅当该成员——

(一) 善意行事;

（二）在情况表明需要调查的情况下进行适当的调查；和

（三）不知道这种依赖是没有根据的。

Ⅳ. 社团的高级职员或代理人不得不当使用以下任何一项来直接或间接地为自己或任何其他人谋取利益，或对社团造成损害：

（一）他/她作为该社团的高级职员或代理人的职位；

（二）凭借该职位获得的任何信息。

[3/2018]

Ⅴ. 任何违反第Ⅰ款的社团管理委员会成员，或任何违反第Ⅳ款的社团的高级职员或代理人——

（一）就成员、高级职员或代理人（视情况而定）所赚取的任何利润或因该等违反行为而给社团造成的任何损害对社团负责；而且；和

（二）即构成犯罪，一经定罪，可处以不超过5000美元的罚款或不超过12个月的监禁，或两者兼施。

Ⅵ. 如果社团管理委员会任命了一个人作为首席执行官来监管和管理社团事务，该任命并不免除管理委员会对正确指导社团事务的责任。

[3/2018]

Ⅶ. 在本条中，除非文意另有所指，否则——

"代理人"就社团而言包括银行家、律师或该社团的审计员，以及在任何时间曾担任银行家、律师或该会的审计员的人员；

就社团而言，"高级职员"包括在任何时间担任该社团的高级职员的人。

Ⅷ. 本条是对与社团高级职员的职责或责任有关的任何其他成文法或法律规章的补充，而不是减损。

第六十四条　交易、财产、办公室等权益的披露

Ⅰ. 在符合本条的规定下，任何以任何方式直接或间接在与该社团的交易或拟议交易中拥有利益的社团管理委员会成员应在社团管理委员会的会议上说明其所知道的与其利益性质相关的事实。

Ⅱ. 第Ⅰ款的要求不适用于——

（一）在任何情况下，如果社团管理委员会成员的利益仅包括作为对某公司有权益的公司的成员或债权人，在社团的交易与拟议交易中，该管

理委员会成员的利益可合理地被视为不是重大利益；或

（二）部长可能规定的其他情况。

Ⅲ. 就第Ⅰ款而言，由社团管理委员会成员向社团管理委员会成员发出的一般通知，该通知表明其是特定法人的高级职员，或特定公司的成员、或特定有限合伙企业的合伙人或高级职员，并且在该通知之后与上述法人、公司、有限合伙企业的交易中被视为存在利益，则该通知应被视为与交易相关利益的充足声明，如果该通知——

（一）指明了成员在与法人、公司、有限合伙企业交易中的利益的性质、范围；

（二）与同时期一般通知中类似的交易相比，成员的利益并没有不同的性质或更大的范围；

（三）它是在管理委员会的会议上提出的，或者管理委员会的成员采取合理的步骤，以确保在发出后的管理委员会的下一次会议上提出和审议。

Ⅳ. 社团管理委员会的每一位成员，如果担任任何职务或拥有任何财产，而直接或间接与其作为管理委员会成员的职责或利益相冲突，其应在社会管理委员会的一次会议上，声明冲突的事实和性质、特点和程度。

Ⅴ. 第Ⅳ款所述的声明应在管理委员会的第一次会议上作出，该会议召开于——

（一）在他成为管理委员会成员之后；或

（二）如果他已经是管理委员会的成员，则在他开始担任高级职员或管有该款所述的财产之后，视情况需要而定。

Ⅵ. 社团秘书应将根据本条作出的每项声明记录在作出声明的会议记录中。

Ⅶ. 就本条而言，社团管理委员会成员的家庭成员的利益应被视为管理委员会成员的利益，并且"社团管理委员会成员的家庭成员"包括其配偶、儿子、养子、继子、女儿、养女和继女。

Ⅷ. 本条是对任何法律规章或章程中任何限制社团管理委员会成员在与社团的交易中享有利益、或因担任职务或拥有的财产涉及与其作为社团管理委员会成员的职责或利益相冲突的规定的补充而非减损。

Ⅸ. 在本条中，除非上下文另有要求——

"法人"是指在新加坡或其他地方成立、组建或存在的任何法人团体，包括与《1967年公司法》第四条第Ⅰ款具有相同含义的外国公司；

"高级职员"——

（一）就法人而言，与《1967年公司法》第四条第Ⅰ款具有相同含义；和

（二）就有限合伙企业而言，与《2005年有限合伙企业法》第二条第Ⅰ款的含义相同。

Ⅹ. 社团管理委员会的任何成员违反本条的任何规定，即属犯罪，一经定罪，可处以不超过5000美元的罚款或不超过12个月的监禁，或两者兼有。

第六十五条　对管理委员会成员和雇员的酬金等的限制

Ⅰ. 非社团雇员的社团管理委员会成员可以从社团获得酬金或津贴（但不能两者兼有）和其他福利，前提是当且仅当支付该酬金或津贴以及任何该等福利的提议已由社团成员大会的决议授权通过。

Ⅱ. 社团雇员不得自行决定其报酬。

第六十五条之一　高级职员的停职

Ⅰ. 尽管有任何其他成文法，如果对信用社团的管理委员会成员或关键雇员提起任何涉及欺诈或不诚实的犯罪的诉讼，管理委员会必须分别暂停该成员或关键雇员在信用社团管理委员会担任成员或关键员工的职务。

Ⅱ. 尽管有任何其他成文法，如果针对涉及欺诈或不诚实的任何罪行对非信用社团管理委员会成员提起任何诉讼，注册官可发出书面指示，要求该社团在书面指示中规定的期限内，根据条款和条件，暂停该成员担任管理委员会成员。

Ⅲ. 非信用社团或非信用社团管理委员会成员对注册官根据第Ⅱ款发出的要求非信用社团暂停营业的书面指示感到不满，可在书面指示发出后三十天内向部长提出申诉，部长的决定为最终决定。

[3/2018]

Ⅳ. 违反第Ⅰ款的信用社团管理委员会的每名成员均属犯罪，一经定罪，可处以不超过5000美元的罚款，如属持续犯罪，可在定罪后继续犯

罪的每天或部分时间，再处以不超过500美元的罚款。

Ⅴ．社团或其管理委员会，或代表社团或社团管理委员会行事的任何人，若谨慎并真诚地履行或声称履行社团或社团的管理委员会根据本条应承担的义务，不得为任何以合理的方式作为或不作为的任何事情承担刑事或民事责任。

第Ⅵ节　社团财产和基金

第六十六条　资本

Ⅰ．社团的资本应通过下列全部或任何一种方式筹集：
（一）除非成员申请被拒绝，否则不予退还的入场费；
（二）成员认购和缴足的普通股；
（三）机构成员认购和缴足的永久股份；
（四）在信用社团的情况下——
1. 认购资本；和
2. 根据章程规定的条件可提取的其他成员存款；
（五）非成员的存款或贷款，受到本法案和章程规定的限制；
（六）第三方捐赠，但若未经注册官事先批准，社团不得接受任何来自外国的捐赠，无论是直接捐赠还是其他捐赠。

[3/2018]

Ⅱ．社团发行债券须经注册官批准。

第六十六条之一　普通股

Ⅰ．社团可以发行普通股。

[3/2018]

Ⅱ．社团成员必须持有社团章程规定的最低数量的社团普通股。

[3/2018]

Ⅲ．只有当成员不再是社团的成员时，成员才可以撤回或转让根据第Ⅱ款要求其持有的普通股。

[3/2018]

Ⅳ．如果社团成员持有的社团普通股超过第Ⅱ款要求其持有的最低数量，则该成员可以根据本法和社团章程规定撤回或转让超出的股份。

[3/2018]

第六十六条之二　永久股份

Ⅰ．社团只能向机构成员发行永久股份。

[3/2018]

Ⅱ．如果该机构成员是一个信用社团，社团的机构成员必须获得注册官的书面批准，才有权按照社团的章程，认购该社团发行的永久股份。

[3/2018]

Ⅲ．社团向其机构成员发行的永久性股份——

（一）不能由该机构成员提取，也不能转换为普通股；但

（二）经社团管理委员会批准，并根据本法和社团章程，可由该机构成员转让给该社团的另一机构成员。

[3/2018]

Ⅳ．社团——

（一）在得到注册官的书面批准后，可以回购社团根据本法发行的永久性股份；但

（二）不能被要求回购该股份。

[3/2018]

Ⅴ．根据本条回购社团发行的永久性股份的社团可以——

（一）持有该股份。

（二）经社团管理委员会批准，根据本法和社团章程，将该股份转让给社团的机构成员；或

（三）取消该股份。

[3/2018]

第六十七条　贷款限制

Ⅰ．除第Ⅱ款外，信用社团不得向任何人提供贷款或允许任何信贷，但下列人员除外——

（一）信用社团成员或其直系亲属成员；

（二）该信用社团的雇员；或

（三）另一个不属于该信用社团成员的社团，并得到注册官的书面批准。

Ⅱ．就第Ⅰ款而言，信用社团社可以向非信用社团成员的人提供贷款或允许信贷，但只能在其章程规定的范围和条件下进行。

Ⅲ．在本条中，"直系亲属"具有规定的含义。

第六十八条　借贷限制

Ⅰ．社团可以接受非社团成员的贷款，但只能在其章程规定的范围和条件下进行。

Ⅱ．信用社团不得接受任何非信用社团成员的人或其直系亲属的存款，其范围和条件由其章程规定。

Ⅲ．根据其章程，有权借款的社团应不时在成员大会上确定——

（一）它在向非成员贷款方面可能承担的最高责任；以及

（二）如果该社团是一个信用社团，它在向其成员及其直系亲属贷款或存款方面可能承担的最高责任。

Ⅳ．如果该社团是一个信用社——

（一）根据第Ⅲ款第（一）项确定的最高责任须经注册官批准；和

（二）注册官可在任何时候减少根据第Ⅲ款第（一）项和第（二）项确定的最高责任中的任何一项或两项，或施加其认为必要的条件（针对这些最高负债中的一项或两项）。

[3/2018]

Ⅴ．在减少根据第Ⅲ款第（一）项和第（二）项确定的最高责任中的任何一项或两项，或施加任何条件之前，注册官必须向有关信用社团提供——

（一）注册官打算这样做的书面通知；和

（二）在通知规定的时间内（至少在通知送达日期后的十四天内）作出书面陈述，说明为什么注册官不应该视情况减少最高责任或施加条件的机会。

[3/2018]

Ⅵ．注册官必须向信用社团发出书面通知，说明注册官决定是否减少根据第Ⅲ款第（一）项和第（二）项确定的最高负债中的一项或两项或施加任何条件。

[3/2018]

Ⅶ. 如果注册官决定减少根据第Ⅲ款第（一）项和第（二）项确定的最高责任中的一项或两项或施加任何条件，第Ⅵ款的书面通知必须指明一个在通知日期后至少十四天的日期，在该日期之前注册官的决定或条件已生效。

[3/2018]

Ⅷ. 信用社团如果对注册官根据第Ⅵ款做出的决定感到不满，可在该决定后十四天内或在任何特定情况下所部长允许的更长的时间内，以书面形式向部长提出申诉，部长的决定是最终的。

[3/2018]

Ⅸ. 如果信用社团根据第Ⅷ款向部长提出申诉，被申诉的决定不会生效，除非该决定得到部长的确认，或者申诉被撤回或因任何原因被驳回。

[3/2018]

Ⅹ. 在本条中，除非上下文另有要求——
"直系亲属"应具有规定的含义；
"贷款"，就社团而言，是指——
（一）一个人向该社团提供预付款和其他便利，使该社团可以获得资金或财务担保；或
（二）该人代表社团承担其他责任。

第六十九条　资金投资

Ⅰ. 社团可以以其认为合适的方式投资或存入其资金。

Ⅱ. 尽管有第Ⅰ款的规定，信用社团必须按照注册官发出的书面指示中包含的任何投资限制进行投资或存入其资金。

[3/2018]

Ⅲ. 尽管有第六十三条的规定，任何人根据第Ⅰ款或第Ⅱ款对社团的资金行使任何投资权，在行使这种投资权时，应承担根据《1967年受托人法》第三条之一对受托人施加的同样的注意义务。

[3/2018]

第七十条　已由 2008 年第 23 号法令废除。

第七十一条　对中央合作基金和新加坡劳工基金会的捐款

Ⅰ. 一个名为中央合作社基金的基金已经被设立，用于进一步合作教育、培训、研究、审计和促进新加坡合作社运动的全面发展。

Ⅱ. 每个社团应——

（一）将上一财政年度社团运营产生的前 500000 美元盈余的 5%（或可能规定的其他比率）捐给中央合作社基金；和

（二）上一财政年度社会运作的超过 500000 美元的任何盈余的 20%（或可能规定的其他比率）向中央合作基金或新加坡劳工基金会提供，社团可以进行选择。

[3/2018]

Ⅲ. 如果一个社团没有在注册官要求的时间和方式内行使其选择权，则该社团被视为已选择根据第Ⅱ款第（二）项向中央合作基金捐款。

Ⅳ. 社团可以不时更改其根据第Ⅱ款第（二）项作出的捐款的选择，要按照注册官可能要求的方式通知注册官，并且选择的改变将适用于根据本款通知注册官的日期的第二周年所在的财政年度，以及此后该社团的所有捐款，直至该社团再次更改其选择。

Ⅴ. 中央合作基金应按照部长在规章中规定的方式作为信托基金进行管理。

Ⅵ. 部长可以通过公报的命令并在符合部长在命令中指定的条件的情况下，全部或部分地汇出或退还第Ⅱ款第（一）项或第（二）项由特定社团或特定类别社团支付或应付的捐款。

[3/2018]

第七十二条　净盈余分配

Ⅰ. 根据本法及章程规定，净盈余可以通过股利或赞助退款的方式在成员之间分配，或通过向社团高级职员支付酬金的方式分配，或在可能的范围和条件下分配给社团组成的任何其他基金。

Ⅱ. 社团支付的缴足股本或认购资本的股利不得超过——

（一）在任何情况下，如果该社团是不符合注册官发出的书面指示中包含的任何审慎要求的信用社团——注册官发出的书面指示中指明的最高比率；或

（二）在任何其他情况下——规章中规定的最高比率。

第七十三条　红利凭证及和红股

Ⅰ. 社团可以以红利凭证或红股的形式在其成员中分配其净盈余的一部分。

Ⅱ. 社团只能以红利凭证的形式分配其根据普通股应付的净盈余的一部分。

[3/2018]

Ⅲ. 对于红利凭证，持有凭证的成员只能在红利凭证颁发之日起五年后才有权要求从社团的基金中支付款项。

[3/2018]

Ⅳ. 股利凭证不得支付利息或股息。

[3/2018]

Ⅴ. 如果一个社团以红股的形式分配其在普通股下应付的部分净盈余——

（一）红股将采取普通股的形式；但

（二）成员只有在红股发行之日起十年后才有权撤回或转让红股。

[3/2018]

Ⅵ. 当一个社团以向机构成员发行红股的形式分配其在永久股项下应付的净盈余的一部分时——

（一）红股将采取永久股的形式；和

（二）红股——

1. 该机构成员不能撤回，也不能转换为普通股；但

2. 经社团管理委员会批准，并根据本法和社团章程，可由该机构成员转让给该社团的另一机构成员。

[3/2018]

Ⅶ. 尽管有第Ⅲ款、第Ⅳ款和第Ⅴ款的规定，在以下情况下，作为外国工作人员的社团成员有资格从社团获得成员的红利凭证或红股上规定的

价值——

（一）成员出于任何原因在新加坡停止就业，包括完成成员的服务合同；和

（二）社团管理委员会信纳该成员——

1. 已经或即将永久离开新加坡；和
2. 无意在新加坡恢复工作。

[3/2018]

Ⅷ. 在本条中——

"外国工人"是指在新加坡受雇但既不是新加坡公民也不是新加坡永久居民的个人；

"成员"包括辞去成员资格的人。

[3/2018]

第Ⅶ节　合并和转让

第七十四条　社团合并

Ⅰ. 任何2个或多个社团可在经适当通知后为此目的而召集临时成员大会，决定合并为一个社团。

Ⅱ. 合并为一个社团的决议，须经出席临时成员大会并参加表决的不少于四分之三成员通过。

Ⅲ. 当合并涉及一个社团向另一个社团转移债务时，应提前三个月通知合并中社团的所有债权人。

Ⅳ. 任何合并中社团的债权人如果在为合并确定的日期前至少一个月提出书面要求，则有权要求退还任何应付给他们的款项，但如果合并中社团能够获得债权人事先书面同意且不少于四分之三的债权人不要求退还，在这种情况下，该协议对所有债权人具有约束力。

Ⅴ. 尽管有相反的章程，合并中社团的成员可以在指定为合并日期的日期前至少一个月向其社团发出书面通知，宣布其不打算成为合并后社团的成员。

Ⅵ. 如果注册官信纳——

（一）提议的合并不违反提议合并的社团成员的利益；

（二）第九条第Ⅰ款第（一）项、第（二）项和第（三）项条规定的事项，以及在拟议的合并后社团拟提供任何金融服务的情况下，第九条第Ⅲ款第（一）条规定的事项（六）可以得到满足；和

（三）第Ⅰ款、第Ⅱ款和第Ⅲ款规定的所有要求均已得到遵守，注册官必须登记合并后的社团及其章程，然后——

（四）取消所有合并中社团的注册，并解散合并中社团；

（五）合并后的社团的注册应足以将合并中社团的资产和负债归属于合并后的社团；

（六）合并中社团的其余成员应成为合并后社团的成员，但须遵守其章程；和

（七）合并中社团的债权人或对合并中社团有债权的任何其他人，在合并后的社会登记前其债权未得到满足的，可以就其债权向合并后的社团提出要求或诉讼。

第七十五条　社团转让

Ⅰ. 社团可以在任何召集的临时成员大会上，在适当通知后，决定将其资产和负债转让给准备接受它们的另一个社团（在本法中称为接收社团）。

Ⅱ. 将资产和负债转让给接收社团的决议，须经接收社团临时成员大会不少于出席并投票的成员的75%通过。

Ⅲ. 资产和负债的转让涉及转让社团向接收社团转移负债的，应当提前三个月通知转让社团的所有债权人。

Ⅳ. 转让社团的债权人如果在规定的转让日期前至少一个月提出书面要求，则有权要求退还任何应付的款项。

Ⅴ. 尽管有任何相反的章程，转让社团的成员可以在指定为转让日期的日期前至少一个月向其社团发出书面通知，宣布其不打算成为接收社团的成员。

Ⅵ. 如果注册官信纳——

（一）提议的转让不违反转让社团成员的利益；和

（二）第Ⅰ款、第Ⅱ款和第Ⅲ款规定的所有要求均得到遵守，注册官可以批准转让，然后——

（三）撤销转让社团的登记，解散转让社团；

（四）根据第Ⅱ款批准的决议应足以将转让社团的资产和负债归属于接收社团；

（五）转让社团的其余成员应成为接收社团的成员，但须遵守其法律；和

（六）转让社团的债权人或任何其他对转让社团有债权的人，但在注册官批准转让前债权未得到满足的，可以对接收社团提起要求债权或诉讼。

第Ⅷ节 注册官的责任和权力

第七十六条 已由 2008 年第 23 号法案废除。

第七十七条 检查材料等的权力

Ⅰ．注册官或被授权的人可为本法目的或在履行其由本法赋予的职能或职责时，就社团行使以下全部或任何权力：

（一）在任何合理的时间，可以完全和自由地查阅所有属于或与社团有关的材料和信息；

（二）要求以下人员在注册官或被授权人指定的时间和方式内，出示或提供与社团有关的任何相关物品：

1. 任何高级职员、代理人、雇员或社团成员；

2. 注册官或被授权人有理由相信拥有或保管有关物件的任何其他人。

[3/2018]

Ⅱ．为执行目的，注册官或被授权人可在所有合理时间内且无需手令——

（一）进入和搜查以下任何场所，如果注册官有理由相信在这些场所可以找到根据本法构成犯罪的证据：

1. 社团的任何场所；

2. 注册官合理地认为保存或储存与社团有关的任何相关物品的任何其他处所；和

（二）如果注册官认为有必要为获取本法所规定的罪行的证据而从该

处取走与该社团有关的任何相关物品。

[3/2018]

Ⅲ. 就第Ⅱ款而言，被授权人必须在注册官的监督下行事，除非被授权人是公共高级职员。

[3/2018]

Ⅳ. 注册官或被授权人可在不付费的情况下——

（一）检查、复制或摘录根据第Ⅰ款第（二）项的要求出示或提供的任何材料或信息；和

（二）在注册官或被授权人认为必要的期限内保留材料或信息。

[3/2018]

Ⅴ. 如果根据第Ⅰ款第（二）项的要求出示或提供的任何材料或信息以电子形式保存——

（一）注册官或被授权人根据第Ⅰ款第（二）项的权力要求以易读形式出示或提供材料或信息的副本的权力；和

（二）第Ⅳ款适用于以易读形式出示或提供的材料或信息的任何副本。

[3/2018]

Ⅵ. 在本条和第七十九条、第八十条和第八十一条中——

"计算机"具有与《1993年计算机滥用法》第二条第Ⅰ款相同的含义；

"执行目的"是指——

（一）确保本法以及注册官根据本法规定的条款和条件得到遵守；或

（二）调查本法规定的罪行或违反本法的行为；

"材料"是指任何文件或记录，无论是以打印稿形式还是电子形式，或任何计算机或其他设备所保存的

"有关事物"，就社团而言，指——

（一）属于或与社团有关的任何金钱、证券或其他资产；或

（二）任何材料或信息——

1. 属于或与该社团有关；或
2. 与社团的任何交易或社团事务的管理有关。

[3/2018；9/2018]

第七十八条 已由 2008 年第 23 号法令废除。

第七十九条 注册官的查询

Ⅰ. 注册官可随时自行对社团的章程、运行、财务状况或事务进行调查。

Ⅱ. 注册官应对社团的章程、运营、财务状况或事务展开调查，至少应——

（一）管理委员会的多数成员的申请；或

（二）一个社团的三分之一或 500 名成员，以较少者为准。

Ⅲ. 注册官可——

（一）亲自根据第Ⅰ款或第Ⅱ款进行调查；

（二）指示被授权人员进行调查；或

（三）将根据本条部分或全部进行调查的权力，委托给一个领导机构。

Ⅳ. 为根据第Ⅰ款或第Ⅱ款进行的调查，注册官或被授权人可通过书面通知要求任何人，如注册官或被授权人有理由相信该人调查中熟悉与任何人有关的任何事实或情况，在注册官或被授权人指明的合理时间及地点出席——

（一）接受检查，尽其所知、所获和所信回答任何问题，并提供已签署的关于接受检查的事项的声明，该声明包含此人对该声明真实性的保证；和

（二）出示或提供由该人管有或保管的任何材料或信息。

[3/2018]

Ⅴ. 注册官或被授权人可在不付费的情况下——

（一）检查、复制或摘录根据第Ⅳ款的要求出示或提供的任何材料或信息；和

（二）在注册官或授权人认为必要的期限内保留材料或信息。

[3/2018]

Ⅵ. 如果任何材料或信息以电子形式保存——

（一）注册官或被授权人根据第Ⅳ款第（二）项的权力包括要求以易读形式出示或提供该材料或信息的副本的权力；和

（二）第Ⅴ款适用于以易读形式出示或提供的材料或信息的任何副本。

[3/2018]

Ⅶ．如果任何调查权的行使已根据第Ⅲ款第（三）项授权给领导机构，注册官应有权采取一切必要措施确保调查有效进行并符合本法规定。

Ⅷ．注册官应将根据本条进行的任何调查的结果传达给有关社团。

第八十条　债权人申请对负债社团资料的审查

Ⅰ．注册官应社团债权人的申请，审查或指示被授权人审查社团的材料，如果申请人——

（一）证明某笔已查明的款项已到期且应归于申请人，而申请人已要求支付该笔款项，但未在合理时间内收到清偿；和

（二）如果认为有必要，向注册官存放其可能要求的拟议审查费用的保证金。

[3/2018]

Ⅱ．注册官应将审查结果通知债权人和材料被审查的社团。

[3/2018]

Ⅲ．为根据本条所进行的检查，注册官或被授权人可通过书面通知要求注册官或被授权人合理地认为熟悉与检查中的任何事项有关的任何事实或情况的任何人，在注册官或被授权人指定的合理时间和地点出席——

（一）接受审查，尽其所知、所获和所信回答任何问题，并提供已签署的证明该人已接受检查的声明，其中载有该人就陈述的真实性作出的保证；和

（二）出示或提供由该人管有或保管的任何材料或信息。

[3/2018]

Ⅳ．注册官或被授权人可在不付费的情况下——

（一）检查、复制或摘录根据第Ⅲ款的要求制作或提供的任何材料或信息；和

（二）在注册官或授权人认为必要的期限内保留材料或信息。

[3/2018]

Ⅴ．如果任何材料或信息以电子形式保存——

（一）注册官或被授权人根据第Ⅲ款第（二）项的权力包括要求以易

读形式出示或提供该材料或信息的副本的权力；和

（二）第Ⅳ款适用于以易读形式制作或提供的材料或信息的任何副本。

[3/2018]

第八十一条　交流关于社团工作的调查结果

Ⅰ．如果在根据本法进行的任何审计、特别审计或调查，或根据本法对任何材料进行的任何检查或检查中对社团的运作作出任何调查结果，注册官可以将这些调查结果通知——

（一）社团；和

（二）如果该社团隶属于二级社团或领导机构，则该二级社团或领导机构。

[3/2018]

Ⅱ．注册官可发出命令，指示社团或其官员在命令所述的时间内采取命令中规定的行动，以处理在审计、特别审计、调查、检查或检查中发现的问题。

[3/2018]

第八十二条　专项审计、调查和检查费用

Ⅰ．如果根据第三十三条之一进行特别审计，根据第七十九条进行调查或根据第八十条进行检查，则注册官可以通过其亲笔签发的证书作出分摊费用或任何调查或检查的申请人与社团的高级职员或前任高级职员之间其认为合适的部分费用的裁决；注册官的决定为最终决定。

[3/2018]

Ⅱ．根据第Ⅰ款以费用形式判给的款项应为可在出示该款所述的证明时即刻收回的民事债务。

第八十三条　社团解散

Ⅰ．如果注册官在根据第七十九条进行调查或根据第八十条进行检查后，或在收到由出席为此目的而召开的成员临时大会上75%投票的社团成员提出的申请后，认为该社团应当清算，他可以发布命令指示该社团进行清算。

Ⅱ. 注册官可主动发出命令，指示社团清算，前提是注册官信纳——

（一）社团已停止运作；

（二）社团成员减少至——

1. 在初级社团的情况下，少于 5 人（每个人都符合第三十九条规定的成员资格）；或

2. 在第二社会的情况下，少于 2 人，每人是一个社团或工会；

（三）该社团违反了第九条第Ⅳ款第（一）项所述或根据第九条之一更改或添加的任何注册条款和条件；

（四）该社团已违反第十六条之一第Ⅰ款或第十六条之二第Ⅰ款；

（五）社团（无论是在 2018 年 4 月 10 日之前、当天或之后）连续二年或更长时间未能遵守第三十四条第Ⅰ款；

（六）社团连续二年或以上未能遵守第五十三条第Ⅰ款；

（七）社团的章程不足以或不再足以规定社团的适当监管和管理；

（八）社团被或曾经被用于非法目的或有损新加坡公共和平、福利或良好秩序的目的；

（九）继续注册该社团会违反国家安全或利益；

（十）社团——

1. 无法履行其义务、无力偿债或暂停向其成员或债权人付款；或

2. 通知注册官它已经或可能破产，或无法履行其义务，或已暂停或即将暂停向其成员或债权人付款；

（十一）社团没有任何人员能够同时做到以下两点：

1. 指导和管理社团事务；

2. 保存社团的记录和账目；或

（十二）社团继续运作不符合社团成员的利益。

[3/2018]

Ⅲ. 除非有注册官的命令，否则任何社团不得清算。

Ⅳ. 社团成员可在根据第Ⅰ款或第Ⅱ款发出清算令之日后的两个月内，以书面形式向部长提出反对该命令的申诉，部长的决定为最终决定。

[3/2018]

Ⅴ. 在根据第Ⅰ款或第Ⅱ款作出清算令时，注册官可为此目的委任一名清算人并厘定其酬金。

Ⅵ. 在根据第Ⅳ款提出的任何申诉得到裁定之前或在清算令日期后两个月（视情况而定）之前，清算人不得对社团进行清算。

[3/2018]

第八十四条　清算人的权力

Ⅰ. 根据注册官根据第八十五条作出的任何命令，注册官指定的清算人有权——

（一）立即占有属于该社团的所有资产以及所有账簿、记录和其他与其业务有关的文件；

（二）为利于清算，在必要的范围内开展社团的业务，但清算人无权为此目的发行任何贷款；

（三）在前一天刊登公报公告，规定债权人必须在证明其参与或不参与任何分配的要求之前，说明其要求；

（四）将争议提交仲裁，并以其姓名或职务代表社团提起诉讼和进行其他法律诉讼；

（五）就社团清算过程中可能需要的资产的收集和变现作出指示；

（六）调查针对社团的所有索赔，并根据本法的规定，按顺序决定索赔人之间出现的优先权问题；

（七）根据各自的优先顺序（如果有）全额或在社团资产允许的范围内支付债权（包括截至清算令之日的应付利息）；

（八）在事先获得注册官批准的情况下，对社团提出的或针对社团的任何索赔作出妥协；

（九）召集进行清算所需的适当的成员会议，每次会议至少提前十五个完整的工作日发出通知；

（十）根据任何限制成员责任的章程，并根据第四十六条和第四十七条，通过命令决定成员、过去的成员或社团已故成员的遗产对其资产作出的贡献；

（十一）在分配方案已获注册官批准后，以方便的方式安排社团资产的分配；和

（十二）清算费用由哪些人以何种比例承担。

Ⅱ. 任何人对清算人根据第Ⅰ款第（六）项、第（十）项或第（十

二）项作出的任何命令感到不满，可在命令发出日期后三十天内以书面形式向注册官提出申诉。

[3/2018]

Ⅲ. 对注册官根据第Ⅱ款做出的决定感到不满的人可以在决定后三十天内以书面形式向部长提出申诉，部长的决定是最终的和决定性的。

[3/2018]

Ⅳ. 清算人必须以注册官不时决定的方式和地点，将由他收取或由他作为清算人管有的解散社团的资金和其他资产存入。

Ⅴ. 清算人必须每三个月向注册官提交一份报告，说明在清算社团事务方面取得的进展，并应在清算程序完成后提交最终报告并移交给注册官备存的与法律程序有关的所有簿册、登记册和帐目。

Ⅵ. 根据本法指定的清算人，在执行本条的目的所必需的权力范围内，有权传唤和强制当事人和证人出庭，并通过以下方式强制出示文件。并在可能的情况下，以与区域法院案件相同的方式进行。

第八十五条 注册官控制清算的权力

清算人应在注册官的控制和监督下行使权力，注册官可以——

（一）撤销或更改清算人作出的命令，并作出任何需要的新命令；

（二）将清算人免职或采取注册官认为合适的其他行动；

（三）索取社团的所有账簿、文件和资产；

（四）通过书面命令限制清算人根据第八十四条的权力；

（五）要求清算人向注册官提供账目；

（六）对清算人的账目进行审计，并授权社团资产的分配；

（七）决定清算人的报酬，该报酬应包含在清算费用中，并应优先于所有其他债权从资产中支付；和

（八）将清算人与第三方之间的任何争议提交仲裁，前提是该方已书面同意受仲裁员决定的约束。

第八十六条 命令的执行

Ⅰ. 仲裁员根据第八十五条对提交给他的事项作出的裁决对当事人具有约束力，并以与注册官根据该条作出的命令相同的方式执行。

Ⅱ. 清算人或注册管根据第八十四条或第八十五条作出的命令，应由任何区域法院以与该法院的法令相同的方式执行。

第八十七条　民事法庭管辖权的限制

根据本法，任何民事法院均不得对与根据本法解散的社团有关的事项拥有管辖权。不得针对清算人的命令向民事法庭提出上诉。

[3/2018]

第八十八条　清算时的资产处置

社团清算时，资产应首先用于清偿清算费用，然后用于清偿社团的负债，然后用于支付股本或认购资本，然后，前提是章程允许，在实际上没有支付股利或赞助退款的任何时期，以不超过规章或章程中规定的比率支付股利或赞助退款。

第八十九条　注销注册

Ⅰ. 当已指定清算人的社团事务已清算完成时，或在未指定清算人的情况下，在注册官根据第八十三条作出清算令后两个月或在确认申诉命令后，注册官应下令取消社团的注册，社团应解散，并自命令发出之日起不再作为法人团体存在。

[3/2018]

Ⅱ. 债权人或社团成员（视情况而定）未收到根据批准的分配方案应得的款项的债权应在注销登记之日起二年被禁止，并将清算结束通知和社团注销注册事宜在公报上公布。

[3/2018]

Ⅲ. 将资金用于第八十八条规定的目的后剩余的任何款项，以及根据第Ⅱ款在二年后无人认领的任何款项，不得在成员之间分配，二级社团或领导机构清算的情况除外，但应带到合作社团由注册官持有的清算账户。

Ⅳ. 尽管有第Ⅲ款——

（一）社团成员在社团清算前的成员大会上已批准该款所述的社团的全部或任何部分剩余资金和无人认领的款项（如果有）（统称为有关

盈余）用于一项或多于一项慈善用途或捐赠给一个或多于一个慈善组织；和

（二）视情况而定，注册官已批准将全部或部分有关盈余用于所有或任何该等慈善用途，或捐赠给所有或任何该等慈善组织。

有关的全部或部分经注册官批准的盈余不得转入合作社清算账户，而必须按照注册官的批准申请或捐赠。

[3/2018]

Ⅴ. 转移到合作社清算账户的任何资金或款项可用于部长可能不时指示的所有或任何以下目的：

（一）转入中央合作社基金；

（二）聘请根据第九十四条第Ⅰ款或第九十四条之一第Ⅰ款委任的法定经理或法定顾问的费用，包括（但不限于）法定经理或法定顾问的薪酬或费用，以及在履行法定经理或法定顾问的职责时发生的任何合理的支出；

（三）解决信用社团或相同类别社团的金融不稳定或对金融稳定迫在眉睫的严重威胁；

（四）支付在特定案件中清算社团的费用和与之相关的费用；

（五）一般而言，以部长可能决定的方式推动合作社原则。

[3/2018]

Ⅵ. 根据第Ⅲ款计入合作社清算账户的任何款项的应计利息可用于部长不时指示的第Ⅳ款规定的用途。

Ⅶ. 在本条中——

"慈善目的"是指根据新加坡法律专门用于慈善的目的；

"慈善机构"是指《1994年慈善法》第二条第Ⅰ款所定义的慈善机构，无论是否根据该法注册。

[3/2018]

第九十条 附加费及附属物

Ⅰ. 注册官可根据注册官本人的动议，或应清算人、任何债权人或社团成员的申请——

（一）审查以下人员的行为——

1. 曾参与社团的组织和管理，或者是社团的前任或现任高级职员；和

2. 在任何相关程序的过程中出现——

（1）滥用、保留或对社团的任何金钱或财产负有责任或承担责任；或

（2）犯有与社团有关的不当行为或背信行为；和

（二）发出命令，要求该人——

1. 以注册官认为公正的利率偿还或恢复全部或任何部分金钱或财产；或

2. 以补偿第（一）项第2目（1）或（2）提及的任何事项的方式，将这笔款项捐献给社团的资产。

［3/2018］

Ⅱ．注册官根据第Ⅰ款作出的命令可按与区域法院判决相同的方式执行。

［3/2018］

Ⅲ．本条适用，即使该行为是犯罪人可能对其负刑事责任的行为。

Ⅳ．如注册官信纳有意延迟执行根据第Ⅰ款和第八十五条可能针对其作出的任何命令或裁决的人——

（一）即将处置全部或任何部分此人的财产；或

（二）即将将此人全部或任何部分财产移出新加坡。

除非提供足够的担保，否则注册官可指示临时扣押该财产或其认为必要的部分，并且该扣押应具有如同由区域法院作出一样的效力。

［2021年第25号法案2022年4月1日生效］

Ⅴ．对根据第Ⅰ款或第Ⅳ款作出的注册官命令感到不满的人可以在命令发出之日后两个月内向部长提出申诉，部长的决定是最终决定。

［3/2018］

Ⅵ．在本条中，"相关程序"是指——

（一）根据本法对社团进行的审计（包括根据第三十三条之一进行的特别审计）；

（二）根据第七十九条进行的调查；

（三）根据第八十条对材料进行检查；或

（四）社团的清算。

［3/2018］

第九十一条　争议的解决

Ⅰ. 如果就本法有关章程、高级职员的选举或成员大会的召开的要求发生争议——

（一）成员、过去的成员和通过成员、过去的成员和已故成员提出要求的人之间；

（二）成员、过去的成员或已故成员与社团、其管理委员会或社团任何高级职员之间；

（三）社团或其管理委员会与社团的任何高级职员之间；或

（四）在社团与任何其他社团之间。

争议可根据第Ⅱ款提交注册官作出决定。

Ⅱ. 注册官在收到第Ⅰ款下的信件后，必须考虑争议的性质和复杂性，并决定是否——

（一）自行解决争议；或

（二）建议争议各方按照第Ⅲ款规定的受害方可将争议提交仲裁的相同方式和条件将其提交仲裁。

Ⅲ. 注册官自行决定解决争议并作出的裁决使争议一方受到损害的，该方可在注册官作出决定之日起三十日内将争议提交首席大法官指定的仲裁人仲裁，他不得是任何政府部门的官员。

[3/2018]

Ⅳ.《2001年仲裁法》的相关规定应适用于根据第Ⅱ款和第Ⅲ款提交仲裁的任何争议。

Ⅴ. 如果争议未根据第Ⅲ款提交仲裁，则根据第Ⅱ款第（一）项解决争议的注册官的决定应根据受其支持的一方的申请，由对争议各方之间的民事诉讼具有管辖权的任何法院执行，其方式与地区法院作出的决定相同。

第九十二条　有关法律问题的个案

Ⅰ. 尽管第九十一条有任何规定，注册官在根据本法作出决定时的任何时间，或部长在收到根据本法对注册官的决定提出申诉时的任何时候，可将因该决定引起的任何法律问题提交高等法院普通庭听取意见。

[40/2019]

Ⅱ. 高等法院普通庭的一名或多名法官，在首席大法官的指示下，可以考虑和决定任何被如此提交的法律问题，并且其就该问题给出的意见是最终和决定性的。

[40/2019]

第九十三条　注册官的杂项权力

Ⅰ. 注册官有权——

（一）亲自或由其代表出席社团的成员大会和委员会会议，并以书面指示要求每个社团在适当的时间向其通知每次会议的议程，以及有关会议的所有会议记录和通讯记录；

（二）根据本法规定召开临时成员大会；

（三）撤销任何高级职员或管理委员会或社团大会的任何决议或行动，如果他认为该决议或行动不属于章程规定的社团目标；

（四）以书面指示要求信用社团——

1. 就坏账或呆账或任何其他事项作出准备；

2. 确保偿还任何贷款；

3. 停止向任何人或任何类别的人收取任何存款或向其提供任何贷款，或对接受任何存款或提供任何贷款施加注册官认为合适的限制；

4. 停止与任何人进行任何合伙、合资或其他安排；或

5. 以其他方式减少或停止对任何人或任何类别的人的任何风险解除，或对任何人或任何类别的人的风险施加注册官认为合适的限制；和

（五）以书面指示禁止或限制任何信用社团或信用社团类别社团提供不动产抵押或抵押贷款。

Ⅱ. 注册官可不时向任何社团、任何类别的社团或所有社团发出一般或特定性质的书面指示，使其遵守注册官在书面指示中指明的要求。

Ⅲ. 在不限制第Ⅱ款的情况下，可以发出书面指示——

（一）关于社团在处理其事务时应保持的标准；

（二）关于信用社团提供的任何服务，包括建立信用社团的任何分支机构以及提供此类服务的设施；

（三）关于由社团维持的投资政策和程序；

（四）关于信用社团应满足的审慎要求；

（五）为编制该社团在一个或多个财政年度的账簿和账目，要求社团聘请由该社团挑选并获得注册官书面批准的人；或

（六）用于本法或根据本法制定的规章规定的任何目的。

[3/2018]

Ⅳ. 注册官可随时更改、撤销或撤销根据第Ⅱ款发出的任何书面指示。

Ⅴ. 为免生疑问，根据第Ⅱ款发出的任何书面指示均不应视为附属法律。

第九十三条之一　不遵守审慎要求的信用社团向非信用社团的转变等

Ⅰ. 如果信用社团在2个或多个连续财政年度内未能在根据第九十三条第Ⅱ款发出的书面指示中指定的时间内遵守该指示中包含的任何审慎要求，则注册官可以——

（一）通过随后根据第九十三条第Ⅱ款发出的书面指示，命令该社团在随后的书面指示规定的期限届满后停止接收任何新的存款；和

（二）取消该社团作为信用社团的注册。

[3/2018]

Ⅱ. 如果根据第Ⅰ款取消社团作为信用社团的注册，则——

（一）社团成为非信用社团；和

（二）注册官必须以书面形式通知该社团，从通知中指定的日期开始其作为信用社团的注册被取消。

[3/2018]

Ⅲ. 根据本条成为非信用社团的社团——

（一）必须停止做以下任何事情，从注册官可能确定的日期开始〔该日期可能与第Ⅱ款第（二）项提及的日期不同〕：

1. 向任何人提供任何新贷款；

2. 允许任何人获得新的信贷；

3. 收到任何人的任何新存款；和

（二）必须在该社团为信用社团期间，在该社团为信用社团的注册被取消后的十二个月内或注册官在任何特定情况下可能决定的更短或更长的期限，将该人的存款（包括该存款的任何应计利息）归还给按照第六十八条第Ⅱ款收取存款的每个人。

[3/2018]

Ⅳ. 成为非信用社团的社团可以继续获得其为信用社团期间根据第六十七条提供的现有贷款和信贷的偿还。

［3/2018］

Ⅴ. 对注册官根据第Ⅰ款作出的任何决定感到不满的社团可以在注册官做出决定后的两个月内，以书面形式向部长提出申诉，部长的决定是最终决定。

［3/2018］

Ⅵ. 任何违反第Ⅲ款的社团均属犯罪，一经定罪，将被处以不超过 50000 美元的罚款，如果继续犯罪，则定罪后的每天或一天中的部分将被处以每天不超过 5000 美元的罚款。

［3/2018］

第九十三条之二　注册官提供的守则、指南等

Ⅰ. 注册官可不时以他认为适当的形式和方式发布和发布注册官认为适合提供指导的通函、守则、指南和操作说明——

（一）为促进本法的监管目标；

（二）与本法规定的注册官的任何职能或权力有关的任何事项；或

（三）与本法的任何规定或根据其制定的规章的实施有关。

Ⅱ. 注册官可随时修订或撤销根据本条发出的任何通函、守则、指南或操作说明的全部或任何部分。

Ⅲ. 如果根据第Ⅱ款进行了修改——

（一）本条的其他规定在进行必要的修改后，应适用于通函、守则、指南或操作说明的修改；和

（二）本法、根据其制定的规章或任何其他成文法中对通函、守则、指南或操作说明的任何提及，无论如何表达，除非上下文另有要求，否则应是对通函、守则、指南或操作说明如此修订的参考。

Ⅳ. 任何人未能遵守根据本条发布的适用于他的任何通函、守则、指南或操作说明，其本身不应使该人承担刑事诉讼，但任何此类不遵守可能在任何诉讼中，无论诉讼的任何一方，无论民事或刑事诉讼，是确立或否定诉讼中涉及的任何责任的依据。

Ⅴ. 为免生疑问，根据本条发出的任何通函、守则、指南或操作说明

均不应视为附属法律。

第九十四条　社团管理委员会未适当履行职责时，注册官的权力等

Ⅰ. 如果注册官在注册官指定的人进行适当调查后或出于任何其他原因，认为社团管理委员会或该委员会的任何成员在2018年4月10日当天或之后的任何时间，没有履行其职责，或该委员会或成员（视情况而定）在该日期之时或之后在管理中存在任何不当行为或管理不善，注册官可借公报命令作出以下一项或多项：

（一）在注册官指定的期限内暂停该社团的所有或任何活动；

（二）在任何情况下，如注册官信纳社团管理委员会没有适当地履行职责，或社团管理中存在不当行为或管理不善，则——

1. 罢免社团管理委员会；和

2. 命令社团的事务和财产由一个由不少于3人组成的委员会管理和监管，所有这些人都是由注册官任命的，其条款和条件以及期限由注册官指定；

（三）在任何情况下，如注册官信纳社团管理委员会没有适当地履行其职责，或者社团管理中存在不当行为或管理不善，则——

1. 罢免社团管理委员会；和

2. 任命一名或多名个人为法定管理人，按照注册官指定的条款和条件以及在注册官指定的期限内管理和监管社团的事务和财产；

（四）罢免社团管理委员会的一名或多名成员；

（五）任命一名或多名个人为法定顾问，按照注册官指定的条款和条件以及在注册官指定的期限内，就注册官可能决定的适当管理其事务和财产的事宜向社团提供建议；

（六）按照注册官指定的条款和条件，在注册官指定的期限内，任命注册官认为对社团进行适当管理所必需的额外人数的个人加入社团管理委员会；

（七）暂停任何社团管理委员会成员的职务，为期不超过二十四个月。

[3/2018]

Ⅱ. 在第Ⅰ款适用的情况下，注册官除该款赋予的权力外，还可命令该社团在该命令规定的期限内采取注册官认为必要或可取的行动（包括不采取任何行动）——

（一）视情况而定，确保管理委员会或未能正确履行该成员职责的该委员会的每一名成员正确履行职责；或

（二）纠正社团管理中的不当行为或管理不善。

[3/2018]

Ⅲ. 注册官必须在根据第Ⅰ款或第Ⅱ款行使任何权力之前——

（一）给予社团管理委员会或受影响的委员会成员（视情况而定）一个合理的机会说明为何注册官不应行使该权力；和

（二）视情况而定，考虑管理委员会或该成员的陈述（如果有）。

[3/2018]

Ⅳ. 根据第Ⅰ款任命为管理委员会的个人的津贴，以及根据该款任命的法定经理或法定顾问的报酬或费用，应从社团的资金中支付或由注册官决定的人承担（包括，在法定经理或法定顾问的报酬或费用的情况下，合作社的清算账户）。

[3/2018]

Ⅴ. 在注册官的一般指示和控制下，根据第Ⅰ款第（二）项任命的委员会或根据第Ⅰ款第（三）项任命的社团法定经理具有委员会管理社团的所有职责和权力。

[3/2018]

Ⅵ. 根据第Ⅰ款第（二）项任命的委员会和根据第Ⅰ款第（三）项任命的每位法定经理必须在任命结束日期之前根据社团章程安排选举新的管理委员会。

[3/2018]

Ⅶ. 如注册官委任2名或以上人士为社团的法定管理人，注册官必须在委任的条款和条件中指明法定管理人的职责、职能和权力中哪一项——

（一）可以是联合和分别解除或行使的；

（二）必须共同解除或行使；和

（三）必须由一名或多名特定人员解除或行使。

[3/2018]

Ⅷ. 如果注册官根据第Ⅰ款行使注册官的权力以任命法定经理、法定顾问或任何其他个人，则注册官可通过公报命令执行以下一项或多项

操作：

（一）根据注册官指定的条款和条件更改或撤销该任命；

（二）根据第Ⅰ款进一步行使注册官的权力，任命另一名法定经理、法定顾问或个人；

（三）增加、更改或撤销注册官为该任命指定的任何条款或条件。

[3/2018]

Ⅸ．注册官必须在根据第Ⅷ款行使任何权力之前——

（一）给予受影响的法定经理、法定顾问或个人（视情况而定）一个合理的机会，说明为何注册官不应行使该权力；和

（二）视情况而定，考虑该法定经理、法定顾问或个人的陈述（如果有）。

[3/2018]

Ⅹ．但是，如果注册官认为，在特定案件的情况下，有必要立即行使第Ⅰ款或第Ⅱ款和第Ⅷ款规定的权力以保护社团成员的利益或保护社团的财产，则第Ⅲ款和第Ⅸ款不适用。

[3/2018]

Ⅺ．凡注册官根据第Ⅹ款立即行使第Ⅰ款、第Ⅱ款或第Ⅷ款下的权力，社团管理委员会或受影响的人（视情况而定）可在注册官根据第Ⅰ款、第Ⅱ款或第Ⅷ款作出命令后的一个月内，向处长申请复核该命令。

[3/2018]

Ⅻ．注册官可在根据第Ⅺ款审查命令时——

（一）确认该命令；

（二）更改命令；或

（三）撤销命令。

[3/2018]

ⅩⅢ．因注册官根据第Ⅰ款、第Ⅱ款或第Ⅷ款作出的任何命令，或因根据第Ⅻ款对该命令的任何更改而感到不满的人，可向部长提出书面申诉——

（一）如属在注册官遵从第Ⅲ款后根据第Ⅰ款作出的命令——该命令在公报刊登日期后的两个月内；

（二）如属在注册官遵守第Ⅲ款后根据第Ⅱ款作出的命令——该命令

发出日期后的两个月内；

（三）如属在注册官遵守第Ⅸ款后根据第Ⅷ款作出的命令——在该命令在公报刊登之日后两个月内；或

（四）在根据第Ⅰ款、第Ⅱ款或第Ⅷ款作出的命令的情况下，当注册官依据第Ⅹ款立即行使第Ⅰ款、第Ⅱ款或第Ⅷ款规定的权力时（视情况而定），或在根据第ⅩⅡ款对该命令作出任何更改的情况下——在根据第ⅩⅡ款该命令被确认或更改之日后两个月内（视情况而定）。

[3/2018]

ⅩⅣ．部长根据第ⅩⅢ款对申诉作出的决定是最终决定。

[3/2018]

ⅩⅤ．除非注册官在任何特定情况下另有指示——

（一）根据第ⅩⅠ款注册官命令进行的审查不影响该命令的实施或执行；和

（二）该命令必须得到遵守，直至被注册官撤销。

[3/2018]

ⅩⅥ．除非部长在任何特定情况下另有指示——

（一）根据第ⅩⅢ款对注册官的命令提出的申诉不影响该命令的执行或执行；和

（二）必须遵守该命令，直至部长将其搁置。

[3/2018]

ⅩⅦ．任何法定经理、法定顾问或根据第Ⅰ款任命的个人，本着善意和合理谨慎行事，在执行或声称执行本法案时做或不做任何事情，不承担任何个人责任。

[3/2018]

第九十四条之一　注册官保护社员权益和财产的权力

Ⅰ．如果注册官在注册官指定的人进行适当调查后或出于任何其他原因，认为有必要或值得保护成员的利益或某社团的财产，注册官可借公报命令作出以下一项或多项：

（一）在注册官指定的期限内暂停该社团的所有或任何活动；

（二）罢免社团管理委员会，并任命一名或多名个人为法定管理人，按照注册官指定的条款和条件，在一段时期内监管和管理社团的事务和财产；

（三）任命一名或多名个人为法定顾问，按照注册官指定的条款和条件以及在注册官指定的期限内，就注册官可能决定的对事务和财产的适当管理提供建议；

（四）按照注册官指定的条款和条件，在注册官指定的期限内，任命注册官认为对社团的适当管理必要的额外人数的个人加入社团管理委员会；

（五）停职该社团的任何高级职员或雇员，为期不超过二十四个月，并在该高级职员或雇员停职期间作出安排（例如执行任何文书，或执行代表该高级职员或雇员的任何行为）；

（六）禁止社团在未经注册官批准的情况下转让财产。

[3/2018]

Ⅱ. 在第Ⅰ款适用的情况下，注册官除该款赋予的权力，命令该社团在该命令所指明的期限内采取该行动（包括不采取任何行动），该行动是处长认为为保护成员利益和社团财产所必需或适宜的行动。

[3/2018]

Ⅲ. 注册官必须在根据第Ⅰ款或第Ⅱ款行使任何权力之前——

（一）给予社团管理委员会或受影响的高级职员或雇员（视情况而定）合理的机会说明注册官不应行使该权力的理由；和

（二）视情况而定，考虑管理委员会或该高级职员或雇员的反对意见（如果有）。

[3/2018]

Ⅳ. 根据第Ⅰ款任命为管理委员会的个人的津贴，以及根据该款任命的法定经理或法定顾问的报酬或费用，应从社团的资金中支付或由注册官决定的该等人承担（包括，在法定经理或法定顾问的报酬或费用的情况下，合作社的清算账户）。

[3/2018]

Ⅴ. 在注册官的一般指示和控制下，根据第Ⅰ款第（二）项被社团任命的法定经理拥有社团管理委员会的所有职责和权力。

[3/2018]

Ⅵ. 根据第Ⅰ款第（二）项任命的每位法定经理必须在任命结束日期之前根据社团章程安排选举新的管理委员会。

[3/2018]

Ⅶ. 如注册官委任2名或以上人士为社团的法定管理人，注册官必须在委任的条款和条件中指明法定管理人的职责、职能和权力中的哪一项——

（一）可以是联合和分别解除或行使的；

（二）必须共同解除或行使；和

（三）必须由一名或多名特定人员解除或行使。

[3/2018]

Ⅷ. 如果注册官根据第Ⅰ款行使注册官的权力以任命法定经理、法定顾问或任何其他个人，则注册官可通过公报命令执行以下一项或多项操作：

（一）根据注册官指定的条款和条件更改或撤销该任命；

（二）根据第Ⅰ款进一步行使注册官的权力，任命另一名法定经理、法定顾问或个人；

（三）增加、更改或撤销注册官为该任命指定的任何条款或条件。

[3/2018]

Ⅸ. 注册官必须在根据第Ⅷ款行使任何权力之前——

（一）给予受影响的法定经理、法定顾问或个人（视情况而定）一个合理的机会，说明为何注册官为何不应行使该权力；和

（二）视情况而定，考虑该法定经理、法定顾问或个人的陈述（如果有）。

[3/2018]

Ⅹ. 但是，如果注册官认为，在特定案件的情况下，有必要立即行使第Ⅰ款、第Ⅱ款、第Ⅷ款规定的权力以保护社团成员的利益或社团的财产，则第Ⅲ款和第Ⅸ款不适用。

[3/2018]

Ⅺ. 凡注册官根据第Ⅹ款立即行使第Ⅰ款、第Ⅱ款或第Ⅷ款下的权力，社团管理委员会或受影响的人（视情况而定）可，在注册官根据第Ⅰ款、第Ⅱ款或第Ⅷ款作出命令后的一个月内，向处长申请复核该命令。

[3/2018]

XII. 注册官可在根据第XI款审查命令时——

（一）确认该命令；

（二）更改命令；或

（三）撤销命令。

[3/2018]

XIII. 因注册官根据第Ⅰ款、第Ⅱ款或第Ⅷ款作出的任何命令，或因根据第XII款对该命令作出的任何更改而感到不满的人，可向部长提出书面申诉——

（一）如属注册官遵从第Ⅲ款后根据第Ⅰ款作出的命令——在公报刊登该命令的日期后两个月内；

（二）如属注册官遵守第Ⅲ款后根据第Ⅱ款作出的命令——该命令发出日期后的两个月内；

（三）如属注册官遵守第Ⅸ款后根据第Ⅷ款作出的命令——在该命令在公报刊登之日后两个月内；或

（四）在根据第Ⅰ款、第Ⅱ款或第Ⅷ款作出的命令的情况下，当注册官依据第Ⅹ款立即行使第Ⅰ款、第Ⅱ款或第Ⅷ款下的权力时（视情况而定），或在根据第XII款对该命令作出任何更改的情况下——在根据第XII款该命令被确认或更改之日后两个月内（视情况而定）。

[3/2018]

XIV. 部长根据第XIII款对申诉作出的决定是最终决定。

[3/2018]

XV. 除非注册官在任何特定情况下另有指示——

（一）根据第XI款注册官进行的审查不影响该命令的实施或执行；和

（二）该命令必须得到遵守，直至被注册官撤销。

[3/2018]

XVI. 除非部长在任何特定情况下另有指示——

（一）根据第XIII款对注册官的命令提出的申诉不影响该命令的执行或执行；和

（二）必须遵守该命令，直至部长将其搁置。

[3/2018]

XVII. 任何法定经理、法定顾问或根据第Ⅰ款任命的个人，本着善意和合理谨慎行事，在执行或声称执行本法案时做或不做任何事情，不承担任何个人责任。

[3/2018]

第Ⅸ节 其他规定

第九十五条 部长制定规章的权力

Ⅰ. 部长可以制定规则以执行和实施本法的规定。

Ⅱ. 在不限制第Ⅰ款的情况下，此类规则可以为了或针对——

（一）根据本法用于任何目的的任何形式；

（二）由社团保存的账簿、账目和其他文件，包括按照治理要求或最佳做法准备和提交的文件或信息，以及社团向注册官或领导机构所作的披露；

（三）社团财务报表的编制、提交或审计，包括申请免除遵守第三十四条第Ⅶ款所述会计准则或要求的程序的程序；

（四）对社团进行的特别审计；

（五）中央合作社基金和合作社清算账户的管理和使用；

（六）向中央合作基金和新加坡劳工基金会提供和收取的捐款，包括支付任何不足的捐款、对逾期缴款施加规定的罚款、豁免、任何罚款的退款或减免（无论是全部还是部分），以及任命代理人收取的会费和滞纳金；

（七）社团可以支付的股本或认购资本的最高股利率；

（八）社团的治理，以及社团高级职员的任免；

（九）任何可能被要求接受此类培训或遵守注册官指定的其他要求的社团的任何高级职员，以及与此类培训或此类其他要求有关的任何事项；

（十）社团向注册官或领导机构提交的其他文件和信息；

（十一）根据本法要求向注册官提交、登记或由注册官签发的任何文件的费用，以检查任何此类文件或为本法目的所需的任何其他事项或事情而支付的费用，以及此类费用的全额或部分退还或减免；

（十二）信用社团的管理、对广告的限制以及对信用社团活动和事务的监管或控制；和

（十三）为实施本法而要求或允许规定或必须规定的任何其他事项或

事情。

[3/2018]

Ⅲ. 根据第Ⅰ款制定的规章——

（一）可以是普遍或具体适用的；

（二）可规定违反其中任何特定条文即属犯罪；和

（三）可对每项犯罪处以不超过 10000 美元的罚款，如果是持续犯罪，则在定罪后继续犯罪的每一天或部分时间处以不超过 500 美元的罚款。

第九十五条之一　外国合作社

Ⅰ. 部长可以为在新加坡境外注册、成立或组建的合作社或此类别在新加坡开展业务的合作社的注册或监管制定规章。

Ⅱ. 在不限制第Ⅰ款的情况下，部长在根据第Ⅰ款就在新加坡境外注册、注册或组建的合作社或此类别社团制定规章时——

（一）指明该等合作社或此类别社团在何种情况下应或不应被视为在新加坡经营业务；和

（二）详细说明适用于合作社的本法条款及其适用的修改。

Ⅲ. 根据第Ⅰ款制定的规章——

（一）可规定违反其中特定条文即属犯罪；和

（二）可以对每项犯罪处以不超过 10000 美元的罚款，如果是持续犯罪，则在定罪后继续犯罪的每一天或部分时间，处以不超过 500 美元的罚款。

第九十六条　部长豁免注册要求的特别权力

尽管本法有任何规定，部长可以在每种情况下通过公报中的特别命令，并根据他可能施加的条件（如果有）免除本法对拟设立社团关于注册的任何要求。

[3/2018]

第九十七条　部长豁免社团遵守本法规定的特殊权力

部长可以通过公报上的一般或特别命令，并在符合部长可能施加的条件（如果有）的情况下，豁免一个或一类社团不受本法或规章的任何规定的约束，或者可以指示这些规则应适用于一个或一类社团，自该日期起或命令中可能指明的修订后开始。

[3/2018]

第九十七条之一　一般豁免

尽管本法有任何规定，但部长可通过公报命令并在符合部长可能施加的条件（如果有）的情况下，免除任何人或任何类别的人不受本法或规章的任何规定的约束。

[3/2018]

第九十七条之二　附表的修订

Ⅰ. 部长可随时通过公报上的命令修改附表。

Ⅱ. 部长可根据第Ⅰ款作出的任何命令，作出必要或适宜的保留的、过渡的、附带的、重要的或补充性的规定。

[3/2018]

第九十七条之三　冻结银行账户的权力

Ⅰ. 如果部长认为有必要防止社团资金的损失或滥用，部长可以命令或指挥金融机构在不超过三个月的规定期限内不得从事以下任何一项活动：

（一）从社团账户中支付任何款项；

（二）支付任何以社团账户开出的支票。

[3/2018]

Ⅱ. 根据第Ⅰ款遵守部长命令的金融机构不对任何其他人就该命令禁止的付款承担责任。

[3/2018]

Ⅲ. 任何金融机构违反第Ⅰ款下的部长命令，即属犯罪，一经定罪，可处以不超过10000美元的罚款。

[3/2018]

Ⅳ. 在本条中，"金融机构"是指——

（一）根据《1970年银行法》获得许可的银行；

（二）根据《1967 年金融公司法》获得许可的金融公司；或

（三）属于信用社团的社团（第Ⅰ款所述的社团除外）。

[3/2018]

第九十八条　追讨欠政府款项

Ⅰ.社团或高级职员或过去的高级职员或社团的成员或过去的成员应向政府支付的所有款项，可以根据当时有效的任何成文法按照为追回欠政府的债务而规定的方式追回。

[3/2018]

Ⅱ.根据第Ⅰ款应从社团向政府收回的款项可以首先从该社团的财产中收回，其次从受其责任限制的成员那里收回。

第九十九条　禁止使用"合作社"一词

Ⅰ.未经注册官同意，除社团以外的任何人不得以"合作社"一词或其他语言中的等同词为其一部分的名称或头衔进行贸易或经营业务，但本条的任何规定，不适用于任何人或其继承人在 1980 年 1 月 1 日就其买卖或经营业务而使用的姓名或头衔的权益。

Ⅱ.任何人违反第Ⅰ款，即属犯罪，一经定罪，将被处以不超过 5000 美元的罚款，如果继续犯罪，则将被处以每天或继续犯罪中的部分不超过 500 美元的罚款。

第一百条　一般处罚

Ⅰ.根据本法的规定，如下情形构成犯罪——

（一）就本法而言，受部长、注册官或部长或注册官正式授权的人（视情况而定）要求，社团或其任何高级职员或成员或任何其他人疏忽或拒绝采取行动或提供所需的信息；

（二）根据本法作出虚假报告或申报或提供虚假信息；

（三）任何人（在本款中称为提供者）向注册官或注册官正式授权的人出示或提供或安排出示或提供任何报告、申报、文件或提供者知道的信息，或粗心大意，为虚假的或具有误导性；

（四）任何人无合理辩解，不服从根据本法发出的任何传票、要求、书面指示或书面命令，或未提供根据本法授权的人要求他提供的信息；

（五）一个人在无权但作为或声称作为社团管理委员会成员行事时；

（六）社团或其任何高级职员或成员在未事先获得同意或批准的情况下进行任何需要获得注册官同意或批准的行为；

（七）社团或其任何高级职员或成员疏忽或拒绝执行本法要求或根据本法要求执行的任何行为或事情；

（八）社团或其任何高级职员或成员作出或另人作出本法禁止的任何行为或事情；或

（九）任何人，无合理辩解，阻碍、延误或妨碍注册官或注册官正式授权的人行使注册官的权力或履行本法规定的注册官职责，或干扰注册官行使或履行的权力或职责。

[3/2018]

Ⅱ. 任何社团未能遵守其注册的条款或条件，或注册官根据第十六条之一给予的任何批准，即属犯罪。

Ⅲ. 每个社团、高级职员、代理人、雇员或社团成员或其他人犯有本条规定的罪行，一经定罪，将被处以不超过10000美元的罚款，如果继续犯罪，在定罪后继续犯罪的每一天或部分时间，处以不超过500美元的罚款。

第一百条之一　高级职员向管理委员会成员、审计师或社团成员作出虚假报告

Ⅰ. 任何社团的任何高级职员，意图欺骗、制作或提供，或故意和故意授权或允许制作或提供任何虚假或误导性陈述或报告——

（一）向管理委员会成员、审计员或社团成员；或

（二）就附属社团而言，母社团的审计员。

与社团事务有关的，即属犯罪，一经定罪，可处以不超过10000美元的罚款或不超过二年的监禁或两者兼施。

Ⅱ. 在第Ⅰ款中，"高级职员"包括在任何时间担任该社团的高级职员的人。

第一百条之一（1）　故意篡改社团的簿册等

任何人有以下任何行为，即属犯罪，一经定罪，可处以不超过10000美元的罚款或不超过二年的监禁，或两者兼施：

（一）在社团的任何账簿、记录或其他文件中故意或导致作出虚假记录；

（二）在社团的任何账簿、记录或其他文件中故意遗漏或导致遗漏条目；

（三）故意删除、隐藏或销毁社团的任何簿册、记录或其他文件中的条目；

（四）故意更改或安排更改社团的任何账簿、记录或其他文件中的记项，导致该记项属虚假或具误导性。

[3/2018]

第一百条之一（2）　非法更改、压制文件等

任何人若故意更改、隐瞒、隐藏或销毁任何文件、信息，即属犯罪，一经定罪，可处以不超过10000美元的罚款或不超过二年的监禁或两者兼有，根据本法或规章要求，出示或提供给——

（一）部长；

（二）注册官；或

（三）部长或注册官正式授权代表部长或注册官行事的人（视情况而定）。

[3/2018]

第一百条之二　骗取他人向社团投资或储蓄

任何人，作为任何社团的高级职员或代理人，以任何欺骗手段或虚假承诺并意图欺诈，导致或促使向该社团或其本人或任何其他人支付或存入任何款项，以供使用或受益，即属犯罪，一经定罪，可处以不超过15000美元的罚款或不超过五年的监禁，或两者兼施。

第一百条之二（1）　虚假或误导性引诱他人加入社团的声明或信息等

社团的任何成员或高级职员均属犯罪，一经定罪，可处以不超过10000美元的罚款或不超过二年的监禁，或两者兼施，如果该成员或高级职员——

（一）制作或散布任何属虚假或具误导性的陈述，意图诱使他人——

1. 成为社团的一员；或

2. 为社团或其成员的利益与社团订立任何合同、交易或安排；和

（二）在作出或传播该陈述时，明知或罔顾该陈述是否虚假或具误导性。

[3/2018]

第一百条之三　高级职员对社团债权人的欺诈行为

Ⅰ. 每个人在担任社团高级职员期间——

（一）以欺骗、欺诈或不诚实的手段或通过任何其他欺诈手段诱使任何人向社团提供信贷；

（二）意图欺诈社团的债权人，已作出或导致作出任何赠与或转让或收费，或已导致或纵容对社团的财产进行任何执行；或

[2021年第25号法案 2022年4月1日生效]

（三）意图诈骗社团的债权人，自对社团取得的款项的任何未获清偿的判决或命令作出之日起或之前两个月内，隐匿或转移社团的任何部分的财产，即属犯罪，一经定罪，可处以不超过15000美元的罚款或不超过三年的监禁，或两者兼施。

Ⅱ. 如果在社团清算过程中或在针对社团的任何法律程序中，该社团的高级职员明知是债务合同的一方，在考虑到当时社团的其他责任（如果有）后，没有社团偿还债务的合理或可能的预期，该人员即属犯罪并须承担法律责任，一经定罪，可处以不超过2000美元的罚款或不超过三个月的监禁，或两者兼施。

第一百条之四　法人团体的违法行为等

Ⅰ. 如果证明法人团体犯下本法或根据本法制定的规章所犯的罪行——

（一）是在高级职员的同意或纵容下犯下的；或

（二）可归因于他的任何疏忽。

该高级职员以及该法人团体应构成犯罪，并应受到相应的起诉和

处罚。

Ⅱ. 如果法人团体的事务由其成员管理，则第Ⅰ款应适用于成员在其管理职能方面的作为和不作为，如同他是法人团体的董事一样。

Ⅲ. 如果证明合伙企业犯有本法或根据本法制定的规章所规定的罪行——

（一）是在合伙人的同意或纵容下犯下的；或

（二）可归因于他的任何疏忽。

合伙人及合伙企业应构成犯罪，并应受到相应的起诉和处罚。

Ⅳ. 如果证明非法人团体（合伙企业除外）犯下本法或根据本法制定的规章所规定的罪行——

（一）是在非法人团体的高级职员或理事机构的成员的同意或纵容下犯下的，或

（二）可归因于该高级职员或成员的任何疏忽。

该高级职员或成员以及非法人团体应构成犯罪，并应受到相应的起诉和处罚。

Ⅴ. 在本条中——

"高级职员"——

（一）就法人团体而言，指法人团体的任何董事、合伙人、管理委员会成员、首席执行官、经理、秘书或其他类似高级职员，包括声称以任何此类身份行事的任何人；或

（二）就非法人团体（合伙企业除外）而言，指非法人团体的主席、秘书或委员会的任何成员，或担任与主席、秘书或委员会成员相似职位的人，包括任何声称以任何该等身份行事的人；

"合伙人"包括声称以合伙人身份行事的任何人。

Ⅵ. 部长可以制定规章，规定本条的任何规定在进行部长认为适当的修改后，适用于根据新加坡以外地区的法律成立或承认的任何法人团体或非法人团体。

第一百条之五　法院的管辖权

尽管《2010年刑事诉讼法》中有任何相反的规定，地方法院仍有权审理本法或根据本法制定的规章所规定的任何罪行，并有权就该罪行施加充分的罚金或惩罚。

第一百条之六　违法行为的构成

Ⅰ. 注册官可酌情通过从合理怀疑犯有该罪行的人处收取不超过以下较低金额的款项，来复合本法或根据本法制定的规章规定为可复合的犯罪的任何犯罪——

（一）规定的最高罚款金额的二分之一；或

（二）5000 美元。

Ⅱ. 在支付该笔款项后，不得就该罪行对该人采取进一步的法律程序。

第一百零一条　某些法令不适用

《1967 年公司法》《2018 年破产、重组和解散法》和《1966 年社团法》的规定不适用于根据本法注册的社团。

［40/2018］

附表

第 14 条第 Ⅱ 款和第 97 条之二第 Ⅰ 款

合作社章程规定的事项

每个根据第四条第 Ⅰ 款注册的社团均应就以下事项制定章程：

1. 社团名称。
2. 其注册办事处的地点和邮政地址。
3. 社团的对象。
4. 社团运营的地理区域。
5. 社团资金的用途。
6. 每股的价值，如果社团是用股本组成的，或者每月认购的最低金额。
7. 成员资格（包括成员之间已有的社团或利益共同体的共同纽带）、成员的准入条件、应支付的入会费或附属费（如果有）和准入方式。
8. 募集股本（如果有）和其他资金的方式以及撤回或转让股份和/或认购资本的条件。

9. 社团成员必须持有的社团普通股的最低数量。

附表——继续

10. 成员的权利、义务及成员对社团债务的责任范围。

11. 成员退会的条件。

12. 召集、召开会议的方式和表决权。

13. 成员大会、管理委员会或董事会的职权。

14. 选举候选人的提名，以及社团管理委员会或董事会的选举方式、任命、任期、停职、罢免等。

15. 一名或多名高级职员代表社团签署文件和使用印章（如果有）的授权。

16. 年度净盈余分配。

17. 支付给社团高级职员的酬金或津贴（如果有）。

18. 二级社团或领导机构的成员代表大会的方式、代表的罢免和代表的投票方式。

19. 以代表会议代替成员大会的基层社团，代表及其代表的选举方法，每位代表代表的个人成员人数，代表的资格条件及其任期。

20. 社团主席、秘书、司库及首席行政官的职责。

21. 与社团业务管理有关的任何其他事项的章程。

[3/2018；S 439/2019]

立法历史
1979 年合作社法

本立法历史是为了方便《合作社法》的用户而提供的，它不是该法案的一部分。

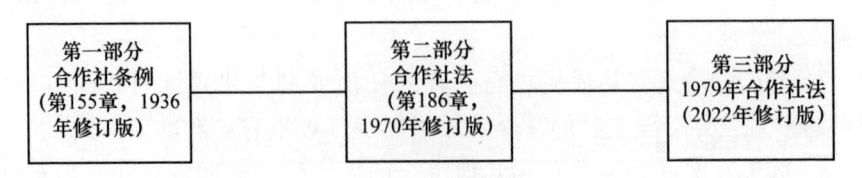

第一部分 合作社条例 (第155章，1936年修订版)	第二部分 合作社法 (第186章，1970年修订版)	第三部分 1979年合作社法 (2022年修订版)

历史法案图解概述

立法历史详情
第一部分
合作社条例
（第155章，1936年修订版）

1. 1924年第21号条例——合作社条例，1924年

议案：G. N. No. 1145/1924

第一次提案：1924年6月30日

第二次提案：1924年9月15日

特别委员会报告：信息不可获取

修正案公告：1924年11月3日

第三次提案：1924年11月3日

生效：1925年1月1日

2. 1926年修订版——第204号条例（合作社）

生效：1926年8月1日

3. 1935年第63号条例——成文法修订条例，1935年

（上述条例第二条和附表（t）项所作修正）

议案：G. N. No. 3043/1935

第一次提案：1935年11月20日

第二次提案：1935年12月9日

修正案公告：1935年12月9日

第三次提案：1935年12月9日

生效：1935年12月31日（第二条和附表（t）项）

4. 1936年修订版——合作社条例（第155章）

生效：1936年9月1日

第二部分
合作社法
（第186章，1970年修订版）

5. 1953 年第 20 号条例——合作社条例，1953 年

议案：13/1953

第一次提案：1953 年 5 月 19 日

第二次和第三次提案：1953 年 6 月 16 日

生效：1953 年 6 月 25 日

6. 1953 年第 3 号条例——合作社条例（修正案），1954 年

议案：2/1954

第一次提案：1954 年 3 月 17 日

第二次提案：1954 年 4 月 13 日

生效：1953 年 6 月 25 日

7. 1955 修订版——合作社条例（第 175 章）

生效：1956 年 7 月 1 日

8. 1958 年第 12 号条例——合作社条例（修正案），1958 年

议案：132/1958

第一次提案：1958 年 4 月 22 日

第二次提案：1958 年 6 月 11 日

修正案公告：1958 年 6 月 11 日

第三次提案：1958 年 6 月 11 日

生效：1958 年 6 月 27 日

9. L. N. 237/1965（G. N. Sp. No. S108/1965）—法律的修订（合作社）（婆罗洲和新加坡）1965 年

生效：1965 年 6 月 10 日

10. 1970 年修订版——合作社法（第 186 章）

生效：1971 年 7 月 1 日

第三部分
1979 年合作社法
（2020 年修订版）

11. 1979 年第 17 号法案——1979 年合作社法

议案：14/1979

第一次提案：1979 年 3 月 5 日

第二次提案：1979 年 3 月 23 日

修正案公告：1979 年 9 月 7 日

生效：1980 年 1 月 1 日

12. 1985 年修订版——合作社法（第六十二章）

生效：1987 年 3 月 30 日

13. 1990 年第 13 号法案——1990 年合作社法（修正案）

议案：8/1990

第一次提案：1990 年 3 月 2 日

第二次提案和第三次提案：1990 年 3 月 29 日

生效：1990 年 4 月 16 日

14. 1998 年第 37 号法案——1998 年新加坡邮政储蓄银行（转让承诺和解散）法案

（上述法案第十九条和本附表第（3）项所作修正）

议案：34/1998

第一次提案：1998 年 7 月 31 日

第二次提案：1998 年 10 月 12 日

修正案公告：1998 年 10 月 12 日

第三次提案：1998 年 10 月 12 日

生效：1998年11月16日（第19条和本附表第（3）项）

15. 2008年第23号法案——2008年合作社法（修正案）

议案：19/2008

第一次提案：2008年8月25日

第二次提案：2008年9月16日

修正案公告：2008年9月16日

第三次提案：2008年9月16日

生效：2008年10月20日

16. 2009年修订版——合作社法（第62章）

生效：2009年7月31日

17. 2009年第3号法案——2009年保险法（修正案）

（上述法案第十一条所作修正）

议案：28/2008

第一次提案：2008年10月20日

第二次提案和第三次提案：2009年1月19日

生效：2009年9月1日（第十一条）

18. 2018年第3号法案——2018年合作社法（修正案）

议案：50/2017

第一次提案：2017年11月6日

第二次和第三次提案：2018年1月9日

生效：2018年4月10日〔除第十二条、第十三条、第二十三条第（一）项、第二十六条、第三十二条、第三十三条第（九）项、第四十二条、第六十七条第Ⅰ款〕2019年4月22日〔除第二十三款（一）项、第三十二条、第三十三条第（九）项、第六十七条第Ⅰ款〕

19. 2018年第9号法案——2018年网络安全法案

（上述法案第五十条第ⅩⅢ款所作修正）

议案：2/2018
第一次提案：2018 年 1 月 8 日
第二次提案和第三次提案：2018 年 2 月 5 日
生效：2018 年 8 月 31 日（第五十条第 XIII 款）

20. G. N. S439/2019——合作社法（附表的修正）2019 年法令
生效：2019 年 6 月 20 日

21. 2018 年第 40 号法案——2018 年破产、重组和解散法案
（上述法案第四百六十五条所作修正）
议案：32/2018
第一次提案：2018 年 9 月 10 日
第二次提案和第三次提案：2018 年 10 月 1 日
生效：2020 年 7 月 30 日

22. 2019 年第 40 号法案——2019 年最高法院法案（修正案）
（上述法案第二十八条第 I 款和附表第三十二条所作修正）
议案：32/2019
第一次提案：2019 年 10 月 7 日
第二次提案：2019 年 11 月 5 日
修正案公告：2019 年 11 月 5 日
第三次提案：2019 年 11 月 5 日
生效：2021 年 1 月 2 日〔第 28（1）条和附表第 32 条〕

23. 2020 年修订版——1979 年合作社法
生效：2021 年 12 月 31 日

24. 2021 年第 25 号法案——2021 年法院改革法案（民事和刑事法庭）
议案：18/2021
第一次提案：2021 年 7 月 26 日
第二次和第三次提案：2021 年 9 月 14 日

生效：2022 年 4 月 1 日

缩写

G. N.	公报公告
G. N. Sp.	公报公告（特别增补）
L. A.	立法议会
L. N.	法律通知（联邦/马来西亚）
M.	马来亚/马来西亚（包括马来联邦、马来联盟、马来亚联邦和马来西亚联邦）
Parl.	议会
S	附属法律
S. I.	法定文书（英国）
S（N.S.）	附属法律（新系列）
S. S. G. G.	海峡殖民地政府公告
S. S. G. G.（E）	海峡殖民地政府公告（特别）

比较表格
1979 年合作社法

该法案在 2020 年修订版中进行了重新编号。提供此比较表格是为了帮助读者找到最近修订版中的相应规定。

2020 Ed.	2009 Ed.
9—（2）	9—（1A）
（3）	（1B）
（4）	（1C）
（5）	（2）
（6）	（2A）
（7）	（3）
—	15—（2）[已由 2008 年第 23 号法案废除]
（2）	（3）
（3）	（4）
（4）	（5）

续表

(5)	(6)
(6)	(7)
(7)	(8)
(8)	(9)
16A—(8)	16A—(7A)
(9)	(8)
(10)	(9)
18—(2)	18—(1A)
(3)	(2)
26—(4)	26—(3A)
(5)	(4)
(6)	(5)
(7)	(6)
34—(2)	34—(1A)
(3)	(2)
(4)	(2A)
(5)	(3)
(6)	(4)
(7)	(5)
(8)	(6)
(9)	(7)
(10)	(8)
(11)	(9)
39—(4)	39—(3A)
(5)	(3B)
(6)	(3C)
(7)	(4)
51—(1)和(2)	51—(1)
(3)	(2)
(4)和(5)	(3)
(6)	(4)
(7)	(5)

续表

53—（2）	53—（1A）
（3）	（2）
（4）	（3）
58—（2）	58—（1A）
（3）	（2）
68—（5）	68—（4A）
（6）	（4B）
（7）	（4C）
（8）	（4D）
（9）	（4E）
（10）	（5）
69—（2）	69—（1A）
（3）	（2）
—	71—（3）［已由2008年第23号法案废除］
—	（4）［已由2008年第23号法案废除］

续表

(3)	(5)
(4)	(6)
(5)	(7)
(6)	(8)
73—(2)	73—(1A)
(3)和(4)	(2)
(5)	(3)
(6)	(4)
(7)	(5)
(8)	(6)
79—(5)	79—(4A)
(6)	(4B)
(7)	(5)
(8)	(6)
89—(4)	89—(3A)
(5)	(4)
(6)	(5)
(7)	(6)
90—(2)	90—(1A)
(3)	(2)
(4)	(3)
(5)	(4)
(6)	(5)
—	91—(2)[已由2008年第23号法案废除]
(2)	(3)
(3)	(4)
(4)	(5)
(5)	(6)